# 格付け講義

黒沢義孝 著

文眞堂

# まえがき

　「格付け」は，日本では1985年に制度化された。しかし，日本的信用秩序の仕組みが機能していたので，実際には1996年の橋本内閣による6大改革がスタートするまで，約60年にわたって公募社債のデフォルトは皆無であり，「格付け」の「投資家に対するリスク情報の提供」という役割は機能していなかった。1996年以降，6大改革のひとつである日本版ビッグ・バンが進展し，ヤオハン，三洋証券，拓銀，山一證券と次々に企業破綻が続いたことによって「信用リスク」に対する認識が現実のものとなり「格付け」による情報が欠かせないものとなった。

　本書は，筆者が早稲田大学大学院・アジア太平洋研究科において1998年以降9年間にわたって行ってきた「格付け評価論」の講義のエッセンスをまとめたものである。「格付け」は専門のアナリストが主観的判断によって決めるので，一般の投資家や格付けを受ける企業にとって「客観的でないブラックボックスが多くわかり難い」という声がある。それも一面真理であるが，「格付け」は科学的なプロセスを経て，客観的な事実を予測する作業でもある。すなわち，AAA，AAなど，それぞれの格付け記号は将来どのくらいの割合でデフォルトになる可能性があるかを表すもので，アメリカにおける過去100年の格付けの歴史において，格付けの予測値は現実のデフォルト値とほぼ一致している。エンロンやワールドコムの破綻に際しての格付け批判などの問題に直面しながらも，投資家が永年にわたって格付け情報を使い続けていることも「格付けの有効性」を証明するものである。

　本書『格付け講義』は，格付けに直接携わっていない外部者や格付けを受ける企業の担当者，および研究者や格付けに興味のある学生が，定量的指標

と定性的要因を科学的に推論し，格付け会社のアナリストの見解に近い結論を導き出す方法を示したものである。手法としては，興味のある企業や，自分が所属する企業の信用リスクを，公表資料を基にして「模擬格付け」を行うことによって推論する方法をとった。まず，模擬格付けの対象を決め，過去5年間の定量的指標を整理して，基準となる格付け表に基づく「マッチング」によって定量的格付けを決める。つぎに，対象企業が抱える問題点，および業界動向や経済環境を考慮して定性的格付けを決定し，定量的格付けと定性的格付けを総合して最終格付けを決定する。この「模擬格付け」手法は企業へのインタビューを伴わない，いわゆる「勝手格付け」の手法であるので，格付け会社のアナリストの水準まで到達することはできないが，ポイントを絞って一連のプロセスを辿るので，対象企業が抱える信用リスクの核心に迫ることができ，格付け会社のアナリストが何を問題にしているのかが理解できることが特徴である。なお，本書では企業格付けに加えてソブリン格付け（国の格付け）についても同じ手法で「模擬格付け」を行う手順を示した。

　本書の構成は，第1章「格付け概論」で，格付けの現状や概念についての理解を深めるために，現在話題になっているトピックスや問題点を取り上げ概説した。第2章「格付けの考え方」では，実際の市場で「格付け」はどのようなことを意味しているのか，格付け会社が行った格付けのパフォーマンスをどのように評価すればよいのか等，理論的な面について解説した。第3章「企業格付けの手法」では模擬格付けを行うための手順を示した。分析のフレームワーク，マッチングによる定量分析の方法，定性的要因による格付けの考え方，および総合判断の方法などである。また，格付け会社によって同一企業に対する評価が異なることがある。その違いがどこから来るのか，5つの企業を実例として比較した。さらに，企業格付けに加えて，大学，病院，金融証券化商品，地方自治体の格付けについてどのような視点で格付けが行われるか簡単な解説を加えた。第4章「ソブリン格付けの手法」は，外貨建てや自国通貨建ての国債について，企業格付けと同じマッチング手法で

格付け評価を行う手順を示したものである。第5章「模擬格付け」は，格付け報告書の作り方と，模擬格付けの実例を掲載した。この実例は，早稲田大学大学院・アジア太平洋研究科の院生が筆者の「格付け評価論」の授業で作成した模擬格付けのうちの8点（企業6点，ソブリン2点）である。第3章および第4章の「格付けの手法」を用いて模擬格付けを行っているが，実際に分析してみるといろいろな形での応用が必要であることがわかる。8点の実例を通じて模擬格付けの実際を感じ取っていただければ幸いである。これら8点の模擬格付けは紙数の制約等もあり，付属資料などの多くを割愛し筆者が若干手を加えたが，殆どの部分は原文を最大限に生かしている。模擬格付けの掲載に快く承諾してくれた早稲田大学アジア太平洋研究科の大学院生，清水　享さん（入学2004年度），塩田美子さん（同2005年度），塩手能景さん（同2005年度），井戸隆雄さん（同2005年度），李　麗さん（同2005年度），丹下英明さん（同2005年度），永野　諭さん（同2004年度），井上智映子さん（同2005年度）に感謝する（氏名は実例掲載の順）。模擬格付けの内容や記述方法に問題がある場合は，述べるまでもなく，その責任は大学院生ではなく本書の著者である筆者にある。

　本書の作成にあたって，格付け会社による評価の違い（第3章の2）およびマッチングの計算フォーマット（第5章の3）の作成を手助けしてくれた山崎慎一さん（早稲田大学大学院アジア太平洋研究科2004年卒業），原稿の下読みチェックをしてくれた相馬佑輔さん（日本大学経済学部黒沢ゼミ3年）に感謝する。また，帯状疱疹やピロリ菌による治療などのために大幅に遅れた原稿を，辛抱強く待ってくださった文眞堂の前野　隆さんにお礼とともに感謝申し上げる。

　　　2006年9月

　　　　　　　　　　　　　　　　　　　　　　　　　　黒沢義孝

# 目　次

まえがき

## 第1章　格付け概論 …………………………………………… 1

1. 模擬格付けが目指すもの ……………………………… 1
2. 日本企業の格付けの現状と日米格付け格差 ………… 3
3. ソブリン格付けに関する3つの問題 ………………… 6
4. アメリカ発祥の格付けが世界へ普及 ………………… 8
5. 格付けに内在する問題 ………………………………… 10
6. アメリカのNRSROと日本の指定格付制度 ………… 11
7. 何年先を見て格付けをしているか …………………… 13
8. リスクのない社会からリスク社会へ ………………… 14
9. 平均費用による競争と限界費用による競争 ………… 16
10. 銀行の自己資本規制に対する格付けの導入（バーゼルⅡ）… 18
11. 格付け会社のパフォーマンス評価 …………………… 20
12. 格付けについてのその他の論点 ……………………… 21
　　参考文献 …………………………………………………… 26

## 第2章　格付けの考え方 ……………………………………… 72

1. 「格付け」とは何か ……………………………………… 72
   (1) 格付けの意味 ……………………………………… 72
   (2) 記号による格付けの定義 ………………………… 73
   (3) 格付けの実務的定義 ……………………………… 76
   (4) 信用リスク（格付け）とリターン（投資収益率）の対応関係… 79
   (5) 格付けの利用方法 ………………………………… 82

2. 格付けが必要な理由 ································································ 86
　(1) 投資家の代理人としての機能 ············································ 86
　(2) 起債者による格付けの利用 ················································ 86
　(3) 社会的必要性 ···································································· 87
3. 格付けのパフォーマンス ······················································· 89
　(1) 格付けと利回りの関係 ······················································· 89
　(2) 格付けとデフォルト率の関係 ············································ 93
　(3) 格付けトランジション（格付けの変更）························· 100

## 第3章　企業格付けの手法 ················································ 108

1. マッチングによる格付け手法 ·············································· 108
　(1) 分析のフレームワーク ······················································ 108
　(2) オーソドックスな定量分析の考え方 ································ 111
　　(A) 償還財源と長期債務の関係 ············································ 111
　　(B) 5年間予想のパターン ···················································· 114
　(3) 過去のデータに基づいた定量分析 ···································· 114
　　(A) 償還年数と償還財源比率 ················································ 114
　　(B) 長期債務の返済能力に関する6つの指標 ······················ 117
　(4) 定量指標とのマッチング ·················································· 118
　　(A) マッチング表 ···································································· 118
　　(B) 主要な指標の意味 ···························································· 120
　　(C) マッチングの手順 ···························································· 121
　　(D) 酒類業者のマッチング ···················································· 122
　　(E) 総合商社の指標マッチング ············································ 123
　　(F) 日産自動車の定量指標分析 ············································ 125
　(5) 定性分析 ············································································· 127
　　(A) 内部要因 ············································································ 127
　　(B) 外部要因 ············································································ 129
　(6) 総合判断 ············································································· 129

2. 格付け会社による評価の違い ……………………………………131
　　　(1) 三菱自動車……………………………………………………131
　　　(2) 全日本空輸……………………………………………………133
　　　(3) 神戸製鋼所……………………………………………………133
　　　(4) 西松建設………………………………………………………135
　　　(5) 王子製紙………………………………………………………137
　　3. 特殊な分野の格付け手法 …………………………………………138
　　　(1) 学校法人（大学）……………………………………………138
　　　(2) 医療法人（病院）……………………………………………140
　　　(3) ストラクチャード・ファイナンス（金融証券化商品）………140
　　　(4) 地方自治体（地方債）………………………………………143

## 第4章　ソブリン格付けの手法 ……………………………………149

　1. ソブリン格付けの概要 ………………………………………………149
　2. ソブリン格付けの手法 ………………………………………………153
　　　(1) ソブリン分析手法の概要 ……………………………………153
　　　(2) 定量分析の分析手法 …………………………………………154
　　　(3) 定量分析のマッチング ………………………………………163
　　　(4) 定性分析 ………………………………………………………163
　　　(5) ソブリン格付けの累積デフォルト率 ………………………165
　　　(6) ソブリン格付けのトランジション（格の変更）……………167
　　　　参考文献 …………………………………………………………169

## 第5章　模擬格付け ……………………………………………………170

　1. 模擬格付けの目的 ……………………………………………………170
　2. 模擬格付けの方法と前提条件 ………………………………………170
　3. 模擬格付け報告書の作成要領 ………………………………………171
　　　(1) 模擬格付け報告要旨 …………………………………………171

(2)　会社要項，国の概要……………………………………173
　　(3)　マッチング…………………………………………………175
　　(4)　定性分析……………………………………………………178
　　(5)　総合判断……………………………………………………182
　　(6)　付属資料……………………………………………………183
　4．模擬格付けの実例 ………………………………………………183
　　〔1〕　大同特殊鋼 ………………………………………………184
　　〔2〕　アコム……………………………………………………193
　　〔3〕　伊勢丹……………………………………………………201
　　〔4〕　マツモトキヨシ…………………………………………217
　　〔5〕　花王………………………………………………………231
　　〔6〕　ブックオフ・コーポレーション………………………248
　　〔7〕　インドネシア共和国……………………………………264
　　〔8〕　フィリピン共和国………………………………………275

索引 ……………………………………………………………………289

# 格付け概論　　　　　　　　　　　　　　　　　　第 1 章

本書の目的は自分が所属する企業や興味のある企業，あるいはソブリン国家について模擬格付けを行うことができるように概説することである。そのためには，格付けの理論を理解し（第 2 章），格付けの手法を習得する（第 3 章）必要があるが，本章では格付けの現状，歴史，制度，事件などを概観することによって信用格付け（Credit Rating）の概念を把握する。

## 1. 模擬格付けが目指すもの

経済が豊かになるに従って信用格付けの重要性が増してくる。資産やサービスの蓄積と同額の金融資産が保有され，その金融資産を安全性とともにリスクがあっても有利に運用しようとするからである。不特定多数の投資家が購入する社債や国債の信用リスク，すなわちデフォルトになるかもしれないリスクは主として格付け会社が測定している。また，最近では社債や国債に限らず，保険，銀行預金，証券化商品，不動産投資信託，銀行ローンなどについても信用リスクを把握することが必要になってきている。企業や国家が良い格付けをとれれば低いコストで公募市場から資金を調達することができ，格付けが低くなると高い利息を払わなければならない。だから企業や国家の財務担当者にとって良い格付けをとることのメリットは大きい。また，個人投資家にとっても，発展途上国などが発行する国債の金利は高いので投資の魅力はあるが，デフォルトになるリスクがどの程度であるか不安である。これらの信用リスクがどの程度であるかを測定して，資金の運用者（投資家，預金者，生命保険加入者など）にその情報を提供するのが格付け会社

である。格付け会社のアナリストは産業，財務，国際経済などの専門的知識と長年の経験を積んで格付けを行っているが，格付けの部外者が自分でリスクを測定することは難しい。模擬格付けは，格付けの部外者が，公表された情報を基にして信用リスクの程度を簡易的に推論する方法である。格付け会社の格付けを受ける前に，自分の所属する企業がどの程度の信用リスクを抱えているかについての予備知識を持つことができる。個人投資家が利回りの高い社債や外債の信用リスクを自分で判断し，証券会社の勧めを客観的に見ることもできる。また，マンションなどのプールされた管理費を運用するためにどの銀行が安全であるのかを知る情報の一助にもなるであろう。模擬格付けを行うには，まず格付け対象の企業や国家の公表された情報を集めて整理する。次に，数値化できる定量指標を整理して，基準となる定量指標マトリックスを使用してマッチングを行い，定量指標のみによる「定量指標格付け」を決定する。ついで，定量指標に表れない定性的要因を調査して「定性要因格付け」を決める。最後に定量指標格付けと定性要因格付けを総合して「最終格付け」を決める。このようにして決められた最終格付けの意味は，近い将来におけるデフォルトの可能性を表すものである。例えば，BBBと判定されれば「当面1年はデフォルトの可能性はゼロで，3年以内では0.5%のデフォルトの可能性が（異なる200銘柄のBBB社債のうち1銘柄がデフォルトになる可能性），5年以内には4%（BBB社債100銘柄のうち4銘柄）のデフォルト可能性がある」ということになる。格付けは「将来のデフォルト可能性」を示す指標であるので，現実がそうなるかどうかは保証の限りではない。格付けのときの前提とした基本的事項や経済情勢が変化すれば格付けもまた変更される。したがって，格付けはデフォルト可能性についての「ひとつの情報」であって，それを「保証するものではない」が，過去約100年の現実の市場において，ムーディーズやS&Pの格付けが中・長期的には正しい情報を出していることから投資家が対価を払って格付け情報を利用している。

## 2. 日本企業の格付けの現状と日米格付け格差

　日本市場で活動している格付け5社の日本法人に対する格付け件数は，2006年7月1日現在，R&I（格付投資情報センター）が648件，JCR（日本格付研究所）640件，S&P（スタンダード・アンド・プアーズ東京オフィス）366件，ムーディーズ（ムーディーズ・ジャパン）209件，Fitch（フィッチ・レーティングス東京支店）が171件（信用金庫，ストラクチャード・ファイナンスを除く）である[1]。R&Iとムーディーズの日本企業に対する格付け分布を比較すると（図表1-1），日本の格付け会社（R&I）の方がアメリカの格付け会社（ムーディーズ）よりもA以上の上位格の割合が多い傾向が見られる。ムーディーズの全世界を対象にしたグローバル格付け（格付け件数5,109社，図表1-1のMDYGL）と同社の日本企業に対する格付け（214社）の分布では，日本企業に対する投資適格（BBB以上）の比率がグローバル格付けよりも高く，BB以下の日本企業比率が低いことがわかる。格付け4社（MDY・S&P・R&I・JCR）について，AAAからDまでの格

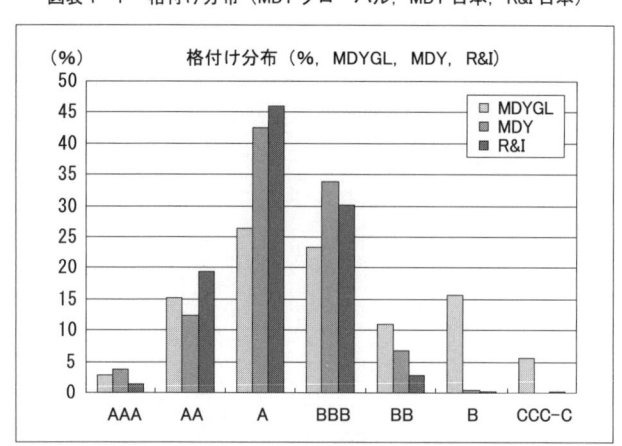

図表1-1　格付け分布（MDYグローバル，MDY日本，R&I日本）

（出所）　ムーディーズ，R&Iのホームページより作成。

付けを24区分（AA～CCまでについてはそれぞれのカテゴリーを3区分して，1区分をノッチと呼んでいる）して数値化し平均値を出すと[2]，米国系が6.9～7.3（BBB＋～BBBに該当），日系が6.5～6.7（A～A－）で日系の方がやや高い格を付けている（図表1-2）。格付け4社について，共通して格付けしている日本企業を対象にして格付け差を見ると（図表1-3），米系同士の格差（1.2ノッチ），および日系同士の格差（0.9ノッチ）は小さいが，米系と日系との間の格差が大きい。特にムーディーズとJCR（2.5ノッチ），S&PとJCRの格差（3.1ノッチ）が大きい。米系と日系との格差では大方，日系の格付けの方が高く，米系同士の間ではムーディーズの方がS&Pよりも高い格付けをつけており，日系同士の間ではJCRの方がR&Iよりも高い格付けを付けている。6ノッチ格差は6社（王子製紙，日本製紙，日本製紙グループ本社，住友金属工業，神戸製鋼所，日本郵船），7ノッチ格差は3社（新日本製鉄，JFEホールディングス，JFEスチール）で製紙業（パルプ・紙）と鉄鋼業に集中している。その他，日米間で格付け格差の大きい業

図表1-2　格付け4社の格付け分布（日本企業，2006年7月1日現在）

|  | MDY | S&P | R&I | JCR |
|---|---|---|---|---|
| AAA | 8 | 4 | 9 | 22 |
| AA | 26 | 58 | 125 | 93 |
| A | 89 | 147 | 298 | 269 |
| BBB | 71 | 112 | 195 | 237 |
| BB | 14 | 40 | 18 | 16 |
| B | 1 | 4 | 2 | 3 |
| CCC | 0 | 1 | 1 | 0 |
| CC | 0 | 0 | 0 | 0 |
| C | 0 | 0 | 0 | 0 |
| D | 0 | 0 | 0 | 0 |
| 合計（会社数） | 209 | 366 | 648 | 640 |
| 平均スコアー | 6.9 | 7.3 | 6.5 | 6.7 |
| 平均ランク | BBB＋～BBB | BBB＋～BBB | A～A－ | A～A－ |

（出所）　NPOフェア・レーティング，ホームページ。

種は建設，海運，航空などであり，日米の格付けアナリストによる業界評価の見方の違いが格付け評価に表れている。一方，米系格付け会社の方が日系よりも高く評価しているのは三菱自動車工業，いすゞ自動車，阪急ホールディングスなどで，リストラやM&Aなど特殊な状況にある企業の格付けの場合が多い（全体で14社）。格付けは将来の債務償還可能性を表すものであるから，将来の見方が異なることによって異なる格付けが出されるのは自然であるが，あまり大きな格差が生じると利用者である投資家や債券のアンダーライターを担当する証券会社が金利決定する際に困難が生じる。成熟化したアメリカの証券市場では格付け会社間によって銘柄別には1～3ノッチの差があることはあるが，全体を平均して2～3ノッチ以上の差が生じることはない。

図表1-3 格付け格差の内訳（2006年7月1日現在）

| | MDY－S&P | MDY－R&I | MDY－JCR | S&P－R&I | S&P－JCR | R&I－JCR |
|---|---|---|---|---|---|---|
| 共通格付け会社数 | 164 | 177 | 119 | 271 | 190 | 290 |
| 平均格差（ノッチ） | 1.2 | 1.4 | 2.5 | 2.1 | 3.1 | 0.9 |
| 格差内訳（会社数） | | | | | | |
| 0 | 40 | 32 | 5 | 15 | 5 | 86 |
| プラス1 | 15 | 56 | 20 | 57 | 13 | 145 |
| 2 | 1 | 52 | 33 | 105 | 45 | 52 |
| 3 | 0 | 24 | 37 | 68 | 54 | 4 |
| 4 | 0 | 1 | 20 | 15 | 46 | 0 |
| 5 | 0 | 1 | 3 | 9 | 18 | 0 |
| 6 | 0 | 0 | 0 | 0 | 6 | 0 |
| 7 | 0 | 0 | 0 | 0 | 3 | 0 |
| （プラスの合計） | 16 | 134 | 113 | 254 | 185 | 201 |
| マイナス1 | 56 | 9 | 0 | 2 | 0 | 3 |
| 2 | 39 | 1 | 0 | 0 | 0 | 0 |
| 3 | 10 | 0 | 1 | 0 | 0 | 0 |
| 4 | 2 | 1 | 0 | 0 | 0 | 0 |
| 5 | 1 | 0 | 0 | 0 | 0 | 0 |
| （マイナスの合計） | 108 | 11 | 1 | 2 | 0 | 3 |

（出所） NPOフェア・レーティング，ホームページ。

## 3. ソブリン格付けに関する 3 つの問題

　ソブリン国家（主権国家）についても格付けが付与されている。ソブリン格付けの目的は外貨建て国債，自国通貨建て国債などに対する信用リスク情報を投資家に知らせるほか，企業や地方自治体が債券を発行するときのそれぞれの国のシーリング（格付けの上限）を設定することである。一般的に，国家は外国為替市場や資本市場に対して優先的権限を保有しているので，企業や自治体が債務の返済についてその優先的権限の範囲外にない限りソブリン国家に対する格付けが企業や自治体格付けの上限になる。国家は外為市場を閉鎖したり，資本市場に制限を加えたりすることがありうるからである。格付け 5 社は，2006 年 7 月 1 日現在，外貨建て国債（図表 1-4）についてムーディーズ（MDY）が 102 カ国（自国通貨建て 96 カ国），S&P が 110 カ国（自国建て 110 カ国），フィッチ（Fitch）が 98 カ国（自国建て 97 カ国），R&I が 43 カ国（自国建て 13 カ国），JCR が 32 カ国（自国建て 32 カ国）の格付けを行っている。一般的に，外貨建て格付けは自国通貨建て格付けと同じか，1〜2 ノッチ低い。自国通貨建てが通貨の増発などによる返済の柔軟性があるのに対して，外貨建て返済は国際収支の状況など外貨事情による制約があるためである。付与されている格付けがいずれも AAA である国は現在 14 カ国で，そのうち 5 つの格付け会社の格付けが外貨建ておよび自国通貨建てともすべて AAA である「30A」国（格付け会社 5 社×外貨・自国 2 通貨×AAA＝30A ソブリン国債）は 6 カ国（アメリカ，英国，

図表 1-4　ソブリン格付け分布
（外貨建て国債，国数）

|  | MDY | S&P | Fitch | R&I | JCR |
|---|---|---|---|---|---|
| AAA | 21 | 19 | 16 | 13 | 14 |
| AA | 7 | 11 | 12 | 10 | 4 |
| A | 22 | 20 | 16 | 6 | 7 |
| BBB | 16 | 14 | 13 | 9 | 5 |
| BB | 13 | 21 | 22 | 4 | 1 |
| B | 17 | 23 | 17 | 1 | 1 |
| CCC | 6 | 2 | 2 | 0 | 0 |
| CC | 0 | 0 | 0 | 0 | 0 |
| C | 0 | 0 | 0 | 0 | 0 |
| D | 0 | 0 | 0 | 0 | 0 |
| 合計 | 102 | 110 | 98 | 43 | 32 |

（出所）　NPO フェア・レーティング，ホームページ。

カナダ，シンガポール，ドイツ，フランス）である。一方，国債の返済が極めて困難か債務不履行にある CCC（Caa）以下の国は4カ国（エクアドル，キューバ，ベリーズ，モルドバ）である[3]。国債の格付け評価が格付け会社によって3ノッチ以上格差がある国は，外貨建てでは3カ国（日本，ハンガリー，フィリピン，レバノン），自国通貨建ては10カ国である[4]。

　ソブリン格付けはムーディーズなどによって1930年代以降行われているが，1997～98年のアジア通貨危機において格付けの信憑性が問われた。ソブリン格付けは企業格付けと同様，長期的観点に立って3～5年先を見通したうえで格付けされる。したがって，ソブリン格付けも短期的に頻繁に変更されることは稀である。しかしアジア通貨危機に際しては，タイと韓国について97年2月からわずか10カ月の間に7回の「格下げ」ないし「見通しの変更」が行われた。これは，金融市場が未成熟なアジアのエマージング・カントリーが為替について固定相場（ドル・ペッグ制）を採りながら資本移動の自由化を導入したことから，急激な資本流出を招いたことがひとつの原因とされている。すなわち，急激な資本流出が経済のファンダメンタルズを阻害し，それが格下げを招き，格下げが資本流出を加速させて更なるファンダメンタルズの低下をもたらすという悪循環に陥ったためである。アジア通貨危機を契機として，経済のファンダメンタルズに重点を置きすぎていたソブリン格付け手法に，国際資本移動の要素を分析の視点に加えるという変化が生じている[5]。このように，ソブリン国家の償還力を評価する格付け手法はまだ必ずしも完成の域に達していないという問題がある。

　第二の問題は，日本国債の格下げに際して提起された，「民間格付け機関による主権国家に対する評価の妥当性」の問題である。日本国債（円貨建て）は多額の財政赤字を背景に1998年以降トリプルAから格下げが行われ先進国中で最も低いシングルAまで低下した。日本の財政当局（財務省）は「巨額の対外純債権（国際収支の累積黒字）を保有する日本が国債償還に支障をきたすことはない」などの問題を提起し格付け会社に質問状を送った。日本の国会も「日本がボツワナやエストニアと同じレベルの格付けであることに納得できない」などの議論を背景にして衆議院決算行政監視委員会

において公聴会を開催した[6]。ソブリン格付けの分野では、「外国の民間企業である格付け機関が主権国家の債務償還能力を評価することに妥当性があるのか」という視点と、「外国の国債といえども世界の投資家が投資対象とする国債であれば格付け機関が信用リスクを評価をする必要がある」という異なった見方がある。第3の問題は「ソブリン格付けとデフォルト率の関係」である。事業債の場合は格付けと実際のデフォルト率は長期的に見ると相関関係が極めて高いことから信頼性の高い信用リスク情報として利用されている。しかし、ソブリン格付けの場合は投機的ランクのBB以下については相関が高いが、AAA〜BBBについてはデフォルトの実績がない。「実績デフォルト率がゼロなのになぜ格付けに差を設けないといけないのか」という問題である。デフォルト実績がないのであればAAA〜BBBについてはすべてAAAとし、あるいは統一的な別の記号とし、BB以下について事業債と同じランクの格付けをすればよいではないかという意見がある。しかし、実際の市場ではAAA〜BBBランクのソブリン国債についても信用リスクによる利回り差がついている。それは将来におけるデフォルトの可能性を投資家が織り込んでいるためであろう。デフォルト実績がないという過去の経験と、格付けが意味する将来の可能性について、どのように調和をとるかという問題である。また、BB以下のランクについても件数はわずかであるので、格付けが正しいかどうかのパフォーマンス・テストを統計的に実証することが難しいという問題もある。

## 4. アメリカ発祥の格付けが世界へ普及

格付けはアメリカで始まり、1980年代以降全世界に普及した。アメリカで格付けが始まった理由は、アメリカの大統領、議会、財務省、各州の銀行監督局などがヨーロッパで経済恐慌の原因となった銀行の信用創造を厳しく規制したためである[7]。そのために社債や州債がファイナンスの重要な手段になり、多くの一般投資家や機関投資家が資本市場に参加するようになった。社債や州債はいったん投資家に販売されると転々流通することになり、

個々の投資家が保有債券の信用リスク（デフォルトリスク）をフォローすることが難しいことから，格付け会社が投資家に代わって格付け情報を提供することとなった。代表的な格付け会社は現在のムーディーズ・インベスターズ・サービスの前身であるジョン・ムーディー（1909年創業），スタンダード・アンド・プアーズの前身のプアー社（1922年創業）およびスタンダード社（1924年創業），およびフィッチ社（1924年創業）などである。その他にも，ナショナル・クレジット・オフィス社，ダフ・アンド・フェルプス社，キーフェ社，MCM社など多数の格付け会社が登場しては吸収合併されたり消滅したりした。アメリカ資本市場で格付けが重要視されるようになったのは，1929年恐慌以後，破産法の改正（会社更生法チャプター・イレブンの導入）によって社債の無担保化が進み，投資家が企業の信用状況を常に把握しておく必要が生じたためである。その後，銀行や生命保険会社，年金運用基金などが社債投資に際して格付けを投資基準として採用し，証券取引委員会（SEC）が認定格付け会社制度（NRSRO）を制定する（1975年）など格付けに公的な色彩が強くなり，投資家にとっても起債者にとっても格付け制度がアメリカ資本市場に欠かせないインフラ・ストラクチュアーのひとつとして定着することとなった。

　アメリカの格付けが世界に普及するようになったきっかけは世界的な「証券化」である。1981年レーガン大統領の登場によって，アメリカでも英国サッチャー流の市場経済化が進むことになり，企業ファイナンスの主流が銀行を金融仲介者とする間接金融から，社債など市場で取引条件が決まる直接金融へと大きくシフトした。特に，1982年にラテンアメリカを中心とする累積債務問題が生じ，中南米諸国などに対する銀行ローン債務を証券化するというベーカー・プランが進展することによって「証券化」がワールド・ワイドに進展した。直接金融市場が拡大すると，投資家の手を転々流通する社債や国債および公共債などの信用リスクを測定する必要が生じ，アメリカ以外の国にも格付け会社が次々と誕生することとなった[8]。日本では1985年4月に日本の資本による格付け会社が3社誕生し，外国系6社が進出して9社による競争がスタートしたが，その後，日本の2社が合併して日系2社

に，外国系も合併などにより3社に統合されたので現在5社による格付けが行われている。アジア全体では，韓国，中国をはじめ，日本を含めて12カ国34機関の格付け会社が活動している[9]。アジア以外の地域では，先発のアメリカをはじめ16カ国29機関の格付け会社があり，世界合計の格付け会社は61社（アジア34社とアジア以外29社の合計から重複するS&PとFitchの2社を控除）に達する[10]。

## 5. 格付けに内在する問題

格付けは投資家の立場に立って，全体的に衡平な資金の配分を前提にしている。格付けが将来の信用リスクを正しく判断していれば，どの投資家も同じ程度の利回りを得ることができるように格付けは制度設計されている。例えば，AAAに格付けされた債券は5年間保有してもデフォルトの可能性ゼロであると想定されるので，そのときのリスク・フリー金利を6％とすれば6％の期待利回り（機会費用に対する報酬）が得られることが期待される。BBに格付けされた債券はデフォルト可能性が20％程度であるので，その予想損失を埋め合わせるように32％の金利が付けられる。そのため，どちらの債券に投資をしても元利合計の期待利回りは6％である（第2章「格付けの理論」参照）。したがって，格付けの存在によって，投資家は事前に期待利回りを予定することができ，期待利回りを予想した資産運用が可能になる。しかし，抜け目のない投資家はBB債券のうちデフォルトにならないすべての債券を選び抜いてしまうかも知れない。BB債券の予想デフォルト率は20％であるから100銘柄のうち80銘柄はデフォルトにならない。デフォルトにならないものでもBB債券には32％の金利が付けられている。一方，知識の乏しい投資家は，抜け目のない投資家がデフォルトにならないBB債券をすべて選び抜いてしまったことを知らないので，平均的には6％の利回りが得られるものと思って，全てがデフォルトになるBB債券20銘柄を購入することになる。知識の乏しい投資家が5年後に全損を蒙ることは，投資の段階から事前的にわかっている。この様に，抜け目のない投資家は高い購

読料を払って格付け会社の詳細情報を購入したり,ビジネス・スクールで習得した知識を生かして豊かになる。他方,格付け情報を購入できない投資家や,教育を受ける機会がなかった知識の乏しい投資家は,制度設計上,負け組みになることが事前的に予定されてしまう。事実,米国の資本市場では,ノーベル賞受賞者やハイ・レベルのアナリストを集めて,リスクが高いといわれる債券の中からデフォルトにならない債券を選び抜く債券投資モデルを構築したファンドが多数ある。問題は,事前的にデフォルトになることがわかっている債券を,知識に乏しい負け組みが知らずに買わされてしまうのはフェアーと言えるかということである。市場原理が浸透しているアメリカの考え方では,IQ(知能指数)が高い投資家は,IQ が低い投資家よりも教育投資などにコストをかけているので高い利回りを得るのは自然である,と言う考え方が支配的のようである。一方,生まれながらに(遺伝的・家庭環境的に)高い知能に恵まれ,良い環境の中で育まれたものが資産を独り占めすることは潔しとしないアジア的思想の中では,格付け情報の多寡によって貧富の差が生じるレーティング・ゲームはフェア・ゲームと見做せないという意見も少なくない。

## 6. アメリカの NRSRO と日本の指定格付制度

アメリカでは,投資顧問法(1940 年施行)203 条に基づく登録をし,証券取引委員会(SEC)ルール 436 及び同ルール 134 により NRSRO(Nationally Recognized Statistical Rating Organization)として認定を受けた格付け会社が公募債の格付けを行うことができる[11]。1990 年代の中頃まではムーディーズ,S&P,フィッチ,ダフ・アンド・フェルプス,MCM,トムソン・バンク・ウオッチ,英国の IBCA(1997 年にフィッチと合併)など多くの格付け会社が NRSRO の認定を受けていた。その後,合併により数が減少し,ムーディーズおよび S&P の 2 大格付け会社のシェアが高くなったことから,格付け会社が司法省によるアンタイ・トラスト法の査察を受けるなど問題とされていた。認定格付け会社は 2002 年の段階でムーディーズ,

S&P，フィッチの3社のみであったが，カナダのドミニオン・ボンド・レーティング（2003年）およびA.M. Best（2005年）の2社が新たに認定され，NRSRO認定格付け会社は現在5社となっている。さらに，2001～02年にかけて，ワールドコム，エンロンの粉飾決算などによる破綻に際して，破産の寸前までこれらの社債が投資適格に格付けされていたことから，格付け会社に対する批判が高まり，サーベンス・オクスリー法（2002年7月：「企業改革法」と日本語訳されている）によって監査法人などとともに格付け制度についても見直すこととされた。見直しの内容は，NRSRO制度，参入障壁，利益相反などについてであり，3年以上の経験のある格付け会社の参入を容易にすることなどを内容とするCredit Rating Agency Duopoly Relief Act of 2006（格付け会社寡占排除法）が下院で可決され（2006年7月12日），その後上院も通過して，最終的にはCredit Rating Agency Reform Act of 2006（格付け会社改革法）が成立した（2006年9月29日ブッシュ大統領署名）。格付け会社の情報は「ひとつの情報」であって，保証ではない[12]。しかし，格付けによって社債金利（クーポンレート）の水準が事実上決定されることから「パワフルな情報」であることは事実である。特に，格付け会社がレギュレーションFDの適用除外となっていることから，投資家は格付け会社だけが真実の情報を保有していると思いがちで，格付け会社に過度の信頼が置かれる[13]。一方，格付け会社は監査法人などと違って「単なる民間企業」であるから，被格付け会社が正しい情報を提供しなくても査察権などの公的権力を用いて調べることはできない。格付けが資本市場のインフラ・ストラクチュアとして欠かせないものになり，公的色彩が濃くなるにしたがって，「私的財」としての格付け情報と「公共財」としての格付け情報の調整が難しくなっている。日本では，格付け会社は「企業内容等の開示に関する内閣府令（昭和48年大蔵省令第5号）第1条第13号の2に規定する指定格付機関」として金融庁が指定するが，指定の基準などは明らかにされていない。現在，格付投資情報センター（R&I，本社：東京都中央区日本橋），日本格付研究所（JCR，本社：東京都中央区銀座），ムーディーズ・インベスターズ・サービス・インク（Moody's，本社：米国

ニューヨーク），スタンダード・アンド・プアーズ・レーティングズ・サービス（S&P，本社：米国ニューヨーク），フィッチレーティングスリミテッド（FitchRatings，本社：英国ロンドン）の5社が指定格付機関となっている（平成17年金融庁告示第88号，指定の有効期間：平成18年1月1日～平成19年12月31日）

## 7. 何年先を見て格付けをしているか

　格付けは将来の信用リスクを予測する情報であるから，期間10年の社債であれば発行後10年間のリスクを測定するのが原則である。しかし，実際問題として，人間（アナリスト）が今後10年間のリスクを予想することは不可能であり，市場経済の現場においてもそこまでは求められていない。現状において，経験を積んだアナリストが科学的な信頼性をもって見通せる期間は3～5年であり，投資家も当てにならない長期予測よりも信憑性のある近い将来の情報に価値を置く。期間10年の社債を購入する投資家は3～5年先までのリスク情報を得て，その後については逐次更新される情報に依拠してリスクを把握し，保有し続けるか売却すべきかを判断すればよい。したがって，現在の資本市場において，格付け会社と投資家の間の情報の信頼性の期間についてのコンセンサスは3～5年までと見てよいであろう。つまり，格付け情報は信用リスクについての3～5年先の先行指標であるといえる。例えば，シングルA（A），トリプルB（BBB），シングルB（B）に格付けされた3種類の社債があるとする。仮に，ある格付け会社の5年後のデフォルト可能性がAは2％，BBBは10％，Bは20％であるとする（簡略化のため仮りの％を前提にしたが，実際に使われる格付け別の予想デフォルト率については第2章「格付けの理論」(3)格付けの実務的定義を参照）。いま，この格付け会社によってAに格付けされた社債が100銘柄，BBBが100銘柄，Bが100銘柄あるとすれば，5年先の予想デフォルト件数は32銘柄（A2銘柄，BBB10銘柄，B20銘柄）である。もし，何らかの理由によって（原油価格や金利の上昇など）5年先の信用リスクが増加すると予想

されると，格付け会社は格下げを行う。例えば，現在時点で格下げを行い，Aがゼロ（100銘柄をすべてBBBに格下げ），BBBが150銘柄（Aからの格下げが100銘柄，変更されないBBBが50銘柄），Bが150銘柄（BBBからの格下げ50銘柄と従来からのBが100銘柄）になったとすると，5年後の予想デフォルト件数は45銘柄（Aゼロ，BBB15銘柄，B30銘柄）になる。これまで格付けAであった銘柄が，現在時点でBBBに格下げされると，投資家はこの社債に対して増加したリスクを相殺するように高い利回りを要求するようになるのでこの社債の価格が下落する。格付け会社と電子媒体や文書情報などで情報購読契約をしている投資家はこの格下げ情報をいち早くキャッチし市場で価格が下落する前に売却することが可能である。この際，留意しておくことは，格付け情報は個別債券の予想デフォルト率ではないということである。ある個別企業の社債がBBBであっても，この社債の10％部分がデフォルトになるのではない。この社債がデフォルトになるか，ならないかはオール・オア・ナッシングである。「格付け」の意味は，このBBB社債は定量的要素や定性的要素から判断して「今後5年間の予想デフォルト率が10％である要件を備えたグループに入る社債」ということである。したがって，投資家は格付け情報を，ひとつひとつの銘柄の評価に使うのではなく，ポートフォリオとして多数の銘柄に投資をする際のグループごとの予想リスクを事前に把握するために利用する（第2章「格付けの考え方」1の(5)格付けの利用方法参照）。

## 8. リスクのない社会からリスク社会へ

　日本では1930年代の経済恐慌以降約60年間，上場企業など大企業の信用リスクは銀行が吸収し市場で顕在化させない方針が採られてきた。企業に対しては業種ごとに寡占体制を維持し新規参入を制限して，企業倒産をできるだけ少なくし，製品の安定供給を優先する産業政策が採られた。銀行と企業との関係は，メインバンク関係などを通じて長期的関係を維持し，取引先企業が経営困難に陥ったときはメインバンクが返済猶予などを弾力的に活用し

て資金的，人的援助を与え，企業の信用リスクを銀行が吸収した。特に，市場に出回る企業の社債が返済困難になったときは受託銀行の役割を果たすメインバンクが社債を全額買い受けて，投資家にはリスクを与えないルールが守られた。銀行にはその見返りとして護送船団と称される倒産回避の保護政策が与えられた。社債に対する投資家は低い金利（クーポン・レート）に甘んじても信用リスクを負担する必要がなく，企業は低金利による借り入れができるという，双方ともがウィン・ウィン・ゲームの環境に置かれていた。投資家と企業の金融的関係は「ロー・リスク（デフォルトの回避），ロー・リターン（低金利）」という経済原理に適った関係であったために長期間存続できた。この「リスクのない社会」の経済学的利点は，競争による効率性の追求よりも，競争を制限して大企業倒産を回避し，社会全体としての無駄なサンク・コスト（倒産により埋没してしまう費用）を節約できることであった。事実，1990年代中頃まで，不祥事や経営上の大きな失敗は別として，価格競争や利益率競争によって倒産した大企業は殆どなく，銀行倒産も皆無で，社債のデフォルトもなかった。

　この「リスクのない社会」の仕組みは，1980年代はじめからのOECDによる不公正競争の指摘，日米円ドル委員会による資本市場の開放要求，日米構造協議による系列・株式持合いなど企業慣行の修正要求など，外国からのプレッシャーによって徐々に変化を余儀なくされ，最終的には1996年の橋本内閣による日本版ビッグ・バン等6大改革によって，リスクのある社会へと変化した。1996年以降，60年ぶりの公募社債デフォルト（ヤオハン），拓銀，山一證券など金融機関の破綻などが発生し，銀行の護送船団が解体されるなどして「リスク社会」へ突入した。大型スーパー・マイカルの破綻では，同社の社債を購入した多くの個人投資家が損失を蒙った。1985年に格付け制度がスタートしたものの，実際には「リスクのない社会」の仕組みに守られて，1996年までは社債のデフォルトは発生しないことがわかっていたので「格付け制度」が機能する余地はなかった。「リスク社会」に移行した1996年を境に，「信用格付け（Credit Rating）」が本当の意味で必要になってきた[14]。

## 9. 平均費用による競争と限界費用による競争 [15]

「リスクのない社会」における企業競争のスタンダードは平均費用であり，「リスク社会」におけるスタンダードは限界費用である。そして「信用リスク」が発生する源は企業競争における「新規参入」と「価格競争」にある。図表1-5はリスクのない社会における企業競争のスタンダードを描いたものである。業界は行政による産業政策によって5～6社による寡占状態が守られ，新規参入は認められないか厳格に管理されている。曲線 ac1 はその業界における平均コストがもっとも低い優良企業である。一方，曲線 ac2 はその業界における平均コストが最も高い問題企業である。平均コストは，自動車メーカーであればモデル X の車を月間 1000 台生産した時の1台あたりの平均製造コストであり，そのコストには協調的に認められた適正利潤と適正配当が含まれている。行政は問題企業が経営を継続できるように，需給調整や独占禁止法の適用除外などの措置によりモデル X 車の価格を P に誘導する。問題企業の生産量は A 点に決まり，適正な利潤と配当は可能であるがそれ以上の利益をあげることはできない。一方，優良企業は平均コストが低いので生産量を拡大しても超過利潤が発生し，最大生産量は B 点である。新規参入を禁止し，価格競争を排除することによって企業倒産が回避されリスクのない社会が形成されている。企業はコストを下げれば超過利潤を獲得できるので，超過利潤は企業のインセンティブになり，結果として国際競争力の強化にもなった。優良企業の超過利潤は快適な社宅，優雅な保養寮，若手社員の海外留学，他社より高い給与，R&I 投資などに充当されるので，有名大学の有能な学生は優良企業に集中する。その結果，優良企業は「優良」を保ち続け，業界秩序が維持される。終身雇用制度や年功序列制度などの資金源泉は，平均費用競争による超過利潤によって生み出された。優良企業と問題企業の中間にある他の寡占企業の平均費用曲線は ac1 と ac2 の間にあり，平均費用が低い企業ほど生産量を拡大できる余地が大きい。生産規模が大きな企業ほど優良企業であるという日本企業の特徴は平均費用競

一方,「リスク社会」における競争は新規参入と価格競争を伴う。行政による規制や保護が廃止され,信用リスクを企業や投資家自身が負担する競争社会では,企業は企業価値を最大に,投資家は最小のリスクで収益率を最大にしようとする。図表 1 – 6 は新規参入があり価格競争が行われるときの企業の最適生産規模を表したものである。ac1 は図表 1 – 5 の ac1 と同一企業の平均費用曲線であり,mc はその企業の限界費用曲線である。限界費用曲線は生産量を 1 単位増やしたときに増加する費用であり,初期の段階では増産効果によって低下するがその後増加し,平均費用曲線の最も低い点と交差する。企業の利益を最大にする生産量は限界費用曲線が価格と交わる点であり,図表 1 – 6 の C 点である。C 点より生産量が少なくても多くても企業の利益は C 点の利益より減少するので,「リスク社会」では従業員の福祉や業界との協調などを無視して企業は生産量を C 点に決める。mc より低い限界費用を持つ企業はモデル X 車の価格 P を下げることができるので,図表 1 – 5 の企業 ac2 は赤字になり市場から退出させられる。企業はそれぞれの限界費用曲線が価格 P と交わる点で生産すれば,他の条件は一定という前提において「株価を最大」にし,「債務返済の信用リスク」を最小にすることができる。図表 1 – 6 と同じ費用曲線を持つ日本企業が「リスクのない社会」で生産するとすれば,その生産規模は D 点まで拡大するであろう。格付け

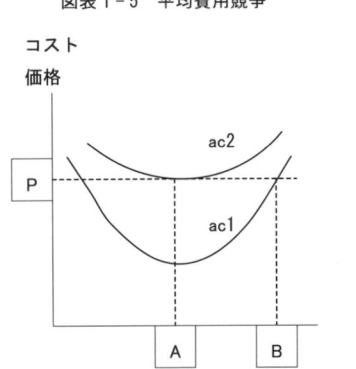

図表 1 – 5　平均費用競争

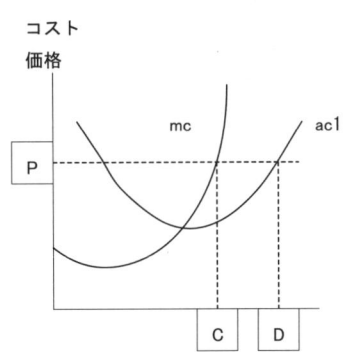

図表 1 – 6　限界費用競争

会社は，「リスクのない社会」においては「生産規模の大きな企業ほど信用リスクが小さい」という見方ができたが，「リスク社会」においては「格付け対象企業の限界費用曲線が価格と交わる点に生産規模が設定されているか」を見極めることが重要になる。米国市場で，小規模企業であっても大企業よりも良い格付けを持つ企業があるのはそのためである。日本の大手自動車メーカーが「終身雇用制度の維持」を発表したとき，外資系格付け会社がその自動車会社の格付けを下げたとマスメディアが発表した。この格付け会社はマスメディアの記事を否定したが，「リスク社会」の中で超過利潤は発生しないので終身雇用制度のコストを負担することには無理があることも事実である。また，ある自動車会社の経営権がグローバル企業に移転したとき，メインの工場をシャットダウンして生産規模を縮小したことに対してマスメディアは「日本の生産を減らして日本への輸出を増やそうとしている」という見方をした。しかし，経営権を取得したグローバル企業は限界費用曲線によって決まる適正規模まで一旦縮小したが，その後コストを削減し限界費用を下げた後で再び生産を拡大したので，「リスク社会」における最適経営を行っていることが明らかになった。

## 10. 銀行の自己資本規制に対する格付けの導入（バーゼルⅡ）

格付けはいろいろな方法で利用されている。基本的には，機関投資家などが市場情報のひとつとしてポートフォリオのリスク管理に用いるが，金融当局や公的機関によって金融機関や年金などの運用規制にも使われている。また，中国のように中央銀行による民間銀行の融資基準規制として利用されている例もある。いずれにしても格付けはこれまで国内的に利用されてきたが，2006年度末に実施が予定されているバーゼルⅡは，格付けが国際基準として利用される初めてのケースである。バーゼル委員会（Basel Committee on Banking Supervision，先進13カ国の中央銀行で構成）はBIS（Bank for International Settlement：国際決済銀行）を事務局として，1988年12月以降，国際的に業務を行う銀行の自己資本比率を8％以

上とする規制を行ってきた（バーゼルⅠ）[16]。バーゼルⅡはバーゼルⅠを拡大発展させるもので，最低自己資本比率8％の数値は同じであるが，比率を算出する際のリスク資本（貸出し等）に，格付けによるウェイトをつけることになる。例えば，貸出先企業の格付けが「AAA～AA－」の範囲にあればリスク・ウェイトは20％とされているので，100万円の貸し出しはウェイト後20万円になり，貸し出しに対する自己資本は8％でよいので必要自己資本額は1.6万円（リスク資本に対して8％，貸し出し資本100万円に対して1.6%）となる[17]。一方，「B＋」企業への貸し出しはリスク・ウェイトが150％と決められているので，12%の自己資本が必要になる（100万円×1.5×0.08＝12万円）。バーゼルⅡ規制では貸し出し全体のリスク・ウェイト後の最低自己資本比率を8％と定めている。使用する「格付け」は，指定格付け会社の格付けを使用する（標準的手法と呼ばれる）方法と，銀行が貸し出し案件ごとに内部的に格付けを行う方法（基礎的アプローチと先進的アプローチの2つの方法）とがあり，銀行が採用方法を選択して金融庁に届け出る[18]。バーゼルⅡ実施のスケジュールは，標準的手法および基礎的アプローチ手法については2006年度末，先進的手法については2007年度末実施である。格付けがバーゼル委員会によって世界標準として採用されたことは，格付けの浸透と重要性を高めるものであるが，いくつかの論点も残されている。① 銀行の自己資本規制が景気変動を増幅させる可能性があると言う問題（Pro-cyclicality Problem）。貸出先の企業業績が悪化すると自己資本の増加が必要になるので銀行は貸し出しを抑制し，その結果，企業業績がさらに悪化する。好景気時には貸し出し増加によってさらに景気を刺激する懸念がある。もともと銀行業は景気変動と同じ方向への影響を与えると言われているが，格付け基準を採用することによってその効果を増幅させる可能性がある。② 無格付けのリスク・ウェイトが100％と決められているので，「B＋」以下のリスクの高い企業は格付けを取らない方が銀行にとって有利になる。したがって，リスクの高い企業は格付けを取らなくなる懸念があり，資本市場におけるリスクの高い債務の情報が開示されなくなる。③ 日本の場合，依頼のない格付け（いわゆる「勝手格付け」）は無効になるので，

格付けのカバー率が低下する懸念がある。④ 金融証券化商品に対するリスク・ウェイトが全体的に高いので，リスクを分散するための金融証券化商品の効果が十分に発揮されなくなる可能性がある[19]。

## 11. 格付け会社のパフォーマンス評価

　格付け会社は，米国ではSEC（証券取引委員会）によるNRSRO（Nationally Recognized Statistical Rating Organization 全州承認格付機関）制度によって，日本では金融庁による指定格付機関制度によって認定を受ける必要があるが，どの格付け会社が正しい格付けを行っているかについては市場の判断に委ねられている。格付け会社も格付けの正しさを市場が判断できるように積極的に情報を開示している。現状，格付けの精度の判断には3つの方法があると考えられている。第1は，格付けと個別債券の市場利回りとの関係である。格付けが正しく行われていれば高格付け債には低い利回りが，低格付け債には高い利回りが付くはずである。したがって，個別債券の格付けと市場利回りの相関係数が高い格付け会社はパフォーマンスが良いと判断できる。ただ，市場利回りに影響を与える要因は格付け情報以外にも多くあるので，市場利回りが格付けを反映するとは限らない。また，短期的には信用リスクだけでなくいろいろな要素が債券価格（市場利回り）の決定要因になりうるので，格付けと市場利回りの中・長期的な相関関係を見る必要がある。また，格付け会社が市場価格を後追い（フォロー）して格付けを行えば相関係数は高くなるので，格付け会社が情報のリーダーであるかフォロアーであるかも見極める必要がある。第2は，格付けと累積デフォルト率の関係である。格付け後の実績累積デフォルト率について，格付けランクごとの期間別相対関係（高い格付けの平均デフォルト率が低く，低い格付けのデフォルト率が高い）が保たれているかどうか，および各格付けランクの時系列的安定性が保たれているかを統計的にテストすることによって判断できる。この格付けランクの統計的確認手法は，格付け会社が累積デフォルト率の結果だけを整合的にしようとすれば，格付けランク間の銘柄の入れ替えによって統計

数字を操作することも可能になるので，個別銘柄のテストも必要である[20]。第3は，格付けの変更分析（トランジション・アナリシス）である。格付け時の基本的な前提が変化すれば格付けは変更されるが，頻繁な変更は投資情報としての信頼性を欠くことになる。トランジション・アナリシスは格付けランクごとの一定期間後の留保率（例えばAA格総銘柄数の何％が1年後にAAのまま留まったか）を比較してパフォーマンスを評価する方法である。留保率が高い場合にパフォーマンスが良いと判断されるが，留保率を高めるために格付けと市場利回りとの関係，格付けと累積デフォルト率の安定性が損なわれては困るので，3つのテストを相互にチェックする必要がある。

## 12. 格付けについてのその他の論点

### ●現預金や含み資産などは格付けを良くするか

将来の信用リスクを判断するに当たって多額の現預金や有価証券，株や土地の含み資産は短期の格付け（コマーシャル・ペーパー等）には有利に働く。それは償還財源が不足したときに取り崩して返済に充当できるからである。しかし，長期的にはこれらの資産は担保とされている場合は別として，負債の債権者が予備の償還財源として留保しておくことができない。預金の取り崩し，証券の売却などの資産処分や，配当として社外流出してしまえば消滅してしまう可能性がある。したがって，長期的な償還財源は基本的には営業活動から生み出される利益と減価償却費（いわゆるキャッシュ・フロー）である。

### ●株価と格付けの相関はあるか

信用リスクが高い投機的ランク（BB以下）の債務については株価との相関度が高い。債務の返済に問題がある企業は配当支払いについても懸念が残るからである。したがって，投機的ランクについては格付けが低くなればなるほど株価は下がる傾向にある。投資適格（AAA～BBB）のランクについては，信用リスクが配当の制約要因になる可能性が低いので，格付けが株価

に与える影響は小さいと考えられる。一般的にAAAやAAの企業は高いリスクを取らないので，株価は信用リスク以外の要因に依存する傾向が強い。BBBランクの企業のうち，BBB－などBBランクに近い企業は株価との関係がある程度あることが推測されるが日本の市場については実証分析などにより確かめられてはいない。

### ●投機的ランクの社債は「ジャンク・ボンド」なのか

投機的ランクの企業の中には，投資適格から落ちてきたフォールン・エンジェル（落ちた天子）とベンチャー・ビジネスのように成長可能性を秘めた企業とが混在している。競争力の低下，設備投資の失敗，経営管理の不手際などでフォールン・エンジェルになった企業が発行する社債はジャンク・ボンドと呼ばれる。これらの企業は低格付けに見合った高金利での新規ファイナンスが困難であり，既存債務の返済にも困難が伴う。一方，ベンチャー・ビジネスはリスクの高いプロジェクトを手がけているが成功すれば高い報酬が得られる企業で，低格付けに見合った高金利の新規ファイナンスができる企業である。日本ではこのような社債はあまり見られないが，米国ではハイ・イールド・ボンド（高利回り債）と呼ばれ投機的な投資家にとって格好の投資対象である。したがって，格付けBB以下の社債を一括して「投機的（speculative）」と呼んでよいか疑問視する声もある。

### ●「会社」の格付けか「債券」の格付けか

格付けは基本的には個別「債券」の格付けである。日本ではまだあまり見られないが，企業は何本も異なる種類の債券を発行することがある。あるものは無担保債，あるものは担保付で担保の順位が異なるものもある。あるいは償還財源が不足したときに返済の順位を定めた債券もある。それらは信託条項などによって定められる。したがって，同一企業が発行する債券であっても格付けが異なる場合があるので，格付けは「債券」に付けられる。しかし，異なる種類の債券であっても返済のための財源を生み出すのは「会社」である。したがって，信託条項などによって「債券」の格付けが異なっても

「会社」がどのくらいの償還財源を生み出す能力があるかについての格付けも行われる。最近では，予備格付け（ある額の債券を発行したと想定したときの格付け）などの目的で「会社の格付け」を公表している格付け会社もある。

● 「勝手格付け」は悪いのか
　企業からの依頼がない格付けを「勝手格付け」と称している。もともと格付けは投資家のための情報であるので，アメリカでは企業からの依頼があろうとなかろうと格付けをしていた。1960年代まで，格付けは殆ど勝手格付けであった。ところが1970年代に入り金利が上昇すると，米国企業のなかには格付け料を払っても格付けを受けた方が大量の社債を有利な条件で販売でき，格付けがあれば社債販売の宣伝費用をかけなくても投資家に買ってもらえると考える企業が増加した。また，2001～02年のエンロン，ワールドコムなどの破綻に際して，格付けの精度を高めるために社債発行企業に対してヒアリングを行い十分な情報を得た上で格付けを行うべきであるという声が高まった。社債発行企業からの依頼に基づいて行う格付けはソリシテッド・レーティング（solicited rating：依頼格付け），依頼のない勝手格付けはアンソリシテッド・レーティング（unsolicited rating）と呼ばれている。現在では日米とも，起債者の依頼に基づいて，ヒアリングを行ったうえで格付けするソリシテッド・レーティングが一般的であるが，日本企業へのアクセスが困難な米国系格付け会社がアンソリシテッド・レーティングを増加させたことから，マスメディアが「勝手格付け」と称して勝手に格付けされる日本企業が迷惑を蒙っている様子を報道した。前述のように日本の金融庁はバーゼルIIの銀行自己資本規制に関して「依頼格付け」のみを有効とする予定にしているが，「社債発行者の依頼がなくても，不特定多数の投資家が購入する可能性のある公募債については公表資料を使って格付けを行う」必要があるという意見も強い。

● M&Aなど企業合併・買収によって格付けは変化するのか

東芝による米国ウエスチングハウスの買収など国際的 M&A に次いで，阪急ホールディングスによる阪神電気鉄道の TOB，セブン＆アイ・ホールディングスによるヨークベニマルの買収など日本企業同士の M&A が増加している。買収企業，被買収企業あるいはその双方が格付けされている企業の場合，公開買い付け（TOB）など M&A の実施が決まると格付け会社はできるだけ早いタイミングで M&A 完了後の格付けを公表する。M&A 後の信用リスクについての情報が無いと投資家が企業買収の途上において社債の売買ができないからである。阪急ホールディングスは 06 年 5 月 29 日に阪神電気鉄道の TOB 実施を決議したが，阪急ホールディングスに Baa2 の格付けを付けていたムーディーズ・ジャパンは同日，「阪急ホールディングスの格付けを引き上げ方向で見直す」ことを発表した（ムーディーズ・ジャパン NEWS）。公表された格上げの理由は，M&A 後の阪急グループは「関西における競争力と分散効果が増し」，「大阪梅田地区に保有する資産の共同開発による利益が得られる」ためである。ムーディーズ・ジャパンは阪神の格付けはしていなかったが，阪急の社債を保有している投資家は M&A によって信用リスクは改善される見通しにあることがわかる。格付け会社は M&A の気配を感じとると合併・買収後の格付けがどうなるかについて調査に入り，実施決議後できるだけ早いタイミングで「見通し」を発表し，その後正式な「格付けの変更」を公表する。

● **自己資本比率は格付けに際してなぜ重要なのか**

格付け手法に関するマニュアルなどをみると企業の自己資本比率が重要視されている。格付けの決定要因を回帰分析などで求めた研究結果でも，格付けの説明変数として「自己資本」が常に上位を占めている[21]。格付けは債務を償還するための財源を継続的に生み出す能力がどの程度であるかによって決まるが，予期せぬ損失が発生したときにそれを補填するのが自己資本である。株主は配当を増やすために自己資本利益率（ROE）を高めることを要求する。自己資本利益率 ROE は，ROE＝ROA＋(ROA－i)×D/E となる[22]。ROA は総資本利益率，i は負債の利子率（金利），D は負債の額，E は自己

資本の額である。この式から，ROE を高めるためには負債 D を高めればよいことがわかる（自己資本 E を減らしても良い）。もちろん，総資本利益率を高めるか金利を低くすることでも良いが，前者は業界内の競争相手がいるので時間のかかることであり，後者は銀行との交渉ごとであるので必ずしも容易ではない。それに比べて負債を増やすことは借り入れに見合った資産を保有する形態（設備投資や在庫投資など）をとればそれが借り入れの担保にもなるので可能性は高い。しかし，ここで自己資本利益率が変動するリスクを考えなければならない。変動のリスクを考えると前の式は，$\sigma \text{ROE} = \sigma \text{ROA} + \sigma \text{ROA} \times D/E$ となる。金利 i は契約によって決まるので短期的には変動しないとする。株主の要求に応えて自己資本利益率を高めるために負債を増やすと，同時に自己資本利益率の変動リスクも高まることがわかる。つまり，負債を増やすと利益率は高まるが配当ができないリスク，金利や元本の返済ができなくなるリスクが増加することになる。負債は自己資本利益率を高める正の効果と，リスクを高める負の効果を同時に持ち合わせている。そこで，格付け会社にとってリスクを制御するための自己資本が過少になっていないかどうかを検討することが重要になってくる。

● 統計的モデルで「格付け」することはできないのか

判別分析や主成分分析などの統計解析手法によって格付けモデルを作ることは可能である。これまでにも説明力 90〜98％の多くの統計的格付けモデルが紹介されたが，モデルを使用して格付けビジネスに成功した例はない。英国の有数な情報機関であるエクステル社が統計的格付けモデルを作り客観的 7 指標による格付けビジネスを開始（1978 年 2 月）したが，説明能力が十分でなく開業 1 年 4 カ月後に中止した[23]。格付けモデルができるのは過去の説明であり，将来の信用リスクを予測することに成功した例は今のところない。「成功」と言えるためには，「格付けのパフォーマンス評価」で述べたようにモデルで予測した個別格付けの実績累積デフォルト率が少なくとも 5 年間程度について整合的，安定的でなければならない。統計的格付けモデルが成功しない理由のひとつは，将来の信用リスクの変化に与える要因があま

りにも複雑であるためであると考えられる。国際環境，経済情勢の変化，業界内における競争，技術革新，経営手腕，労働生産性など常に変化を伴うので，十分な知識と経験を積んだアナリストが信用リスクに与える変化の要因を総合して判断する以外に「当面」は方法がない。「当面」と条件をつけたのは，格付けは，人間の健康診断などと同様に，ある企業の信用リスクが「ある格付けクラスの要件を備えている」ことを判断するものであるので，精緻で説得的なモデルができれば将来のリスクに係ることとは言え絶対不可能と言い切ることはできないであろう。

**参考文献**
(1) 黒沢義孝「国際資本移動下におけるソブリン格付けの問題」『証券経済学会年報』第37号，2002年5月，71～74頁。
(2) 黒沢義孝『債券格付けの実際』東洋経済新報社，1985年3月。
(3) 黒沢義孝「日本国債の格付け」『経済集志』日本大学経済学研究会，第74巻第3号，2004年10月，73～77頁。

**注**
1　格付け4社の日本企業等に対する格付けおよび格付け格差を一覧表にすると下表の通りである（ムーディーズ・ジャパン，S&P東京オフィス，R&I，JCRの4社：フィッチ・レーティングス東京支店が日本企業の格付けを増加させたのは最近であるので整理できなかった）。なお，格付け記号の意味は格付け会社によって異なることがあるので，記号による横並びは厳密な意味では問題があるが，便宜的な比較のために整理した。格付け記号と数値の対応関係は注2を参照。

| 会社名 | 格付け記号 | | | | 格付け格差 | | | | | |
|---|---|---|---|---|---|---|---|---|---|---|
| | MDY | S&P | R&I | JCR | MDY-S&P | MDY-R&I | MDY-JCR | S&P-R&I | S&P-JCR | R&I-JCR |
| [水産・農林業] | | | | | | | | | | |
| ホクト | | | | A− | | | | | | |
| [鉱業] | | | | | | | | | | |
| 日鉄鉱業 | | | BBB | | | | | | | |
| 帝国石油 | | A− | A+ | | | | | 2 | | |
| 国際石油開発 | | | AA− | | | | | | | |
| [建設業] | | | | | | | | | | |
| 大成建設 | Baa2 | BB+ | BBB+ | | −2 | 1 | | 3 | | |
| 大林組 | A3 | BBB− | A | A+ | −3 | 1 | 2 | 4 | 5 | 1 |
| 清水建設 | | BBB− | A | A+p | | | | 4 | 5 | 1 |
| 長谷工コーポレーション | | | BBB | | | | | | | |
| 鹿島建設 | Baa1 | BB+ | A− | | −3 | 1 | | 4 | | |
| 鉄建 | | | BB+ | BBB− | | | | | | 1 |
| 太平工業 | | | | BB+ | | | | | | |

注 27

| 会社名 | MDY | S&P | R&I | JCR | MDY-S&P | MDY-R&I | MDY-JCR | S&P-R&I | S&P-JCR | R&I-JCR |
|---|---|---|---|---|---|---|---|---|---|---|
| 西松建設 | | BB+ | A− | Ap | | | | 4 | 5 | 1 |
| 前田建設工業 | Baa3 | BB+ | A− | | −1 | 3 | | 4 | | |
| 戸田建設 | | | A− | | | | | | | |
| 植木組 | | | | BBB− | | | | | | |
| 新日本建設 | | | | BBB | | | | | | |
| NIPPOコーポレーション | | | | A | | | | | | |
| 東亜建設工業 | | | BBB− | | | | | | | |
| 徳倉建設 | | | | BB+ | | | | | | |
| 白石 | | | | BB+ | | | | | | |
| 東北ミサワホーム | | | | BB | | | | | | |
| 住友林業 | | | A | | | | | | | |
| 大和ハウス工業 | A2 | BBB+ | AA− | AA−p | −2 | 2 | 2 | 4 | 4 | 0 |
| 積水ハウス | | A− | AA− | AA−p | | | | 3 | 3 | 0 |
| コミューチュア | | | | A− | | | | | | |
| シーキューブ | | | | BBB | | | | | | |
| 大明 | | | BBB+ | BBB+ | | | | | | 0 |
| きんでん | | BBB | | | | | | | | |
| トーエネック | | | BBB+ | A− | | | | | | 1 |
| 日本電設工業 | | | | A | | | | | | |
| 協和エクシオ | | | | A | | | | | | |
| 日本電話施設 | | | BBB | BBBp | | | | | | 0 |
| 三機工業 | | | | A− | | | | | | |
| 日揮 | | BBB+ | | A− | | | | | 1 | |
| NECネッツエスアイ | | | | BBB+ | | | | | | |
| 福田組 | | | | BBB | | | | | | |
| 若築建設 | | | | BBB | | | | | | |
| コムシスホールディングス | | BBB+ | | | | | | | | |
| 大東建託 | | BBB | A | | | | | 3 | | |
| アリスタライフサイエンス | Baa3 | | | | | | | | | |
| スルガコーポレーション | | | | BBB− | | | | | | |
| 矢作建設工業 | | | | BBB | | | | | | |
| [食料品] | | | | | | | | | | |
| 日本製粉 | | | | A− | | | | | | |
| 日清製粉グループ本社 | | A+ | | AA | | | | | 2 | |
| 昭和産業 | | | | BBB+ | | | | | | |
| 日本農産工業 | | | | BBB+ | | | | | | |
| 中部飼料 | | | | BBB+ | | | | | | |

第1章 格付け概論

| 会社名 | MDY | S&P | R&I | JCR | MDY-S&P | MDY-R&I | MDY-JCR | S&P-R&I | S&P-JCR | R&I-JCR |
|---|---|---|---|---|---|---|---|---|---|---|
| 日和産業 | | | | BBB− | | | | | | |
| 三井製糖 | | | | BBB | | | | | | |
| 明治製菓 | | | BBB | A+ | | | | | 4 | |
| カンロ | | | | BBB− | | | | | | |
| 明治乳業 | Baa1 | | A− | A | | 1 | 2 | | | 1 |
| 雪印乳業 | Ba3 | | BB+ | | | 2 | | | | |
| 森永乳業 | Baa1 | | A− | | | 1 | | | | |
| ヤクルト本社 | | BBB+ | A | | | | | 2 | | |
| 日本ハム | Baa2 | BBB− | A− | | −1 | 2 | | 3 | | |
| 伊藤ハム | Baa1 | | BBB+ | | | 0 | | | | |
| 米久 | | | | BBB+ | | | | | | |
| サッポロビール（サッポロホールディングス） | Ba1 | BB | BBB− | BBB+ | −1 | 1 | 3 | 2 | 4 | 2 |
| アサヒビール | A3 | A− | A+ | AA− | 0 | 2 | 3 | 2 | 3 | 1 |
| キリンビール | Aa3 | AA− | AA | | 0 | 1 | | 1 | | |
| 宝ホールディングス | | BBB | A | A | | | | 3 | 3 | 0 |
| 合同酒精（オエノンホールディングス） | | | BBB− | BBB | | | | | | 1 |
| メルシャン | | | BBB | BBB+ | | | | | | 1 |
| サントリー | A3 | | A+ | AA− | | 2 | 3 | | | 1 |
| コカ・コーラウエストジャパン | | | A+ | AA− | | | | | | 1 |
| コカ・コーラセントラルジャパン | | | A+ | A+ | | | | | | 0 |
| 伊藤園 | | | A+ | A+ | | | | | | 0 |
| キリンビバッレジ | | | A+ | A+ | | | | | | 0 |
| 日清オイリオグループ | | | BBB | A− | | | | | | 2 |
| 不二製油 | | | A− | | | | | | | |
| キッコーマン | A1 | A | A | | −1 | −1 | | 0 | | |
| 味の素 | A1 | AA− | AA | | 1 | 2 | | 1 | | |
| エスビー食品 | | | | BBB | | | | | | |
| キューピー | | | A | A+ | | | | | | 1 |
| カゴメ | | | A− | A− | | | | | | 0 |
| ニチレイ | Baa2 | | A− | A | | 2 | 3 | | | 1 |
| 加ト吉 | | | BBB+ | A− | | | | | | 1 |
| 東洋水産 | A2 | | A | A+p | | 0 | 1 | | | 1 |
| オリエンタル酵母工業 | | | | BBB+ | | | | | | |
| 日清食品 | | AA | | | | | | | | |
| 永谷園 | | | | BBB | | | | | | |
| トオカツフーズ | | | | BBB− | | | | | | |

| 会社名 | MDY | S&P | R&I | JCR | MDY-S&P | MDY-R&I | MDY-JCR | S&P-R&I | S&P-JCR | R&I-JCR |
|---|---|---|---|---|---|---|---|---|---|---|
| 日本たばこ産業 | Aa2 | AA− | AA+ |  | −1 | 1 |  | 2 |  |  |
| わらべや日洋 |  |  |  | BBB |  |  |  |  |  |  |
| ミヨシ油脂 |  |  |  | BBB |  |  |  |  |  |  |
| アリアケジャパン |  |  |  | A− |  |  |  |  |  |  |
| 山崎製パン |  | BBB+ |  |  |  |  |  |  |  |  |
| ハウス食品 |  | A |  |  |  |  |  |  |  |  |
| [繊維] |  |  |  |  |  |  |  |  |  |  |
| グンゼ |  |  |  | A+ |  |  |  |  |  |  |
| 東洋紡績 | Baa3 |  | BBB | A− |  | 1 | 3 |  |  | 2 |
| 倉敷紡績 |  |  | BBB |  |  |  |  |  |  |  |
| 帝人 | A3 | BBB+ | A |  | −1 | 1 |  | 2 |  |  |
| 東レ | A3 | BBB+ | A+ |  | −1 | 2 |  | 3 |  |  |
| 三菱レイヨン |  | BBB+ | A | A+ |  |  |  | 2 | 3 | 1 |
| クラレ | A3 | A− | A+ | AA− | 0 | 2 | 3 | 2 | 3 | 1 |
| 日本バイリーン |  |  |  | BBB+ |  |  |  |  |  |  |
| ホギメディカル |  |  | BBB+ |  |  |  |  |  |  |  |
| ワールド |  | BBB |  |  |  |  |  |  |  |  |
| オンワード樫山 |  | BBB+ |  |  |  |  |  |  |  |  |
| セーレン |  |  |  | BBB+ |  |  |  |  |  |  |
| [パルプ・紙] |  |  |  |  |  |  |  |  |  |  |
| 王子製紙 | A3 | BBB− | A+ | AA−p | −3 | 2 | 3 | 5 | 6 | 1 |
| 三菱製紙 |  |  | BB+ | BBB− |  |  |  |  |  | 1 |
| 北越製紙 |  |  | A− | A |  |  |  |  |  | 1 |
| 中越パルプ工業 |  |  | BBB− |  |  |  |  |  |  |  |
| 大王製紙 |  |  | BBB− | BBB |  |  |  |  |  | 1 |
| レンゴー |  |  | A− |  |  |  |  |  |  |  |
| トーモク |  |  | BBB |  |  |  |  |  |  |  |
| 朝日印刷 |  |  | BBB− | BBB |  |  |  |  |  | 1 |
| 日本製紙 |  | BB+ |  | A+ |  |  |  |  | 6 |  |
| 東海パルプ |  |  |  | BBB− |  |  |  |  |  |  |
| 日本製紙グループ本社 |  | BB+ | A | A+ |  |  |  | 5 | 6 | 1 |
| [化学] |  |  |  |  |  |  |  |  |  |  |
| 旭化成 | A2 | A− | AA− | AA | −1 | 2 | 3 | 3 | 4 | 1 |
| 東セロ |  |  | BBB | BBB+ |  |  |  |  |  | 1 |
| 昭和電工 |  |  |  | BBB |  |  |  |  |  |  |
| 住友化学工業 | A3 | BBB+ | A+ | AA− | −1 | 2 | 3 | 3 | 4 | 1 |
| 三菱化学 | Baa1 | BBB− | A− | A | −2 | 1 | 2 | 3 | 4 | 1 |
| 日産化学工業 |  |  |  | A− |  |  |  |  |  |  |
| ラサ工業 |  |  |  | BBB− |  |  |  |  |  |  |

| 会社名 | MDY | S&P | R&I | JCR | MDY-S&P | MDY-R&I | MDY-JCR | S&P-R&I | S&P-JCR | R&I-JCR |
|---|---|---|---|---|---|---|---|---|---|---|
| 石原産業 |  |  |  | BBB |  |  |  |  |  |  |
| トクヤマ | Baa2 |  | A− |  |  | 2 |  |  |  |  |
| セントラル硝子 |  | BBB | BBB+ |  |  |  |  | 1 |  |  |
| 東亞合成 | Baa2 |  | BBB+ |  |  | 1 |  |  |  |  |
| ダイソー |  |  | BBB |  |  |  |  |  |  |  |
| 関東電化工業 |  |  |  | BBB− |  |  |  |  |  |  |
| 電気化学工業 | Baa2 |  | BBB | A |  | 0 | 3 |  |  | 3 |
| 信越化学工業 | A1 | A+ | AA | AA+p | 0 | 2 | 3 | 2 | 3 | 1 |
| エア・ウォーター |  |  | A− | A− |  |  |  |  |  | 0 |
| 四国化成工業 |  |  | BBB |  |  |  |  |  |  |  |
| 日本触媒 |  |  | A− |  |  |  |  |  |  |  |
| カネカ | A2 | A− | A+ | AA− | −1 | 1 | 2 | 2 | 3 | 1 |
| 三菱瓦斯化学 |  | BB+ | BBB+ |  |  |  |  | 3 |  |  |
| 三井化学 | A3 | BBB | A | A+p | −2 | 1 | 2 | 3 | 4 | 1 |
| JSR |  | A− | A+ |  |  |  |  | 2 |  |  |
| ダイセル化学工業 | Baa1 |  | A+ |  |  | 3 |  |  |  |  |
| 住友ベークライト |  | BBB | A | A+ |  |  |  | 3 | 4 | 1 |
| 積水化学工業 | Baa3 | BBB− | A |  |  | 0 | 4 |  | 4 |  |
| 日本ゼオン |  |  | A− |  |  |  |  |  |  |  |
| アイカ工業 |  |  | A− |  |  |  |  |  |  |  |
| 宇部興産 | Ba1 |  | BB+ | BBB− |  |  | 0 | 1 |  | 1 |
| 積水樹脂 |  |  | BBB+ |  |  |  |  |  |  |  |
| 三菱樹脂 |  |  | A− |  |  |  |  |  |  |  |
| 日立化成工業 |  |  | A |  |  |  |  |  |  |  |
| 大倉工業 |  |  | BBB− |  |  |  |  |  |  |  |
| 積水化成品工業 |  |  | BBB− |  |  |  |  |  |  |  |
| 日本化薬 |  |  | A− |  |  |  |  |  |  |  |
| 日本精化 |  |  |  | BBB |  |  |  |  |  |  |
| ADEKA |  |  | A− |  |  |  |  |  |  |  |
| 日本油脂 |  |  | BBB+ |  |  |  |  |  |  |  |
| ハリマ化成 |  |  |  | BBB |  |  |  |  |  |  |
| 花王 |  | AA− | AA |  |  |  |  | 1 |  |  |
| 三洋化成工業 |  |  | BBB+ |  |  |  |  |  |  |  |
| 日本ペイント |  |  | BBB+ |  |  |  |  |  |  |  |
| 関西ペイント |  |  | A | Ap |  |  |  |  |  | 0 |
| 藤倉化成 |  |  |  | BBB |  |  |  |  |  |  |
| 太陽インキ製造 |  |  | BBB+ |  |  |  |  |  |  |  |
| 大日本インキ化学工業 | Baa3 | BB+ |  | A | −1 |  | 4 |  | 5 |  |
| 東洋インキ製造 |  |  | A− | Ap |  |  |  |  |  | 1 |

注 31

| 会社名 | MDY | S&P | R&I | JCR | MDY-S&P | MDY-R&I | MDY-JCR | S&P-R&I | S&P-JCR | R&I-JCR |
|---|---|---|---|---|---|---|---|---|---|---|
| 富士写真フィルム | | AA | | | | | | | | |
| コニカミノルタホールディングス | Baa2 | BBB | BBB+ | A | 0 | 1 | 3 | 1 | 3 | 2 |
| 資生堂 | A1 | A | | | −1 | | | | | |
| ライオン | | | A− | | | | | | | |
| 高砂香料工業 | | | BBB | A− | | | | | | 2 |
| ヤスハラケミカル | | | BBB− | | | | | | | |
| 小林製薬 | | | A− | | | | | | | |
| 有沢製作所 | | | | A− | | | | | | |
| 未来 | | | | BBB+ | | | | | | |
| JSP | | | BBB | | | | | | | |
| ニフコ | | | A | A | | | | | | 0 |
| ユニ・チャーム | | A− | A+ | | | | | 2 | | |
| 信越半導体 | | | AA | | | | | | | |
| 長谷川香料 | | | A− | | | | | | | |
| 東ソー | | BB | A− | | | | | | 5 | |
| 東リ | | | BBB− | | | | | | | |
| 太陽日酸 | | | A− | A | | | | | | 1 |
| クレハ | | | | A | | | | | | |
| 三菱ケミカルホールディングス | | BBB− | | | | | | | | |
| [医薬品] | | | | | | | | | | |
| 協和発酵 | A3 | BBB+ | A+ | | −1 | 2 | | 3 | | |
| 第一三共 | | A+ | | | | | | | | |
| 武田薬品工業 | Aa1 | AA | AAA | | −1 | 1 | | 2 | | |
| 三共 | A1 | | | | | | | | | |
| 第一製薬 | A1 | | AA | AAp | | 2 | 2 | | | 0 |
| 塩野義製薬 | | | A+ | | | | | | | |
| 田辺製薬 | A3 | | A | A+p | | 1 | 2 | | | 1 |
| 富山化学工業 | | | | BBB− | | | | | | |
| 中外製薬 | A2 | A− | AA− | AA | −1 | 2 | 3 | 3 | 4 | 1 |
| 科研製薬 | | | BBB | | | | | | | |
| エーザイ | A1 | A | AA | | −1 | 2 | 3 | | | |
| 小野薬品工業 | | A− | | | | | | | | |
| ロート製薬 | | | A− | | | | | | | |
| 久光製薬 | | | A | | | | | | | |
| 参天製薬 | | | A | | | | | | | |
| エスエス製薬 | | | BBB+ | A | | | | | | 2 |
| みらかホールディングス | | | BBB+ | | | | | | | |

| 会社名 | MDY | S&P | R&I | JCR | MDY-S&P | MDY-R&I | MDY-JCR | S&P-R&I | S&P-JCR | R&I-JCR |
|---|---|---|---|---|---|---|---|---|---|---|
| キッセイ薬品工業 | | | A− | A | | | | | | 1 |
| 栄研化学 | | | | BBB | | | | | | |
| 大正製薬 | | A | | | | | | | | |
| アステラス製薬 | Aa2 | AA− | | AA+p | −1 | | 1 | | 2 | |
| ジョンソン・エンド・ジョンソン株式会社 | | AAA | | | | | | | | |
| あすか製薬 | | | | BBB+ | | | | | | |
| [石油・石炭製品] | | | | | | | | | | |
| 新日本石油 | A3 | BBB | A | | −2 | 1 | | 3 | | |
| 昭和シェル石油 | | BBB | A | A+p | | | | 3 | 4 | 1 |
| コスモ石油 | Ba1 | | BB+ | BBB | | 0 | 2 | | | 2 |
| 東燃ゼネラル石油 | Baa1 | | | A+ | | | 3 | | | |
| 新日鉱ホールディングス | Ba2 | BB | BBB− | BBB+ | 0 | 2 | 4 | 2 | 4 | 2 |
| [ゴム製品] | | | | | | | | | | |
| 横浜ゴム | | | | A | | | | | | |
| 東洋ゴム工業 | | | | BBB+ | | | | | | |
| ブリヂストン | A1 | BBB+ | AA− | AA | −3 | 1 | 2 | 4 | 5 | 1 |
| 住友ゴム工業 | | | | A+ | | | | | | |
| 西川ゴム工業 | | | | BBB | | | | | | |
| 東海ゴム工業 | | | | AA− | | | | | | |
| [ガラス・土石製品] | | | | | | | | | | |
| 日東紡績 | | | BBB− | | | | | | | |
| 旭硝子 | A1 | A | | AA | −1 | | 2 | | 3 | |
| 日本板硝子 | Baa3 | BB+ | BBB | A− | −1 | 1 | 3 | 2 | 4 | 2 |
| 日本電気硝子 | A3 | BBB | | A+ | −2 | | 2 | | 4 | |
| 住友大阪セメント | | | BBB+ | A− | | | | | | 1 |
| 太平洋セメント | Baa3 | BB | BBB | BBBp | −2 | 1 | 1 | 3 | 3 | 0 |
| ディ・シイ | | | | BBB− | | | | | | |
| 東陶機器 | | | | A | | | | | | |
| 日本特殊陶業 | | A− | A | AA− | | | | 1 | 3 | 2 |
| ニチアス | | | | BBB | | | | | | |
| TOTO | | BBB+ | | | | | | | | |
| 日本ガイシ | | | A− | AA− | | | | 3 | | |
| [鉄鋼] | | | | | | | | | | |
| 新日本製鐵 | A1 | BBB− | A+ | AA | −5 | 0 | 2 | 5 | 7 | 2 |
| JFEホールディングス | Baa1 | BBB− | A+ | AA | −2 | 3 | 5 | 5 | 7 | 2 |
| JFEスチール（川崎製鉄） | Baa1 | BBB− | A+ | AA | −2 | 3 | 5 | 5 | 7 | 2 |
| 住友金属工業 | Baa3 | BB | A− | A | −2 | 3 | 4 | 5 | 6 | 1 |

| 会社名 | MDY | S&P | R&I | JCR | MDY-S&P | MDY-R&I | MDY-JCR | S&P-R&I | S&P-JCR | R&I-JCR |
|---|---|---|---|---|---|---|---|---|---|---|
| 神戸製鋼所 | Baa3 | BB | A− | A | −2 | 3 | 4 | 5 | 6 | 1 |
| 日新製鋼 | Baa1 | | | A+ | | | 3 | | | |
| 淀川製鋼所 | | | A− | | | | | | | |
| 東洋鋼鈑 | | | | #A− | | | | | | |
| 丸一鋼管 | | | | AA− | | | | | | |
| 大同特殊鋼 | | | A− | A | | | | | | 1 |
| 山陽特殊製鋼 | | | | A− | | | | | | |
| 日立金属 | | | A | | | | | | | |
| 日亜鋼業 | | | BBB | | | | | | | |
| 愛知製鋼 | | | | A | | | | | | |
| 日本冶金工業 | | | | BBB− | | | | | | |
| [非鉄金属] | | | | | | | | | | |
| 日本軽金属 | | | | BBB | | | | | | |
| 三井金属 | | BBB− | BBB+ | A | | | | 2 | 4 | 2 |
| 東邦亜鉛 | | | | BBB | | | | | | |
| 三菱マテリアル | Baa3 | BB | BBB− | BBB | −2 | 0 | 1 | 2 | 3 | 1 |
| 住友金属鉱山 | Baa2 | BBB− | | A+ | −1 | | 4 | | 5 | |
| 同和鉱業 | | | | A | | | | | | |
| 古河機械金属 | Ba2 | | BB | BBB− | | 0 | 2 | | | 2 |
| 古河電気工業 | Baa3 | BB− | BBB+ | | −3 | 2 | | 5 | | |
| 住友電気工業 | A1 | A− | AA− | AA | −2 | 1 | 2 | 3 | 4 | 1 |
| フジクラ | Baa2 | BBB− | A | Ap | −1 | 3 | 3 | 4 | 4 | 0 |
| 日電線 | | | A | Ap | | | | | | 0 |
| リョービ | | | | BBB | | | | | | |
| [金属製品] | | | | | | | | | | |
| 東洋製罐 | | | BBB+ | | | | | | | |
| トステム | | | A+ | | | | | | | |
| 三和シャッター工業 | | | A− | A+ | | | | | | 2 |
| ワイケイケイ | A2 | | A+ | | | 1 | | | | |
| 住生活グループ | | A− | A+ | AA− | | | | 2 | 3 | 1 |
| 三協・立山ホールディングス | | | | BBB | | | | | | |
| SUMCO | | | | A | | | | | | |
| [機械] | | | | | | | | | | |
| 日本製鋼所 | | | | BBB | | | | | | |
| 三浦工業 | | | | A | | | | | | |
| タクマ | | | | BBB+ | | | | | | |
| オークマホールディングス | | | | BBB | | | | | | |
| 牧野フライス製作所 | | | | BBB | | | | | | |
| オーエスジー | | | | BBB+ | | | | | | |

注 33

34    第1章　格付け概論

| 会社名 | MDY | S&P | R&I | JCR | MDY-S&P | MDY-R&I | MDY-JCR | S&P-R&I | S&P-JCR | R&I-JCR |
|---|---|---|---|---|---|---|---|---|---|---|
| 森精機製作所 | | BBB− | A− | | | | | 3 | | |
| SMC | | A− | AA− | | | | | 3 | | |
| サトー | | | BBB+ | | | | | | | |
| 日本エアーテック | | | | BBB− | | | | | | |
| コマツ | A2 | BBB+ | A | | −2 | 0 | | 2 | | |
| 住友重機械工業 | | | | BBB+ | | | | | | |
| 日立建機 | | | A− | | | | | | | |
| 井関農機 | | | BBB− | | | | | | | |
| クボタ | | BBB+ | A+ | | | | | 3 | | |
| 新東工業 | | | | BBB− | | | | | | |
| 小森コーポレーション | | BBB− | A− | | | | | 3 | | |
| 住友精密工業 | | | BBB− | | | | | | | |
| 荏原製作所 | Baa3 | BB+ | BBB− | | −1 | 0 | | 1 | | |
| ダイキン工業 | A3 | BBB | A+ | | −2 | 2 | | 4 | | |
| 椿本チエイン | | | | BBB+ | | | | | | |
| TCM | | | | BBB− | | | | | | |
| ダイフク | | | BBB | | | | | | | |
| タダノ | | | BBB | | | | | | | |
| CKD | | | | BBB+ | | | | | | |
| 理想科学工業 | | | BBB+ | A− | | | | | | 1 |
| サンデン | | | BBB | | | | | | | |
| ブラザー工業 | | BBB | A− | | | | | 2 | | |
| グローリー工業 | | | A+ | | | | | | | |
| 大豊工業 | | | A− | | | | | | | |
| セガ・サミーホールディングス | | | A− | | | | | | | |
| 日本ピストリング | | | BBB | | | | | | | |
| 日本精工 | Baa1 | BBB− | A− | Ap | −2 | 1 | 2 | 3 | 4 | 1 |
| NTN | Baa1 | BBB | A− | | −1 | 1 | | 2 | | |
| 光洋精工 | | | | #A | | | | | | |
| コベルコ建機 | | | BBB | | | | | | | |
| 日本トムソン | | | BBB+ | | | | | | | |
| THK | | BBB | A− | A+ | | | | 2 | 4 | 2 |
| キッツ | | | | BBB+ | | | | | | |
| マキタ | | A+ | | | | | | | | |
| リコー | A1 | A+ | AA | | 0 | 2 | | 2 | | |
| 新キャタピラー三菱 | | | A− | | | | | | | |
| ディスコ | | | | A | | | | | | |
| フジテック | | | A− | | | | | | | |
| アマダ | | BBB− | | | | | | | | |

注 35

| 会社名 | MDY | S&P | R&I | JCR | MDY-S&P | MDY-R&I | MDY-JCR | S&P-R&I | S&P-JCR | R&I-JCR |
|---|---|---|---|---|---|---|---|---|---|---|
| SANKYO | | BBB+ | | | | | | | | |
| 栗田工業 | | A− | | | | | | | | |
| 日立工機 | | | A | | | | | | | |
| ジーエス・ユアサ・コーポレーション | | | | BB+ | | | | | | |
| ジェイテクト | A2 | | A− | A+ | | −1 | 1 | | | 2 |
| ［電気機器］ | | | | | | | | | | |
| イビデン | | | BBB | A | | | | 3 | | |
| 日立製作所 | A1 | A− | AA− | AAp | −2 | 1 | 2 | 3 | 4 | 1 |
| 東芝 | A3 | BBB | A | | −2 | 1 | | 3 | | |
| 三菱電機 | A2 | BBB+ | A | | −2 | 0 | | 2 | | |
| 富士電機 | Baa3 | BB+ | BBB+ | A− | −1 | 2 | 3 | 3 | 4 | 1 |
| 安川電機 | | | BBB− | | | | | | | |
| 日本電産 | | BBB | A− | A+ | | | | 2 | 4 | 2 |
| 日本電産サンキョー | | | | BBB+ | | | | | | |
| 大崎電気工業 | | | BBB+ | | | | | | | |
| オムロン | A1 | A | AA− | | −1 | 1 | | 2 | | |
| 日本電気 | Baa1 | BBB | A | | −1 | 2 | | 3 | | |
| 富士通 | Baa1 | BBB | A | | −1 | 2 | | 3 | | |
| 沖電気工業 | Ba2 | BB− | BB+ | | −1 | 1 | | 2 | | |
| サンケン電気 | | | A− | | | | | | | |
| エプソントヨコム | | | BBB− | | | | | | | |
| NECエレクトロニクス | | | A− | | | | | | | |
| セイコーエプソン | | | A | | | | | | | |
| アルバック | | | BBB | | | | | | | |
| 能美防災 | | | BBB | | | | | | | |
| 日本無線 | | | BBB | | | | | | | |
| 松下電器産業 | Aa2 | A+ | AA+ | | −2 | 1 | | 3 | | |
| シャープ | A1 | A | AA | AAp | −1 | 2 | 2 | 3 | 3 | 0 |
| アンリツ | | | BBB | | | | | | | |
| 日立国際電気 | | | BBB | | | | | | | |
| ソニー | A2 | A− | AA− | | −1 | 2 | | 3 | | |
| NECトーキン | | | BBB− | BBB | | | | | | 1 |
| TDK | A1 | AA− | | | 1 | | | | | |
| 三洋電機 | Baa3 | BB | BBB | BBB+ | −2 | 1 | 2 | 3 | 4 | 1 |
| ミツミ電機 | | | | BBB+ | | | | | | |
| タムラ製作所 | | | BBB | BBB | | | | | | 0 |
| アルプス電気 | | | BBB− | BBB+ | | | | 2 | | |
| パイオニア | Baa1 | BBB− | BBB+ | | −2 | 0 | | 2 | | |
| 日本ビクター | Baa2 | BBB− | BBB− | | −1 | −1 | | 0 | | |

| 会社名 | MDY | S&P | R&I | JCR | MDY-S&P | MDY-R&I | MDY-JCR | S&P-R&I | S&P-JCR | R&I-JCR |
|---|---|---|---|---|---|---|---|---|---|---|
| ユニデン | Ba2 | | | | | | | | | |
| ホシデン | | | BBB+ | | | | | | | |
| ヒロセ電機 | | A− | | | | | | | | |
| TOA | | | BBB+ | BBB+ | | | | | | 0 |
| 日立マクセル | | | A | Ap | | | | | | 0 |
| 横河電気 | Baa1 | BBB− | A− | A | −2 | 1 | 2 | 3 | 4 | 1 |
| 山武 | | | A | | | | | | | |
| 堀場製作所 | | | A− | A− | | | | | | 0 |
| アドバンテスト | A2 | BBB | A+ | AA− | −3 | 1 | 2 | 4 | 5 | 1 |
| エスペック | | | BBB | | | | | | | |
| Sunx | | | | BBB+ | | | | | | |
| シスメックス | | | A | | | | | | | |
| スタンレー電気 | | A− | A+ | | | | | 2 | | |
| ウシオ電機 | | BBB+ | A+ | | | | | 3 | | |
| 岡谷電機産業 | | | BBB− | | | | | | | |
| 住友電装 | | | A+ | | | | | | | |
| カシオ計算機 | Baa1 | BBB | A | | −1 | 2 | | 3 | | |
| 日本シイエムケイ | | | A− | | | | | | | |
| ローム | | A+ | | AAp | | | | | 2 | |
| 浜松ホトニクス | | BBB | A− | A− | | | | 2 | 2 | 0 |
| 新光電機工業 | | | A− | | | | | | | |
| 太陽誘電 | | BBB+ | A | | | | | 2 | | |
| 村田製作所 | | A+ | AA | | | | | 2 | | |
| 松下電工 | Aa2 | A− | AA | | −4 | 0 | | 4 | | |
| 日東電工 | A2 | A− | | AA | −1 | | 3 | | 4 | |
| 日本ケミコン | | | BBB+ | | | | | | | |
| ミツバ | | | BBB | | | | | | | |
| スター精密 | | | BBB+ | | | | | | | |
| 大日本スクリーン製造 | | | | BBB | | | | | | |
| キャノン | Aa2 | AA | AA+ | | 0 | 1 | | 1 | | |
| 三協精機製作所 | | | BBB+ | | | | | | | |
| 象印マホービン | | | BBB | | | | | | | |
| 富士ゼロックス | | A+ | AA | | | | | 2 | | |
| キーエンス | | | A | | | | | | | |
| 京セラ | Aa3 | A | | | −2 | | | | | |
| マブチモーター | | | A | | | | | | | |
| ファナック | | | A+ | | | | | | | |
| NEOMAX | | | | A− | | | | | | |
| ミネベア | Baa2 | BBB | BBB+ | A | 0 | 1 | 3 | 1 | 3 | 2 |
| エルピーダメモリ | | | | BBB+ | | | | | | |

注　37

| 会社名 | MDY | S&P | R&I | JCR | MDY-S&P | MDY-R&I | MDY-JCR | S&P-R&I | S&P-JCR | R&I-JCR |
|---|---|---|---|---|---|---|---|---|---|---|
| [輸送用機器] | | | | | | | | | | |
| ユニプレス | | | BBB+ | | | | | | | |
| 豊田紡織 | | | A+ | | | | | | | |
| 豊田自動織機 | | AA− | AA+ | | | | | 2 | | |
| デンソー | Aa1 | AA+ | AAA | | 0 | 1 | | 1 | | |
| 東海理化電機製作所 | | | A+ | | | | | | | |
| 三井造船 | | | BBB+ | | | | | | | |
| 日立造船 | | | BB− | | | | | | | |
| 三菱重工業 | Baa1 | BBB | A+ | AA− | −1 | 3 | 4 | 4 | 5 | 1 |
| 川崎重工業 | Baa2 | BBB− | BBB+ | A− | −1 | 1 | 2 | 2 | 3 | 1 |
| 石川島播磨重工業 | Baa3 | BB+ | BBB | | −1 | 1 | | 2 | | |
| 日産自動車 | Baa1 | BBB+ | A | | 0 | 2 | | 2 | | |
| いすゞ自動車 | Baa3 | | BB | BBB− | | −2 | 0 | | | 2 |
| トヨタ自動車 | Aaa | AAA | AAA | | 0 | 0 | | 0 | | |
| 日野自動車工業 | | | A− | | | | | | | |
| 三菱自動車工業 | Ba3 | CCC+ | (CCC+) | B− | −4 | −4 | −3 | 0 | 1 | 1 |
| トピー工業 | | | BBB | | | | | | | |
| ティラド | | | BBB | | | | | | | |
| 曙ブレーキ工業 | | | BBB | BBB+ | | | | | | 1 |
| フタバ産業 | | | AA− | | | | | | | |
| NOK | | | A | | | | | | | |
| カヤバ工業 | | | BBB | | | | | | | |
| 大同メタル工業 | | | | BBB | | | | | | |
| カルソニックカンセイ | | | A− | A | | | | | | 1 |
| 太平洋工業 | | | | BBB | | | | | | |
| アイシン精機 | | AA− | AA | | | | | 1 | | |
| マツダ | | BB− | BBB− | BBB+ | | | | 3 | 5 | 2 |
| ダイハツ工業 | | | A+ | | | | | | | |
| 今仙電気製作所 | | | BBB− | | | | | | | |
| 本田技研工業 | A1 | A+ | AA | | 0 | 2 | | 2 | | |
| スズキ | | A− | A+ | | | | | 2 | | |
| 富士重工業 | | BB+ | BBB+ | | | | | 3 | | |
| ヤマハ発動機 | A2 | | A | A+ | | 0 | 1 | | | 1 |
| エクセディ | | | | A | | | | | | |
| 豊田合成 | | | A | | | | | | | |
| ヨロズ | | | BBB | | | | | | | |
| カーメイト | | | BB | | | | | | | |
| 日本精機 | | | BBB+ | | | | | | | |
| 八千代工業 | | | BBB+ | | | | | | | |

| 会社名 | MDY | S&P | R&I | JCR | MDY-S&P | MDY-R&I | MDY-JCR | S&P-R&I | S&P-JCR | R&I-JCR |
|---|---|---|---|---|---|---|---|---|---|---|
| 昭和飛行機工業 | | | BBB− | BBB− | | | | | | 0 |
| タカタ | | | | BBB+ | | | | | | |
| アイシン・エィ・ダブリュ | | | | AA | | | | | | |
| 名村造船所 | | | | BBB− | | | | | | |
| シマノ | | A | | | | | | | | |
| 日産ディーゼル工業 | | | | BBB− | | | | | | |
| [精密機器] | | | | | | | | | | |
| テルモ | | | A− | A+ | | | | 2 | | |
| 島津製作所 | | | A− | A | | | | | | 1 |
| 東京精密 | | | BBB | | | | | | | |
| ニコン | Baa2 | BB+ | BBB+ | A− | −2 | 1 | 2 | 3 | 4 | 1 |
| オリンパス光学工業 | Baa2 | BBB+ | A | | 1 | 3 | | 2 | | |
| 理研計器 | | | BBB | | | | | | | |
| HOYA | | A+ | AA | | | | | 2 | | |
| シチズン時計 | A2 | BBB+ | | | −2 | | | | | |
| 松風 | | | BBB | | | | | | | |
| ニプロ | | | A− | A− | | | | | | 0 |
| [その他製品] | | | | | | | | | | |
| フジシールインターナショナル | | | A− | | | | | | | |
| トミー | | | | #BBB | | | | | | |
| セブン工業 | | | BBB− | | | | | | | |
| ウッドワン | | | BBB− | | | | | | | |
| 大建工業 | | | BBB | | | | | | | |
| 凸版印刷 | Aa3 | A+ | AA | | −1 | 1 | | 2 | | |
| 大日本印刷 | | AA− | AA+ | | | | | 2 | | |
| 共同印刷 | | | BBB+ | | | | | | | |
| 日本写真印刷 | | | A | | | | | | | |
| ローランド | | | BBB+ | BBB+ | | | | | | 0 |
| ヤマハ | | | A | AA− | | | | | | 2 |
| パラマウントベッド | | | A | | | | | | | |
| リンテック | | | A− | A | | | | | | 1 |
| バンダイ | | | A− | | | | | | | |
| 田崎真珠 | | | BB+ | | | | | | | |
| 任天堂 | | AA− | | | | | | | | |
| タカラトミー | | | | BBB− | | | | | | |
| タカラスタンダード | | | A | A+ | | | | | | 1 |
| コクヨ | | BBB | A | | | | | 3 | | |
| ナカバヤシ | | | | BBB− | | | | | | |

| 会社名 | MDY | S&P | R&I | JCR | MDY-S&P | MDY-R&I | MDY-JCR | S&P-R&I | S&P-JCR | R&I-JCR |
|---|---|---|---|---|---|---|---|---|---|---|
| サンウェーブ工業 | | | BB− | BB | | | | | | 1 |
| 岡村製作所 | | | | A− | | | | | | |
| アデランス | | | A− | A− | | | | | | 0 |
| [電力・ガス] | | | | | | | | | | |
| 東京電力 | Aa3 | AA− | AA+ | AAA | 0 | 2 | 3 | 2 | 3 | 1 |
| 中部電力 | Aa3 | AA− | AA+ | | 0 | 2 | | 2 | | |
| 関西電力 | Aa3 | AA− | AA+ | AAA | 0 | 2 | 3 | 2 | 3 | 1 |
| 中国電力 | A1 | AA− | AA+ | AAA | 1 | 3 | 4 | 2 | 3 | 1 |
| 北陸電力 | A1 | AA− | AA+ | AAAp | 1 | 3 | 4 | 2 | 3 | 1 |
| 東北電力 | A1 | AA− | AA+ | AAAp | 1 | 3 | 4 | 2 | 3 | 1 |
| 四国電力 | A1 | AA− | AA+ | AAAp | 1 | 3 | 4 | 2 | 3 | 1 |
| 九州電力 | A1 | AA− | AA+ | AAA | 1 | 3 | 4 | 2 | 3 | 1 |
| 北海道電力 | A1 | AA− | AA+ | AAAp | 1 | 3 | 4 | 2 | 3 | 1 |
| 沖縄電力 | Aa3 | AA− | AA+ | AAA | 0 | 2 | 3 | 2 | 3 | 1 |
| 日本原子力発電 | | | AA− | AA | | | | | | 1 |
| 東京ガス | Aa1 | AA− | AA+ | AAAp | −2 | 0 | 1 | 2 | 3 | 1 |
| 大阪ガス | Aa2 | AA− | AA+ | AA+p | −1 | 1 | 1 | 2 | 2 | 0 |
| 東邦ガス | Aa3 | AA− | AA | AA+p | 0 | 1 | 2 | 1 | 2 | 1 |
| 北海道ガス | | | A | A | | | | | | 0 |
| 広島ガス | | | A | A | | | | | | 0 |
| 西部ガス | | | A+ | AA− | | | | | | 1 |
| 中部ガス | | | BBB+ | A− | | | | | | 1 |
| [陸運業] | | | | | | | | | | |
| 東武鉄道 | | BB+ | BBB− | BBB− | | | | 1 | 1 | 0 |
| 相模鉄道 | Baa2 | | BBB+ | BBB | | 1 | 0 | | | −1 |
| 東京急行電鉄 | Baa3 | BBB− | A− | A− | 0 | 3 | 3 | 3 | 3 | 0 |
| 京浜急行電鉄 | A3 | | BBB+ | A | | −1 | 1 | | | 2 |
| 小田急電鉄 | | BBB+ | A+ | AA− | | | | 3 | 4 | 1 |
| 京王電鉄 | A2 | A+ | AA− | AA | 1 | 2 | 3 | 1 | 2 | 1 |
| 京成電鉄 | | | BBB+ | BBB+ | | | | | | 0 |
| 東日本旅客鉄道 | Aa2 | AA− | AA+ | AAAp | −1 | 1 | 2 | 2 | 3 | 1 |
| 西日本旅客鉄道 | | A+ | AA | AA+p | | | | 2 | 3 | 1 |
| 東海旅客鉄道 | Aa2 | A+ | AA | AAAp | −2 | 0 | 2 | 2 | 4 | 2 |
| 東京地下鉄 | | | AA | AAA | | | | | | 2 |
| 西日本鉄道 | | | A− | A | | | | | | 1 |
| 近畿日本鉄道 | Baa2 | BB+ | BBB+ | BBB+ | −2 | 1 | 1 | 3 | 3 | 0 |
| 阪急ホールディングス | Baa2 | BB | BBB− | BBB+ | −3 | −1 | 1 | 2 | 4 | 2 |
| 阪神電気鉄道 | | | BBB+ | A | | | | | | 2 |
| 南海電気鉄道 | | | BBB− | BBB | | | | | | 1 |

注 39

# 第1章 格付け概論

| 会社名 | MDY | S&P | R&I | JCR | MDY-S&P | MDY-R&I | MDY-JCR | S&P-R&I | S&P-JCR | R&I-JCR |
|---|---|---|---|---|---|---|---|---|---|---|
| 京阪電気鉄道 | | | A− | A− | | | | | | 0 |
| 名糖運輸 | | | | BBB | | | | | | |
| 名古屋鉄道 | | BBB− | BBB+ | BBB+ | | | | 2 | 2 | 0 |
| 山陽電気鉄道 | | | BBB− | BBB− | | | | | | 0 |
| 日本ロジテム | | | | BB+ | | | | | | |
| 日本通運 | A2 | A− | AA | AAp | −1 | 3 | 3 | 4 | 4 | 0 |
| ヤマトホールディングス | A1 | A | AA− | | −1 | 1 | | 2 | | |
| 丸全昭和運輸 | | | | A− | | | | | | |
| センコー | | | BBB+ | A− | | | | | | 1 |
| トナミ運輸 | | | | BBB+ | | | | | | |
| 日本梱包運輸倉庫 | | | | A− | | | | | | |
| 福山通運 | | | A− | A | | | | | | 1 |
| 西濃運輸 | | | A− | A | | | | | | 1 |
| 日立物流 | | | A | | | | | | | |
| 鴻池運輸 | | | | A− | | | | | | |
| [海運業] | | | | | | | | | | |
| 日本郵船 | A3 | BBB | AA− | AA | −2 | 3 | 4 | 5 | 6 | 1 |
| 商船三井 | Baa1 | BBB | A | A+ | −1 | 2 | 3 | 3 | 4 | 1 |
| 川崎汽船 | | BBB− | A− | A | | | | 3 | 4 | 1 |
| 飯野海運 | | | BBB | BBB | | | | | | 0 |
| [航空業] | | | | | | | | | | |
| 日本航空インターナショナル | Ba3 | B+ | BB+ | BBB | −1 | 2 | 4 | 3 | 5 | 2 |
| 日本航空ジャパン | Ba3 | B+ | BB+ | BBB | −1 | 2 | 4 | 3 | 5 | 2 |
| 全日本空輸 | Ba1 | BB− | BBB | BBB+ | −2 | 2 | 3 | 4 | 5 | 1 |
| 日本航空システム | | B+ | | | | | | | | |
| [倉庫・運輸関連業] | | | | | | | | | | |
| 三菱倉庫 | | BBB+ | A+ | AA | | | | 3 | 5 | 2 |
| 三井倉庫 | | | A− | A | | | | | | 1 |
| 住友倉庫 | | | A+ | | | | | | | |
| 澁澤倉庫 | | | BBB+ | BBB+ | | | | | | 0 |
| 東陽倉庫 | | | | BBB | | | | | | |
| 日本トランスシティ | | | | BBB+ | | | | | | |
| 中央倉庫 | | | | BBB+ | | | | | | |
| 上組 | | | A− | AA− | | | | 3 | | |
| キムラユニティー | | | | BBB+ | | | | | | |
| 安田倉庫 | | | | BBB+ | | | | | | |
| 鈴与 | | | | AAA | | | | | | |

| 会社名 | MDY | S&P | R&I | JCR | MDY-S&P | MDY-R&I | MDY-JCR | S&P-R&I | S&P-JCR | R&I-JCR |
|---|---|---|---|---|---|---|---|---|---|---|
| [情報・通信業] | | | | | | | | | | |
| 野村総合研究所 | | | A+ | | | | | | | |
| フジテレビジョン | | | AA− | | | | | | | |
| 日本ユニシス | | | A− | | | | | | | |
| ウィルコム | | | BBB | BBB+ | | | | | | 1 |
| 東京放送 | | A− | A+ | | | | | 2 | | |
| 日本テレビ放送網 | | A | | | | | | | | |
| テレビ朝日 | | | A | | | | | | | |
| 日本テレコム | | | BBB | | | | | | | |
| イー・アクセス | | | BBB | | | | | | | |
| KDDI | | A− | A | | | | | 1 | | |
| 東宝 | | A− | AA− | AA− | | | | 3 | 3 | 0 |
| 日本電信電話(NTT) | Aa2 | AA− | | | | | −1 | | | |
| 光通信 | | | BBB | | | | | | | |
| NTTドコモ | Aa1 | AA− | AA+ | AAA | −2 | 0 | 1 | 2 | 3 | 1 |
| ジェイサット | | | A | | | | | | | |
| NTTデータ | | | AA+ | AA+ | | | | | | 0 |
| 日立ソフトウェアエンジニアリング | | A− | A | A+p | | | | 1 | 2 | 1 |
| カプコン | Ba2 | | BBB | | | | 3 | | | |
| TIS(ティアイエス) | | | A− | A | | | | | | 1 |
| コナミ | | BBB | A− | A | | | | 2 | 3 | 1 |
| インテック | | | | BBB− | | | | | | |
| NJK | | | | BBB− | | | | | | |
| CIJ | | | | BBB− | | | | | | |
| シーエーシー | | | | BBB+ | | | | | | |
| CSKホールディングス | | BB+ | | A− | | | | | 4 | |
| トレンドマイクロ | | BB | | | | | | | | |
| ボーダフォン | Baa2 | BB+ | | | −2 | | | | | |
| NTTコミュニケーションズ | | | A− | | | | | | | |
| [卸売業] | | | | | | | | | | |
| 双日 | | BB− | BB− | BBB− | | | | 0 | 3 | 3 |
| 三井鉱山 | | | BBB− | | | | | | | |
| 佐鳥電機 | | | BBB− | | | | | | | |
| メディセオ・パルタックホールディングス | | | A− | | | | | | | |
| 伯東 | | | | BBB+ | | | | | | |
| 松田産業 | | | | BBB | | | | | | |
| 第一興商 | | | | A− | | | | | | |

注 41

42　第1章　格付け概論

| 会社名 | MDY | S&P | R&I | JCR | MDY-S&P | MDY-R&I | MDY-JCR | S&P-R&I | S&P-JCR | R&I-JCR |
|---|---|---|---|---|---|---|---|---|---|---|
| 伊藤忠商事 | Baa3 | BBB | A− | A+ | 1 | 3 | 5 | 2 | 4 | 2 |
| 丸紅 | Baa3 | BBB− | BBB− | A− | 0 | 0 | 3 | 0 | 3 | 3 |
| 長瀬産業 | | | A− | | | | | | | |
| 豊田通商 | | A− | A | AA− | | | | 1 | 3 | 2 |
| 三井物産 | A2 | A | AA− | | 0 | 2 | | 2 | | |
| 日本紙パルプ商事 | | | A− | A− | | | | | | 0 |
| 東京エレクトロン | | BBB | A− | AA− | | | | 2 | 5 | 3 |
| 住友商事 | A2 | A | A+ | | 0 | 1 | | 1 | | |
| 三菱商事 | A2 | A | AA− | | 0 | 2 | | 2 | | |
| キャノンマーケティングジャパン | | | AA | AA | | | | | | 0 |
| 阪和興業 | | | BBB | BBB | | | | | | 0 |
| 菱電商事 | | | BBB+ | BBB+ | | | | | | 0 |
| 極東貿易 | | | BBB− | BBB− | | | | | | 0 |
| 三愛石油 | | | BBB− | BBB | | | | | | 1 |
| シナネン | | | | A− | | | | | | |
| 伊藤忠エネクス | | | | A− | | | | | | |
| 新光商事 | | | BBB | | | | | | | |
| トーホー | | | | BBB | | | | | | |
| 三信電気 | | | BBB+ | | | | | | | |
| 三益半導体工業 | | | | BBB+ | | | | | | |
| トラスコ中山 | | | A− | | | | | | | |
| ドトールコーヒー | | | BBB | | | | | | | |
| 加藤産業 | | | | A− | | | | | | |
| ダイワボウ情報システム | | | BBB | BBB | | | | | | 0 |
| バイタルネット | | | | BBB | | | | | | |
| バイテック | | | | BB+ | | | | | | |
| ソフトバンク | Ba3 | BB− | | BBB | 0 | | 4 | | 4 | |
| ジフ・デービス・メディア | B3 | | | | | | | | | |
| スズケン | | | A | | | | | | | |
| ジェコス | | | | BBB+ | | | | | | |
| 日通商事 | | | A− | | | | | | | |
| ヨコレイ | | | | A− | | | | | | |
| スターゼン | | | | BBB− | | | | | | |
| アリスタライフサイエンス | | | | BBB− | | | | | | |
| 伊藤忠丸紅鉄鋼 | | | | A− | | | | | | |
| 杉本商事 | | | | BBB | | | | | | |
| ハリマ共和物産 | | | | BBB− | | | | | | |

| 会社名 | MDY | S&P | R&I | JCR | MDY-S&P | MDY-R&I | MDY-JCR | S&P-R&I | S&P-JCR | R&I-JCR |
|---|---|---|---|---|---|---|---|---|---|---|
| 丸紅建材リース | | | | BBB− | | | | | | |
| [小売業] | | | | | | | | | | |
| イオン九州 | | | | BBB | | | | | | |
| 三城 | | | | A | | | | | | |
| エディオン | | | BBB+ | | | | | | | |
| コーナン商事 | | | | BBB− | | | | | | |
| ドン・キホーテ | | | | BBB | | | | | | |
| ユニマットライフ | | | | BBB | | | | | | |
| ファミリーマート | | A | | AA−p | | | | | 2 | |
| ニプロ | | | | A− | | | | | | |
| 木曽路 | | | | BBB | | | | | | |
| ケーヨー | | | | BB+ | | | | | | |
| ベスト電器 | | | | BBB− | | | | | | |
| マルエツ | | | | BBB | | | | | | |
| ロイヤルホールディングス | | | | #BBB | | | | | | |
| すかいらーく | | BBB− | | A | | | | | 4 | |
| いなげや | | | | BBB+ | | | | | | |
| セブン&アイ・ホールディングス | | | | AA+ | | | | | | |
| セブン・イレブン・ジャパン | | AA− | | AA+ | | | | | 2 | |
| ヨークベニマル | | | | AA− | | | | | | |
| カスミ | | | BBB | | | | | | | |
| リンガーハット | | | | BBB− | | | | | | |
| AOKIホールディングス | | | BBB+ | A− | | | | | | 1 |
| しまむら | | | | A+ | | | | | | |
| はせがわ | | | | BBB− | | | | | | |
| 三越 | | BB− | | BBB | | | | | 4 | |
| 高島屋 | Baa3 | BBB− | BBB+ | A− | 0 | 2 | 3 | 2 | 3 | 1 |
| 青山商事 | Baa1 | | | | | | | | | |
| 大丸 | Baa3 | | BBB+ | BBB+p | | 2 | 2 | | | 0 |
| 丸善 | | | | BB | | | | | | |
| 伊勢丹 | Baa1 | BBB+ | A− | Ap | 0 | 1 | 2 | 1 | 2 | 1 |
| 阪急百貨店 | A3 | | BBB+ | A− | | | −1 | 0 | | 1 |
| ニッセン | | | | BBB | | | | | | |
| パルコ | | | | BBB+ | | | | | | |
| 丸井 | A1 | | A− | AA− | | −2 | 1 | | 3 | |
| 原信ナルスホールディングス | | | | BBB | | | | | | |

注 43

| 会社名 | MDY | S&P | R&I | JCR | MDY-S&P | MDY-R&I | MDY-JCR | S&P-R&I | S&P-JCR | R&I-JCR |
|---|---|---|---|---|---|---|---|---|---|---|
| イトーヨーカ堂 | Aa3 | AA− |  | AA+ | 0 |  | 2 |  | 2 |  |
| イズミヤ |  |  | BBB |  |  |  |  |  |  |  |
| イオン | Baa1 | A− | A+ |  | 1 | 3 |  | 2 |  |  |
| ユニー | Baa2 | BBB+ | A+ |  | 1 |  | 4 |  | 3 |  |
| イズミ |  |  |  | A− |  |  |  |  |  |  |
| 平和堂 |  |  | A− | A |  |  |  |  |  | 1 |
| フジ |  |  |  | BBB |  |  |  |  |  |  |
| ゴトー |  |  |  | BBB− |  |  |  |  |  |  |
| ヤマダ電機 |  | BBB |  | A+ |  |  |  |  | 4 |  |
| ホーマック |  |  | BBB | BBB |  |  |  |  |  | 0 |
| ユーストア |  |  | BBB+ | BBB+ |  |  |  |  |  | 0 |
| マツモトキヨシ |  | BBB | A− | A |  |  |  | 2 | 3 | 1 |
| サガミチェーン |  |  | BBB− |  |  |  |  |  |  |  |
| 関西スーパーマーケット |  |  | BBB− |  |  |  |  |  |  |  |
| 王将フードサービス |  |  |  | BBB |  |  |  |  |  |  |
| セシール |  |  |  | BB |  |  |  |  |  |  |
| ダイキ |  |  | BBB− |  |  |  |  |  |  |  |
| バロー |  |  |  | BBB+ |  |  |  |  |  |  |
| ファーストリテイリング |  | A− |  |  |  |  |  |  |  |  |
| サンドラッグ |  |  |  | A− |  |  |  |  |  |  |
| ヤマザワ |  |  |  | BBB |  |  |  |  |  |  |
| ベルーナ |  |  |  | BBB+ |  |  |  |  |  |  |
| オートバックスセブン |  | BBB+ | A+ |  |  |  |  | 3 |  |  |
| CFSコーポレーション |  |  |  | BBB |  |  |  |  |  |  |
| ローソン |  | A |  |  |  |  |  |  |  |  |
| カッパ・クリエイト |  |  |  | BBB− |  |  |  |  |  |  |
| ケーヨー |  |  |  | BB+ |  |  |  |  |  |  |
| 大庄 |  |  |  | BBB |  |  |  |  |  |  |
| コジマ |  |  | BBB− |  |  |  |  |  |  |  |
| 松坂屋 |  |  |  | BBB |  |  |  |  |  |  |
| [銀行業] |  |  |  |  |  |  |  |  |  |  |
| 新生銀行 | A3 | BBB+ | A− | A | −1 | 0 | 1 | 1 | 2 | 1 |
| あおぞら銀行 | Baa1 | BBB+ | A− | A | 0 | 1 | 2 | 1 | 2 | 1 |
| みずほファイナンシャルグループ |  |  | A |  |  |  |  |  |  |  |
| 三菱UFJフィナンシャルグループ |  | A− | A | AA− |  |  |  | 1 | 3 | 2 |
| りそなホールディングス |  |  | BBB+ |  |  |  |  |  |  |  |

注　45

| 会社名 | MDY | S&P | R&I | JCR | MDY-S&P | MDY-R&I | MDY-JCR | S&P-R&I | S&P-JCR | R&I-JCR |
|---|---|---|---|---|---|---|---|---|---|---|
| みずほコーポレート銀行 | A1 | A | A+ | AA- | -1 | 0 | 1 | 1 | 2 | 1 |
| 三菱東京UFJ銀行 | A1 | A | A+ | AA | -1 | 0 | 2 | 1 | 3 | 2 |
| りそな銀行 |  | A- | A- | A- |  |  |  | 0 | 0 | 0 |
| 第四銀行 |  | A- |  | A+ |  |  |  |  | 2 |  |
| 北越銀行 |  |  |  | A |  |  |  |  |  |  |
| 福岡銀行 | A3 | A- | AA- | AA- | 0 | 3 | 3 | 3 | 3 | 0 |
| 札幌北洋ホールディングス |  |  |  | A |  |  |  |  |  |  |
| 千葉銀行 | A3 | A- | A+ |  | 0 | 2 |  | 2 |  |  |
| 横浜銀行 |  | A | A+ |  |  |  |  | 1 |  |  |
| 常陽銀行 | A3 | A- | AA- |  | 0 | 3 |  | 3 |  |  |
| 群馬銀行 |  | A- | A+ | AA- |  |  |  | 2 | 3 | 1 |
| 武蔵野銀行 |  |  |  | A+ |  |  |  |  |  |  |
| 東京都民銀行 |  |  | BBB | A- |  |  |  |  |  | 2 |
| 七十七銀行 |  | A- | AA- | AA |  |  |  | 3 | 4 | 1 |
| 青森銀行 |  |  |  | A |  |  |  |  |  |  |
| 秋田銀行 |  |  |  | A+ |  |  |  |  |  |  |
| 山形銀行 |  |  |  | A+ |  |  |  |  |  |  |
| 岩手銀行 |  | A | A+ |  |  |  |  | 1 |  |  |
| 東邦銀行 |  | A- |  | A |  |  |  |  | 1 |  |
| 静岡銀行 | A1 | A+ | AA |  | 0 | 2 |  | 2 |  |  |
| 十六銀行 |  | BBB+ | A |  |  |  |  | 2 |  |  |
| 北陸銀行 |  | BBB | BBB- | BBB |  |  |  | -1 | 0 | 1 |
| 八十二銀行 |  | A- | A+ |  |  |  |  | 2 |  |  |
| 山梨中央銀行 |  |  | A+ |  |  |  |  |  |  |  |
| 福井銀行 |  |  |  | A |  |  |  |  |  |  |
| 北國銀行 |  |  |  | AA- |  |  |  |  |  |  |
| 清水銀行 |  |  |  | A |  |  |  |  |  |  |
| 滋賀銀行 |  | A- | A | A+ |  |  |  | 1 | 2 | 1 |
| 南都銀行 |  | BBB+ |  | A |  |  |  |  | 2 |  |
| 百五銀行 |  | A- | A+ |  |  |  |  | 2 |  |  |
| 京都銀行 |  | A- | A+ |  |  |  |  | 2 |  |  |
| 泉州銀行 |  |  | BBB+ |  |  |  |  |  |  |  |
| 三重銀行 |  |  | A- | A |  |  |  |  |  | 1 |
| 池田銀行 |  |  |  | A |  |  |  |  |  |  |
| 広島銀行 | Baa1 | BBB+ | A | A+ | 0 | 2 | 3 | 2 | 3 | 1 |
| 山口銀行 |  | BBB+ |  |  |  |  |  |  |  |  |
| 山陰合同銀行 |  |  |  | A+ |  |  |  |  |  |  |
| 中国銀行 |  | A | AA- |  |  |  |  | 2 |  |  |
| 鳥取銀行 |  |  |  | BBB+ |  |  |  |  |  |  |

第1章 格付け概論

| 会社名 | MDY | S&P | R&I | JCR | MDY-S&P | MDY-R&I | MDY-JCR | S&P-R&I | S&P-JCR | R&I-JCR |
|---|---|---|---|---|---|---|---|---|---|---|
| 伊予銀行 | | A− | AA− | | | | | 3 | | |
| 百十四銀行 | | | | A | | | | | | |
| 阿波銀行 | | | A+ | A+ | | | | | | 0 |
| 鹿児島銀行 | | A | A+ | | | | | 1 | | |
| 大分銀行 | | | | A+ | | | | | | |
| 宮崎銀行 | | | | A | | | | | | |
| 肥後銀行 | | A | A+ | | | | | 1 | | |
| 佐賀銀行 | | | BBB+ | | | | | | | |
| 十八銀行 | | | | A+ | | | | | | |
| 沖縄銀行 | | | | A | | | | | | |
| 琉球銀行 | | | | A− | | | | | | |
| 住友信託銀行 | | A | A | AA− | | | | 0 | 2 | 2 |
| みずほ信託銀行 | A1 | A | A+ | A+ | −1 | 0 | 0 | 1 | 1 | 0 |
| みずほフィナンシャルグループ | | A− | A− | | | | | 0 | | |
| 三井住友銀行 | A1 | A | A | A+ | −1 | −1 | 0 | 0 | 1 | 1 |
| みずほ銀行 | A1 | A | A+ | AA− | −1 | 0 | 1 | 1 | 2 | 1 |
| 中央三井信託銀行 | | A− | | A− | | | | 0 | | |
| 信金中央金庫 | A1 | A+ | AA | AAA | 0 | 2 | 4 | 2 | 4 | 2 |
| 名古屋銀行 | | | A− | A+ | | | | | | 2 |
| 北洋銀行 | | | A | | | | | | | |
| 札幌銀行 | | | A− | | | | | | | |
| トマト銀行 | | | BBB | | | | | | | |
| 関西アーバン銀行 | | | BBB+ | A | | | | | | 2 |
| 香川銀行 | | | A− | | | | | | | |
| 京葉銀行 | | BBB+ | | A | | | | 2 | | |
| 東京三菱銀行 | | A | | AA | | | | 3 | | |
| 荘内銀行 | | | | A | | | | | | |
| ソニー銀行 | | A− | | | | | | | | |
| 三菱UFJ信託銀行 | | A | A+ | | | | | 1 | | |
| 三菱信託銀行 | | | | A+ | | | | | | |
| 日興シティ信託銀行 | | A+ | | A+ | | | | | 0 | |
| 野村信託銀行 | | A− | | AA− | | | | | 3 | |
| 浜松信用金庫 | | | A | | | | | | | |
| 日証金信託銀行 | | | A+ | A+ | | | | | | 0 |
| シティトラスト信託銀行 | | AA− | AA | | | | | 1 | | |
| オリックス信託銀行 | | A− | A+ | | | | | 2 | | |
| 近畿労働金庫 | | | A | | | | | | | |
| 資産管理サービス信託銀行 | | A− | A | | | | | 1 | | |

注　47

| 会社名 | MDY | S&P | R&I | JCR | MDY-S&P | MDY-R&I | MDY-JCR | S&P-R&I | S&P-JCR | R&I-JCR |
|---|---|---|---|---|---|---|---|---|---|---|
| 東海労働金庫 | | | A | | | | | | | |
| バークレイズグローバルインベスターズ信託銀行 | | AA− | | | | | | | | |
| 日本トラスティ・サービス信託銀行 | | A− | | AA+ | | | | | 5 | |
| 日本マスタートラスト信託銀行 | | A− | | AA+ | | | | | 5 | |
| 農林中央金庫 | A1 | A+ | | | 0 | | | | | |
| 商工組合中央金庫 | A2 | | | | | | | | | |
| UFJ信託銀行 | | | | AA− | | | | | | |
| セブン銀行 | | | A+ | | | | | | | |
| 岡崎信用金庫 | | | | A | | | | | | |
| 北日本銀行 | | | | A− | | | | | | |
| ジャパンネット銀行 | | | | A | | | | | | |
| 親和銀行 | | | | BBB− | | | | | | |
| 東京スター銀行 | | | | A− | | | | | | |
| 碧海信用金庫 | | | | A+ | | | | | | |
| 三井アセット信託銀行 | | | | A | | | | | | |
| りそな信託銀行 | | | | A− | | | | | | |
| 埼玉りそな銀行 | | | | A− | | | | | | |
| 愛知銀行 | | | | A+ | | | | | | |
| あおもり信用金庫 | | | | BBB+ | | | | | | |
| 摂津水都信用金庫 | | | | BBB+ | | | | | | |
| 札幌信用金庫 | | | | A− | | | | | | |
| 広島信用金庫 | | | | A− | | | | | | |
| 横浜信用金庫 | | | | A− | | | | | | |
| 大阪府信用農業協同組合連合会 | | | A | | | | | | | |
| 兵庫県信用農業協同組合連合会 | | | A+ | | | | | | | |
| 尼崎信用銀行 | | | | A− | | | | | | |
| 岐阜信用銀行 | | | | A− | | | | | | |
| 埼玉縣信用金庫 | | | | A− | | | | | | |
| しずおか信用金庫 | | | | A− | | | | | | |
| 静清信用金庫 | | | | A− | | | | | | |
| 筑邦銀行 | | | | A− | | | | | | |
| 東和銀行 | | | | BBB | | | | | | |
| 西日本シティ銀行 | | | | BBB+ | | | | | | |
| 東日本銀行 | | | | A− | | | | | | |
| みちのく銀行 | | | | A | | | | | | |
| 足利銀行 | Baa3 | BB+ | | | −1 | | | | | |

| 会社名 | MDY | S&P | R&I | JCR | MDY-S&P | MDY-R&I | MDY-JCR | S&P-R&I | S&P-JCR | R&I-JCR |
|---|---|---|---|---|---|---|---|---|---|---|
| 新銀行東京 | | A | | AA− | | | | | 2 | |
| 中央労働金庫 | | | A | | | | | | | |
| 瀬戸信用金庫 | | | A− | | | | | | | |
| 愛媛銀行 | | | | BBB+ | | | | | | |
| 京都信用金庫 | | | | A− | | | | | | |
| 四国銀行 | | | | A | | | | | | |
| 第三銀行 | | | | A− | | | | | | |
| 高山信用金庫 | | | | BBB+ | | | | | | |
| 中京銀行 | | | | A | | | | | | |
| ほくほくファイナンシャルグループ | | | | BBB | | | | | | |
| 北海道銀行 | | | | BBB | | | | | | |
| 稚内信用金庫 | | | | A | | | | | | |
| メリルリンチ日本ファイナンス | Aa3 | | | | | | | | | |
| 青梅信用金庫 | | | | BBB+ | | | | | | |
| 北都銀行 | | | | BBB− | | | | | | |
| 三菱UFJ信託銀行 | | A | A+ | AA− | | | | 1 | 2 | 1 |
| 豊和銀行 | | | | #BBB− | | | | | | |
| 労働金庫連合会 | | | | AA− | | | | | | |
| きらやかホールディングス | | | | BBB+ | | | | | | |
| 熊本ファミリー銀行 | | | | BBB | | | | | | |
| 西京銀行 | | | | BBB+ | | | | | | |
| 殖産銀行 | | | | BBB+ | | | | | | |
| 西武信用金庫 | | | | A− | | | | | | |
| 大光銀行 | | | | A | | | | | | |
| みなと銀行 | | | | A− | | | | | | |
| 山形しあわせ銀行 | | | | BBB+ | | | | | | |
| [証券，商品先物取引業] | | | | | | | | | | |
| 大和証券グループ本社 | Baa1 | BBB+ | A− | A | 0 | 1 | 2 | 1 | 2 | 1 |
| 日興コーディアルグループ | | BBB+ | A− | A | | | | 1 | 2 | 1 |
| 野村ホールディングス | A3 | A− | A+ | AA | 0 | 2 | 4 | 2 | 4 | 2 |
| 新光証券 | | | BBB | BBB+ | | | | | | 1 |
| 岡三証券 | | | | BBB | | | | | | |
| 岡三ホールディングス | | | | BBB | | | | | | |
| 三菱UFJ証券 | | A | A+ | | | | | 1 | | |

注　49

| 会社名 | MDY | S&P | R&I | JCR | MDY-S&P | MDY-R&I | MDY-JCR | S&P-R&I | S&P-JCR | R&I-JCR |
|---|---|---|---|---|---|---|---|---|---|---|
| 松井証券 | | | BBB+ | BBB+ | | | | | | 0 |
| 日興コーディアル証券 | | BBB+ | A− | A | | | | 1 | 2 | 1 |
| 野村證券 | A2 | A− | A+ | AA | −1 | 1 | 3 | 2 | 4 | 2 |
| 大和証券 | | BBB+ | A− | A | | | | 1 | 2 | 1 |
| 大和証券SMBC | A2 | A− | A | | −1 | 0 | | 1 | | |
| みずほ証券 | A1 | | A+ | AA− | | 0 | 1 | | | 1 |
| GEジャパン・ファンディング | Aaa | | | | | | | | | |
| 日興シティグループ・サービス株式会社 | Aa2 | | | | | | | | | |
| 日興シティグループ証券 | Aa2 | | AA− | | | | −1 | | | |
| ドイツ証券 | | AA− | | | | | | | | |
| イー・トレード証券 | | | BBB+ | BBB+ | | | | | | 0 |
| 東海東京証券 | | | | BBB | | | | | | |
| 三菱UFJ証券 | | A | | | | | | | | |
| SBI証券 | | | BBB | | | | | | | |
| スパークス・アセット・マネジメント投信 | | | A− | | | | | | | |
| 楽天証券 | | | BBB | | | | | | | |
| カブドットコム証券 | | | BBB+ | | | | | | | |
| マネックス証券 | | | BBB+ | | | | | | | |
| マネックス・ビーンズ・ホールディングス | | | | BBB+ | | | | | | |
| [保険業] | | | | | | | | | | |
| 東京海上日動火災保険 | | AA− | AA+ | AAA | | | | 2 | 3 | 1 |
| 三井住友海上火災保険 | Aa3 | AA− | AA | AAA | 0 | 1 | 3 | 1 | 3 | 2 |
| 日本興亜損害保険 | | A+ | A+ | AAp | | | | 0 | 2 | 2 |
| 損害保険ジャパン | | AA− | AA | AA+ | | | | 1 | 2 | 1 |
| 日新火災海上保険 | | A | A− | A | | | | −1 | 0 | 1 |
| ニッセイ同和損害保険 | | A+ | | AA | | | | | 2 | |
| あいおい損害保険 | | A | A | | | | | 0 | | |
| 富士火災海上保険 | | BBB+ | BBB+ | A | | | | 0 | 2 | 2 |
| 共栄火災海上保険 | | BBB+ | | A+ | | | | | 3 | |
| 共栄火災しんらい生命保険 | | | | A | | | | | | |
| 朝日火災海上保険 | | | BBB | A− | | | | | | 2 |
| 大同火災海上保険 | | | | Ap | | | | | | |
| セコム損害保険 | | A− | | AA | | | | | 4 | |
| エース損害保険 | | A− | | | | | | | | |

50　第1章　格付け概論

| 会社名 | MDY | S&P | R&I | JCR | MDY-S&P | MDY-R&I | MDY-JCR | S&P-R&I | S&P-JCR | R&I-JCR |
|---|---|---|---|---|---|---|---|---|---|---|
| トーア再保険 | | AA− | | AA+ | | | | | 2 | |
| 日本地震再保険 | | | | AAp | | | | | | |
| 日本生命保険 | | A+ | AA | AAp | | | | 2 | 2 | 0 |
| 第一生命保険（相） | | A | A+ | A+ | | | | 1 | 1 | 0 |
| 朝日生命保険 | | BB− | BB− | BB | | | | 0 | 1 | 1 |
| 住友生命保険（相） | | BBB | A− | A− | | | | 2 | 2 | 0 |
| 明治安田生命保険 | | A− | A+ | A+ | | | | 2 | 2 | 0 |
| 三井生命保険 | | BB | BBB− | BBB− | | | | 2 | 2 | 0 |
| 太陽生命保険 | | A | A+ | A+ | | | | 1 | 1 | 0 |
| あいおい生命保険（相） | | | A | | | | | | | |
| AIGスター生命保険 | | | AA | | | | | | | |
| 富国生命保険 | | A− | A+ | A+p | | | | 2 | 2 | 0 |
| アクサ生命保険 | | AA− | AA− | | | | | 0 | | |
| 損保ジャパンひまわり生命保険 | | | AA− | | | | | | | |
| 大同生命保険 | | A | A+ | AA− | | | | 1 | 2 | 1 |
| 東京海上日動あんしん生命保険 | | AA− | AA+ | AAA | | | | 2 | 3 | 1 |
| 東京海上日動フィナンシャル生命保険 | | | AA | | | | | | | |
| 大和生命保険 | | | B+op | B+p | | | | | | 0 |
| 三井住友海上きらめき生命保険 | | AA− | AA | | | | | 1 | | |
| 三井住友メットライフ生命保険 | | | A | | | | | | | |
| 日本興亜生命保険 | | | A+ | | | | | | | |
| T&Dフィナンシャル生命保険 | | | A+ | A | | | | | | −1 |
| オリックス生命保険 | | A− | A+ | A+ | | | | 2 | 2 | 0 |
| アイエヌジー生命保険 | | AA− | | | | | | | | |
| マスミューチュアル生命保険 | | AA− | | | | | | | | |
| AIGエジソン生命保険 | | | | AA+ | | | | | | |
| ソニー生命保険 | | A+ | AA | AA | | | | 2 | 2 | 0 |
| プルデンシャル生命保険 | | AA− | | | | | | | | |
| ジブラルタ生命保険 | | AA− | | | | | | | | |
| ミレアホールディングス | | | | AAA | | | | | | |
| セゾン自動車火災保険 | | | | BBB− | | | | | | |
| 富士生命保険 | | | | A− | | | | | | |

| 会社名 | MDY | S&P | R&I | JCR | MDY-S&P | MDY-R&I | MDY-JCR | S&P-R&I | S&P-JCR | R&I-JCR |
|---|---|---|---|---|---|---|---|---|---|---|
| [その他金融業] | | | | | | | | | | |
| クレディセゾン | | A− | A+ | | | | | 2 | | |
| 日産フィナンシャルサービス | | | A | A+ | | | | | | 1 |
| SBI ホールディングス | | | BBB | BBB | | | | | | 0 |
| 日本証券金融 | | A | AA− | AA− | | | | 2 | 2 | 0 |
| 大阪証券金融 | | | A− | | | | | | | |
| アイフル | Baa2 | BBB+ | A− | A | 1 | 2 | 3 | 1 | 2 | 1 |
| 日本アジア投資 | | | | BBB | | | | | | |
| ポケットカード | | | | BBB+ | | | | | | |
| 武富士 | Baa1 | BBB | | | −1 | | | | | |
| 三洋電機クレジット | | | BBB | | | | | | | |
| リコーリース | | A+ | AA− | AA− | | | | 1 | 1 | 0 |
| クレディア | | | BBB− | BBB− | | | | | | 0 |
| シンキ | | | | BBB | | | | | | |
| イオンクレジットサービス | | A− | A | A+ | | | | 1 | 2 | 1 |
| ニッシン | | BB+ | BBB− | BBB− | | | | 1 | 1 | 0 |
| アコム | A2 | BBB+ | A | A+ | −2 | 0 | 1 | 2 | 3 | 1 |
| 三洋信販 | | BBB | A− | A | | | | 2 | 3 | 1 |
| プロミス | A2 | BBB+ | A | A+ | −2 | 0 | 1 | 2 | 3 | 1 |
| 東京リース | | | A− | A− | | | | | | 0 |
| UFJ ニコス | A2 | | A | A+ | | 0 | 1 | | | 1 |
| ジャックス | | | BBB+ | A− | | | | | | |
| オリエントコーポレーション | | | BBB | BBB | | | | | | 0 |
| 日立キャピタル | A2 | A− | AA− | | −1 | 2 | | 3 | | |
| ライフ | | | A− | A− | | | | | | 0 |
| アプラス | | | A− | | | | | | | |
| オリックス | Baa1 | A− | A+ | AA− | 1 | 3 | 4 | 2 | 3 | 1 |
| 住商リース | | | A | A+ | | | | | | 1 |
| ダイヤモンドリース | | A− | A | AA− | | | | 1 | 3 | 2 |
| 東京短資 | | | BBB | A− | | | | | | 2 |
| NTT ファイナンス | | AA− | | AA | | | | | 1 | |
| NTT オートリース | | | | A | | | | | | |
| JCB | | | A+ | A+ | | | | | | 0 |
| 三井住友カード | | | | A+ | | | | | | |
| 東銀リース | | BBB+ | | A− | | | | | 1 | |
| 東芝ファイナンス | | | | BBB+ | | | | | | |
| UFJ セントラルリース | | | A− | A− | | | | | | 0 |

注 51

第1章 格付け概論

| 会社名 | MDY | S&P | R&I | JCR | MDY-S&P | MDY-R&I | MDY-JCR | S&P-R&I | S&P-JCR | R&I-JCR |
|---|---|---|---|---|---|---|---|---|---|---|
| NECリース |  |  | A− |  |  |  |  |  |  |  |
| セントラル短資 |  |  | BBB | A− |  |  |  |  |  | 2 |
| クオーク |  |  |  | BBB+ |  |  |  |  |  |  |
| ホンダファイナンス | A1 |  | AA |  |  | 2 |  |  |  |  |
| トヨタファイナンス | Aaa | AAA |  |  | 0 |  |  |  |  |  |
| トヨタファイナンシャルサービス |  | AAA |  |  |  |  |  |  |  |  |
| 三井住友銀リース |  |  | A | A |  |  |  |  |  | 0 |
| 三井住友銀オートリース |  |  |  | A− |  |  |  |  |  |  |
| センチュリー・リーシング・システム |  |  | A− | A− |  |  |  |  |  | 0 |
| 上田八木短資 |  |  | BBB | A− |  |  |  |  |  | 2 |
| 住信リース |  |  |  | A− |  |  |  |  |  |  |
| 伊藤忠ファイナンス |  |  |  | A |  |  |  |  |  |  |
| ポケットカード |  |  |  | BBB+ |  |  |  |  |  |  |
| 三菱電機クレジット |  |  |  | BBB+ |  |  |  |  |  |  |
| 芙蓉総合リース |  |  | A− | A− |  |  |  |  |  | 0 |
| 興銀リース |  |  |  | A− |  |  |  |  |  |  |
| 昭和リース |  |  |  | A− |  |  |  |  |  |  |
| 楽天KC |  |  | BBB |  |  |  |  |  |  |  |
| セゾンファンデックス |  |  |  | A− |  |  |  |  |  |  |
| DCカード |  |  |  | A+ |  |  |  |  |  |  |
| 日本カーソリューションズ |  |  |  | A |  |  |  |  |  |  |
| [不動産業] |  |  |  |  |  |  |  |  |  |  |
| アゼル |  |  | BB |  |  |  |  |  |  |  |
| 三井不動産 | A3 | BBB | A | A+p | −2 | 1 | 2 | 3 | 4 | 1 |
| 三菱地所 | A1 | A− | AA− | AAp | −2 | 1 | 2 | 3 | 4 | 1 |
| 平和不動産 |  |  | BBB+ | BBB+ |  |  |  |  |  | 0 |
| 東京建物 |  |  |  | BBB+ |  |  |  |  |  |  |
| ダイビル |  |  |  | AA− |  |  |  |  |  |  |
| 阪急不動産 |  |  |  | BBB+ |  |  |  |  |  |  |
| 京阪神不動産 |  |  |  | A− |  |  |  |  |  |  |
| 住友不動産 | Baa3 | BB | BBB | A− | −2 | 1 | 3 | 3 | 5 | 2 |
| テーオーシー |  |  | A+ | A+ |  |  |  |  |  | 0 |
| パシフィックマネジメント |  |  | BBB− |  |  |  |  |  |  |  |
| エヌ・ティ・ティ都市開発 |  |  |  | A+ |  |  |  |  |  |  |
| 日本空港ビルディング |  |  |  | A+ |  |  |  |  |  |  |

注　53

| 会社名 | MDY | S&P | R&I | JCR | MDY-S&P | MDY-R&I | MDY-JCR | S&P-R&I | S&P-JCR | R&I-JCR |
|---|---|---|---|---|---|---|---|---|---|---|
| ダイヤモンドシティ | | | | BBB+ | | | | | | |
| 東栄住宅 | | | | BBB | | | | | | |
| 飯田産業 | | | | BBB | | | | | | |
| 日本土地建物 | | | | A− | | | | | | |
| アーバンコーポレイション | | | | BB+ | | | | | | |
| 昭栄 | | | | BBB | | | | | | |
| ジョイント・コーポレーション | | | | BBB− | | | | | | |
| ゼファー | | | | BBB− | | | | | | |
| アトリウム | | | | BBB | | | | | | |
| 日本綜合地所 | | | | BBB− | | | | | | |
| 興和品川開発 | | | | BBB | | | | | | |
| 興和不動産 | | | BBB | | | | | | | |
| サンシャインシティ | | | BBB+ | | | | | | | |
| パーク24 | | | BBB | | | | | | | |
| 穴吹工務店 | | | | BBB− | | | | | | |
| 東急不動産 | | | | BBB+ | | | | | | |
| 藤和不動産 | | | | BBB− | | | | | | |
| 安田不動産 | | | | BBB | | | | | | |
| [サービス業] | | | | | | | | | | |
| 日本工営 | | | | BBB− | | | | | | |
| 綜合警備保障 | | | | A− | | | | | | |
| 電通 | | AA− | | AA | | | | 1 | | |
| オリエンタルランド | | A | AA− | AA+ | | | | 2 | 4 | 2 |
| ラウンドワン | | | | BBB | | | | | | |
| 住商オートリース | | | | A− | | | | | | |
| 総合メディカル | | | | BBB− | | | | | | |
| 朝日放送 | | | A− | A− | | | | | | 0 |
| 燦ホールディングス | | | BBB+ | BBB | | | | | | −1 |
| カナモト | | | BBB− | BBB− | | | | | | 0 |
| 共成レンテム | | | | #BBB− | | | | | | |
| 共立メンテナンス | | | | BBB− | | | | | | |
| 東京ドーム | | | BB+ | BBB− | | | | | | 1 |
| メデカジャパン | | | B+ | B+ | | | | | | 0 |
| トランス・コスモス | | | BBB | | | | | | | |
| セコム | | A | AA | AA+ | | | | 3 | 4 | 1 |
| 丹青社 | | | BBB− | | | | | | | |
| メイテック | | | A− | | | | | | | |
| バンダイナムコゲームス | | | A− | | | | | | | |

| 会社名 | MDY | S&P | R&I | JCR | MDY-S&P | MDY-R&I | MDY-JCR | S&P-R&I | S&P-JCR | R&I-JCR |
|---|---|---|---|---|---|---|---|---|---|---|
| コナミスポーツ＆ライフ | | | | A | | | | | | |
| ダイセキ | | | BBB | | | | | | | |
| ダイナム | | | BBB | | | | | | | |
| マルハン | | | BBB | | | | | | | |
| 日本電子計算機 | | | A+ | | | | | | | |
| アクシコ | | B− | | | | | | | | |
| ジャパンメディカルアライアンス | | | | BBB | | | | | | |
| リゾートトラスト | | | | BBB | | | | | | |
| グッドウィル・グループ | | | | BBB | | | | | | |
| 大和工商リース | | | BBB+ | | | | | | | |
| 慶友会 | | | | BB | | | | | | |
| 脳神経疾患研究所 | | | | BBB | | | | | | |
| 東和産業 | | | | BBB | | | | | | |
| カルチュア・コンビニエンス・クラブ | | | | BBB | | | | | | |
| 徳真会グループ | | | | BB | | | | | | |
| 山田債権回収管理総合事務所 | | | BBB− | | | | | | | |
| [学校法人] | | | | | | | | | | |
| 大阪経済大学 | | | A+ | | | | | | | |
| 共立女子学園 | | | A+ | | | | | | | |
| 慶応義塾 | | AA | AA+ | | | | | 1 | | |
| 国学院大學 | | | AA− | AA | | | | | | 1 |
| 修道学園 | | | A+ | | | | | | | |
| 成蹊学園 | | | AA− | | | | | | | |
| 千葉工業大学 | | | AA− | | | | | | | |
| 日本大学 | | | AA | | | | | | | |
| 法政大学 | | | AA− | | | | | | | |
| 早稲田大学 | | | AA+ | | | | | | | |
| 追手門学院 | | | A | | | | | | | |
| 東京経済大学 | | | A | | | | | | | |
| 同志社 | | | AA+ | | | | | | | |
| 福岡大学 | | | AA− | | | | | | | |
| 京都薬科大学 | | | AA− | | | | | | | |
| 武蔵野女子学院 | | | A | | | | | | | |
| 青山学院 | | AA− | | AA+ | | | | | 2 | |
| 大阪医科大学 | | | A+ | | | | | | | |
| 近畿大学 | | | AA− | | | | | | | |
| 塚本学院（大阪芸術大学） | | | A+ | | | | | | | |

注 55

| 会社名 | MDY | S&P | R&I | JCR | MDY-S&P | MDY-R&I | MDY-JCR | S&P-R&I | S&P-JCR | R&I-JCR |
|---|---|---|---|---|---|---|---|---|---|---|
| 龍谷大学 | | | AA− | | | | | | | |
| 東京理科大学 | | AA− | | | | | | | | |
| 上智大学 | | AA | | | | | | | | |
| 関東学院 | | | A | | | | | | | |
| 郁文館夢学園 | | | A− | | | | | | | |
| [投資法人] | | | | | | | | | | |
| 日本ビルファンド投資法人 | | A | AA− | | | | | 2 | | |
| ジャパンリアルエステイト投資法人 | | A+ | AA | | | | | 2 | | |
| 日本リテールファンド投資法人 | | A+ | AA− | | | | | 1 | | |
| 日本プライムリアルティ投資法人 | | A− | A+ | | | | | 2 | | |
| プレミア投資法人 | | | A | | | | | | | |
| 東急リアル・エステート投資法人 | | A | A+ | | | | | 1 | | |
| 野村不動産オフィスファンド投資法人 | | A | A+ | | | | | 1 | | |
| ユナイテッド・アーバン投資法人 | | | A− | | | | | | | |
| 福岡リート投資法人 | | A− | | | | | | | | |
| 日本レジデンシャル投資法人 | | | A+ | | | | | | | |
| ニューシティ・レジデンス投資法人 | | | A+ | | | | | | | |
| 阪急リート投資法人 | | | A+ | | | | | | | |
| [医療法人] | | | | | | | | | | |
| 医療法人 社団 三光会 | | | BBB | | | | | | | |
| [公社・公団] | | | | | | | | | | |
| 日本放送協会 | | | AAA | AAA | | | | | | 0 |
| 中小企業金融公庫 | Aaa | | AA+ | | | −1 | | | | |
| 関西国際空港 | | | A+ | | | | | | | |
| 成田国際空港 | | | AA− | | | | | | | |
| 福祉医療機構 | | | AA | | | | | | | |
| 公営企業金融公庫 | Aaa | AA− | AAA | | −3 | 0 | | 3 | | |
| 農林漁業金融公庫 | | | AA+ | | | | | | | |
| 日本私立学校振興・共済事業団 | | | AA | | | | | | | |
| 水資源機構 | | | AA+ | | | | | | | |
| 日本政策投資銀行 | Aaa | AA− | AAA | | −3 | 0 | | 3 | | |
| 日本学生支援機構 | | | AA | | | | | | | |
| 国際協力銀行 | Aaa | AA− | AAA | | −3 | 0 | | 3 | | |

56　第1章　格付け概論

| 会社名 | MDY | S&P | R&I | JCR | MDY-S&P | MDY-R&I | MDY-JCR | S&P-R&I | S&P-JCR | R&I-JCR |
|---|---|---|---|---|---|---|---|---|---|---|
| 国民生活金融公庫 | | | AA+ | | | | | | | |
| 沖縄振興開発金融公庫 | | | AA+ | | | | | | | |
| 鉄道建設・運輸施設整備支援機構 | | | AA | | | | | | | |
| 環境再生保全機構 | | | AA− | | | | | | | |
| 緑資源公団 | | | AA | | | | | | | |
| 電源開発 | | | AA+ | AAA | | | | | | 1 |
| 都市再生機構 | A2 | | AA | | | 3 | | | | |
| 日本高速道路保有・債務返済機構 | A2 | AA− | AAA | | 2 | 5 | | 3 | | |
| 日本道路公団 | Aaa | | | | | | | | | |
| 阪神高速道路公団 | A2 | | | | | | | | | |
| 国立大学財務・経営センター | | | AA+ | | | | | | | |
| 国立病院機構 | | | AAA | | | | | | | |
| 地方自治体関連 | | | | | | | | | | |
| 東京都住宅供給公社 | | | AA− | | | | | | | |
| 近江八幡市 | | | AA | | | | | | | |
| 福岡県住宅供給公社 | | | A+ | | | | | | | |
| 格付け合計・共通会社合計 | 209 | 366 | 648 | 640 | 164 | 177 | 119 | 271 | 190 | 290 |

（注）　格付け記号末尾のOP（R&I）およびP（JCR）記号は非依頼格付け（勝手格付け）を表す。
（出所）　格付け各社のホームページから作成（2006年7月1日現在）。

2　格付けと数値の対応関係は以下のとおりである。

| Moody's | S&P | R&I | JCR | 数値 |
|---|---|---|---|---|
| Aaa | AAA | AAA | AAA | 1 |
| Aa1 | AA+ | AA+ | AA+ | 2 |
| Aa2 | AA | AA | AA | 3 |
| Aa3 | AA− | AA− | AA− | 4 |
| A1 | A+ | A+ | A+ | 5 |
| A2 | A | A | A | 6 |
| A3 | A− | A− | A− | 7 |
| Baa1 | BBB+ | BBB+ | BBB+ | 8 |
| Baa2 | BBB | BBB | BBB | 9 |
| Baa3 | BBB− | BBB− | BBB− | 10 |
| Ba1 | BB+ | BB+ | BB+ | 11 |

| Moody's | S&P | R&I | JCR | 数値 |
|---|---|---|---|---|
| Ba2 | BB | BB | BB | 12 |
| Ba3 | BB− | BB− | BB− | 13 |
| B1 | B+ | B+ | B+ | 14 |
| B2 | B | B | B | 15 |
| B3 | B− | B− | B− | 16 |
| Caa1 | CCC+ | CCC+ |  | 17 |
| Caa2 | CCC | CCC | CCC | 18 |
| Caa3 | CCC− | CCC− |  | 19 |
| Ca1 | CC+ | CC+ |  | 20 |
| Ca2 | CC | CC | CC | 21 |
| Ca3 | CC− | CC− |  | 22 |
| C | C | C | C | 23 |
| D | D,SD | D | D, #D | 24 |

3　格付け5社のソブリン格付け（外貨建ておよび自国通貨建て国債，2006年7月1日）

|  | MDY | | S&P | | R&I | | JCR | | Fitch | |
|---|---|---|---|---|---|---|---|---|---|---|
|  | 外貨 | 自国 | 外貨 | 自国 | 外貨 | 自国 | 外貨 | 自国 | 外貨 | 自国 |
| アイスランド | Aaa | Aaa | AA− | AA+ |  |  |  |  | AA− | AAA |
| アイルランド | Aaa | Aaa | AAA | AAA | AAA | AAA |  |  | AAA | AAA |
| アメリカ合衆国 | Aaa | Aaa | AAA | AAA | AAA | AAA | AAA | AAA | AAA | AAA |
| アラブ首長国連合 | A1 |  |  |  |  |  |  |  |  |  |
| アルゼンチン | B3 | B3 | B | B |  |  |  |  | RD | B− |
| アンドラ |  |  | AA | AA |  |  |  |  |  |  |
| イスラエル | A2 | A2 | A− | A+ |  |  |  |  | A− | A |
| イタリア | Aa2 | Aa2 | AA− | AA− | AA+ | AA+ | AA+ | AA+ | AA | AA |
| インド | Baa3 | Ba2 | BB+ | BB+ | BBB |  | BBB | BBB | BB+ | BB+ |
| インドネシア | B1 | B1 | B+ | BB | BB− |  | B+ | B+ | BB− | BB− |
| ウクライナ | B1 | B1 | BB− | BB | BB− |  |  |  | BB− | BB− |
| ウルグアイ | B3 | B3 | B | B | B+ |  |  |  | B+ | BB− |
| 英国 | Aaa | Aaa | AAA | AAA | AAA | AAA | AAA | AAA | AAA | AAA |
| エクアドル | Caa1 | B3 | CCC+ | CCC+ |  |  |  |  | B− |  |
| エジプト | Ba1 | Baa3 | BB+ | BBB− |  |  |  |  | BB+ | BBB |
| エストニア | A1 | A1 | A | A |  |  |  |  | A | A+ |
| エルサルバドル | Baa3 | Baa2 | BB+ | BB+ |  |  |  |  | BB+ | BB+ |
| オーストラリア | Aaa | Aaa | AAA | AAA | AA+ | AAA | AAA | AAA | AA+ | AAA |
| オーストリア | Aaa | Aaa | AAA | AAA |  |  |  |  | AAA | AAA |
| オマーン | Baa1 | Baa1 | BBB+ | A− |  |  |  |  |  |  |
| オランダ | Aaa | Aaa | AAA | AAA | AAA |  | AAA | AAA | AAA | AAA |
| カザフスタン | Baa3 | Baa1 | BBB− | BBB |  |  |  |  | BBB | BBB+ |

| | MDY | | S&P | | R&I | | JCR | | Fitch | |
|---|---|---|---|---|---|---|---|---|---|---|
| | 外貨 | 自国 | 外貨 | 自国 | 外貨 | 自国 | 外貨 | 自国 | 外貨 | 自国 |
| カタール | A1 | A1 | A+ | A+ | | | | | | |
| カナダ | Aaa | Aaa | AAA | AAA | AA+ | AAA | AAA | AAA | AAA | AAA |
| カメルーン | | | B− | B− | | | | | B | CCC |
| 韓国 | A3 | A3 | A | A+ | A+ | | A | AA− | A+ | AA |
| ガーナ | | | B+ | B+ | | | | | B+ | B+ |
| キプロス | A2 | A2 | A | A | | | | | A+ | AA |
| キューバ | Caa1 | NR | | | | | | | | |
| ギリシャ | A1 | A1 | A | A | AA− | AA− | | | A | A |
| グアテマラ | Ba2 | Ba1 | BB− | BB | | | | | BB+ | BB+ |
| クエート | A2 | A2 | A+ | A+ | | | | | AA− | AA |
| クック諸島 | | | BB− | BB− | | | | | | |
| グルジア | | | B+ | B+ | | | | | | |
| グレナダ | | | B− | B− | | | | | | |
| クロアチア | Baa3 | Baa1 | BBB | BBB+ | BBB | | | | BBB− | BBB+ |
| ケイマン諸島 | Aa3 | − | | | | | | | | |
| コスタリカ | Ba1 | Ba1 | BB | BB+ | | | | | BB | BB+ |
| コロンビア | Ba2 | Baa2 | BB | BBB | | | | | BB | BBB− |
| サウジアラビア | A3 | A3 | A+ | A+ | | | | | A | A |
| ジャマイカ | B1 | Ba2 | B | B | | | | | | |
| シンガポール | Aaa | Aaa | AAA | AAA | AAA | AAA | AAA | AAA | AAA | AAA |
| スイス | Aaa | Aaa | AAA | AAA | | | | | AAA | AAA |
| スウェーデン | Aaa | Aaa | AAA | AAA | AAA | | | | AAA | AAA |
| スペイン | Aaa | Aaa | AAA | AAA | AA+ | | AAA | AAA | AAA | AAA |
| スリナム | B1 | Ba3 | B− | B | | | | | B | B+ |
| スリランカ | | | B+ | BB− | | | | | BB− | BB− |
| スロバキア | A2 | A2 | A | A | BBB+ | | A− | A | A | A+ |
| スロベニア | Aa3 | Aa3 | AA | AA | A+ | | AA− | AA | AA | AA |
| セネガル | | | B+ | B+ | | | | | | |
| セルビア | | | BB− | BB− | | | | | BB− | BB− |
| タイ | Baa1 | Baa1 | BBB+ | A | BBB+ | | A− | A+ | BBB+ | A |
| 台湾 | Aa3 | Aa3 | AA− | AA− | AA | | | | A+ | AA |
| チェコ | A1 | A1 | A− | A | A− | | A | A+ | A | A+ |
| 中国 | A2 | − | A− | A− | A | | | | A | A+ |
| チュニジア | Baa2 | Baa2 | BBB | A | BBB+ | | | | BBB | A− |
| チリ | Baa1 | A1 | A | AA | | | | | A | A+ |
| デンマーク | Aaa | Aaa | AAA | AAA | AAA | | AAA | AAA | AAA | AAA |
| ドイツ | Aaa | Aaa | AAA | AAA | AAA | AAA | AAA | AAA | AAA | AAA |
| トゥルクメニスタン | B2 | B2 | | | | | | | | |

注　59

|  | MDY | | S&P | | R&I | | JCR | | Fitch | |
|---|---|---|---|---|---|---|---|---|---|---|
|  | 外貨 | 自国 | 外貨 | 自国 | 外貨 | 自国 | 外貨 | 自国 | 外貨 | 自国 |
| ドミニカ共和国 | B3 | B3 | B | B |  |  |  |  | B | B |
| トリニダッド・トバゴ | Baa2 | Baa1 | A− | A+ |  |  |  |  |  |  |
| トルコ | Ba3 | Ba3 | BB− | BB |  |  | BB− | BB− | BB− | BB− |
| ナイジェリア |  |  | BB− | BB |  |  |  |  | BB− | BB− |
| ニカラグア | Caa1 | B3 |  |  |  |  |  |  |  |  |
| 日本 | Aaa | A2 | AA− | AA− | AAA | AAA | AAA | AAA | AA | AA− |
| ニュージーランド | Aaa | Aaa | AA+ | AAA | AA+ | AAA |  |  | AA+ | AAA |
| ノルウェー | Aaa | Aaa | AAA | AAA | AAA |  | AAA | AAA | AAA | AAA |
| バーレーン | Baa1 | Baa1 | A | A |  |  |  |  | A− | A |
| パキスタン | B2 | B2 | B+ | BB |  |  |  |  |  |  |
| パナマ | Ba1 | − | BB | BB |  |  |  |  | BB+ | BB+ |
| バハマ | A3 | A1 | A− | A− |  |  |  |  |  |  |
| パプアニューギニア | B1 | B1 | B | B+ |  |  |  |  | B | B+ |
| バミューダ | Aa1 | Aaa | AA | AA |  |  |  |  | AA | AAA |
| パラグアイ | Caa1 | Caa1 | B− | B− |  |  |  |  |  |  |
| バルバドス | Baa2 | A3 | BBB+ | A− |  |  |  |  |  |  |
| ハンガリー | A1 | A1 | BBB+ | BBB+ | A− |  | A | A | BBB+ | A− |
| フィジー諸島 | Ba2 | Ba2 |  |  |  |  |  |  |  |  |
| フィリピン | B1 | B1 | BB− | BB+ | BBB− |  | BBB− | BBB− | BB | BB+ |
| フィンランド | Aaa | Aaa | AAA | AAA | AAA |  | AAA | AAA | AAA | AAA |
| ブラジル | Ba3 | Ba3 | BB | BB+ | BB− |  |  |  | BB | BB |
| フランス | Aaa | Aaa | AAA | AAA | AAA | AAA | AAA | AAA | AAA | AAA |
| ブルガリア | Baa3 | Baa3 | BBB | BBB+ |  |  | BBB | BBB+ | BBB | BBB+ |
| ブルキナファソ |  |  | B | B |  |  |  |  |  |  |
| ベトナム | Ba3 | − | BB− | BB |  |  |  |  | BB− | BB |
| ベナン |  |  | B+ | B+ |  |  |  |  | B | B |
| ベネズエラ | B2 | B1 | BB− | BB− |  |  |  |  | BB− | BB− |
| ベリーズ | Caa3 | Caa3 | CCC− | CCC+ |  |  |  |  |  |  |
| ペルー | Ba3 | Baa3 | BB | BB+ |  |  |  |  | BB | BB+ |
| ベルギー | Aa1 | Aa1 | AA+ | AA+ | AA+ |  | AAA | AAA | AA+ | AA+ |
| ポーランド | A2 | A2 | BBB+ | A− | BBB+ |  | A− | A | BBB+ | A |
| ボスニア・ヘルツェゴビナ | B2 | B2 |  |  |  |  |  |  |  |  |
| ボツワナ | A2 | A1 | A | A+ |  |  |  |  |  |  |
| ボリビア | B3 | B3 | B− | B− |  |  |  |  | B− | B− |
| ポルトガル | Aa2 | Aa2 | AA− | AA− | AA− |  | AA | AA | AA | AA |
| 香港 | A1 | Aa3 | AA− | AA− | AA− | AA | AA | AA+ | AA− | AA+ |
| ホンジュラス | B2 | B2 |  |  |  |  |  |  |  |  |

60　第1章　格付け概論

| | MDY | | S&P | | R&I | | JCR | | Fitch | |
|---|---|---|---|---|---|---|---|---|---|---|
| | 外貨 | 自国 | 外貨 | 自国 | 外貨 | 自国 | 外貨 | 自国 | 外貨 | 自国 |
| マカオ | A1 | A1 | | | | | | | | |
| マケドニア | | | BB+ | BBB− | | | | | BB+ | BB− |
| マダガスカル | | | B | B | | | | | | |
| マリ | | | B | B | | | | | B− | B− |
| マルタ | A3 | A3 | A | A | | | | | A | AA− |
| マレーシア | A3 | A3 | A− | A+ | A− | | A− | A+ | A− | A+ |
| マン島 | Aaa | Aaa | AAA | AAA | | | | | | |
| 南アフリカ | Baa1 | A2 | BBB+ | A+ | BBB+ | | | | BBB+ | A |
| メキシコ | Baa1 | Baa1 | BBB | A | BBB | | BBB+ | A | BBB | BBB+ |
| モザンビーク | | | B | B | | | | | B | B+ |
| モーリシャス | Baa2 | A2 | | | | | | | | |
| モルドバ | Caa1 | Caa1 | | | | | | | B− | B |
| モロッコ | Ba1 | Ba1 | BB+ | BBB | | | | | | |
| モンゴル | B1 | B1 | B | B | | | | | B+ | B+ |
| モンテネグロ | | | BB | BB | | | | | | |
| モントセラト | | | BBB− | BBB− | | | | | | |
| ヨルダン | Ba2 | Baa3 | BB | BBB | | | | | | |
| ラトビア | A2 | A2 | A− | A− | | | | | A− | A |
| リトアニア | A3 | A3 | A | A | | | | | A− | A |
| リヒテンシュタイン | | | AAA | AAA | | | | | | |
| ルーマニア | Ba1 | Ba1 | BBB− | BBB | | | BBB− | BBB | BBB− | BBB |
| ルクセンブルグ | Aaa | Aaa | AAA | AAA | AAA | | | | AAA | AAA |
| レバノン | B3 | B3 | B− | B− | BB | | | | B− | B− |
| ロシア | Baa2 | Baa2 | BBB | BBB+ | | | | | BBB+ | BBB+ |
| アルバ島 | | | | | | | | | BBB | BBB |
| アルメニア共和国 | | | | | | | | | BB− | BB− |
| アゼルバイジャン | | | | | | | | | BB | BB |
| カーボヴェルデ共和国 | | | | | | | | | B+ | BB− |
| ガンビア | | | | | | | | | CCC | CCC |
| イラン | | | | | | | | | B+ | B+ |
| レソト王国 | | | | | | | | | BB− | BB+ |
| マラウイ共和国 | | | | | | | | | CCC | CCC |
| ナミビア | | | | | | | | | BBB− | BBB |
| サンマリノ | | | | | | | | | AA | |
| ウガンダ共和国 | | | | | | | | | B | B |
| 合計・共通格付け数 | 102 | 102 | 110 | 110 | 43 | 13 | 32 | 32 | 99 | 97 |

（出所）　格付け5社のホームページより作成。

注　61

4　外貨建て国債の格付け格差は以下のとおりである（格付けと数値の関係は企業格付けと同じ）。

| | MY-SP | MY-RI | MY-JC | MY-Fi | SP-RI | SP-JC | SP-Fi | RI-JC | RI-Fi | JC-Fi |
|---|---|---|---|---|---|---|---|---|---|---|
| アイスランド | −3 | | | −3 | | | 0 | | | |
| アイルランド | 0 | 0 | | 0 | 0 | | 0 | | 0 | |
| アメリカ合衆国 | 0 | 0 | 0 | 0 | 0 | 0 | 0 | 0 | 0 | 0 |
| アラブ首長国連合 | | | | | | | | | | |
| アルゼンチン | 1 | | | | | | | | | |
| アンドラ | | | | | | | | | | |
| イスラエル | −1 | | | −1 | | | 0 | | | |
| イタリア | −1 | 1 | 1 | 0 | 2 | 2 | 1 | 0 | −1 | −1 |
| インド | −1 | 1 | 1 | −1 | 2 | 2 | 0 | −2 | −2 | |
| インドネシア | 0 | 1 | 0 | 1 | 1 | 0 | 1 | −1 | 0 | 1 |
| ウクライナ | 1 | 1 | | 1 | 0 | | 0 | 0 | | |
| ウルグアイ | 1 | 2 | | 2 | 1 | | 1 | 0 | | |
| 英国 | 0 | 0 | 0 | 0 | 0 | 0 | 0 | 0 | 0 | 0 |
| エクアドル | 0 | | | 1 | | | 1 | | | |
| エジプト | 0 | | | 0 | | | 0 | | | |
| エストニア | −1 | | | −1 | | | 0 | | | |
| エルサルバドル | −1 | | | −1 | | | 0 | | | |
| オーストラリア | 0 | −1 | 0 | −1 | −1 | 0 | −1 | 1 | 0 | −1 |
| オーストリア | 0 | | | 0 | | | 0 | | | |
| オマーン | 0 | | | | | | | | | |
| オランダ | 0 | 0 | 0 | 0 | 0 | 0 | 0 | 0 | 0 | 0 |
| カザフスタン | 0 | | | 1 | | | 1 | | | |
| カタール | | | | | | | | | | |
| カナダ | 0 | −1 | 0 | 0 | −1 | 0 | 0 | 1 | 1 | 0 |
| カメルーン | | | | | | | 1 | | | |
| 韓国 | 1 | 2 | 1 | 2 | 1 | 0 | 1 | −1 | 0 | 1 |
| ガーナ | | | | | | | 0 | | | |
| キプロス | 0 | | | 1 | | | 1 | | | |
| キューバ | | | | | | | | | | |
| ギリシャ | −1 | 1 | | −1 | 2 | | 0 | −2 | | |
| グアテマラ | −1 | | | 1 | | | 2 | | | |
| クエート | 1 | | | 2 | | | 1 | | | |
| クック諸島 | | | | | | | | | | |
| グルジア | | | | | | | | | | |
| グレナダ | | | | | | | | | | |
| クロアチア | 1 | 1 | | 0 | 0 | | −1 | | −1 | |
| ケイマン諸島 | | | | | | | | | | |
| コスタリカ | −1 | | | −1 | | | 0 | | | |
| コロンビア | 0 | | | 0 | | | 0 | | | |

## 62　第1章　格付け概論

| | MY-SP | MY-RI | MY-JC | MY-Fi | SP-RI | SP-JC | SP-Fi | RI-JC | RI-Fi | JC-Fi |
|---|---|---|---|---|---|---|---|---|---|---|
| サウジアラビア | 2 | | | 1 | | | −1 | | | |
| ジャマイカ | −1 | | | | | | | | | |
| シンガポール | 0 | 0 | 0 | 0 | 0 | 0 | 0 | 0 | 0 | 0 |
| スイス | 0 | | | 0 | | | 0 | | | |
| スウェーデン | 0 | 0 | | 0 | 0 | | 0 | | 0 | |
| スペイン | 0 | −1 | 0 | 0 | −1 | 0 | 0 | 1 | 1 | 0 |
| スリナム | −2 | | | −1 | | | 1 | | | |
| スリランカ | | | | | | | 1 | | | |
| スロバキア | 0 | −2 | −1 | 0 | −2 | −1 | 0 | 1 | 2 | 1 |
| スロベニア | 1 | −1 | 0 | 1 | −2 | −1 | 0 | 1 | 2 | 1 |
| セネガル | | | | | | | | | | |
| セルビア | | | | | | | 0 | | | |
| タイ | 0 | 0 | 1 | 0 | 0 | 1 | 0 | 1 | 0 | −1 |
| 台湾 | 0 | 1 | | −1 | 1 | | −1 | | −2 | |
| チェコ | −2 | −2 | −1 | −1 | 0 | 1 | 1 | 1 | 1 | 0 |
| 中国 | −1 | 0 | | 0 | 1 | | 1 | | 0 | |
| チュニジア | 0 | | | 0 | | | 0 | | | |
| チリ | 2 | | | 2 | | | 0 | | | |
| デンマーク | 0 | 0 | 0 | 0 | 0 | 0 | 0 | 0 | 0 | 0 |
| ドイツ | 0 | 0 | 0 | 0 | 0 | 0 | 0 | 0 | 0 | 0 |
| トゥルクメニスタン | | | | | | | | | | |
| ドミニカ共和国 | 1 | | | 1 | | | 0 | | | |
| トリニダッド・トバゴ | 2 | | | | | | | | | |
| トルコ | 0 | | 0 | 0 | | | 0 | | | 0 |
| ナイジェリア | | | | | | | 0 | | | |
| ニカラグア | | | | | | | | | | |
| 日本 | −3 | 0 | 0 | −2 | 3 | 3 | 1 | 0 | −2 | −2 |
| ニュージーランド | −1 | −1 | | −1 | 0 | | 0 | | 0 | |
| ノルウェー | 0 | 0 | 0 | 0 | 0 | 0 | 0 | 0 | 0 | 0 |
| バーレーン | 2 | | | 1 | | | −1 | | | |
| パキスタン | 1 | | | | | | | | | |
| パナマ | −1 | | | 0 | | | 1 | | | |
| バハマ | 0 | | | | | | | | | |
| パプアニューギニア | −1 | | | −1 | | | 0 | | | |
| バミューダ | −1 | | | −1 | | | 0 | | | |
| パラグアイ | 1 | | | | | | | | | |
| バルバドス | 1 | | | | | | | | | |
| ハンガリー | −3 | −2 | −1 | −3 | 1 | 2 | 0 | 1 | −1 | −2 |
| フィジー諸島 | | | | | | | | | | |
| フィリピン | 1 | 4 | 4 | 2 | 3 | 3 | 1 | 0 | −2 | −2 |

注 63

|  | MY-SP | MY-RI | MY-JC | MY-Fi | SP-RI | SP-JC | SP-Fi | RI-JC | RI-Fi | JC-Fi |
|---|---|---|---|---|---|---|---|---|---|---|
| フィンランド | 0 | 0 | 0 | 0 | 0 | 0 | 0 | 0 | 0 | 0 |
| ブラジル | 1 |  |  | 1 |  |  | 0 |  |  |  |
| フランス | 0 | 0 | 0 | 0 | 0 | 0 | 0 | 0 | 0 | 0 |
| ブルガリア | 1 |  | 1 | 1 |  | 0 | 0 |  |  | 0 |
| ブルキナファソ |  |  |  |  |  |  |  |  |  |  |
| ベトナム | 0 |  |  | 0 |  |  | 0 |  |  |  |
| ベナン |  |  |  |  |  |  | −1 |  |  |  |
| ベネズエラ | 2 |  |  | 2 |  |  | 0 |  |  |  |
| ベリーズ | 0 |  |  |  |  |  |  |  |  |  |
| ペルー | 1 |  |  | 1 |  |  | 0 |  |  |  |
| ベルギー | 0 | 0 | 1 | 0 | 0 | 1 | 0 | 1 | 0 | −1 |
| ポーランド | −2 | −2 | −1 | −2 | 0 | 1 | 0 | 1 | 0 | −1 |
| ボスニア・ヘルツェゴビナ |  |  |  |  |  |  |  |  |  |  |
| ボツワナ | 0 |  |  |  |  |  |  |  |  |  |
| ボリビア | 0 |  |  | 0 |  |  | 0 |  |  |  |
| ポルトガル | −1 | −1 | 0 | 0 | 0 | 1 | 1 | 1 | 1 | 0 |
| 香港 | 1 | 1 | 2 | 1 | 0 | 1 | 0 | 1 | 0 | −1 |
| ホンジュラス |  |  |  |  |  |  |  |  |  |  |
| マカオ |  |  |  |  |  |  |  |  |  |  |
| マケドニア |  |  |  |  |  |  | 0 |  |  |  |
| マダガスカル |  |  |  |  |  |  |  |  |  |  |
| マリ |  |  |  |  |  |  | −1 |  |  |  |
| マルタ | 1 |  |  | 1 |  |  | 0 |  |  |  |
| マレーシア | 0 | 0 | 0 | 0 | 0 | 0 | 0 | 0 | 0 | 0 |
| マン島 | 0 |  |  |  |  |  |  |  |  |  |
| 南アフリカ | 0 | 0 |  | 0 | 0 |  | 0 |  | 0 |  |
| メキシコ | −1 | −1 | 0 | −1 | 0 | 1 | 0 | 1 | 0 | −1 |
| モザンビーク |  |  |  |  |  |  | 0 |  |  |  |
| モーリシャス |  |  |  |  |  |  |  |  |  |  |
| モルドバ |  |  |  | 1 |  |  |  |  |  |  |
| モロッコ | 0 |  |  |  |  |  |  |  |  |  |
| モンゴル | −1 |  |  | 0 |  |  | 1 |  |  |  |
| モンテネグロ |  |  |  |  |  |  |  |  |  |  |
| モントセラト |  |  |  |  |  |  |  |  |  |  |
| ヨルダン | 0 |  |  |  |  |  |  |  |  |  |
| ラトビア | −1 |  |  | −1 |  |  | 0 |  |  |  |
| リトアニア | 1 |  |  | 0 |  |  | −1 |  |  |  |
| リヒテンシュタイン |  |  |  |  |  |  |  |  |  |  |
| ルーマニア | 1 |  | 1 | 1 |  | 0 | 0 |  |  | 0 |

## 第 1 章 格付け概論

|  | MY-SP | MY-RI | MY-JC | MY-Fi | SP-RI | SP-JC | SP-Fi | RI-JC | RI-Fi | JC-Fi |
|---|---|---|---|---|---|---|---|---|---|---|
| ルクセンブルグ | 0 | 0 |  | 0 | 0 |  | 0 |  | 0 |  |
| レバノン | 0 | 4 |  | 0 | 4 |  | 0 |  | −4 |  |
| ロシア | 0 |  |  | 1 |  |  | 1 |  |  |  |

自国通貨建ての格付け格差は以下のとおり。

|  | MY-SP | MY-RI | MY-JC | MY-Fi | SP-RI | SP-JC | SP-Fi | RI-JC | RI-Fi | JC-Fi |
|---|---|---|---|---|---|---|---|---|---|---|
| アイスランド | −1 |  |  | 0 |  |  | 1 |  |  |  |
| アイルランド | 0 | 0 |  | 0 | 0 |  | 0 |  | 0 |  |
| アメリカ合衆国 | 0 | 0 | 0 | 0 | 0 | 0 | 0 | 0 | 0 | 0 |
| アラブ首長国連合 |  |  |  |  |  |  |  |  |  |  |
| アルゼンチン | 1 |  |  | 0 |  |  | −1 |  |  |  |
| アンドラ |  |  |  |  |  |  |  |  |  |  |
| イスラエル | 1 |  |  | 0 |  |  | −1 |  |  |  |
| イタリア | −1 | 1 | 1 | 0 | 2 | 2 | 1 | 0 | −1 | −1 |
| インド | 1 |  | 3 | 1 |  | 2 | 0 |  |  | −2 |
| インドネシア | 2 |  | 0 | 1 |  | −2 | −1 |  |  | 1 |
| ウクライナ | 2 |  |  | 1 |  |  | −1 |  |  |  |
| ウルグアイ | 1 |  |  | 3 |  |  | 2 |  |  |  |
| 英国 | 0 | 0 | 0 | 0 | 0 | 0 | 0 | 0 | 0 | 0 |
| エクアドル | −1 |  |  |  |  |  |  |  |  |  |
| エジプト | 0 |  |  | 1 |  |  | 1 |  |  |  |
| エストニア | −1 |  |  | 0 |  |  | 1 |  |  |  |
| エルサルバドル | −2 |  |  | −2 |  |  | 0 |  |  |  |
| オーストラリア | 0 | 0 | 0 | 0 | 0 | 0 | 0 | 0 | 0 | 0 |
| オーストリア | 0 |  |  | 0 |  |  | 0 |  |  |  |
| オマーン | 1 |  |  |  |  |  |  |  |  |  |
| オランダ | 0 |  | 0 | 0 |  | 0 | 0 |  |  | 0 |
| カザフスタン | −1 |  |  | 0 |  |  | 1 |  |  |  |
| カタール | 0 |  |  |  |  |  |  |  |  |  |
| カナダ | 0 | 0 | 0 | 0 | 0 | 0 | 0 | 0 | 0 | 0 |
| カメルーン |  |  |  |  |  |  | −2 |  |  |  |
| 韓国 | 2 |  | 3 | 4 |  | 1 | 2 |  |  | 1 |
| ガーナ |  |  |  |  |  |  | 0 |  |  |  |
| キプロス | 0 |  |  | 3 |  |  | 3 |  |  |  |
| キューバ |  |  |  |  |  |  |  |  |  |  |
| ギリシャ | −1 | 1 |  | −1 | 2 |  | 0 |  | −2 |  |
| グアテマラ | −1 |  |  | 0 |  |  | 1 |  |  |  |
| クエート | 1 |  |  | 3 |  |  | 2 |  |  |  |
| クック諸島 |  |  |  |  |  |  |  |  |  |  |
| グルジア |  |  |  |  |  |  |  |  |  |  |

注　65

| | MY-SP | MY-RI | MY-JC | MY-Fi | SP-RI | SP-JC | SP-Fi | RI-JC | RI-Fi | JC-Fi |
|---|---|---|---|---|---|---|---|---|---|---|
| グレナダ | | | | | | | | | | |
| クロアチア | 0 | | | 0 | | | 0 | | | |
| ケイマン諸島 | | | | | | | | | | |
| コスタリカ | 0 | | | 0 | | | 0 | | | |
| コロンビア | 0 | | | −1 | | | −1 | | | |
| サウジアラビア | 2 | | | 1 | | | −1 | | | |
| ジャマイカ | −3 | | | | | | | | | |
| シンガポール | 0 | 0 | 0 | 0 | 0 | 0 | 0 | 0 | 0 | 0 |
| スイス | 0 | | | 0 | | | 0 | | | |
| スウェーデン | 0 | | | 0 | | | 0 | | | |
| スペイン | 0 | | 0 | 0 | | 0 | 0 | | | 0 |
| スリナム | −2 | | | −1 | | | 1 | | | |
| スリランカ | | | | | | | 0 | | | |
| スロバキア | 0 | | 0 | 1 | | 0 | 1 | | | 1 |
| スロベニア | 1 | | 1 | 1 | | 0 | 0 | | | 0 |
| セネガル | | | | | | | | | | |
| セルビア | | | | | | | 0 | | | |
| タイ | 2 | | 3 | 2 | | 1 | 0 | | | −1 |
| 台湾 | 0 | | | 1 | | | 1 | | | |
| チェコ | −1 | | 0 | 0 | | 1 | 1 | | | 0 |
| 中国 | | | | | | | 2 | | | |
| チュニジア | 3 | | | 2 | | | −1 | | | |
| チリ | 2 | | | | | | −2 | | | |
| デンマーク | 0 | | 0 | 0 | | 0 | 0 | | | 0 |
| ドイツ | 0 | 0 | 0 | 0 | 0 | 0 | 0 | 0 | 0 | 0 |
| トゥルクメニスタン | | | | | | | | | | |
| ドミニカ共和国 | 1 | | | 1 | | | 0 | | | |
| トリニダッド・トバゴ | 3 | | | | | | | | | |
| トルコ | 1 | | 0 | 0 | | −1 | −1 | | | 0 |
| ナイジェリア | | | | | | | −1 | | | |
| ニカラグア | | | | | | | | | | |
| 日本 | 2 | 5 | 5 | 2 | 3 | 3 | 0 | 0 | −3 | −3 |
| ニュージーランド | 0 | 0 | | 0 | 0 | | 0 | 0 | | |
| ノルウェー | 0 | | 0 | 0 | | 0 | 0 | | | 0 |
| バーレーン | 2 | | | 2 | | | 0 | | | |
| パキスタン | 3 | | | | | | | | | |
| パナマ | | | | | | | 1 | | | |
| バハマ | −2 | | | | | | | | | |
| パプアニューギニア | 0 | | - | 0 | | | 0 | | | |
| バミューダ | −2 | | | 0 | | | 2 | | | |

|  | MY-SP | MY-RI | MY-JC | MY-Fi | SP-RI | SP-JC | SP-Fi | RI-JC | RI-Fi | JC-Fi |
|---|---|---|---|---|---|---|---|---|---|---|
| パラグアイ | 1 | | | | | | | | | |
| バルバドス | 0 | | | | | | | | | |
| ハンガリー | −3 | | −1 | −2 | | 2 | 1 | | | −1 |
| フィジー諸島 | | | | | | | | | | |
| フィリピン | 3 | | 4 | 3 | | 1 | 0 | | | −1 |
| フィンランド | 0 | | 0 | 0 | | 0 | 0 | | | 0 |
| ブラジル | 2 | | | 1 | | | −1 | | | |
| フランス | 0 | 0 | 0 | 0 | 0 | 0 | 0 | 0 | 0 | 0 |
| ブルガリア | 2 | | 2 | 2 | | 0 | 0 | | | 0 |
| ブルキナファソ | | | | | | | | | | |
| ベトナム | | | | | | | 0 | | | |
| ベナン | | | | | | | −1 | | | |
| ベネズエラ | 1 | | | 1 | | | 0 | | | |
| ベリーズ | 2 | | | | | | | | | |
| ペルー | −1 | | | −1 | | | 0 | | | |
| ベルギー | 0 | 1 | 0 | | 1 | 0 | | | | −1 |
| ポーランド | −1 | 0 | 0 | | 1 | 1 | | | | 0 |
| ボスニア・ヘルツェゴビナ | | | | | | | | | | |
| ボツワナ | 0 | | | | | | | | | |
| ボリビア | 0 | | | 0 | | | 0 | | | |
| ポルトガル | −1 | 0 | 0 | | 1 | 1 | | | | 0 |
| 香港 | 0 | 1 | 2 | 2 | 1 | 2 | 2 | 1 | 1 | 0 |
| ホンジュラス | | | | | | | | | | |
| マカオ | | | | | | | | | | |
| マケドニア | | | | | | | −3 | | | |
| マダガスカル | | | | | | | | | | |
| マリ | | | | | | | −1 | | | |
| マルタ | 1 | | | 3 | | | 2 | | | |
| マレーシア | 2 | | 2 | 2 | | 0 | 0 | | | 0 |
| マン島 | 0 | | | | | | | | | |
| 南アフリカ | 1 | | | 0 | | | −1 | | | |
| メキシコ | 2 | | 2 | 0 | | 0 | −2 | | | −2 |
| モザンビーク | | | | | | | 1 | | | |
| モーリシャス | | | | | | | | | | |
| モルドバ | | | | 2 | | | | | | |
| モロッコ | 2 | | | | | | | | | |
| モンゴル | −1 | | | 0 | | | 1 | | | |
| モンテネグロ | | | | | | | | | | |
| モントセラト | | | | | | | | | | |

|  | MY-SP | MY-RI | MY-JC | MY-Fi | SP-RI | SP-JC | SP-Fi | RI-JC | RI-Fi | JC-Fi |
|---|---|---|---|---|---|---|---|---|---|---|
| ヨルダン | 1 |  |  |  |  |  |  |  |  |  |
| ラトビア | −1 |  |  | 0 |  |  | 1 |  |  |  |
| リトアニア | 1 |  |  | 1 |  |  | 0 |  |  |  |
| リヒテンシュタイン |  |  |  |  |  |  |  |  |  |  |
| ルーマニア | 2 |  | 2 | 2 |  | 0 | 0 |  |  | 0 |
| ルクセンブルグ | 0 |  |  | 0 |  |  | 0 |  |  |  |
| レバノン | 0 |  |  | 0 |  |  | 0 |  |  |  |
| ロシア | 1 |  |  | 1 |  |  | 0 |  |  |  |

(出所) 格付け5社の格付けを数値に置き換えて作成した。

5 黒沢義孝 (2002)「国際資本移動下におけるソブリン格付けの問題」を参照。
6 黒沢義孝 (2004)「日本国債の格付け」を参照。
7 アメリカの銀行制度と社債市場の発達の因果関係については黒沢義孝 (1985) 129〜135頁を参照。
8 証券化の進展と1980年代の格付け会社の世界的普及については,黒沢義孝 (1985年)『債券格付けの実際』167〜207頁を参照。
9 アジア地域の格付け会社 (34社) は以下の通りである。

| Japan (5) | 格付投資情報センター (R&I) |
|---|---|
|  | 日本格付研究所 (JCR)* |
|  | スタンダード・アンド・プアーズ (S&P) |
|  | ムーディーズ・ジャパン (MDYJ) |
|  | フィッチ (Fitch) |
| Korea (5) | Seoul Credit Rating & Information, Inc (SCI)* |
|  | Korea Investors Service, Inc (KIS)* |
|  | Korea Ratings Corporation* |
|  | National Information and Credit Evaluation (NICE)* |
|  | Korea Management & Credit Rating Corporation (KMCC) |
| China (8) | Shanghai Far East Credit Rating Co., Ltd* |
|  | Shanghai Brilliant Credit Rating Co., Ltd |
|  | CCXI Credit Rating Co., Ltd |
|  | Dagong Global Credit Rating Co., Ltd* |
|  | China Lianhe Credit Rating Co., Ltd |
|  | Centrus Credit Rating Co., Ltd** |
|  | Shanghai Wanglong Co., Ltd** |
|  | Shanghai Tiancheng Co., Ltd** |

第1章 格付け概論

| India (3) | Credit Rating Information Services of India Ltd (CRISIL)* |
| | Investment Information & Credit Rating Agency Ltd (ICRA)* |
| | Credit Analysis & Research Ltd (CARE)* |
| Bangladesh (2) | Credit Rating Information & Services Ltd* |
| | Credit Rating Agency Bangladesh* |
| Indonesia (2) | Pefindo Credit Rating Indonesia* |
| | P.T. Kasnic Credit Rating Indonesia* |
| Malaysia (2) | Rating Agency Malaysia Berhard (RAM)* |
| | Malaysia Rating Corp (MARC) (MARC)* |
| Pakistan (2) | JCR-Vis Credit Rating Co. Ltd* |
| | The Pakistan Credit Rating Agency Ltd (PRIVATE)* |
| Philippines (2) | Philippine Rating Services Corp* |
| | Credit Information Bureau, Inc |
| Taiwan (1) | Taiwan Rating Corporation* |
| Thailand (1) | Thai Rating & Information Services Co. Ltd (TRIS)* |
| Uzbekistan (1) | Ahbor Rating* |

＊ 印は Association of Credit Rating Agencies in Asia (ACRAA) 加盟会社
＊＊ 印（中国）は銀行ローン格付けのみを行う機関

10 アジア以外の地域における格付け会社（29社）は以下の通りである。

| USA | Moody's Investors Service, Inc |
| | Standard & Poors's Corp |
| | A.M.Best |
| USA/EU | Fitch |
| Canada | Dominion Bond Rating Service |
| | Canadian Bond Rating Service |
| Argentina | Broda, Dominguez, ECONSULT/DUFF & Phelps |
| | Calificadora de Riesgo PCA SA |
| | Risk Annalysis Calificadora de Riesgo SA |
| | Value Calificadora de Riesgo SA |
| Brazil | Atlantic Rating (1992) |
| Bulgaria | Bulgarian Rating Agency |
| Canada | Canadian Bond Rating |
| | Dominion Bond rating |

| | |
|---|---|
| Chile | Clasificadores Asociados y Cia Ltda |
| | ECONSULT/Duff & Phelps Ltda |
| Cyprus | Capital Intelligence Ltd |
| | BREE Consulting Service Ltd |
| Israel | MAALOT, The Israel Securities Rating Company Ltd |
| Mexico | Clasificadora de Riesgos (CLASE), SA de CV |
| | Dictaminadora de Valores (DICTA), SA de CV |
| | Duff & Phelps de Mexico, SA de CV |
| | S&P CaVal |
| Poland | Fitch Polska S.A (1997) |
| Portugal | Companhia Portuguesa de Rating SA |
| | Sociedade de Avalicao de Empresas e Risco Lda |
| Russia | Red-Stars (1998) |
| South Africa | Republic Ratings (Pty) Ltd |
| Switzerland | Swiss Public Finance Rating SA (1998) |

(注)「CREDIT RATIGS in Emerging Markets」(Financial Times1995),「格付けゲーム」(シュプリンガー 2003) 等より作成。

11 アメリカの格付け会社は投資顧問法 203 条に基づいて投資顧問会社としての登録を行うが,一般の投資顧問会社に対する規制は適用されない。また,公募債の格付けを公表したり,社債発行目論見書に格付けを掲載するには 1933 年証券法 230 条に基づく SEC ルール 436 およびルール 134 により NRSRO の認定（ノー・アクション・レターを取得する）を受ける必要があるが,認定の根拠は明確にされていず問題とされてきた。黒沢義孝 (1985 年)『債券格付けの実際』140〜144 頁参照。

12 政府や政府機関が直接,格付けを行うことができない理由はこの点にある。政府が行うと,格付けどおりにならなかった場合に政府が保証しなければならないことになり,市場原理による資源配分ができなくなる。格付け情報の内容について監督当局があまり深入りできない理由もこの点にある。

13 アメリカでは財務内容のディスクロージャーに関する規則として,レギュレーション FD (Regulation Fair Disclosure) が 2000 年 11 月に施行された。同規則は,企業が情報を開示する際には全ての投資家に対して同時に情報を開示する義務を課しているが,格付け会社はレギュレーション FD の適用除外となっている。

14 黒沢義孝「リスク革命：リスクのない社会からリスク社会へ」『紀要』第 36 号, 141〜150 頁, 日本大学経済学部経済科学研究所 2006 年 3 月, 参照。

15 平均費用と限界費用をベースとする競争については, 黒沢義孝『激動する国際金融』梓出版社 (1998 年 12 月), 182〜186 頁を参照。

16 この BIS 規制は日本では 1988 年 12 月大蔵省局長通達として施行され, 1993 年 3 月に大蔵省告示に変更された。この自己資本比率 8 ％規制に対して, 2007 年以降の規制がバーゼル II と呼ばれている。これまでの BIS 規制につては黒沢義孝「BIS 規制のパラドックス」『戦後日本の社会・経済政策』山川出版社, 1993 年 12 月, 248〜269 頁参照。

17 自己資本のコストは税制やリスクの観点から負債（預金等）のコストよりも高いので通常，銀行は自己資本を少なくしようとする。一方，自己資本が過少であると確定債務の割合が高くなるので倒産の可能性が高くなり，国際的業務を行う銀行が倒産すると世界経済に混乱をもたらすことになるので，最低自己資本比率を規制しようとするのがバーゼル委員会の趣旨である。格付け別のリスク・ウェイトと最低自己資本比率は下表の通りである。

| 貸出先の格付け | リスク・ウェイト | 格付け別最低自己資本比率 |
|---|---|---|
| AAA 〜 AA− | 20% | 1.6% |
| A+ 〜 A− | 50% | 4.0% |
| BBB+ 〜 BB− | 100% | 8.0% |
| B+ 以下 | 150% | 12.0% |
| 無格付け | 100% | 8.0% |

18 内部的格付けには，貸出先の予想デフォルト率のみを銀行が推計して行う基礎的アプローチと，デフォルト率・デフォルト時損失率・実行マチュリティを推計して行う先進的アプローチの2つの方法があり，いずれかの方法を選択することが認められている。

19 証券化商品のリスク・ウェイトは下記の通りで，特に，BB+〜BB（オリジネータ），B+以下および無格付けの証券化商品は資本から控除されてしまうので，企業貸出に比べて自己資本負担が大幅に増加する。

| 格付け | 企業向け | 証券化商品 |
|---|---|---|
| AAA 〜 AA− | 20% | 20% |
| AA+ 〜 A− | 50% | 50% |
| BBB+ 〜 BBB− | 100% | 100% |
| BB+ 〜 BB（投資家） | 100% | 350%（自己資本比率28%） |
| BB+ 〜 BB（オリジネータ） | 100% | 控除 |
| B+以下 | 150% | 控除 |
| 無格付け | 100% | 控除 |

20 格付け会社が「累積デフォルト率は目標ではなく結果である」と表明しているのはそのような意味からであると思われる。格付け会社は，3〜5年先のデフォルトリスクを純粋に推計し，その結果を格付けランク間の相対関係と時系列的安定性を示すパフォーマンスとして開示している。

21 例えば，「格付け会社の研究（2005年版）」みずほ証券投資戦略部（No.15，2006年3月）21〜33頁，では2004年12月および2005年12月の決算データを用いてR&I, JCR, Moody's, S&Pについて格付けと財務指標の相関係数を求めているが，いずれの格付け会社についても自己資本ないし自己資本比率が上位を占めている（バイアス補正前の相関係数）。

22 ROE＝ROA+(ROA−i)×D/E は次のように導くことができる。ROE＝経常利益／自己資本(E)＝(営業利益―支払利息)/E＝{営業利益/(D+E)}×{(D+E)/E}−(金利i×負債D)/E＝{営業利益/(D+E)}×(1+D/E)−iD/E＝営業利益/(D+E)+{営業利益/(D+E)}×(D/E)−iD/E＝ROA+(ROA−i)×D/E。

23 統計的格付けモデル，および英国エクステル社の失敗例については，黒沢義孝『債券格付けの実際』東洋経済新報社（1985年3月），162～165頁を参照。

# 格付けの考え方　　　　　　　　　　　　　　　　第 2 章

## 1. 「格付け」とは何か

### (1) 格付けの意味

「格付け」は「Rating」の日本語訳で，Ratingには「債券の格付け」「銀行ローンの格付け」「保険金支払能力の格付け」「銀行預金の安全性の格付け」「株式格付け」「カントリー・レーティング」「ミシュランのホテル格付け」などさまざまな格付けがあるが，本書が対象とする「格付け」は「信用リスク」の格付けであり，英語（米語）でCredit Risk Rating（信用リスク格付け）といわれるものである。信用リスク格付けは，ジョン・ムーディーが1909年にニューヨークで鉄道債券（社債）の格付けをはじめたのが嚆矢であるとされているが，広い意味で「信用リスクの格付け」を考えれば，米国のルイ・タッパンが格付けの先駆者である。ルイ・タッパンは1837年のアメリカ金融恐慌の直後，銀行などの商業貸付に対する信用リスク格付けを開始した[1]。商業貸付についての信用リスク格付けは，銀行内部で貸付先の与信管理のために使われ，対外的には公表されなかったので一般の目に触れることはなかった。しかし，貸出先に対する信用リスク格付けは米国の銀行で今日に至るまで行われており（内部格付け：インターナル・レーティングと呼ばれている），JPモルガン・チェース，シティー・バンクなどは格付け会社に優るとも劣らない格付けノウハウを有しているといわれている。1990年代以降，アメリカ商業銀行の貸出債権の流動化が進展し，銀行ローンが資本市場で取引されるようになったので，格付け会社も銀行貸

出債権の信用リスク格付けを行うようになった。格付け会社が現在行っている信用格付けの対象は，社債，転換社債，優先株式，銀行預金，銀行の財務能力，保険金支払能力，流動性のある銀行ローン，ミューチュアル・ファンド（投資信託），ストラクチュアード・ファイナンス（証券化金融商品など），コマーシャル・ペーパー，ミディアム・ターム・ノート，カウンターパーティー（クリアリングハウスおよびデリバティブ専門会社に対する財務格付け），シニア・インプライド（シニア無担保債務），マネジメント・クオリティー・レーティング（運用会社・カストディ銀行・管理事務提供者），アンダーライング・レーティング（信用補完のある特定債務の格付け），予備格付け（債務負担を想定した格付け），ソブリン格付け，国債，地方政府債，政府関係機関債など信用リスクを伴うあらゆる債務が格付けの対象になっている。

(2) 記号による格付けの定義
① 長期債務の定義

信用リスク格付けは「債務を契約どおり返済できる能力（債務履行の確実性）」を簡便なアルファベット記号（格付け記号）で表現するものである[2]。格付け記号は格付け対象債務の種類によって異なるが，広く知られているのは長期優先債務（返済順位が劣後債務よりも優先される長期債務）の格付け記号である。日系2社（R&I, JCR），米欧系3社（Moodys, S&P, Fitch）の長期優先債務に対する格付け記号を文章で表現したものを要約すると図表2-1のとおりである。R&IとMoodysはAAA〜Cの9分類（MoodysはAaaなど大文字と小文字の組み合わせ記号を使用）で，R&IについてはAA〜CCCにサフィックス＋，－記号を付加して全体で21ノッチ，MoodysについてはAa〜Caaにサフィックス1, 2, 3記号を付して21ノッチに分類している。JCRとR&IはAAA〜Dの10分類で，JCRについてはAA〜Bにサフィックス＋，－を付して20ノッチ，S&PについてはAA〜CCCにサフィックス＋，－を付して22ノッチ分類としている[3]。FitchはAAA〜D（DランクはDDD, DD, Dの3つに分かれている）まで

図表 2-1 格付けの定義（長期優先債務：記号括弧は Moodys）

| 記号 | R&I | JCR | Moodys | S&P | Fitch |
|---|---|---|---|---|---|
| AAA (Aaa) | 債務履行の確実性が最も高い（多くの優れた要素がある） | 債務履行の確実性が最も高い | 信用力が最も高い 信用リスクが限定的 | 債務履行能力が極めて高い | 最上の信用力 |
| AA (Aa) | 債務履行の確実性がきわめて高い（優れた要素がある） | 債務履行の確実性が非常に高い | 信用力が高い 信用リスクが極めて低い | 債務履行能力が非常に高い | 非常に高い信用力 AAA との差は小さい |
| A (A) | 債務履行の確実性が高い（部分的に優れた要素がある） | 債務履行の確実性が高い | 中級の上位 信用リスクが低い | 債務履行能力が高い・事業環境の影響を受けやすい | 高い信用力 |
| BBB (Baa) | 債務履行の確実性が十分（注意すべき要素がある） | 債務履行の確実性が認められるが確実性が低下する | 信用リスクが中程度 投機的要素を含む | 財務内容は適切だが債務履行能力が低下する可能性が高い | 良好な信用力 |
| BB (Ba) | 債務履行の確実性に当面問題ない（十分注意すべき要素がある） | 債務履行の確実性は当面問題ないが将来まで確実とはいえない | 相当の信用リスクがある・投機的要素を持つ | 債務履行能力が不十分となる可能性がある | 投機的 |
| B (B) | 債務履行の確実性に問題がある（絶えず注意すべき要素がある） | 債務履行の確実性が乏しく、懸念される要素がある | 信用リスクが高い 投機的である | 債務償還能力が損なわれやすい | 非常に投機的 |
| CCC (Caa) | 債務不履行中、または不履行の懸念が強い（回収が十分には見込めない） | 債務不履行に陥る危険性がある | 信用リスクが極めて高い・安全性が低い | 債務履行の不確実性が現時点で高い | 債務支払能力の環境依存度高い |
| CC (Ca) | 債務不履行中か懸念が極めて強い（回収がある程度しか見込めない） | 債務不履行に陥る危険性が高い | 非常に投機的デフォルト中かそれに近い状態 | 債務履行の不確実性が現時点で非常に高い | 債務不履行の懸念がある |
| C (C) | 債務不履行中（回収が殆ど見込めない） | 債務不履行に陥る危険性が極めて高い | デフォルト中・元利の回収見込みが薄い | 劣後債務・優先株式の支払不確実性が非常に高い | 債務不履行が差し迫っている |
| D | 定義なし | 債務不履行中 | 定義なし | 債務不払い中 | 債務不履行中 DDD, DD, D |
| +, - (1,2,3) | AA〜CCC に+- | AA〜B に+- | Aa〜Caa に 1,2,3 あり | AA〜BBB に+- あり | AA〜BBB に+- |
| 公開情報による格付け（勝手格付け） | op 記号 | p 記号 | 記号なし | 記号なし（04 年廃止） | 記号なし |

（注）記号の括弧は Moodys の記号を表す。
（出所）各社のホームページより作成。R&I (http://www.r-i.co.jp), JCR (http://www.jcr.co.jp) Moodys (http://www.moodys.co.jp), S&P (http://www.standardandpoors.co.jp) Fitch (http://www.fitchratings.co.jp)

の12分類，22ノッチ（AA～BBBまでにサフィックス＋，－）としている。格付け記号の文章による定義は各社異なるが，おおむねBBB（Baa）以上は信用リスクが小さく，通常の状態において社債の公募発行が可能なもの（一般的に「投資適格」「Investment Grade」と呼ばれている）とされている。一方，BB以下は信用リスクが高く，ハイ・イールド債など特別な市場でないと公募発行しづらいもの（「投機的」「Speculative Grade」と呼ばれている）と受け止められている。AAA～BBB，および投機的グレードのBまでについては格付け会社間で定義上の差は少ないが，CCC以下については債務不履行についての定義が格付け会社によって異なる。JCRとS&PについてはDが債務不履行（債務が不払いとなっている）になったものであるのに対して，R&IはCCCランクにすでに債務不履行に陥っているものを含め，不履行債権の回収の程度によってCCC（十分には見込めない），CC（ある程度しか見込めない），C（ほとんど見込めない）と区分している。Moodysは不履行債務をCa（元利回収が見込める），C（元利回収の見込みが極めて薄い）とし，Fitchは不履行債務をDDD（回収可能性90～100%），DD（同50～90%），D（同50%以下）としている。格付け対象先からの依頼に基づかず，主として公開情報に基づいて行われる格付け（unsolicited ratings：通称「勝手格付け」）には，R&Iが「op」記号，JCRが「p」記号を添付しているが，欧米系の格付け会社は区別していない（S&Pは2004年以降，記号による区別を廃止した）。

　上記の一般的な格付け記号と区別して表示している例として，ムーディーズがミューチュアル・ファンド格付けについてMR1～MR5，マネジメント・クオリティー格付けについてAaaMQ～BMQを使用しており，S&Pがサービサー格付けについてS1～S5，監督当局の管理下に置かれている債務者にR，銀行による債権放棄など特定の債務について選択的に債務不履行となっている債務者にSD（Selective Default）の記号を使用している。また，JCRは長期ファンド信用格付けにF-AAA～F-Nの格付け記号を使っている。

　合併，買収，資本参加，訴訟，行政措置など経営に重大な影響を与える事

象の発生や業績の急変によって臨時的な格付け変更の可能性があるとき，R&Iは「レーティング・モニター」のリストに指定して格付け符号に（ ）をつけて表示しており，JCRは「クレジット・モニター」の対象として格付け符号の前に「＃」を付している。S&Pはこのような状況において「クレジット・ウオッチ」に指定し，アウトルック（ポジティブ，ネガティブ，安定的，方向性不確定の4種類）を付して「クレジット・ウオッチ・ネガティブ（格下げの可能性）」のように表示している。Fitchは「格付けウオッチ」の名称でアウトルック（ポジティブ，ネガティブ，ステイブル，エボルビング＝方向性不確定）を付して発表している。

② **短期債務の定義**

短期債務の格付け記号とその定義は図表2-2のとおりである。短期債務格付けは期限1年以内の債務（Moodysは「当初満期が13カ月を超えない債務」と定義）で，コマーシャル・ペーパーなどのように個別の債務のほか，企業の包括的な短期優先債務などの返済能力を表すものである。長期債務の格付けが現実的には3～5年先を見つめながら，年数が経つにしたがってデフォルトの可能性が上昇してゆくカーブを想定しているのに対して，短期債務の格付けは格付け後1年以内のデフォルトの可能性のみを予想したものである。

(3) **格付けの実務的定義**

格付けは投資家が金融資産を運用するための実務的な情報として利用するので，文章上の表現だけでは実用に耐えない。たとえば，100億円の資金を一定期間運用する場合に元本や利息が戻ってこないリスク（信用リスク）がどの程度であるのか定量的な定義が必要である。その結果，運用利回りがどの程度になるかについて把握できなければ顧客に信頼されるファンド（たとえば年金や生保資金の運用ファンド）を創ることが出来ない。格付けはそのための信用リスク情報である。したがって，それぞれの格付け記号が付いた債務（社債，国債など）の元本および利息のデフォルト可能性（契約どおり

## 1.「格付け」とは何か　77

**図表2-2　短期格付けの定義**

| | R&I の定義 | | S&P の定義 |
|---|---|---|---|
| a-1 | 債務履行の確実性高い(特に高いもの a-1+) | A-1 | 債務を履行する能力が高い |
| a-2 | 債務履行の確実性十分 | A-2 | 債務を履行する能力は十分 |
| a-3 | 債務履行の確実性当面問題ない | A-3 | 履行能力が低下する可能性が大 |
| b | 債務履行の確実性に問題ある | B | 投機的要素が強い |
| c | 債務不履行中またはその懸念が極めて高い | C | 不確実性が高い |
| | JCR の定義 | D | 短期債務が不払いとなっている |
| J-1 | 債務履行の確実性最も高い(特に高いもの J-1+) | | Moodys の定義 |
| J-2 | 債務履行の確実性高い | P-1 | 返済能力が極めて高い |
| J-3 | 債務履行の確実性認められる | P-2 | 返済能力が高い |
| NJ | どの等級にも含まれない | P-3 | 返済能力が満足できる程度 |
| | | NP | 返済能力が認められない |
| | | | Fitch の定義 |
| | | F1 | 最上の信用力(とりわけ高いもの F1+) |
| | | F2 | 良好な信用力 |
| | | F3 | 中位の信用力 |
| | | B | 投機的 |
| | | C | 債務不履行の懸念が強い |
| | | D | 債務不履行の状態 |

(出所)　図表 2-1 に同じ。

に支払いできない確率)が何%であるかについて事前的な情報が必要である。図表2-3は格付けと累積デフォルト率の関係を概念的に示したものである[4]。たとえば，累積デフォルト率が1年でBBB（ムーディーズはBaa）に該当する欄は，投資家がそのBBB格付け債券を1年間保有する場合の予想デフォルト率がゼロであることを示し，3年間では累積で0.5%，5年間

**図表2-3　格付けの実務的な定義**
**（概念的定義）**

| 格付け | 累積デフォルト率（%） | | | |
|---|---|---|---|---|
| | 1年 | 3年 | 5年 | 10年 |
| AAA（Aaa） | 0 | 0 | 0 | 0 |
| AA（Aa） | 0 | 0 | 0 | 1.5 |
| A（A） | 0 | 0 | 1.5 | 2.0 |
| BBB（Baa） | 0 | 0.5 | 4.0 | 5.0 |
| BB（Ba） | 1.0 | 2.0 | 20.0 | 30.0 |
| B（B） | 2.0 | 10.0 | 40.0 | 50.0 |

(注)　格付け記号のカッコ内は Moodys の記号を表す。

で 4.0%，10 年間で 5.0%であることを意味している。同様に，AAA（Aaa）は，10 年間保有していても予想デフォルト率はゼロ，AA（Aa）は 5 年間であればゼロ，10 年累積で 1.5%のデフォルト率が予想されることを示している。この図表からわかるように BBB（Baa）以上の債務については，1 年以内の保有であれば予想デフォルト率はゼロである。「BBB（Baa）以上は投資適格」，「BBB（Baa）までが公募債券発行可能」といわれる所以である。BB（Ba）以下については，「投機的」[5]，「ジャンク・ボンド」，「ハイ・イールド債」などと呼ばれるが，1 年以内の保有でもデフォルトの可能性があり，保有期間が長くなるにしたがって予想デフォルト率が指数関数的に急上昇するものと認識されている。CCC（Caa）以下については，格付け会社によってデフォルト発生の記号が異なるので（個別債務について R&I は CCC がデフォルト債務であり，S&P は D がデフォルト債務など）概念的表示を省略した。

図表 2-3 の実務的な概念定義（予想デフォルト率のマトリックス）を理解するうえで以下の 3 点について留意する必要がある。第 1 は，累積デフォルト率は「予想値（期待値）」であり，実際には AAA であっても 10 年以内にデフォルトになるケースはありうるし，BB も予想値であるので実際には 1 年以内にデフォルトが発生しないこともある。しかし，ある格付け会社の実績デフォルト率が，投資家が予想しているデフォルト率（デフォルト・マトリックス）と大きくかけ離れると格付け情報としての有用性を失うことになる。第 2 は，予想デフォルト率のマトリックスは格付け会社によって異なることがあるということである。格付け会社は累積年数ごとの実績デフォルト率を毎年公表しているが，格付けと累積年数ごとの予想デフォルト率の絶対水準を明示的に約束しているわけではない。累積デフォルト率の水準は格付け会社によって異なることがあるが，毎年公表される主要格付け会社の実績デフォルト率は各社ごとに，長期的に安定しているので投資家は格付け情報を信用リスクに関する有効な将来情報として使用できる。第 3 は，格付けランクごとの予想デフォルト率は，各ランクのグループとしてのデフォルト率であり，特定の個別債務の予想デフォルト率ではないことである。たとえ

ば，BBB格付けの債券を100銘柄保有する場合の5年間の予想デフォルト率は4％（100銘柄のうち4銘柄がデフォルトになる）であるが，BBBに格付けされた個別銘柄の予想デフォルト率が4％であるということではない。個別銘柄については，仮にデフォルトになれば100％デフォルトであり，デフォルトにならない個別銘柄（100銘柄のうち96銘柄はデフォルトにならない）の結果的なデフォルト率はゼロである。BBBに格付けされた個別銘柄は，「定量的および定性的基準に照らして，5年間で全体の4％がデフォルトになるような基準を満たすグループに該当する銘柄」であると解釈してよいであろう。

### (4) 信用リスク（格付け）とリターン（投資収益率）の対応関係

信用リスクが資本市場でどのように評価されるかを考えてみよう。国民の貯蓄がある程度の水準以上に蓄積された資本市場では，資金の出し手である投資家（貯蓄者）が個々の資金調達者のコスト（金利）を決める影響力を持つといわれている。その際，投資家が「どのリスク・クラスの調達者に資金を提供しても，同じ期待収益率（期待できる受け取り金利）が得られるような資本市場」が「効率的で衡平な資本市場」であると認識される[6]。「効率的」というのは一定の社会資源のなかで，消費者が最も高い便益を受けられるような貯蓄の配分（各産業や分野への資金配分）がおこなわれることであり，「衡平」とは投資された成果を偏りなく投資家に配分するということである。A産業に投資した投資家の受け取り利回りがB産業よりも低いと，投資家はB産業の方に投資資金を振り向けるのでB産業への資金配分が増加し，A産業は縮小するか消滅して，全体として投資家が欲するような資源配分（効率的な資源配分）が達成される。C産業に所属する企業C1の信用リスクが高く（ハイ・リスク），企業C2の信用リスクが低いとする（ロー・リスク）。企業C1が一部分しか返済できないために，投資家が受け取るC1からの利回りがC2よりも低くなると，投資家はC2の方に資金を振り向けるようになる。そのため，企業C2の金利が低下し（企業C2への資金供給が増えるため：ロー・リターン），企業C1の金利が上昇する（企業C1への資金

供給が減少するため：ハイ・リターン）。C1 の金利の上昇と，C2 の金利の低下は，投資家が最終的に受け取る利回り（返済されない損失を控除したあとの利回り）が等しくなるまで続き，結果として同じ期待収益率が得られるような「衡平」な資金配分が行われることになる。

　信用リスクと負債の利回りの関係を一般的な式で表すと次のようになる（図表2-4）。信用リスクがゼロの負債の利回り（リスク・フリー金利）を rf% とする[7]。リスク・フリー金利 rf の下で，予想デフォルト率が Pd% である企業が金利 q で発行した負債を購入した投資家の期待収益率は，期待収益率＝$(1+q)(1-Pd)-1=q-qPd-Pd$ となる[8]。効率的な資本市場では，どのリスク・クラスにある証券に投資しても，得られる利回りが同じにならなければならないので，この期待収益率はリスクのない負債の期待収益率 rf と等しくなければならない。したがって，$rf=q-qPd-Pd$ となり，$q=(rf+Pd)/(1-Pd)$ となる。すなわち，効率的な資本市場では，リスクのない負債の利率が rf であるとき（リスクのない国債の利率が rf であるとき），予想信用リスクが Pd であると判定された企業が負債（社債）を発行するときの利率は，$q=(rf+Pd)/(1-Pd)$ でなければならない。予想信用リスク Pd の判定は格付け会社が行い，AAA，AA などの格付け記号と予想信用リスク Pd の関係は前述の図表2-3のようになる。以上は負債がデフォルトに陥ったときすべての負債が回収不能であることを前提にしたものであるが，実際には担保，保証，返済の優先順位，負債整理後の残余財産などによって，デフォルト後負債の一部または全部が回収されることもある。デフォルトが発生した場合に回収されない負債の割合を N とすると（図表2-4のカッコ2），金利 q は，$q=(rf+N\cdot Pd)/(1-N\cdot Pd)$ となる。負債がデフォルトに陥った場合，回収の可能性がゼロの場合は N＝1 であり，保証などによって全額回収が可能な場合は N＝0 である。格付け会社の任務は，予想デフォルト率 Pd と，デフォルトに陥ったときの回収不能割合 N を総合して格付け記号で表し投資家に示すことである。また，B 以下の債務に要求される利回りについては，パニック的な状況の場合を除いて，実際の

市場では基本公式よりも低い傾向がある。ポートフォリオによるリスク分散の技術や，かなりの注意が払われることなどが考えられるが実証的に明らかにされていない。そのようなディスカウントがあるとすれば，ハイ・リスク債務に要求される利率は図表2-4のカッコ3のようにディスカウント率$\alpha$を掛けたものとなる。

**図表2-4 資本市場で要求される負債（社債）発行の利子率**

(1) 基本公式
　　リスク・フリー金利：rf
　　信用リスク（デフォルト可能性 %）：Pd
　　負債発行元本：1
　　負債に要求される利子率：q
　　　　期待利回り＝$(1+q)(1-Pd)-1=q-qPd-Pd$
　　どのリスク・クラスの負債も同じ利回でなければならないので，
　　この期待利回りはリスク・フリーの利回り（rf）に等しくならなければならない。
　　　　$q-qPd-Pd=rf$
　　したがって，負債に要求される金利 q は
　　　　$q=(rf+Pd)/(1-Pd)$
　　リスク・プレミアム rp は，
　　　　$rp=q-rf=(1+rf)Pd/(1-Pd)$

(2) 一部が回収される場合
　　回収されない負債の割合＝N
　　　　$q=(rf+N\times Pd)/(1-N\times Pd)$

(3) リスクが極めて高い負債の場合
　　ディスカウントされる割合＝$\alpha$
　　　　$q=(rf+\alpha\times N\times Pd)/(1-\alpha\times N\times Pd)$

いま，リスク・フリー利率（rf）6％のもとで，元本1の負債を発行するとき，図表2-3の累積デフォルト率に対応する，投資家から要求される利率（q），リスク・プレミアム（rp）は図表2-5のようになる。すなわち，AAAを取得すれば10年の期間まではリスク・フリーの利率6％で発行でき，BBBであれば1年の期間であれば6％，3年であれば6.5％（リスク・プレミアム0.5％），5年では10.4％（同4.4％），10年であれば11.6％（同5.6％）になる。

いま，期間10年の債券について，リスク（Pd）が0％（格付けAAA）

図表 2-5　累積デフォルト率・要求される利率・リスクプレミアム（単位：％）

|  | 1年 | | | 3年 | | | 5年 | | | 10年 | | |
|---|---|---|---|---|---|---|---|---|---|---|---|---|
|  | Pd | q | rp | Pd | q | rp | Pd | q | rp | Pd | q | rp |
| AAA | 0.0 | 6.0 | 0.0 | 0.0 | 6.0 | 0.0 | 0.0 | 6.0 | 0.0 | 0.0 | 6.0 | 0.0 |
| AA | 0.0 | 6.0 | 0.0 | 0.0 | 6.0 | 0.0 | 0.0 | 6.0 | 0.0 | 1.5 | 7.6 | 1.6 |
| A | 0.0 | 6.0 | 0.0 | 0.0 | 6.0 | 0.0 | 1.5 | 7.6 | 1.6 | 2.0 | 8.2 | 2.2 |
| BBB | 0.0 | 6.0 | 0.0 | 0.5 | 6.5 | 0.5 | 4.0 | 10.4 | 4.4 | 5.0 | 11.6 | 5.6 |
| BB | 1.0 | 7.1 | 1.1 | 2.0 | 8.2 | 2.2 | 20.0 | 32.5 | 26.5 | 30.0 | 51.4 | 45.4 |
| B | 2.0 | 8.2 | 2.2 | 10.0 | 17.8 | 11.8 | 40.0 | 76.7 | 70.7 | 50.0 | 112.0 | 106.0 |

から50％（格付けB）まで上昇するとき，リスク・フリー利率（rf＝6％）で債券を発行したときの元利の利回り，リスク（格付け）に対応して要求される利回り（q）を示すと図表2-6のとおりである。例えば，信用リスク（Pd）が5％（格付けBBB）の場合に，AAA債券と同じ6％の利率で債券を発行すると，利回りは0.7％になる（0.06－1.06×0.05）。この損失を補填するために要求される損失前の利率は11.6％｛(0.06＋0.05)/(1－0.05)｝であり（リスクプレミアムは5.6％），11.6％で発行したときの損失後の利回りは6％である。すなわち，リスクに対応した利率で債券が発行されれば「どのリスク・クラスに投資をしても同じ利回りが得られる」という基本原理を満たすことになる。

### (5) 格付けの利用方法

格付け会社によってデフォルト率が正しく予想され，資本市場においてリスクを相殺するような金利が付けられれば，投資家は格付け情報を有効に活用できる。投資家が格付け情報をどのように使うか，図表2-7で説明しよう。いま，3種類のタイプの投資家がいるとする。投資家Aはリスク回避的であり，投資家Bはリスクに対してニュートラル（AとCの中間），投資家Cはリスクを積極的にとるリスク愛好家であるとする。リスク・フリー金利（rf）は6％，信用リスクと市場金利の関係は，前述の $q=(rf+Pd)/(1-Pd)$ が成立しているとする。qはリスクに対応して要求される利率

図表 2-6 リスク（格付け）と利回りの関係

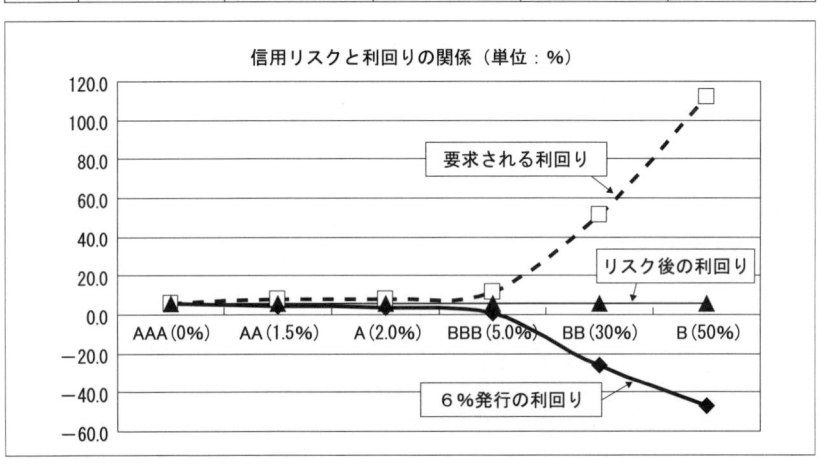

| 格付け | 予想デフォルト率（10年） | 6%発行の利回り | 要求される利率 | リスクプレミアム | リスク後の利回り |
|---|---|---|---|---|---|
| AAA | 0.0 | 6.0 | 6.0 | 0.0 | 6.0 |
| AA | 1.5 | 4.4 | 7.6 | 1.6 | 6.0 |
| A | 2.0 | 3.9 | 8.2 | 2.2 | 6.0 |
| BBB | 5.0 | 0.7 | 11.6 | 5.6 | 6.0 |
| BB | 30.0 | −25.8 | 51.4 | 45.4 | 6.0 |
| B | 50.0 | −47.0 | 112.0 | 106.0 | 6.0 |

信用リスクと利回りの関係（単位：％）

（投資家が受け取る利回り），Pd は予想デフォルト率（10年累積）である。いずれの投資家も1,000万円ずつ投資するとする。リスク回避的な投資家 A は AAA 債券（10年間の予想デフォルト率ゼロ％，利回り6％）に800万円，AA 債券（予想デフォルト率1.5％，利回り7.6％）に200万円投資する。リスク・ニュートラルな投資家 B は A 債券（予想デフォルト率2％，利回り8.2％）と，BBB 債券（予想デフォルト率5％，利回り11.6％）にそれぞれ500万円ずつ投資する。リスク愛好的な投資家 C は，BB 債券（予想デフォルト率30％，利回り51.4％）に200万円，B 債券（予想デフォルト率50％，利回り112％）に800万円投資する。もし，現実のデフォルト率が

予想通りであったとすると，いずれの投資家の元利回収額も1060万円で投資収益率は6％である。次に，予想に反してデフォルトがまったく発生しなかったとすると（現実にはそのようなことは稀であるが，理解を容易にするために極端なケースを想定した），投資家Aの収益率は6.3％，投資家Bは9.9％，投資家Cは99.9％の収益率を得る。逆に，現実のデフォルト率が予想よりも高かったとすると，投資家Aの収益率は5.8％（AAA債券はデフォルト・ゼロ，AA債券は予想より1％高い2.5％とした），投資家Bは4.9％（A債券，BBB債券とも予想より1％高い3％，6％とした），投資家Cの収益率はマイナス4％（BB債券，B債券とも予想より5％高い35％，55％とした）となる。すなわち，格付けが正しく測定されていれば，リスク回避的な投資家は現実のデフォルト率が予想デフォルト率と異なっても，水準は高くないが安定的な収益率（ローリスク・ローリターン）をあげることができる。リスク愛好的な投資家は，予想以上に安定的に推移すれば高い収益率を，デフォルトが予想を越えて顕在化すれば損失を蒙ることになる（ハイリスク・ハイリターン）。リスク・ニュートラルの投資家はその中間である。以上のように，格付けは複数の銘柄をポートフォリオとして購入するときに利用できるものであり，ある特定の少数銘柄を購入する場合には有効でない。例えば，BBBの銘柄を1種類だけ購入した場合，デフォルト率マトリックスの累積5年の予想デフォルト率は4％であるが，この1種類がデフォルトになる確率が4％であるということではない。この1種類の銘柄が5年以内にデフォルトになった場合はデフォルト率100％である。この銘柄は5年以内に100銘柄のうち4銘柄がデフォルトになるような要件を備えたグループにある銘柄であることを意味するものであり，この銘柄の4％部分がデフォルトになるという意味ではない。したがって，少数銘柄を購入する個人投資家にとっては格付けの有効性は小さい。少数銘柄を購入する個人投資家が格付けを利用する場合は，「その銘柄は5年以内に4％の銘柄がデフォルトになる可能性のあるグループに入っている銘柄である」ことを参考指標にする程度である。

1.「格付け」とは何か　85

図表 2-7　投資家による格付けの利用

| ポートフォリオ A（リスク回避的） | | |
|---|---|---|
| 格付け | AAA | AA |
| 信用リスク（10 年） | 0% | 1.5% |
| 金利 | 6% | 7.6% |
| 投資額（万円） | 800 | 200 |
| 期待収益（万円：収益率） | 1060 万円　（6%） | |
| 計算式 | 800×(1+0.06)×(1−0)+200×(1+0.076)×(1−0.015) | |
| デフォルトがない場合（万円：収益率） | 1063 万円（6.3%） | |
| 計算式（Pd=0） | 800×(1+0.06)×(1−0)+200×(1+0.076)×(1−0.) | |
| デフォルト率が高かった場合（万円：収益率） | 1058 万円（5.8%） | |
| 条件（Pd の変化） | AAA：Pd=0，AA：Pd=1% up | |
| 計算式 | 800×(1+0.06)×(1−0)+200×(1+0.076)×(1−0.025) | |

| ポートフォリオ B（リスク・ニュートラル） | | |
|---|---|---|
| 格付け | A | BBB |
| 信用リスク（10 年） | 2.0% | 5% |
| 金利 | 8.2% | 11.6% |
| 投資額（万円） | 500 | 500 |
| 期待収益（万円：収益率） | 1060 万円（6%） | |
| 計算式 | 500×(1+0.082)×(1−0.02)+500×(1+0.116)×(1−0.05) | |
| デフォルトがない場合（万円：収益率） | 1099 万円（9.9%） | |
| 計算式（Pd=0） | 500×(1+0.082)×(1−0)+500×(1+0.116)×(1−0) | |
| デフォルト率が高かった場合（万円：収益率） | 1049 万円（4.9%） | |
| 条件（Pd の変化） | A，BBB とも Pd=1% up | |
| 計算式 | 500×(1+0.082)×(1−0.03)+500×(1+0.116)×(1−0.06) | |

| ポートフォリオ C（リスク愛好的） | | |
|---|---|---|
| 格付け | BB | B |
| 信用リスク（10 年） | 30% | 50% |
| 金利 | 51.4% | 112% |
| 投資額（万円） | 200 | 800 |
| 期待収益（万円：収益率） | 1060 万円　（6%） | |
| 計算式 | 200×(1+0.514)×(1−0.3)+800×(1+1.12)×(1−0.5) | |
| デフォルトがない場合（万円：収益率） | 1999 万円（99.9%） | |
| 計算式（Pd=0） | 200×(1+0.514)×(1−0)+800×(1+1.12)×(1−0) | |
| デフォルト率が高かった場合（万円：収益率） | 960 万円（−4%） | |
| 条件（Pd の変化） | BB，B とも Pd=5%up | |
| 計算式 | 200×(1+0.514)×(1−0.35)+800×(1+1.12)×(1−0.55) | |

## 2. 格付けが必要な理由

1909年にジョン・ムーディーが格付けを始めて以降、アメリカ資本市場における格付けの重要性は増し、1970年代以降はカナダ、イギリス、アジア、ヨーロッパ大陸、中南米などでも格付けが行われるようになった[9]。長期間にわたって格付けの仕組みが存続している背後には、格付けを必要とする理由が存在するに違いないとおもわれるが、それは(1)投資家の代理人としての機能、(2)起債者による格付けの利用、(3)社会的必要性などである。

### (1) 投資家の代理人としての機能

個人や企業などから資金を預かって運用する機関投資家(保険、年金、投資信託など)や、手元資金や余裕資金を運用する企業、貸し出しの代わりに債券などで運用する金融機関、マンションの共益費や積立金を運用する運営基金、退職金や住宅売却資金を保管運用する個人などにとって格付け情報は重要である。これらの投資家は、限られた範囲の投資先であれば自分で信用リスクを調査することも可能であるが、対象範囲を拡大すればするほど専門家である格付け会社に調査を代行させた方が調査コストを節約できる。また、年金基金やミューチュアル・ファンドなどの運用に際しては、信用リスクに関する独自の調査に加えて、格付け会社など第3者機関の評価情報が必要とされている。米国の保険会社など調査能力のある機関でも、格付け会社が対象としない私募債については独自に信用調査を行っているが、公募債券については格付け会社から信用リスク情報を購入している。商業銀行も貸付先については独自の内部格付けシステムによって与信管理を行っているが同時に格付け会社の情報を購入して企業の信用リスクを把握している。

### (2) 起債者による格付けの利用

1960年代までの米国資本市場においては、格付け会社は社債発行者の決算資料やSECへの届出情報(フォーム10K等)などの公開情報をもとにし

て格付けを行っていた（unsolicited rating：いわゆる勝手格付け）。しかし，ダン・アンド・ブラッドストリート社やマグローヒル社などの大手情報・出版会社が格付け会社の所有・運営を開始して以降，起債者は非公開情報を格付け会社に開示して，格付け料金を払って格付けを受けるようになった（solicited rating）。市場における格付け情報の信頼性が高まったことから，起債者は格付け料を払っても，信頼のおける格付け会社の格付けを取得してその情報を投資家に公表した方が社債の販売・宣伝コストの軽減を図ることができるようになったためであろう。また，1979年以降，SECの認定を受けた格付け会社（NRSRO取得会社）の情報に限って社債販売のための発行目論見書（プロスペクタス）に記載してよいことになったので，積極的に格付けを取得する企業が増加した。さらに，米国では2000年11月，企業の財務内容のディスクロージャーに関する規則として，レギュレーションFD（Regulation Fair Disclosure）が施行されたが，これも企業にとって格付けの必要性を増す働きとなっている。すなわち，レギュレーションFDは，企業が情報を開示する際には，証券アナリストを含むすべての投資家に対して同時に情報を開示することを義務付けているが，SECの認定をうけたNRSRO認定格付け会社は適用除外となっている。そのため，企業は格付け会社に対して自社に有利になる非公開情報を提供して格付けを上げ，資金コストを下げることが可能である。1960年代までの格付け会社の収入は投資家からの情報購読料がほとんどであったが，2001年のムーディーズの収入内訳では，債券発行者からの格付け料収入が全体の86%（投資家からの情報購読料は13%）を占めている[10]。

### (3) 社会的必要性

格付けの社会的必要性はエイジェンシー・コストの引き下げである。銀行市場は信用創造によって社会全体の預金量や貸出額を増やすことができるが，企業の設備投資などに対する長期資金を提供することには限度がある[11]。長期資金を配分するのは主として社債や株式などを仲介手段とする資本市場の役割である。いま，社債を通じて長期資金を配分する資本市場を考える。

図表2-8にあるように、借り手についての情報が貸し手（投資家）に十分伝わる情報対称市場（symmetric）において、投資家は信用リスクについて安全な借り手に対して年利6％で貸付け、信用リスクが高い借り手（借り手4および5）には20％の金利を要求するとする（損失を補填するためのリスク・プレミアムが14％）。その結果、社会全体（この場合100社）の長期借入金の平均金利が8％であったとする。一方、何らかの理由によって、借り手の情報が投資家に十分伝わらない情報非対称市場（asymmetric）では、投資家はどの借り手のリスクが高くどの借り手のリスクが低いか識別が付かない。そのため投資家がすべての借り手に年利10％の金利を要求したとすれば、社会全体の平均金利は10％と高くなる。情報非対称市場の金利が対称市場の金利よりも必ず高いとは限らないが、一般的にはリスク情報が伝わらない場合の方が借り入れ金利は高くなる。情報対称市場の平均金利8％と情報非対称市場の平均金利10％の差2％はエイジェンシー・コスト[12]とよばれ、借り手にとっては情報が伝わらない（非対称）ことによる余分なコストを負担することになる。また、一律に高い金利が課せられると、優良な借り手が市場から退出し、リスクの高い企業ばかりが調達するという逆選択現象が発生することもある。エイジェンシー・コストを下げ、逆選択を回避するために信用リスク情報を投資家に伝えるのが格付け会社の役割である。銀行貸付は貸借関係が継続するので銀行の貸付担当者が借り手と日常的な関係を保ち、債務者情報の入手が容易であるので、社債などを金融手段とする資本市場よりもエイジェンシー・コストが低いといわれている。社債市場においては社債発行が完了すると、個々の投資家と借

図表2-8　信用リスク情報に関する対称市場と非対称市場

|  | 対称市場 | 非対称市場 |
| --- | --- | --- |
| 借り手1 | 6％ | 10％ |
| 借り手2 | 6％ | 10％ |
| 借り手3 | 6％ | 10％ |
| 借り手4 | 20％ | 10％ |
| 借り手5 | 20％ | 10％ |
| ― | ― | 10％ |
| ― | ― | 10％ |
| 借り手99 | 6％ | 10％ |
| 借り手100 | 6％ | 10％ |
| 平均 | 8％ | 10％ |
| エイジェンシー・コスト | ＝10％－8％＝2％ | |

り手（社債発行者）が直接的な貸し借り関係に置かれるので、専門知識を持たない個々の投資家は信用リスク情報に関して不利な立場になり、情報の非対称性が発生しやすいといわれている。事実、多くの発展途上国において経済発展のための長期資金を必要としながら効率的な資本市場を形成できないのは、情報の非対称性を排除できないためであるといわれている。

## 3. 格付けのパフォーマンス

　格付け会社の行っている格付けが正しく行われているかどうかを検証する方法は、① 格付けと利回りの関係、② 格付けと累積デフォルト率の関係、③ 格付けトランジット、を検証することである。前述、格付けの実務的定義で述べたとおり、格付けが正しく行われていれば高い格付け（信用リスクが低い）には低い利回りが、低い格付け（リスクが高い）には高い利回りが付いているはずであり、格付けと実際の格付け別デフォルト率が連続的にかつ長期的に安定しているはずである。また、格付けは3〜5年先を見越して付けられるが、基本的な条件が変化すれば変更される。その変更のタイミングや程度（トランジット・ディグリー）も重要である。

### (1) 格付けと利回りの関係

　社債発行前に格付けを取得し、その格付けに応じて金利（クーポンレート）が付けられ投資家に販売されるので、格付けは社債発行企業の金利（正確に言えばリスクプレミアム金利）に影響を与える[13]。格付け会社が、発行後流通市場にある社債の格付けを変更すると、その変更の度合い（信用リスクの変化の度合い）に応じて流通利回りが変化する。あるいは、ある企業の社債の価格が流通市場で低下（利回りが上昇）すると、格付け会社が後追いで格下げすることもある。流通市場における利回りが格付けの通りになっていないからといって格付けが間違っているとは言い切れない。格付けは正しいが、社債を売買する証券業者（インベストメント・バンカー）やアナリストの判断が正しくない（市場の間違い）ということもありうる。実際、社債価

格の日々の変動は信用リスク以外のさまざまな情報によっても変化する[14]。しかし，長期的にはリスク・フリー・レートを越える部分の利回りの大部分は信用リスクの程度に応じて変化する。

日本の社債市場における格付けと利回りの実際の関係を見てみる。図表2－9は，2006年1月20日時点の，普通社債の格付け別（R&I），残存年数別市場利回り（複利）である[15]。サンプル件数が少ないため，残存期間1年のAAAとAAの市場利回りが逆転し，BB格の残存期間4年の市場利回りが残存期間6年および9年の値を上回っているが，全体的には格付けと市場利回りは整合的な市場になっており，格付けがおおむね市場に受け入れられていることがわかる。国債と社債の実際の市場利回りとの差であるリスク・プレミアム（信用リスクに基づく利回り差）も，ムーディーズによる円建て国債の格下げなどが影響して，残存期間9年の民間AAA債券との逆転が見られるが，全体としてはバランスの取れた信用リスクが市場レートに反映されている（図表2－10）。

前述の図表2－4の市場利回りの理論値 $q=(rf+Pd)/(1-Pd)$ を格付け

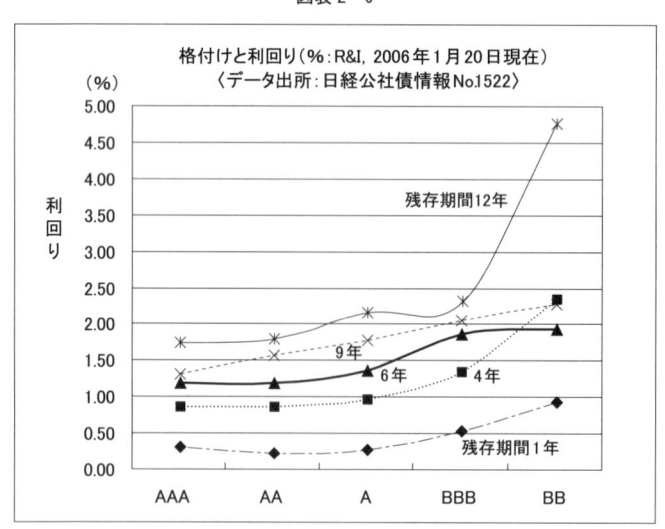

図表2－9

格付けと利回り（%：R&I, 2006年1月20日現在）
〈データ出所：日経公社債情報No.1522〉

3. 格付けのパフォーマンス　91

図表 2-10

格付け別リスク・プレミアム（％）

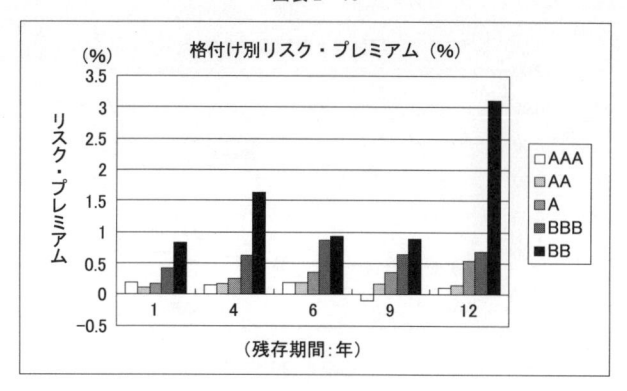

図表 2-11

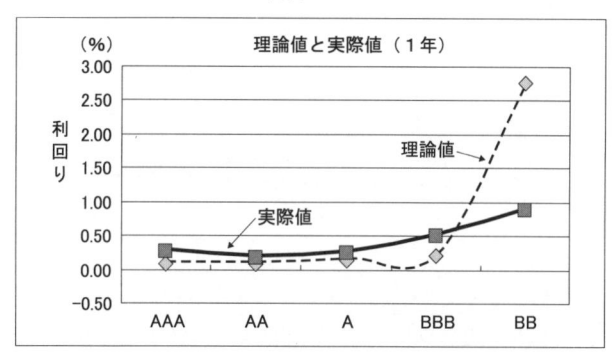

理論値と実際値（1年）

図表 2-12

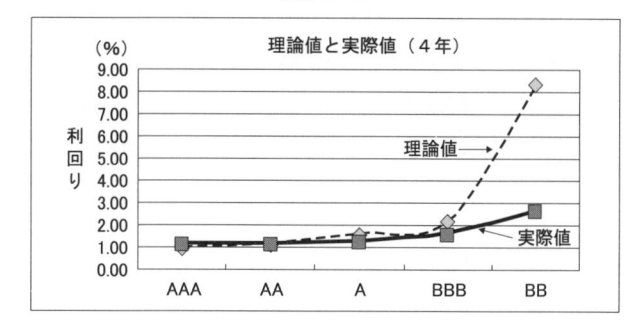

理論値と実際値（4年）

図表2-13

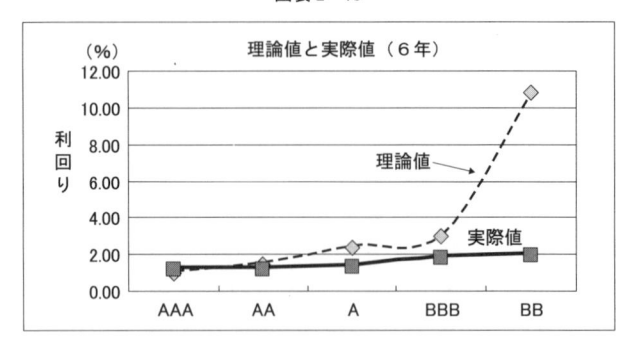

理論値と実際値（6年）

図表2-14

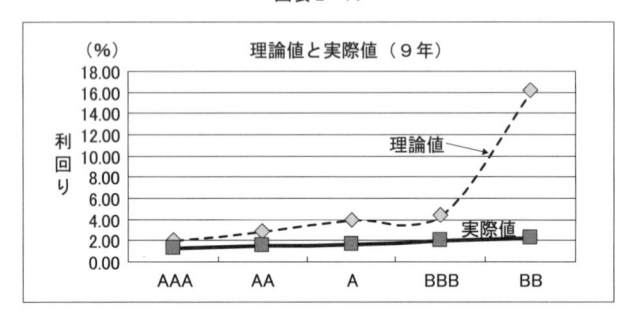

理論値と実際値（9年）

別に計算し，実際の市場利回りを残存期間別に比較すると次のとおりである（図表2-11～14)[16]。残存期間が1年の社債はBBを除いて実際値が理論値を上回っているが，ほとんどの社債（残存期間4年，6年，9年）は実際値が理論値を下回っている。実際値が理論値を下回っているということは，信用リスクが利回りに十分反映されていないということで，投資家が利回り以上のリスクを負担しているということであり，リスクに対する対価が十分に利回りに反映されていないことを示している[17]。

日本企業を格付けしている，R&I，JCR，ムーディーズ・ジャパン，S&Pの4社のうちどの格付け会社が，格付けと利回りの関係において良いパフォーマンスを示しているかについて，みずほ証券が行った2004年12月末時点における単回帰分析による実証分析を見てみよう[18]。説明変数は格付け

を数値化したダミー変数であり，被説明変数は残存年数3〜7年の国債とのスプレッドで，スプレッド＝A×exp（B×格付けダミー変数）の指数関数を当てはめたものである。実証分析の結果，スプレッドと格付けの関係を説明する決定係数の順位は，①R&I（決定係数0.91），②JCR（同0.89），③ムーディーズ・ジャパン（同0.83），④S&P（同0.80）となっている。また，実際の格付け別5年累積デフォルト率（説明変数）と市場における国債とのスプレッド（被説明変数）の関係について，R&Iとムーディーズについて行った実証分析では，R&Iの決定係数が0.91，ムーディーズが0.80と高く，格付け会社が公表しているデフォルト率というリスク尺度は社債流通価格を説明する上で最も有効な指標となっている[19]。

### (2) 格付けとデフォルト率の関係
#### ●デフォルト率の相互関係

格付けは負債の返済に関する信用リスクを測定することが目的であるから，格付けとデフォルト率の関係についてのパフォーマンスを検証することは重要である。格付けとデフォルト率の関係については，格付けカテゴリーごとの累積デフォルト率の相互関係，および中長期的な安定性の検証が必要である。図表2-15は格付けカテゴリー間の累積デフォルト率の相互関係を概念的に表したものである。横軸は格付け後の経過年数を表し，縦軸は格付け後の累積デフォルト率（％）を表している。累積デフォルト率とは，各年におけるそれまでのデフォルト率の累積で，たとえば，2年目の累積デフォルト率は，1年目と2年目に発生したデフォルト率をたしたものであり，3年目の累積デフォルト率は2年目の累積デフォルト率に3年目に発生したデフォルト率を加えたものである。もし，3年目で格付けがAからBBBに変更されると，その格付けは3年目にAの欄からはずされ，BBBの欄の1年目に移されるように統計がとられている。各カテゴリーとも，年数が経過するごとに累積デフォルト率が上昇し，カテゴリーごとの累積デフォルト曲線が交差しないことが重要である。

図表 2-15　累積デフォルト率の相互関係

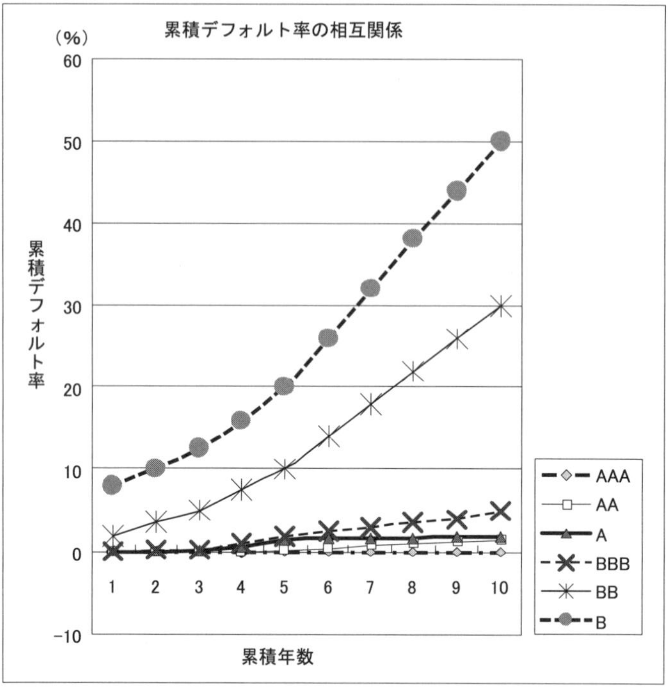

●デフォルト率の時系列的安定性

　図表 2-16 は，格付けカテゴリーごとの 5 年累積デフォルト率を概念的に示したものである。累積デフォルト率は短期的には年々振幅があっても中長期的には安定している必要があり，他の累積年数のデフォルト率もそれぞれ時系列的に安定していることが求められる。各カテゴリーの累積デフォルト率が時系列的に安定しているということは，累積デフォルト曲線が水平に近いということである。投資家はそれぞれの格付けに対応したデフォルト率を予想して投資ポートフォリオを組むので，このマトリックスが安定していないと運用収益率の予想が立てられない。したがって，よいパフォーマンスをもつ格付け会社とは，「累積デフォルト率が経過年数とともに上昇し，各累積デフォルト率曲線が交差しない」で，かつ「各累積デフォルト率が時系列

3. 格付けのパフォーマンス　95

図表2−16　累積デフォルト率の時系列的安定性

累積デフォルト率の時系列的安定性

(%)／5年目の累積デフォルト率

凡例：AAA、AA、A、BBB、BB、B

横軸：年（時系列）

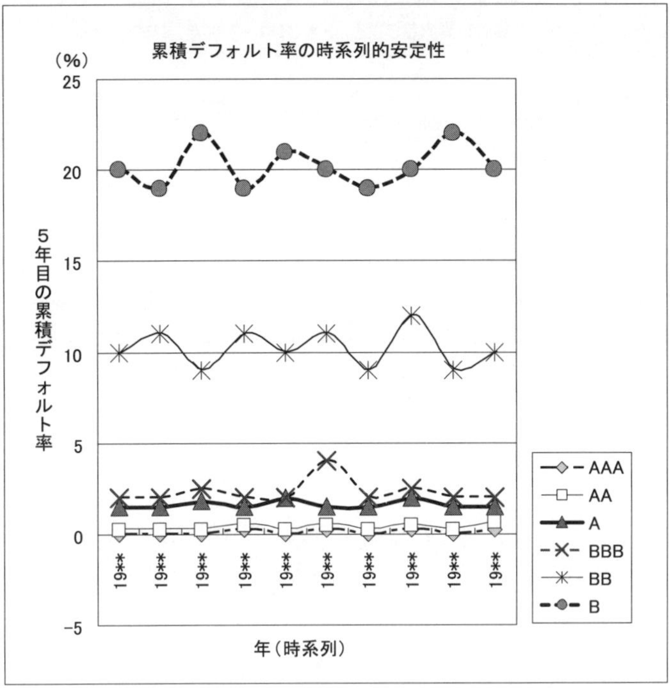

的に安定」した格付けを行っている会社であるということができる。

●グローバル企業のデフォルト率

　S&Pとムーディーズの格付け別デフォルト率がどのように推移したかを検証してみる。図表2−17は，S&P社の1981〜2003年の23年間における企業格付け全体（全世界）の累積デフォルト率（累積1年〜15年までをグラフ表示した）である。実際の格付けにおいてはAAAであってもわずかではあるが3年目からデフォルトが発生している。また，最も低い格付けグループはCCC〜Cまでを一括して計上しているのでデフォルト曲線に多少歪みがあるが，各格付けグループの累積デフォルト率は交差しておらず長期間にわたっておおむね適正な格付けが行われていることがわかる。すなわ

図表 2-17　S&P の累積デフォルト率の相互関係

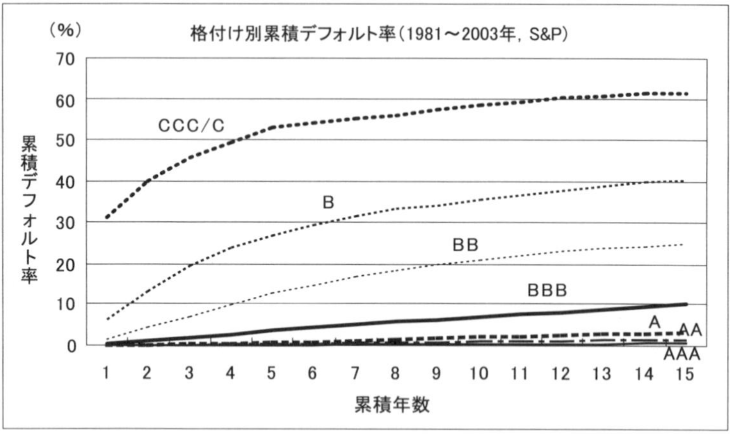

格付け別累積デフォルト率（1981〜2003年, S&P）

（出所）　S&P リスク・ソリューション・グループ　CrediPro　R6.6

ち，累積年数が増加してゆくに従って累積デフォルト率が上昇し，格付けが高いものは格付けが低いものより累積デフォルト率が低く，格付けごとの累積デフォルト曲線は交差していない。

　次に累積デフォルト率の時系列的安定性について，ムーディーズの累積デフォルト率を見てみる。図表 2-18 はムーディーズの企業格付け全体（全世界）の累積 10 年デフォルト率の推移である。1970 年以降，累積 10 年をとっているので 2003 年時点で 1993 年の格付けデータが最新である。1970 年代の初めは各格付けランクのデフォルト率が低かったが，1980 年代の初めから上昇し，90 年代に入って再びデフォルト率の水準が低下しているのがわかる。格付けの有用性から各格付けランクのデフォルト水準は一定していることが望ましいが，実際には図表 2-18 のように長期間をみると水準の変動が観測される。債券の売買（ポートフォリオの入れ替え）を行う投資家の側から見ると，各格付けランクの累積デフォルト水準が超長期的に安定していなくても，3〜5 年の期間で安定していれば実務的には大きな問題はないであろう。上位格付けのデフォルト率がはっきりしないので，Aaa〜Baa を別に作図すると下段の図のようになり 80 年代の初めから中頃まで Aaa の

3. 格付けのパフォーマンス 97

図表 2-18 時系列累積デフォルト率（10年, MDY）

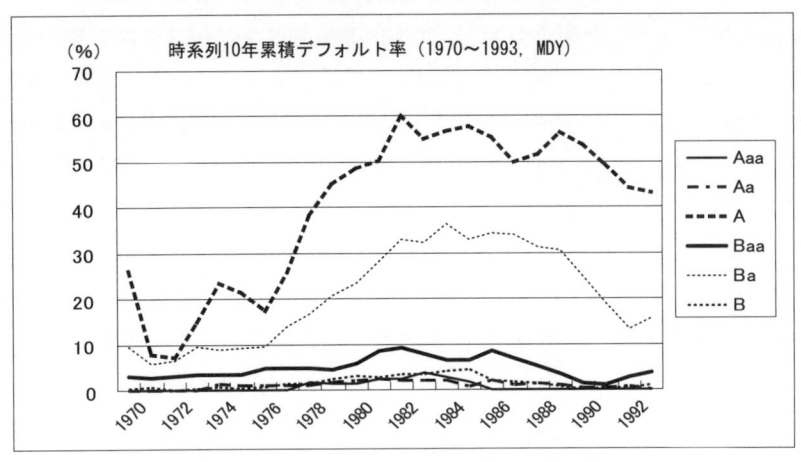

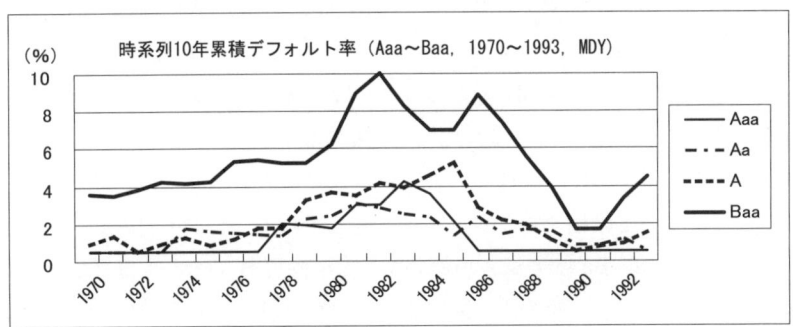

時系列10年累積デフォルト率（1970～1993, MDY）

時系列10年累積デフォルト率（Aaa～Baa, 1970～1993, MDY）

（出所） ムーディーズのデータから作成した。

デフォルトが2～3％の水準で発生し，Aaの累積デフォルト率を上回ったことがわかる。累積デフォルト率の時系列的推移の検証を行うには，各累積年数の累積デフォルト率の平均値，標準偏差，偏差の水準を調整した変動係数などについて格付け会社ごとの比較を行うことが有効である[20]。

●日本企業のデフォルト率

日本企業の累積デフォルト率について，「相互関係」と「時系列的安定性」を見てみる。ムーディーズ・ジャパンは日本企業のみの累積デフォルト率を

公表していないので，R&I，JCR，S&Pの日本企業に対する格付け1～7年の累積デフォルト率をS&Pの世界企業格付け累積デフォルト率（「グローバル格付け」と称する）と対比して検討してみる[21]。なお，JCRは1～5年の累積デフォルト率のみを公表しているので6～7年のデフォルト率は表示できない。まず，格付けの相互関係について，日本企業の格付けAAAおよびAAに関して格付け7年の実際のデフォルトはほとんどないので省略し，Aについてみると（図表2-19）R&Iの累積デフォルト率がグローバル水準と最も近く，JCRは1～5年の値についてグローバル水準よりも高い値を示しており[22]，S&Pの日本企業格付けはグローバル水準よりもデフォルト率が低い[23]。ここで，累積デフォルト率の相互関係について，グローバル水準に近いものがパフォーマンスが良いと定義すると，AはR&Iが最も格付けパフォーマンスが良く，BBBについてはS&P，BBはJCR，BはR&IおよびS&Pのパフォーマンスが良いということになる。以上から，S&Pの格付けはAAA～BBまでについては日本企業の実際の累積デフォルト率がグローバル水準より低いが，投機的なBについては日本企業のデフォルト率の方が高い。同様に，ムーディーズのグローバル格付けとアジアの格付けについて累積デフォルト率を比較してみると，1年内のデフォルト率についてAaa～Baはアジアが低いが，1年内のBについてはグローバル水準の方が低い[24]。一般的に，米欧系の格付け会社は日本及びアジアの企業にグローバル水準より厳しい格付けを行っているといわれているが，低格付け債券については必ずしもそうとは言い切れない。

次に，累積デフォルト率の「時系列的安定性」を見てみる。R&I以外は日本企業の毎年の格付け別累積デフォルト率を公表していないので，R&Iの日本企業の累積デフォルト率とムーディーズのグローバル格付けの累積デフォルト率の時系列的安定性（1991～2000年）を比較する[25]。全体の傾向として，代表的に示した図表2-20のBB（Ba）格のとおり日本企業（R&I）については1997～99年の期間にデフォルト率が上昇し2000年に通年水準に戻っているのに対して，ムーディーズのグローバルについては1997年以降上昇傾向が続いている。累積デフォルト率の時系列的安定性の評価方法とし

3. 格付けのパフォーマンス　99

図表 2-19　累積デフォルト率の相互関係

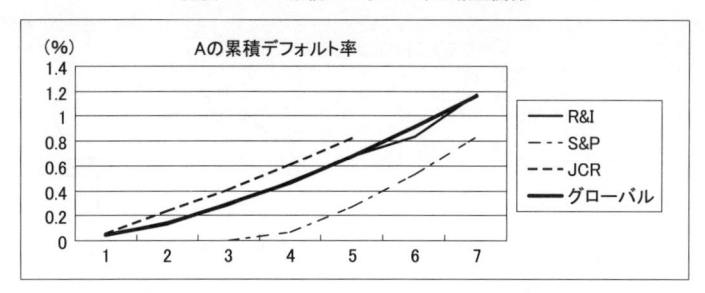

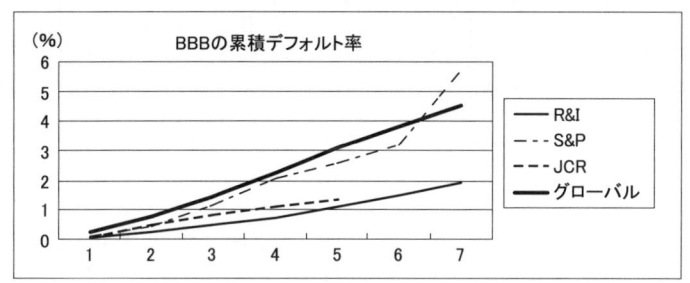

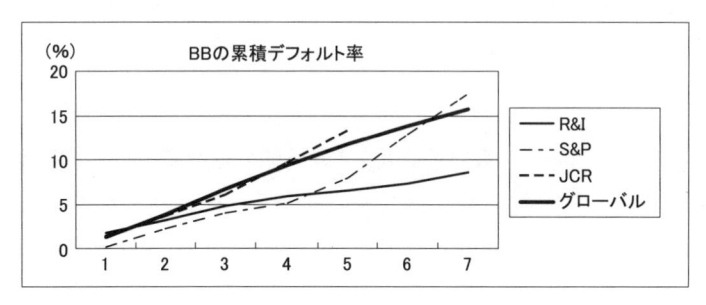

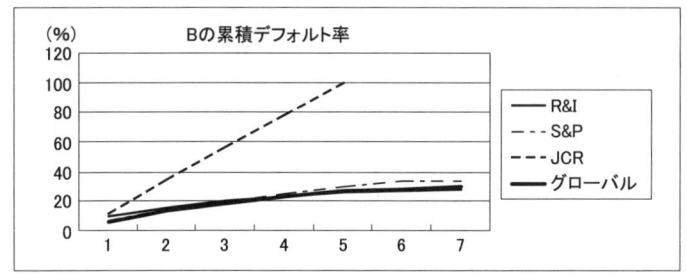

**Aの累積デフォルト率**

**BBBの累積デフォルト率**

**BBの累積デフォルト率**

**Bの累積デフォルト率**

（出所）　各社のホームページから作成。

図表 2-20　R&I とムーディーズの BB（Ba）格の時系列的安定性

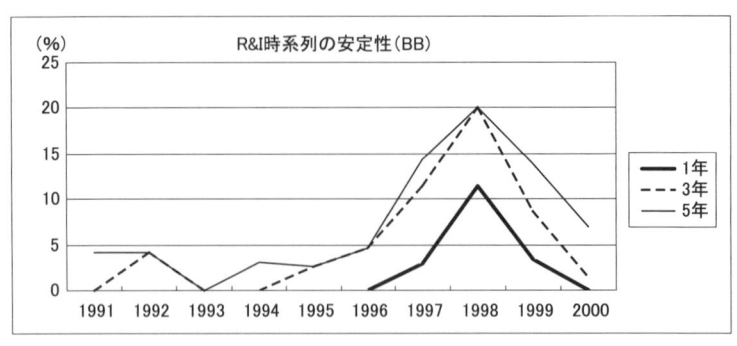

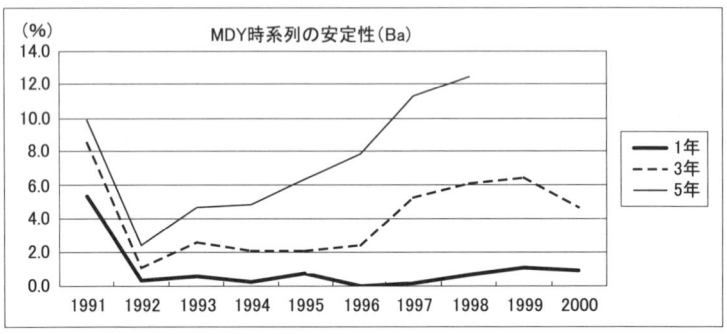

ては，ある一定期間の時系列累積デフォルト率の標準偏差と，平均値水準の違いを考慮した変動係数を比較する方法がある。同じデータで R&I とムーディーズの時系列的安定性の評価を行ってみると，1991～2000 年の BB（Ba）については 1 年，3 年，5 年とも R&I の標準偏差がムーディーズよりも高いのでムーディーズの方が時系列的安定性のパフォーマンスが良いといえる。平均値の違いを調整した変動係数についてもムーディーズの方が低くパフォーマンスが優れている。AAA（Aaa）～B（B）の全体についても部分的には R&I が優れている点もあるが総じてムーディーズのパフォーマンスが良い[26]。

### (3) 格付けトランジション（格付けの変更）

格付けが適切に行われているかを確かめる方法の第 3 はトランジション・

マトリックス（格付けの遷移）を検討することである。格付けは，実際問題としてそれぞれの企業のファンダメンタルズに基づいて3〜5年先までのデフォルトの可能性を審査し，予想デフォルト率に該当する格を付けることを目的としているので，短期間のうちに頻繁に当初の格付けが変更されては困る[27]。そこで，格付けが行われた後，どの程度格の変更が行われたかを表すトランジション・マトリックスを検討して格付けの信頼性を判定する。図表2-21はムーディーズの1990〜2003年に格付けされた世界中の企業を対象とした格付け1年後のトランジション・マトリックスである。縦軸の格付け記号は当初（年初）の格付けであり，横軸は1年後（年末）の格付けを表す。グレーの部分は格付け1年後に格付けが変更されなかった比率であり，その他の行は年初の格付けからその格に変更された比率を表している。一般的に，上位格の方が変更されない比率（グレー色の部分）が高く，低位格の方が変更の比率が高い。例えば，1990〜2003年の間にAaaに格付けされたものが1年後にAaaに留まった比率（維持率）は86.9%であり，8.4%がAaaからAaに，0.3%がAに変更されている。一方，Baの維持率は73.9%で，0.6%がAに，5.3%がBaaに格上げされ，8.9%がBに，0.9%がCaa/Cに格下げされている。Bの維持率は72.2%，Caa/Cの維持率は57.3%と低く，かなりの割合が1年以内にデフォルト（表中に表示されていない）になっている。世界企業を格付け対象としたS&Pの格付けトランジション維

図表2-21 格付け後1年間のトランジション・マトリックス（%，MDY，1990〜2003年）

|  | Aaa | Aa | A | Baa | Ba | B | Caa/C |
|---|---|---|---|---|---|---|---|
| Aaa | 86.9 | 8.4 | 0.3 | 0 | 0.1 | 0 | 0 |
| Aa | 0.5 | 86.7 | 8.5 | 0.2 | 0 | 0 | 0 |
| A | 0 | 2.2 | 87.5 | 5.4 | 0.5 | 0.1 | 0 |
| Baa | 0 | 0.2 | 4.7 | 84.8 | 4.5 | 0.7 | 0.3 |
| Ba | 0 | 0 | 0.6 | 5.3 | 73.9 | 8.9 | 0.9 |
| B | 0 | 0.1 | 0.2 | 0.6 | 5.6 | 72.2 | 5.6 |
| Caa/C | 0 | 0 | 0 | 0 | 1.4 | 6.7 | 57.3 |

（出所）「アジア太平洋地域の社債発行体のデフォルト率と回収率1990〜2003年」ムーディーズ・ジャパン，2004年8月，8頁。

図表 2-22 S&P のトランジション維持率

| | 全体 | 投資適格 | 投機的格 |
|---|---|---|---|
| 1 年 | 77.2 | 86.3 | 65.2 |
| 2 年 | 61.7 | 74.5 | 44.5 |
| 3 年 | 50.3 | 64.7 | 31.2 |
| 5 年 | 36.3 | 50.6 | 17.1 |
| 7 年 | 28.0 | 41.1 | 10.4 |
| 10 年 | 20.1 | 31.0 | 5.6 |
| 15 年 | 34.8 | 58.7 | 2.8 |
| 20 年 | 8.3 | 13.3 | 1.6 |

図表 2-23 日本企業の格付け維持率（%）

| | 全体 | 投資適格 | 投機的格 |
|---|---|---|---|
| JCR（日本，1 年） | 61.2 | 72.2 | 46.5 |
| S&P（日本，1 年） | 77.7 | 87.4 | 64.8 |
| MDY（世界，1 年） | 78.4 | 86.4 | 67.8 |
| S&P（日本，3 年） | 51.3 | 65.5 | 32.4 |

（出所）「S&P グローバル・デフォルト・スタディー 2004 年版」36〜37 頁。

持率を見ると（図表 2-22）格付けを 50% 維持できるのは投資適格（AAA〜BBB）で 5 年，投機的格付け（BB〜CCC/C）で 1 年，平均的には 3 年であることから，格付けは 3〜5 年先の予想デフォルト率を目安としているといわれる。格付け後 10 年経つと，投資適格で約 3 割，投機的格付けで 5% 程度が元の格付けを維持しているに過ぎない。

日本企業の格付けに関して，JCR と S&P がトランジション・マトリックスを公表している。図表 2-23 のとおり，JCR の格付け 1 年後の維持率は S&P の日本企業を対象とした維持率，およびムーディーズの世界企業を対象とした維持率よりもかなり低い。S&P の日本企業を対象とした格付けトランジション維持率は 1 年および 3 年ともグローバル水準（世界企業を対象とした値）とほぼ同じである。日本の格付け会社の信頼性を高めるためにはこのトランジション維持率を高める必要がある。

注
1　ルイ・タッパンの商業貸付についての格付けは黒沢義孝『格付けの経済学』（PHP 新書）（1999 年 2 月）58〜59 頁を参照。
2　現在使われている AAA，AA などの格付け記号は米国の格付け会社 Fitch が考案したもので，同社が 1960 年に S&P にこの使用権の使用を認めて以来各社で広く使われるようになった。Moodys は当初から Aaa，Aa，A，Baa（ビー・ダブル・エー），Ba（ビー・エー）など大文字と小文字を組み合わせた記号を使用している。20 世紀前半頃の格付け記号については黒沢義孝『債券格付けの実際』（東洋経済新報社）（1985 年 3 月）97〜118 頁を参照。

3　S&Pは長期優先債務と別に「債務を履行する総合的な能力」を示す「発行体格付け」を行っているが、この発行体格付けでは、「規制当局の監督下に置かれている債務」に対して「R」、「債務者がある特定の債務を選択して不履行としたもの」（銀行の債権放棄、債務免除など）に対して「SD」（Selective Default：選択的債務不履行）の記号を追加している。

4　図表2-3では代表的に累積1年、3年、5年、10年のデフォルト率を示したが、実際には期間は連続的（月次、年次など）に示される。デフォルト率は格付けの開始からデフォルトに陥った期間の長さに応じて計算される。たとえば、BBBに格付けされて3年後にデフォルトに陥ったものについてはBBBの累積3年の欄に計上される。格付けがBBBからBBに変更された場合は、BBに変更された時点からデフォルトが発生するまでの期間で計算される。

5　「投機的」は米語のspeculativeの日本語訳である。BB（Ba）以下の格について、BBB（Baa）以上の「投資適格」に対応してマスメディアなどが「投資不適格」と表現することがあるが間違いである。「スペキュラティブ」は「信用リスクの程度が不確かである」という意味で、収益率が高いという点からは格好の投資対象である。事実、米国ではBB以下のランクにある高利回り債（日本ではジャンク・ボンドと呼ばれることがあるが必ずしも適切な表現とはいえない）は信用リスクが高いが期待収益率も高いので多くの投資家が購入している。日本で活動する米欧系格付け会社にはspeculativeを「投機的」と訳すのは適切ではないという声もある。

6　1970年代に発展した効率的市場仮説はモジリアーニ＝ミラーの理論のように完全情報下における金融市場を想定したが、80年代の金融ミクロ理論では実際には情報の非対称性（貸し手が借り手についての情報を十分に持っていない）が存在するので市場は効率的にならないという議論が展開された。J. E. スティグリッツは、情報の非対称性の存在によって現実の市場では経営者が経営努力によって高い成果を収めたとしても経営者自身の報酬に反映されないことを示した。同様に、社債市場においても情報の非対称性が存在すると個別企業の信用リスクが金利コストに反映されないと考えられるが、格付け審査の発展によって信用リスクが投資家に正しく伝えられると、情報の非対称性が取り除かれ信用リスクと投資収益率の対応が成立し、効率的な（資本）市場が形成されることになる。

7　信用リスクが完全にゼロの負債は現実的には想定しにくいが、一般的には信用度が最も高い国債が信用リスク・ゼロ負債のベンチマークとされることが多い。日本の円建て国債に対する信用リスク評価は2004年11月現在、格付け会社の間でAAA～Aの幅にスプリットしているので、信用リスク・ゼロ負債のベンチマークとして採用することは理論的には適切でない。

8　信用リスクがないときの元本と利息の受け取りは（1+q）であり、受け取れる割合は（1−Pd）であるので元利受け取りは（1+q）（1−Pd）となり、そこから元本1を差し引けば受け取る期待利息、すなわち期待収益率（％）が得られる。

9　格付けの歴史と米国外への普及については、黒沢義孝（1985）『債券格付けの実際』（東洋経済新報社）95～165頁、および167～207頁、ならびに黒沢義孝（1999）『格付けの経済学』（PHP新書）58～100頁を参照されたい。

10　ムーディーズの収入内訳は国際金融情報センター『主要格付会社の特徴と評価』（2002）67頁参照。

11　日本の高度成長期は銀行システムを通じて短期資金とともに長期資金も供給したが、これは例外であり、欧米的な商業銀行システムにおいて銀行は期間転換機能以上の長期資金を提供することはできない。日本の高度成長期においては、政府金融機関、民間長期銀行制度、メインバンク制度、企業の株式持合い関係、国による産業政策など人為的仕組みによって銀行制度内部において長期資金供給を可能とした。黒沢『激動する国債金融』（梓出版社）（1998）168～173頁参照。

12　エイジェンシー・コストはもともと株式市場で問題とされた概念であるが、社債市場においても、貸し手（本人：principal）と借り手（本人の代わりに、借入金に関する管理を行う代理人：agent）の間の関係において用いられる。黒沢『激動する国債金融』（梓出版社）（1998）152頁、

および167頁参照。

13　格付け，すなわち信用リスクがどの程度発行金利に影響を与えているかについてはいろいろな考え方がある。金利の構成要素は，リスク・フリー・レート（リスクがない場合の金利で，主としてマクロ的経済状況，金融情勢，資金需要・供給の関係などで決まる。実務的には，自国通貨建ての国債金利が用いられるが，国債のデフォルトが懸念されるようになった今日，リスク・フリー金利の設定は簡単ではない），信用リスク（格付け），与信期間（ターム・ストラクチュアー），社債発行規模と流通の程度（一般的には，発行規模が大きい方ほど流動性が高いので発行金利が低くなる傾向がある），知名度などである。社債金利（被説明変数）＝a・リスク・フリー金利（説明変数1）＋b・格付け（説明変数2）＋残差，として社債の残存期間ごとに回帰分析を行い，格付けがどの程度社債金利に影響を与えているか（回帰係数b）を試算することができる。

14　流通市場で社債価格が高くなると，その社債の利回りは低くなり，社債価格が低くなると利回りは高くなる。例えば，社債が100円で発行され，発行のときの金利（クーポン・レート）が10％，すなわち毎年10円の利息を受け取るとする。この社債の価格が120円に値上がりしても受け取る利息は年10円であるので利回りは8.3％に低下する。逆に，この社債が90円に値下がりしても受け取る利息は年10円であるので利回りは11.1％に上昇する。また，この社債が金利10％で発行された後に，金融情勢の変化により市場全体の金利水準が8％に低下すると，この社債の保有者は年10円を受け取ることができるのでこの社債の価格は125円に値上がりする（10円÷0.08＝125円）。逆に，市場金利が12％に上昇するとこの社債の価格は83円に値下がりする（10円÷0.12＝83円）。

15　元データは下表のとおりで，R&Iの格付けマトリックス表では格付けがないためにデータが欠如している部分があるが，その部分については筆者が最小二乗法により推定値を計算して挿入した。

格付け別・期間別市場利回り（％：2006年1月20日現在）

| 格付け／残存年数 | 1年 | 4年 | 6年 | 9年 | 12年 |
|---|---|---|---|---|---|
| AAA | 0.27 | 0.83 | 1.17 | 1.28 | 1.71 |
| AA | 0.18 | 0.84 | 1.17 | 1.53 | 1.74 |
| A | 0.25 | 0.94 | 1.33 | 1.74 | 2.13 |
| BBB | 0.50 | 1.31 | 1.83 | 2.02 | 2.28 |
| BB | 0.89 | 2.32 | 1.91 | 2.25 | 4.73 |

（出所）「日経公社債情報」2006．1.23（No.1522）54頁のR&Iの格付けマトリックス表を基にして作成した。

16　累積デフォルト率（R&I）は下表のとおりで広義平均値である。市場利回りの理論値（q）は，簡略化した $q=(rf+Pd)/(1-Pd)$ で計算した。rfはリスク・フリー利回りで各残存期間に見合った国債の利回り，Pdは格付け別累積デフォルト率である。

格付け別累積デフォルト率（％：1993年〜2001年）

| | 1年 | 4年 | 6年 | 9年 |
|---|---|---|---|---|
| AAA | 0.000 | 0.000 | 0.000 | 0.006 |
| AA | 0.000 | 0.001 | 0.005 | 0.014 |
| A | 0.001 | 0.006 | 0.013 | 0.025 |
| BBB | 0.001 | 0.012 | 0.019 | 0.029 |
| BB | 0.026 | 0.068 | 0.089 | 0.128 |

（出所）　R&I「ニュース・リリース」02年6月27日。

格付け別市場利回りの理論値（％）

|  | 1年 | 4年 | 6年 | 9年 |
|---|---|---|---|---|
| AAA | 0.08 | 0.68 | 0.98 | 2.01 |
| AA | 0.08 | 0.81 | 1.43 | 2.86 |
| A | 0.13 | 1.30 | 2.33 | 3.96 |
| BBB | 0.22 | 1.88 | 2.96 | 4.42 |
| BB | 2.77 | 8.05 | 10.79 | 16.22 |
| 国債利回り | 0.079 | 0.682 | 0.976 | 1.375 |

（出所） R&I「ニュース・リリース」02年6月27日を元にして計算した。

17 残存期間1年の社債のみがリスク以上の利回りを提供していることが，たまたまこの時期にそうであったのか，長期的な傾向であるのかについては実証するためのデータが十分でないのでわからない。

18 みずほ証券投資戦略部が，格付けを数値化したダミー変数を説明変数，対国債スプレッドを被説明変数として，発行体平均スプレッド＝A×exp（B×格付け）＋誤差項，の式で単回帰分析を行った結果は以下のとおりである（2004年12月末時点）。

|  | 決定係数 | A | B |
|---|---|---|---|
| R&I | 0.91 | 0.0549 | 0.2035 |
| JCR | 0.89 | 0.0637 | 0.2233 |
| MDYJ | 0.83 | 0.0401 | 0.1956 |
| S&P | 0.8 | 0.0432 | 0.1633 |

（出所）「格付会社の研究」（2004年版）」2005年2月 No.14 17〜23頁，みずほ証券投資戦略部。

19 みずほ証券投資戦略部「格付会社の研究」（2004年版）2月 No.14，23〜24頁。

20 ムーディーズの格付け別デフォルトデータに基づく累積年数別の累積デフォルト率に関する平均値，標準偏差，変動係数（標準偏差÷平均値）は以下のとおりである。

累積デフォルト率格付け別平均値（1970〜2002年，Moody's）

|  | Aaa | Aa | A | Baa | Ba | B | Caa−C |
|---|---|---|---|---|---|---|---|
| 1年平均値 | 0 | 0.02 | 0.02 | 0.18 | 1.21 | 6.50 | 3.89 |
| 標準偏差 | 0 | 0.11 | 0.06 | 0.33 | 1.29 | 4.42 | 2.94 |
| 変動係数 |  | 5.74 | 3.31 | 1.84 | 1.07 | 0.68 | 0.75 |
| 3年平均値 | 0 | 0.06 | 0.19 | 0.89 | 5.46 | 16.71 | 37.03 |
| 標準偏差 | 0 | 0.20 | 0.33 | 0.71 | 4.43 | 8.63 | 23.06 |
| 変動係数 |  | 3.14 | 1.72 | 0.80 | 0.81 | 0.52 | 0.62 |
| 5年平均値 | 0.13 | 0.28 | 0.48 | 1.93 | 10.38 | 24.34 | 44.81 |
| 標準偏差 | 0.51 | 0.46 | 0.69 | 1.36 | 7.28 | 12.00 | 24.19 |

106　第2章　格付けの考え方

| 変動係数 | 3.86 | 1.61 | 1.44 | 0.70 | 0.70 | 0.49 | 0.54 |
| --- | --- | --- | --- | --- | --- | --- | --- |
| 10年平均値 | 0.73 | 1.02 | 1.59 | 4.85 | 20.85 | 40.03 | 44.28 |
| 標準偏差 | 1.16 | 0.78 | 1.41 | 2.22 | 10.50 | 17.14 | 32.21 |
| 変動係数 | 1.59 | 0.77 | 0.89 | 0.46 | 0.50 | 0.43 | 0.73 |

| | Aaa〜Baa | Ba〜C |
| --- | --- | --- |
| 1年平均値 | 0.07 | 3.89 |
| 標準偏差 | 0.12 | 2.94 |
| 変動係数 | 1.71 | 0.75 |
| 3年平均値 | 0.05 | 10.57 |
| 標準偏差 | 0.12 | 6.87 |
| 変動係数 | 2.28 | 0.65 |
| 5年平均値 | 0.05 | 16.00 |
| 標準偏差 | 0.10 | 9.30 |
| 変動係数 | 1.84 | 0.58 |
| 10年平均値 | 0.05 | 21.43 |
| 標準偏差 | 0.08 | 12.27 |
| 変動係数 | 1.58 | 0.57 |

21　R&Iは1〜10年の2005年12月19日訂正の平均累積格付け別デフォルト率（R&Iニュース・リリース，2005年12月19日，13頁），JCRは1〜3年の累積デフォルト率（1995年1月〜2005年12月，「JCR格付け」2006年2月号，9頁），S&Pは1〜7年の日本企業の平均累積デフォルト率および世界企業格付けの平均累積デフォルト率（いずれも1975〜2003年までのデータ，S&P「日本におけるデフォルト・格付け推移調査」2004年12月1日，4頁）のデータから計算した。ただし，デフォルトの定義が格付け会社によって異なる場合があるのでそれを考慮する必要があるが，ここではそれを行わず同じ格付け記号は同じものとして処理している。

22　グローバル水準よりもデフォルト率が高いということは，JCRの格付け記号がグローバル水準の格付け記号と同じデフォルト率を表すことを前提にした場合，JCRの方がグローバル水準より高い格付けをつけていることを意味する。

23　S&Pはグローバル格付けとローカル格付け（日本企業）に同じ定義を当てはめているので，日本企業に対するR&Iの格付けはグローバル水準の格付けよりも低い格をつけていることになる。

24　「アジア太平洋地域の社債発行体のデフォルト率と回収率1990〜2003年」ムーディーズ・ジャパン，2004年8月参照。

25　R&Iのデータは注2-21と同じ。ムーディーズのグローバル格付けデータは「Default & Recovery Rates of Corporate Bond Issuers, S Statistical Review of Moody's Performance, 1970−2000」, Moody's Special Comment, Moody's Investors Service より作成。

26　累積デフォルト率の時系列的安定性について1年，3年，5年の数値を整理すると下表のとおりである。

累積デフォルト率の時系列安定性比較（％，MDY，R&I，1991〜2000年）

| 上段 MDY<br>下段 R&I | | 1年 | | 3年 | | 5年 | |
|---|---|---|---|---|---|---|---|
| | | MDY | R&I | MDY | R&I | MDY | R&I |
| Aaa<br>AAA | 平均 | 0.00 | 0.00 | 0.00 | 0.00 | 0.00 | 0.00 |
| | 標準偏差 | 0.00 | 0.00 | 0.00 | 0.00 | 0.00 | 0.00 |
| | 変動係数 | 0.00 | 0.00 | 0.00 | 0.00 | 0.00 | 0.00 |
| Aa<br>AA | 平均 | 0.00 | 0.00 | 0.00 | 0.00 | 0.07 | 0.00 |
| | 標準偏差 | 0.00 | 0.00 | 0.00 | 0.00 | 0.14 | 0.00 |
| | 変動係数 | 0.00 | 0.00 | 0.00 | 0.00 | 1.85 | 0.00 |
| A<br>A | 平均 | 0.00 | 0.04 | 0.06 | 0.40 | 0.11 | 0.91 |
| | 標準偏差 | 0.00 | 0.11 | 0.12 | 0.35 | 0.19 | 0.48 |
| | 変動係数 | 0.00 | 3.16 | 1.90 | 0.88 | 1.64 | 0.53 |
| Baa<br>BBB | 平均 | 0.09 | 0.10 | 0.63 | 0.60 | 1.21 | 1.44 |
| | 標準偏差 | 0.14 | 0.17 | 0.73 | 0.53 | 1.18 | 0.99 |
| | 変動係数 | 1.56 | 1.65 | 1.15 | 0.89 | 0.97 | 0.69 |
| Ba<br>BB | 平均 | 0.99 | 1.77 | 4.10 | 5.29 | 7.48 | 7.38 |
| | 標準偏差 | 1.57 | 3.64 | 2.43 | 6.44 | 3.56 | 6.44 |
| | 変動係数 | 1.59 | 2.05 | 0.59 | 1.22 | 0.48 | 0.87 |
| B<br>B | 平均 | 5.70 | 13.07 | 17.99 | 28.21 | 25.57 | 31.96 |
| | 標準偏差 | 3.76 | 11.92 | 7.39 | 21.80 | 7.87 | 26.33 |
| | 変動係数 | 0.66 | 0.91 | 0.41 | 0.77 | 0.31 | 0.82 |

（注） 1991〜2000年についての累積デフォルト率であるが，MDYの5年については1991年〜1998年までの5年累積デフォルト率である。

27 経済環境が変化し，企業のファンダメンタルズが変化したにもかかわらず格の変更を怠ると累積デフォルト率の時系列的安定性が低下するので，タイムリーな変更は必要である。

# 企業格付けの手法　　　　　　　　　　　　　第3章

　格付け会社のアナリストは蓄積された知識と長年の経験に基づいて定量分析および定性分析等を行って格付けを決める。アナリストの提案格付けは格付け委員会に付され，他の専門家の意見を取り入れた上で合議制や多数決などを経て格付け会社としての最終格付けが決定され公表される。このプロセスの中で使われる格付けの手法について，格付け会社は定量分析や定性分析などの分析フレームに関するもの，事業会社や銀行などの業種別分析方法，ストラクチャード・ファイナンスの分析技術，国債や地方債の分析など具体的な分析方法について多くのマニュアルを公表している[1]。本章では，格付け会社の分析手法を演繹的にとらえて，プロのアナリストでない「格付けの外部者」が企業やソブリン国家の格付け分析をどのような考え方で分析してゆけばよいかについて解説する。

## 1. マッチングによる格付け手法

### (1) 分析のフレームワーク

　まず，図表3-1の格付け分析のフレームワークを見てほしい。財務諸表や決算諸表，業界地位や生産性など数字で表現できる定量的な分析を行う。次いで，経営者の戦略性や変化への適応力，自由化など規制緩和によって予想される変化，国の産業政策や産業保護政策の影響，メインバンク制度などの商習慣による救済措置などの定性的要因の分析を行う。定量分析ではいくつかの主要な指標によって定量格付けを決める。定量格付けに定性的な要因を加味して最終的な格を付ける。この最終的な格は，予想される累積デフォ

1. マッチングによる格付け手法　109

ルト率と整合的に決められる。定量的な指標や定性要因によって決められた最終格付けは，格付け後の経過年数に応じた累積デフォルト率を表すものでなければならない。図表3-1の累積デフォルト率（％）は，過去の実績デフォルト率に基づいた「実務的な格付けの定義」である。AAAは今後10年間デフォルトが予想されないもの。AAは，今後5年間はデフォルトの危険はないが，格付け後10年の期間で見ると1.5％のデフォルトが予想されるものである。同様にAは3年まではデフォルトの心配はないが5年目以降は表のような数値でリスクを予想する。BBBは3年目から，BB以下は1年目からデフォルトリスクがあり時間の経過とともに予想デフォルトがかなりのテンポで上昇する。AAAからBBBまでは格付け初年度においてはデフォルトを予想する必要がないものであり，一般に投資適格（investment

図表3-1　格付け分析のフレームワーク（考え方）

| 格付け | 定量分析 | | | | | 定性分析 | | |
|---|---|---|---|---|---|---|---|---|
| | 定量指標1 | 定量指標2 | 定量指標3 | 定量指標4 | 定量指標5 | 定性要因1 | 定性要因2 | 定性要因3 |
| AAA | 30 | 11.5 | 2468 | 8.5 | 250 | | | |
| AA | 26 | 15.5 | 1500 | 6.5 | 430 | ● | | |
| A | ⑳ | ㉑.8 | 1269 | ④.2 | ⑤50 | | ● | ● |
| BBB | 14 | 28.4 | ⑨50 | 2.5 | 800 | | | |
| BB | 8 | 36.9 | 450 | 1.4 | 1200 | | | |
| B | 5 | 45.7 | 200 | 0.5 | 2200 | | | |

デフォルト率との対応関係

| 予想累積デフォルト率（％） | | | | |
|---|---|---|---|---|
| 格付け | 1年 | 3年 | 5年 | 10年 |
| AAA | 0 | 0 | 0 | 0 |
| AA | 0 | 0 | 0 | 1.5 |
| A | 0 | 0 | 1.5 | 2.0 |
| BBB | 0 | 0.5 | 4.0 | 5.0 |
| BB | 1.0 | 2.0 | 20.0 | 30.0 |
| B | 2.0 | 10.0 | 40.0 | 50.0 |

grade）とよばれ，初年度からリスクが予想される BB 以下の格付けが付けられるものは投機的（speculative）と呼ばれる。

　格付け会社は企業の定量的要因および定性的要因について，過去の累積デフォルト率に対応した歴史的データを蓄積している。図表 3-1 の定量分析指標 1 〜 5 は各格付けランクの累積デフォルト率に対応した格付け定量指標マトリックスであると仮定する。ある企業の指標 1，2，4，5 が A ランクに該当し，指標 3 が BBB ランクに該当するとすれば定量格付けを一応 A としてよいであろう。定量指標としてどのような指標をいくつ使えばよいかは業種や企業規模などによって異なるので，格付け会社が公表している指標などを参考にすると良い。定性要因については 3 つの要因が考えられると仮定し，要因 1 が AA，要因 2，3 が A であると判断されたとすれば，定性要因格付けを A と判断することができる。この定量，定性要因格付けから総合してこの企業の格付けは A と判断してよいであろう。定量分析と定性分析をどのように総合するかについてのルールはないので，どちらか低い方の格付けに総合する，定性要因に積極的な理由を求めることができれば定性要因をもって総合格付けとする，など状況に応じて「格付けの説明に説得性がある」と思われる方法をとるとよい。定量指標や定性要因は経済情勢や経済・社会環境の変化および外国からの影響など，時代の変化に応じて柔軟に変化するものであるので，固定的な回帰式などによってとらえられるものではない。この A に格付けされた企業は債務を返済するに当たって，3 年程度の期間で考えればデフォルトの懸念を心配する必要がないが，5 年先まで考えると 1.5％のリスク（200 社中 3 社がデフォルトになる）を，10 年先まで考えると 2％のリスク（100 社中 2 社がデフォルトになる）が予想されるカテゴリーに入るものとなる。格付け会社が分析を行う場合は，定量指標と定性要因について業態，業種，国，地域，過去のデフォルト実績，企業文化などさまざまなケースについて異なるマトリックスが用いられる。また，前述のようにこのマトリックスは経済環境の変化，外国の影響，行政当局による業界規制の変化などにより適宜変更される。

(2) オーソドックスな定量分析の考え方
(A) 償還財源と長期債務の関係

　格付けは，負担している長期債務を予定通り（契約どおり）返済できない可能性がどの程度であるかを判断するものであるから，債務の利払いおよび元本を返済するための財源，すなわち償還財源（キャッシュ・フローと呼ばれることが多い）が分析の主たるテーマになる。格付け会社は，依頼格付け（solicited rating）においては被格付け会社（格付け取得会社）に過去10年程度の財務情報，非財務情報（非公開情報を含む）の提出を求め，さらに今後の収益および財務計画（3〜10年程度）の作成を依頼する。格付けアナリストは被格付け会社の役員および財務担当者との面談をした後で，提出された収益および財務計画を基にして長期債務と償還計画の見通しを作成する。図表3-2は，長期債務と償還財源に関する「概念的な償還計画の見通し」（5年計画）である。今後5年間の収支予想において，格付け対象の調達債務を含めて期首の長期債務残高が2,000億円，長期債務の返済は各年200億円であると仮定する。売上高は2年目まで1,000億円，3年目に1,500億円，5年目に1,800億円に増加することが見込まれるとする。格付けアナリストによる精査の結果，税後利益（税率は税引前利益の50％とした）は2年目まで200億円，3年目に300億円，5年目に350億円に増加することが見込まれた。債務に関する利息（短期債務の利息も含む）の支払いについて，利払い能力（利払い前利益を支払い利息額で割り算した倍率）が参考指標とされている。この概念的なサンプルでは1年目の3倍から，長期債務の返済が進むにつれて利払いが減少するので，5年目には6.8倍へと上昇している。利払いに関しては社債の公募発行が可能なBBB以上の格付けの条件を満たしているように見受けられる。次に，配当・賞与支払い後の留保利益と減価償却費を加えた償還財源（キャッシュフローと呼ばれることが多い）に対して，毎年の元本返済が十分可能であるかどうかを検討する。毎年の返済額200億円に対して，2年目までは余裕に乏しいが（償還財源240億円）3年目以降は余裕が認められ，5年目には2倍以上の償還財源が見込まれる。この数字から，元本返済の安全性に関しては十分とはいえないがBBB

程度の格付け取得は見込まれる。償還年数は長期債務残高（期首）を償還財源で割り算したもので，以後何年で長期債務を完済できるかの目安を表している。このサンプルでは5年目の償還年数が2.7年であるので8年目中には長期債務の返済を完了する能力があると判断される。長期債務の完済能力8年が良好かどうか一概に判断することはできない。計算上の償還年数と償却資産の残存年数，および長期債務の契約上の平均借り入れ年数とのバランスが必要である。償却資産が8年以内に償却完了してしまう場合は，資産がなくなった後，債務だけが残ることになり健全とはいえない。土地を考慮する

図表3-2　長期債務と償還財源（5年間収支予想）　　　（金額単位：億円）

| 項目 | 1年目 | 2年目 | 3年目 | 4年目 | 5年目 |
|---|---|---|---|---|---|
| 売上高 | 1,000 | 1,000 | 1,500 | 1,500 | 1,800 |
| 総コスト | 600 | 600 | 900 | 900 | 1,100 |
| （うち減価償却費） | 100 | 100 | 150 | 150 | 150 |
| （うち支払い利息） | 200 | 180 | 160 | 140 | 120 |
| （その他コスト） | 300 | 320 | 590 | 610 | 830 |
| 税引前利益 | 400 | 400 | 600 | 600 | 700 |
| （利払い能力） | 3.0 | 3.2 | 4.8 | 5.3 | 6.8 |
| 税後利益 | 200 | 200 | 300 | 300 | 350 |
| 配当 | 40 | 40 | 40 | 40 | 40 |
| 賞与 | 20 | 20 | 20 | 20 | 20 |
| 留保利益 | 140 | 140 | 240 | 240 | 290 |
| 減価償却費 | 100 | 100 | 150 | 150 | 150 |
| 償還財源 | 240 | 240 | 390 | 390 | 440 |
| 長期返済予定額 | 200 | 200 | 200 | 200 | 200 |
| 長期債務残高（期首） | 2,000 | 1,800 | 1,600 | 1,400 | 1,200 |
| 償還年数（年） | 8.3 | 7.5 | 4.1 | 3.6 | 2.7 |
| キャッシュ・フロー比率（％） | 12.0 | 13.3 | 24.4 | 27.9 | 36.7 |
| 資金過不足 | 40 | 40 | 190 | 190 | 240 |
| 流動資産 | 300 | 340 | 530 | 720 | 960 |
| 流動負債 | 300 | 300 | 300 | 300 | 300 |
| 自己資本 | 200 | 340 | 580 | 820 | 1,110 |
| 自己資本比率（％） | 8.0 | 13.9 | 23.4 | 32.5 | 42.5 |
| （総資産） | 2,500 | 2,440 | 2,480 | 2,520 | 2,610 |

場合は土地に対応する長期債務を償却資産に対する債務から控除する。このケースにおける1年目期首の償却資産額を1,500億円とし，5年目終了後も毎年150億円の減価償却を行ってゆくと考えると，償却資産が償却済みになるのは11年目である（5年目末の償却資産残高850億円÷年間償却費150億円＝5.6年＋それまでの5年＝10.6年）。したがって，償却資産が残っている間に長期債務を計算上返済完了することができる。また，長期債務の平均借り入れ年数について，このケースでは10年を想定しているので，償還能力8年の力で返済が可能である。しかし，仮に6年目に残額1,000億円を一度に返済しなければならない借り入れ契約になっていると，6年目に返済不能になる。償還能力よりも長期債務についての契約上の借入期間が短い場合は借り換えのリスクを加味しなければならない。

アメリカの資本市場における格付け分析では，償還年数の代わりにその逆数（償還財源÷長期債務残高×100）であるキャッシュ・フロー比率が用いられるのが普通である。米国の企業は償還財源に対して一般的に長期債務残高が少ないためである。米国スタンダードと比較すると，このケースのキャッシュ・フロー比率は必ずしも良いとはいえない。資金過不足（償還財源－長期返済予定額）は流動資産に加えられ，留保利益は翌期の自己資本に加算される。総資産は簡易的に長期債務残高，流動負債，自己資本を合計したものである。自己資本は予想できない変化に対するクッションの役割を果たす。留保利益の加算と長期債務残高の減少によって自己資本比率（自己資本÷総資産×100）は大幅に改善しているが3年目までの比率にはやや不安が残る。このケースにおける事業リスク（ビジネス・リスク：総資本事業利益率の下方変動性）の程度は不明であるが，自己資本比率はビジネス上のリスクが少ない場合は低くても差し支えない。しかし，リスクの高い事業を行う場合は相応の自己資本比率が求められる。以上，この概念的なケースの格付けは，長期債務返済の償還年数（またはその逆数のキャッシュ・フロー比率），ならびに予期せぬ変化に備える自己資本比率などからみて，BBB程度の格付けクラスにあると見ることができる。

(B) 5年間予想のパターン

　償還財源と長期債務の関係は，5年間収支予想のパターンによって格付けに影響を与える。図表3-3は，償還財源と返済計画の安定性のパターンを示したものである。毎年の返済額が同じであってもA-1のように償還財源の見通しが安定している方が，A-2のような不安定型よりも高い格が付けられる傾向がある。また，予想される償還財源が同じであっても，B-1のように返済計画が安定している方がB-2の不安定型よりも高い評価を得られる可能性が高い。将来の見通しに関してどの程度最悪のシナリオを織り込むかについては，「10年ストーム」の考え方が用いられることがある。米国ワシントン州の電力会社WPPSS（ワシントン・パブリック・パワーサプライ・システム）は石油危機による電力需要の急減によって経営難に陥り1983年7月，22億5,000万ドルの公募債券がデフォルトになった。格付け会社はこれらの債券に投資適格であるA～BBBの格を付けていたので投資家は格付け会社を提訴した。結論的には，第1次オイル・ショックのような予想を越えた激変については，格付け会社は免責ということになったが，以後，過去10年間に発生した程度の事件（10年ストーム）は収支予想に織り込むようになった[2]。例えば，収支予想3年目に過去10年間に発生した程度の最悪ケース（日本の場合，バブル崩壊後の不況など）を織り込んだ場合，図表3-3のC-1は3年目に何とか返済予定額を上回る償還財源の捻出が可能となっているが，C-2は返済財源が不足し過去の蓄積の取り崩しが必要となっている。このように最悪シナリオの差異によって格付けが変わることもある。

(3) 過去のデータに基づいた定量分析

(A) 償還年数と償還財源比率

　外部者が格付けを行う場合や，依頼のない格付け（Unsolicited Rating，いわゆる勝手格付け）を行う場合は，債務者が作成した収支計画や内部情報を得ることができないので，過去の公表データに基づいて定量分析を行うことになる。その場合でも，長期債務と償還財源が主要な関心事である。図表

1. マッチングによる格付け手法　115

図表3-3　償還財源と返済計画の安定性のパターン

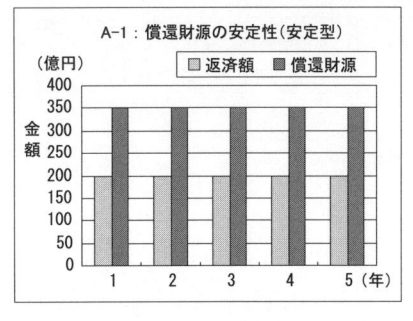

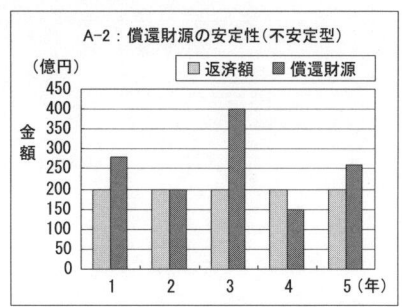

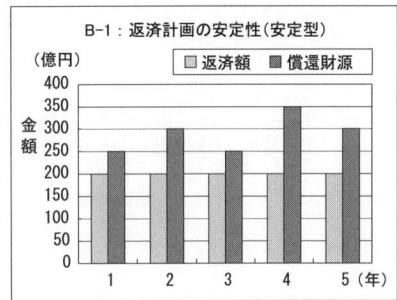

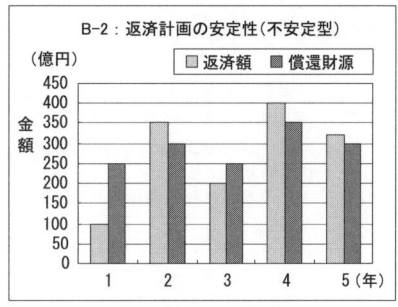

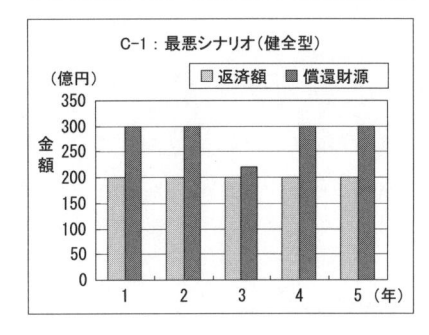

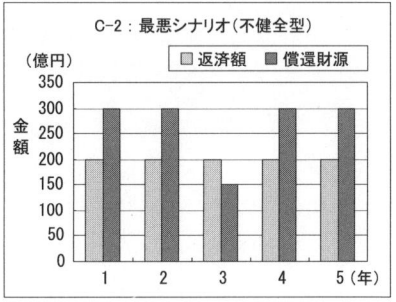

3-4は過去のデータに基づいた定量分析を行う場合の考え方を示したものである。償還財源は，有価証券報告書のなかの，製造原価および管理販売費に計上された減価償却費と税引き後当期利益，および内部留保性の引当金を合計することによって得られる。長期債務残高は，有価証券報告書に記載されている銀行借入金，社債，その他の長期債務残高などを合計して出すこと

116　第3章　企業格付けの手法

図表3-4　過去のデータに基づいた定量分析の考え方

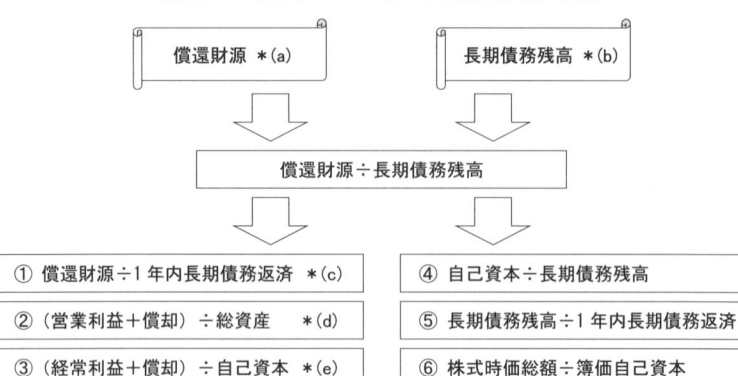

```
        償還財源 *(a)              長期債務残高 *(b)
              ↓                         ↓
           償還財源÷長期債務残高
              ↓                         ↓
```

| ① 償還財源÷1年内長期債務返済　*(c) | ④ 自己資本÷長期債務残高 |
| ② (営業利益＋償却)÷総資産　*(d) | ⑤ 長期債務残高÷1年内長期債務返済 |
| ③ (経常利益＋償却)÷自己資本　*(e) | ⑥ 株式時価総額÷簿価自己資本 |

*(a)　償還財源＝税引き後当期利益＋減価償却費
*(b)　長期債務残高＝金融機関借入＋社債＋その他長期債務，ただし，流動資産－流動負債＞0 の場合はその差額を債務残高から減算，流動資産－流動負債＜0 の場合は債務残高に加算する。
*(c)　1年内長期債務返済額はバランスシートに計上されている1年内長期債務返済額（社債を含む）
*(d)　総資産はバランスシートの合計から固定資産の中の投融資残高を控除する（株式などの持ち合いを控除）
*(e)　自己資本はバランスシートの自己資本から固定資産の中の株式を控除する（株式持合いの控除）
①～⑥は次項(B),「長期債務の返済能力に関する6つの指標」を参照。

ができる。その場合，流動資産の残高が流動負債の残高を上回るときは，長期債務の一部が流動資産に充当されて，償還財源からの返済ではなく流動資産の取り崩しによる返済が可能であると考えられるので，その差額を長期債務残高から控除するなどの工夫が必要である。逆に，流動負債が流動資産を上回る場合は，流動負債の一部が事実上長期負債となっていることもあるので，その差額を長期債務残高に加える必要がある。長期債務残高と償還財源の関係は，後者を前者で割り算して，償還財源比率（キャッシュ・フロー比率）としてみる見方と，前者を後者で割り算して，償還年数（現在の長期債務残高を何年で償還できるかについての数値）として考える方法がある。日本では，日本開発銀行（現，日本政策投資銀行）や日本興業銀行（現，みずほ銀行）などの長期融資において償還年数の方法が使われてきたが，長期債

務残高の割合が少ない米国では償還財源比率（キャッシュ・フロー比率）が一般的である。日本企業については1970年代ころまでの平均的償還財源比率（東京証券取引所上場企業）は17％程度（償還年数約6年）で，長期債務の少ない優良企業は約33％（償還年数約3年）であったが，90年代以降，債務の削減と自己資本の積み増しによってその比率が上昇している（長期債務の償還年数が短期化）。

(B) **長期債務の返済能力に関する6つの指標**

① 償還財源÷1年内長期債務返済額（償還財源倍率）は，有価証券報告書に記載されている1年内の長期債務返済額（社債の1年内返済予定額を含む）に対してどれだけの償還財源（税引き後利益＋減価償却費＋利益留保性引当金）があったかを見るもので，債務残高および償還財源の額が同じでも借入期間が長ければこの比率は高くなり，元本の返済条件の余裕度が高くなるので良い格付けを得やすくなる。② （営業利益＋減価償却費）÷総資産額は，償却前総資産営業利益率と呼ばれ，すべての資産を使用して生み出された償却前営業利益（Earnings before Interest, Tax, Depreciation and Amortization: EBITDAと呼ばれる）の水準と安定性を見るもので，償還財源の創出能力についてのサポート情報になる。③ （経常利益＋減価償却費）÷自己資本額は，償却前自己資本利益率（キャッシュフロー自己資本比率）と呼ばれ，株主の持分である自己資本に対して，株主の取り分である経常利益と，留保資金である減価償却費の合計の水準と安定性を見るもので，キャッシュフロー・ベースでの株主の満足度を推定することができる。償還財源比率を債務残高の観点から見る方法として，④ 自己資本÷長期債務残高（自己資本長期債務比率）がある。過去の経験などから予期できる損失に対して備えるものが引当金であるとすれば，自己資本は予期できない損失に備えるクッションである。自己資本長期債務比率は，予期せぬ事態が発生した場合に長期債務の返済を補填する度合いがどの程度あるかを見る指標である。⑤ 長期債務残高÷1年内長期債務返済は長期債務の平均的借り入れ年数（推定借り入れ期間）を推定する指標で，償還財源比率の逆数である償還年

数と対応させて比較することが重要である。償還年数の方が推定借入期間よりも長ければ償還能力よりも短い期間で返済を行わなければならないことになり，将来，借り換えなどのリスクを伴うことがあり得る。⑥株式時価総額÷簿価自己資本は，簿価自己資本が株式市場でどの程度に評価されているかを見る指標（自己資本市場評価倍率）で，この指標が1.0以下の場合は企業買収の対象になることもあるので，長期債務返済能力についてフローの償還能力のほか資産評価も必要である。

### (4) 定量指標とのマッチング
#### (A) マッチング表

　格付けの外部者やアナリストとして十分な経験を積んでいない者が，企業の格付けを行う方法として定量指標とのマッチングがある。格付け会社はいくつかの主要な財務指標について格付け別の過去の実績平均値を公表している。公表されていない場合は，企業の公表された財務諸表を使って，各指標について格付けごとの平均値をつくることが出来る。その場合，図表3-2及び図表3-4にある指標を使用すると良い。マッチングは，これらの平均値指標を使って，ターゲット企業の格付けを類推する方法である。ここでは，R&I（格付投資情報センター）が公表した一般製造業（2002年3月期決算477社）の格付け別平均財務指標をスムージングして作成した図表3-5を使用してマッチングを行う[3]。

　R&Iの格付け別平均財務指標は，定性要因などを加味した最終格付けの平均値であるが，平均値をなだらかにスムージングしてあるので定性要因の多くは取り除かれていると考えてよい。なお，マッチング表はR&Iが公表している数値に限られるので，前述の「分析のフレームワーク」や「過去のデータに基づいた定量分析」で扱った指標などを網羅していないが，大雑把なマッチングには有益である。マッチング表は収益率の水準などを表す比率・倍率指標と，規模を表す指標で構成されている。日本のように協調的な競争が行われる色彩が色濃い企業環境のなかでは，返済能力に直接関連する収益率などの指標に加えて，市場シェアをリードする規模の指標も長期債務

の償還能力にとって重要な要素になる。定量指標によるマッチングの目的は，収益率や効率性が高ければ良いというものではなく，「どのような企業が長期債務をどの程度安全に返済できるか」が焦点であるので規模指標も考慮する必要がある。なお，図表3-5は2002年3月期決算を基にしたもので，その頃の経済環境を前提とした数値であるが，第2章で示したとおりR&Iの格付けと実績累積デフォルト率はおおむね良いパフォーマンスを示しているので，このマッチング表はある程度長期間にわたって使用できる[4]。経済環境が悪化して，平均的な信用リスクが増加した状況においてこのマッチング表を使用すると，定量指標による高格付け企業が減少し，低格付け企業が増加する。逆に，経済環境が好転してリスクが減少すると，企業の平均的な定量指標が改善されるので格上げ企業が増加することになる。

図表3-5 定量指標のマッチング表

| (1)比率・倍率指標 | AAA | AA | A | BBB | BB | B |
|---|---|---|---|---|---|---|
| 純有利子負債/EBITDA 倍率(倍) | 0.5 | 1.0-1.5 | 2.0-3.0 | 3.5-7.0 | 10-20 | 30-40 |
| 純有利子負債/CF 倍率(倍) | 1.5 | 2.0-4.0 | 5.0-7.0 | 8.0-15.0 | 20-30 | 35-40 |
| EBITDA/使用総資本 (％) | 13 | 12-10 | 9.0-7.0 | 6.5-5.5 | 5.0-4.0 | 3.0-2.0 |
| EBITDA/支払利息 (倍) | 100 | 80-40 | 30-20 | 15-10 | 8.0-3.0 | 2.0-1.0 |
| インタレストカバレッジ(倍) | 40 | 35-25 | 20-15 | 10-5.0 | 4.0-2.0 | 1.0-0.0 |
| ROA (％) | 10 | 8.0-6.0 | 5.0-4.0 | 3.5-2.5 | 2.0-1.0 | 0 |
| ROBA (％) | 40 | 35-25 | 20-15 | 13-10 | 8.0-5.0 | 4.0-3.0 |
| 純有利子負債構成比 (％) | 0 | 3.0-10.0 | 15-20 | 25-35 | 40-60 | 70-75 |
| (2)規模指標（単位：億円） | AAA | AA | A | BBB | BB | B |
| 利払後事業利益 | 4,000 | 1,000-300 | 200-100 | 80-40 | 30-20 | 10-0.0 |
| EBITDA | 5,000 | 4,000-2,000 | 1,000-300 | 250-200 | 150-80 | 50-30 |
| キャッシュフロー | 4,500 | 1,500-500 | 400-200 | 150-50 | 40-25 | 20-10 |
| 有利子負債 | 20,000 | 10,000-5,000 | 4,000-2,000 | 1,800-1,000 | 1,000-1,500 | 3,000-4,000 |
| 純有利子負債 | 15,000 | 8,000-3,000 | 2,500-1,000 | 900-500 | 1,000-1,500 | 3,000-4,000 |
| 自己資本 | 30,000 | 15,000-5,000 | 3,000-1,000 | 800-500 | 400-200 | 150-100 |
| 純営業資産 | 25,000 | 15,000-7,000 | 5,000-3,000 | 2,500-1,500 | 1,300-700 | 500-300 |

(注) R&I『月刊レーティング情報』2002年11月号に掲載された表を基に作成。

## (B) 主要な指標の意味

図表3−5の主な指標の意味は，(a) 純有利子負債/EBITDA 倍率は，債務返済のための償還財源の源泉である EBITDA（償却前営業利益：Earnings Before Interest, Tax, Depreciation and Amortization）に対して純有利子負債（有利子負債−現預金）がどの程度あるかを表す指標で，低いほど良い。(b) 純有利子負債／CF 倍率は，純有利子負債を EBITDA よりも狭い範囲の償還財源であるキャッシュ・フローで割った値であり，利息を支払いした後の元本の返済に焦点を当てた指標である。(c) EBITDA／使用総資本は，償却前営業利益を使用総資本で割った値で，ROA が償却後の利益を使用総資本で割った値であるのに対して，長期債務の返済財源である設備などの減価償却費も利益項目に含めて出した値である。(d) EBITDA／支払利息は減価償却費を利益の中に含めたインタレストカバレッジである。(e) インタレストカバレッジは利息支払い前の利益（減価償却後）を支払利息の額で割った値で，利息支払いについての安全性を見る指標である。(f) ROA（Return on Asset）は，使用総資本利益率と呼ばれ事業利益（利払い前，減価償却後）を使用総資本で割った値で，企業の収益力を表す国際的な共通指標として用いられている。(g) ROBA は，営業資産営業利益率と呼ばれ営業利益を直接営業に用いられている営業資産で割った値である。(h) 純有利子負債構成比は純有利子負債を（純有利子負債＋自己資本）で割った値で，純有利子負債についての負債比率を表すものである。規模指標の，(i) 利払い後事業利益は営業利益＋受取利息・配当金−支払利息・割引料で利払い後の利益の規模を見るものである。(j) EBITDA は前述のとおり営業利益を出発点とした減価償却前の利益の規模，(k) キャッシュ・フローは当期利益を出発点とした減価償却前の利益の規模を表す。(l) 有利子負債は長短借入金＋社債＋割引手形の総残高，(m) 純有利子負債は有利子負債−現預金の総残高である。有利子負債と純有利子負債については，負債調達も企業の能力を表すことから格付けの高い企業の負債額は大きいが，収益力が低下し財務内容が悪化した企業は債務の返済が進まないことから BB 以下の企業では負債の増加と格付けの低下が対応する傾向がある。(n) 自己資本は資本勘定の残高，(o) 純営

業資産は営業資産－支払手形・買掛金－前受け金の残高である。

(C) マッチングの手順

このマッチング表を使って定量指標による格付けを行ってみる。簡略化のために，比率・倍率指標3つ，規模指標4つを使って**トヨタ自動車**（R&I 格付け：AAA）の指標マッチングを行うと図表3-6のとおり，比率・倍率指標はAAクラスであるが規模指標はいずれもAAAクラスである。日本企業は産業政策やメインバンク慣行に守られ負債のレバレッジ効果を活用した規模拡大のビジネスを展開してきたため，トヨタ自動車のように収益基盤が安定していて債務の償還に懸念がない企業でも利益率水準は低い傾向にある。光学ガラスや眼鏡レンズで高い収益力を維持している**HOYA**（R&I 格付け：AA－）は，比率・倍率指標はいずれもAAAであるが，トヨタ自動車と反対に，利益額やキャッシュ・フローの規模が小さいためにAAクラスに該当する。医薬，バイオなどへの事業展開を図っている**協和発酵**（R&I 格付け：A＋）はAとBBB指標が3つずつであるが長期債務の元本返済に直接関係する純有利子負債/CF倍率がAAクラスの水準にあるのでAのカテゴリーに格付けできる。**古河電気工業**（R&I 格付け：BBB＋）は負債調達の能力は高く有利子負債，純有利子負債の規模がAAクラスにあるが，業態を反映してそれに見合った収益力が十分でないためインタレストカバレッジ，ROAがBBの水準にあり，それらを総合してBBBクラスに格付けされている。**サンウエブ**（R&I 格付け：BB－）は，キャッシュ・フローがマイナスであるため2つの指標がBであるが長期的に見れば企業規模も小さく，他の指標が示すようにBBの下位（マイナス）に該当する。**雪印乳業**（R&I 格付け：B＋）は食品業界の中では資産規模は大きいが有利子負債と純有利子負債は返済財源が乏しいために巨額になっており，収益やキャッシュ・フローが赤字であるためすべての指標がBクラスに入る。以上のように，過去の業績についての格付けはマッチングにより，およそのクラス分けが可能である。

122　第3章　企業格付けの手法

図表3-6　定量指標マッチングの例

| (02年3月期：連結) | トヨタ自動車（AAA） | | HOYA（AA－） | | 協和発酵（A＋） | |
|---|---|---|---|---|---|---|
| 定量指標 | 数値 | マッチング | 数値 | マッチング | 数値 | マッチング |
| 純有利子負債/CF倍率（倍） | 4.5 | AA | 0 | AAA | 2.0 | AA |
| インタレストカバレッジ(倍) | 36.9 | AA | 72.0 | AAA | 6.8 | BBB |
| ROA（％） | 5.9 | AA | 16.0 | AAA | 4.0 | A |
| 利払後事業利益（億円） | 11,471 | AAA | 438 | AA | 181 | A |
| キャッシュフロー（億円） | 13,208 | AAA | 370 | A | 189 | A |
| 有利子負債（億円） | 67,116 | AAA | 39 | AAA | 764 | BBB |
| 純有利子負債（億円） | 60,044 | AAA | －624 | AAA | 375 | BBB |
| (02年3月期：連結) | 古河電気工業（BBB＋） | | サンウエブ（BB－） | | 雪印乳業（B＋） | |
| 定量指標 | 数値 | マッチング | 数値 | マッチング | 数値 | マッチング |
| 純有利子負債/CF倍率（倍） | 13.7 | BBB | －30.1 | B | －3.9 | B |
| インタレストカバレッジ(倍) | 1.9 | BB | 2.3 | BB | －14.4 | B |
| ROA（％） | 1.2 | BB | 1.0 | BB | －6.1 | B |
| 利払後事業利益（億円） | 87 | BBB | n.a. | n.a | －382 | B |
| キャッシュフロー（億円） | 360 | A | －7 | B | －512 | B |
| 有利子負債（億円） | 6,140 | AA | 302 | BB | 2,267 | B |
| 純有利子負債（億円） | 4,929 | AA | 211 | BB | 1,991 | B |

(D)　酒類業者のマッチング

　次に，図表3-5（一般製造業のマッチング表）を使って酒類業者の財務指標マッチングを行ってみる。図表3-7は酒類4社のR&I格付けと財務指標を示したものである。「範囲」は図表3-5のマッチング表のどの範囲に入るかを表している。キリンビール（R&I格付けAA＋）は支払利息に関する指標および有利子負債がA〜BBBクラスに該当するが，その他の指標は概ねAAの範囲に入っており，純有利子負債のEBITDAやキャッシュ・フローに対する比率がAAA評価であるのでAA＋が得られている。アサヒビールは比率・倍率指標はBBBクラスであるが，規模指標の多くがAAクラスにあり実際の格付けはその中間のA＋が付けられている。宝酒造は逆に規模は劣るが比率・倍率指標がA以上のランクにあり，総合してAと

図表 3-7　酒類業者の財務指標マッチング

| 指標／会社名 | キリンビール | 範囲 | アサヒビール | 範囲 | 宝酒造 | 範囲 | サッポロビール | 範囲 |
|---|---|---|---|---|---|---|---|---|
| R&I 格付け／格付け範囲 | AA+ | 範囲 | A+ | 範囲 | A | 範囲 | BBB+ | 範囲 |
| 純有利子負債/EBITDA 倍率(倍) | 0.32 | AAA | 3.63 | BBB | 1.12 | AA | 7.78 | BBB〜BB |
| 純有利子負債/CF 倍率(倍) | 0.60 | AAA | 16.23 | BBB〜BB | 2.24 | AA | 12.00 | BBB |
| EBITDA/使用総資本（％） | 10.85 | AA | 9.64 | A | 9.01 | A | 6.63 | BBB |
| EBITDA/支払利息（倍） | 20.25 | A | 10.78 | BBB | 20.32 | A | 5.10 | BB |
| インタレストカバレッジ(倍) | 11.61 | BBB | 11.63 | BBB | 14.09 | A〜BBB | 1.75 | BB〜B |
| ROA（％） | 6.22 | AA | 5.91 | AA〜A | 6.25 | AA | 2.28 | BBB〜BB |
| ROBA（％） | 20.43 | A | 12.65 | BBB | 15.24 | A | 8.00 | BB |
| 純有利子負債構成比（％） | 6.93 | AA | 57.72 | BB | 18.58 | A | 79.24 | B |
| 利払後事業利益(億円) | 926 | AA〜A | 697 | AA | 111 | A | 75 | BBB |
| EBITDA(億円) | 1,766 | AA | 1,339 | AA〜A | 173 | BBB〜BB | 507 | A |
| キャッシュフロー(億円) | 960 | AA | 299 | A | 86 | BBB | 329 | A |
| 有利子負債(億円) | 1,447 | BBB | 5,034 | AA | 375 | BBB | 4,000 | A |
| 純有利子負債(億円) | 572 | BBB | 4,860 | AA | 193 | BBB | 3,943 | AA |
| 自己資本(億円) | 7,685 | AA | 3,560 | AA〜A | 847 | A〜BBB | 1,033 | A |

（出所）　各指標の数字は『月刊レーティング情報』2002 年 1 月号，18〜19 頁。

なっている。サッポロビールは有利子負債の規模が大きいことが too big to fail 評価を受けている反面，比率・倍率指標で負債関連指標および利益に対する重い利子負担が低い評価になっているがその他については概ね BBB の範囲にある。

(E)　総合商社の指標マッチング

　非製造業についても，格付け会社が公表している格付けデータから代表的指標によるマッチング表を作る事ができる。財務などの定量指標と格付けの関係は業種特性や規模，経済環境などによって異なるのでそれぞれの業態を考慮に入れたマッチング表が必要である。要は，3〜5 年後のデフォルトの可能性とマッチする定量指標の組み合わせをどのように作るかがポイントであるが，格付けの外部者には経験的蓄積がないので，格付け会社が公表した

データから推定マッチング表を作成する。図表3-8はR&Iが公表した総合商社6社の財務指標から作成したマッチング表で（2002年3月末決算[5]），総合商社の特性をとらえた財務指標があげられている。総合商社の業務は負債を活用して多品種を仲介する業務であることから売上高と負債と総資産利益率（ROA）が重要な指標になる。最近の総合商社の業務は，従来の仲介業務から投資へのウエイトが高まっているので，投資から発生するビジネス・リスクへの配慮が必要になり自己資本の量と質の重要性が増している。このマッチング表を使って住友商事の定量指標マッチング格付けを行ってみると（図表3-9），収益力（ROAやインタレストカバレッジ）はAAの水準にあるが，負債調達能力や営業キャッシュ・フローの規模はBBBクラスである。02年3月の決算時点で信用リスクの判断をする場合に，過去3年程度の傾向がどのような状況にあるかについても考慮する必要がある。同業者の多くの収益性や規模が低下傾向にあるときは業界全体の特徴と見ることができ，個別会社のみの指標が下降傾向にある場合は当該会社の競争力が低下傾向にあると認識する必要がある。総合商社6社の過去3年間の指標を見ると，売上高やキャッシュ・フローなどの規模指標はいずれも低下傾向にあ

**図表3-8　総合商社の財務指標マッチング表**

| (1)比率・倍率指標 | AAA | AA | A | BBB | BB | B |
|---|---|---|---|---|---|---|
| 純有利子負債構成比（％） | 75以下 | 75～80 | 80～85 | 85～90 | 90～95 | 95以上 |
| 純有利子負債/CF倍率（倍） | 30以下 | 30～50 | 50～60 | 60～80 | 80～90 | 90以上 |
| 流動比率（％） | 130以上 | 120～130 | 110～120 | 100～110 | 70～100 | 70以下 |
| インタレストカバレッジ（倍） | 3.0以上 | 2.5～3.0 | 2.0～2.5 | 1.5～2.0 | 1.0～1.5 | 1.0以下 |
| ROA（％） | 3.0以上 | 2.5～3.0 | 2.0～2.5 | 1.5～2.0 | 1.0～1.5 | 1.0以下 |
| (2)規模指標 | AAA | AA | A | BBB | BB | B |
| 売上高（兆円） | 13以上 | 11～13 | 9～11 | 7～9 | 5～7 | 5以下 |
| 利払後事業利益（億円） | 1000以上 | 800～1000 | 600～800 | 400～600 | 100～400 | 100以下 |
| 有利子負債（兆円） | 4以上 | 3.5～4 | 3～3.5 | 2.5～3 | 1～2.5 | 1以下 |
| キャッシュフロー（億円） | 1,500以上 | 1,000～1,500 | 800～1,000 | 500～800 | 100～500 | 100以下 |
| 営業キャッシュフロー（億円） | 1,800以上 | 1,300～1,800 | 1,000～1,300 | 700～1,000 | 400～700 | 400以下 |

（注）　R&I『月刊レーティング情報』2002年11月号，19頁に掲載された表を基に作成。

figure 3-9 住友商事（R&A 格付け：A＋）の財務指標マッチング

| (1)比率・倍率指標 | 00/3 期 | 01/3 期 | 02/3 期 | マッチング |
|---|---|---|---|---|
| 純有利子負債構成比（％） | 81.0 | 80.5 | 80.6 | AA～A |
| 純有利子負債/CF 倍率（倍） | 26.4 | 29.2 | 27.9 | AAA～AA |
| 流動比率（％） | 128.9 | 110.1 | 111.8 | A |
| インタレストカバレッジ（倍） | 1.7 | 2.3 | 2.7 | AA |
| ROA（％） | 2.2 | 2.8 | 2.5 | AA |
| (2)規模指標 | 00/3 期 | 01/3 期 | 02/3 期 | マッチング |
| 売上高（兆円） | 10.6 | 10.1 | 9.6 | A |
| 利払後事業利益（億円） | 421.0 | 790.0 | 756.0 | A |
| 有利子負債（兆円） | 2.7 | 2.7 | 2.8 | BBB |
| キャッシュフロー（億円） | 962.0 | 845.0 | 903.0 | A |
| 営業キャッシュフロー（億円） | 1106.0 | 857.0 | 727.0 | BBB |

（注）R&I『月刊レーティング情報』2002 年 11 月号，19 頁。

るので，住友商事の規模指標の低下は個別事情ではなく全体の傾向に影響されていると見て取れる。そのなかで住友商事の ROA や純有利子負債 CF 倍率などの比率指標は安定した水準を保っている。したがって，定性要因を考慮する前の住友商事の定量格付けとしては，商社全体の規模縮小傾向を反映させて，AA と BBB の中間の A クラスが妥当であろう。

(F) 日産自動車の定量指標分析

日産自動車の業績回復期（2001～02 年）の格付けを R&I がどのように見ていたかを定量指標マッチングを使って観察してみる。日産自動車の R&I 格付け（無担保普通社債）は 98 年 4 月に A＋，98 年 7 月 A－，99 年 2 月 BBB と下降の一途を辿ったが，ルノー社との資本・業務提携が順調に進み 02 年 4 月に BBB＋へ格上げされた。2002 年 7 月の R&I レポート[6]は，98 年 3 月期以降 3 期連続の純損益赤字を計上したものの，日産リバイバルプランが功を奏し 01 年 3 月期以降 3,000 億円以上の純利益を計上したことを示している（図表 3-10 参照）。02 年 3 月期の決算データを使用して，格付け別平均指標（製造業平均：図表 3-5）とのマッチングを行ってみると，

図表3-10 日産自動車の定量指標格付けマッチング

| 決算主要指標 | 1998年3月 | 1999年3月 | 2000年3月 | 2001年3月 | 2002年3月 |
|---|---|---|---|---|---|
| 売上高（億円） | 65,650 | 65,800 | 59,770 | 60,890 | 61,960 |
| 営業利益（億円） | 840 | 1,090 | 830 | 2,900 | 4,890 |
| 純利益（億円） | −140 | −280 | −6,840 | 3,310 | 3,720 |
| 自己資本比率（％） | 16.2 | 18.4 | 14.2 | 14.9 | 22.5 |
| R&I格付けの推移（データとの対応） | A＋～A− | BBB | BBB | BBB | BBB＋ |

主要財務指標によるマッチング（02年3月期データ）

| 比率・倍率指標 | 2002年3月 | マッチング |
|---|---|---|
| 純有利子負債/EBITDA倍率（倍） | 3.9 | BBB |
| 純有利子負債/CF倍率（倍） | 5.3 | A |
| EBITDA/使用総資本（％） | 9.7 | AA～A |
| EBITDA/支払利息（倍） | 20.5 | A |
| インタレストカバレッジ（倍） | 14.7 | A |
| ROA（％） | 6.9 | AA |
| 純有利子負債構成比（％） | 62.9 | BB |

| 規模指標（億円） | 2002年3月 | マッチング |
|---|---|---|
| 利払後事業利益 | 4,680 | AAA |
| （過去5年最高） | 4,680 | AAA |
| （過去5年最低） | 130 | A |
| EBITDA | 7,030 | AAA |
| キャッシュフロー | 5,130 | AAA |
| 有利子負債 | 30,290 | AAA |
| 純有利子負債 | 27,490 | AAA |
| 自己資本 | 16,210 | AA |

（出所）日産自動車有価証券報告書およびR&Iホームページより作成。

EBITDA／使用総資本比率やROAなどの収益比率指標はAA～Aクラス，規模指標の殆どはAAAないしAAクラスにあるが，負債が減少したとはいえ純有利子負債構成比がBBクラスであることから，格付けはBBBクラスに留まっている。R&I格付けの推移（公表決算データの時期に対応した格付け）からわかるように純利益が赤字になったからといって，すぐにBB

以下の投機的格付けに下がるとは限らない。十分に大きな規模に支えられた信用によって債務不履行になる可能性が小さいからである。また，01年3月期以降3,000億円以上の純利益を計上するようになったからといって，ROAやEBITDA/使用総資本などの比率を強調してすぐにAA～Aクラスに飛躍的に格上げするわけではない。それは決算数値は経済環境や決算のやり方などによって大きく変化することはあるが，企業の基本的な返済能力（債務償還ファンダメンタルズ）はある程度の時間をかけて変化するものだからである。このことについてR&Iレポート（02年7月号）は「今後の見通しについて，マーチの人気の伸び，ゼロ金利下の厳しい景気下にあることから工場稼働率の行く末を慎重に見据える」という表現をとっている。

(5) 定性分析

格付けアナリストは格付け対象企業について過去のデータ分析を行った後，定性要因を加味して今後3～5年の償還力予想を行う。実績数値に基づく定量分析は過去および現在の状況を伝える情報であるが，現在生じている変化や今後生じる変化によって償還力が変化する可能性がある。償還力予想に織り込むべき定性要因には，分析対象企業そのものに関する内部要因（indigenous factors）と，企業を取り巻く外部要因（exogenous factors）とがある。

(A) 内部要因

(i) 資産の質：直近の財務数値には表示されていない今後の不良資産，含み資産など。特に，銀行や総合商社のように与信債権や投融資を多く抱えている企業は3～5年後のこれらの状況の把握が重要である。格付けアナリストはインタビューによる面談調査が可能であるので個別企業の状況を把握できるが，外部者が格付けする場合にはその業界全体の状況から類推する方法で判断する。

(ii) 粉飾や不適切な経理処理：将来の償還力に影響を与えるような数値処理があれば可能な限り適切な数値に置き換えて償還力予想を行う。しか

し，格付け会社は監査機関ではないので，調査の過程で粉飾などの疑いをもっても公的権力による追及はできない。したがって，格付け会社は原則として，公表および申し出の情報を前提にして分析する。格付け会社は投資家に対して正しい情報の提供責任を負っているが，通常の注意力では見抜けない粉飾などに対しては免責である。ただし，格付けアナリストは格付け会社が内部ルールで決めた事項を適切に調査する義務がある。推測に基づいたために誤った格付け情報を発信することの方が問題である。アメリカの場合は，レギュレーションFD（2000年11月施行）によって事実上，格付け会社だけが企業の非公開情報を単独でも知りうる立場にあるので，投資家の格付け会社に対する期待感が高いが，基本的には格付け会社は公的権力のない調査機関である。

(iii) 経営陣の質：1980年代ころまでは，日本的仕組みの枠の中で組織的な経営を行う企業が多かったが，90年代後半以降，経営陣の判断の適否が償還力に影響を与える度合いが高まっている。外部情報から経営陣の質を判断するのは難しいが，インタビューが可能な場合（依頼格付け，あるいは問い合わせに応じてくれる場合）は，直面している課題について経営陣がどのように対処しようとしているかを見極める必要がある。経営陣の間に，派閥，オーナー経営者とその他経営者との対立，マイナスとなるワンマン経営などの問題がある場合は定性要因格付けに反映させる。

(iv) 企業組織：各部門別の指揮系統などに問題がないかどうかを確認する。

(v) コーポレット・ガバナンス：ステーク・ホルダーの間に問題がないか，企業買収の対象になりうるようなガバナンス上の問題がないかどうかをチェックする。リコール，談合，決算の粉飾，保険金の不当不払いなどが報道されている企業については，それが拡大する懸念があるかどうかを判断して定性要因格付けに反映させる。

(vi) 財務制限条項：既存の債務にかかわる財務制限条項に経営の弾力性を制約するような条項があるかどうかチェックする。クロス・デフォルト条項（ある債務がデフォルトになった場合に関連するすべての債務がデ

フォルトになる条項)が付されている場合は短期債務も含めて全体の債務の償還に関する「流動性」に注意を払う必要がある。

(B) **外部要因**

(i) スペシャルイベント:大規模な労働災害,訴訟,M&Aなどの可能性についてのチェック。また,カルテル,談合,アスベスト問題,BSE問題,その他法律違反など反社会的事件が企業経営に影響する場合にはその影響度を考慮する必要がある。
(ii) 業界動向:政府支援の変化,規制緩和や自由化などが予定されている場合,競争による収益率の低下(超過利潤の喪失)がどの程度予想されるか(金融機関,政府金融機関,国立大学の独立行政法人化の例)。事業環境の変化によって伝統的収益機会が失われるような状況が予想されるか(総合商社の例)。業界全体として成長産業か,現状維持産業か,衰退産業かを判断して定性要因格付けに反映させる。生産性が低いにもかかわらず政策的に保護されている産業については,今後3〜5年の範囲で政策に変更がないかどうか判断する。
(iii) 商慣習の変化:入札(建設業の例)や系列グループ(自動車の下請け関係の例)の変化による影響の程度をチェックする。
(iv) 債権放棄:債務過多の問題が生じる可能性がある企業について,銀行の債権放棄の対象になりうるかどうか。債権放棄によってリストラ後の償還力が確保されるかどうかのチェック。

考えるべき定性要因は,分析しようとしている企業のおかれている状況によって異なるのでその企業の特性(企業の規模,多角化の程度,操業年数など),業界の状況,政府による規制や自由化政策などのほか,業界誌による情報などもチェックすること。

(6) **総合判断**

定量分析と定性分析を統合して総合分析を行う。総合化のルールはないが,定量要因格付けと定性要因格付けが異なる場合は,① 定量と定性の中

間をとる，② 今後 5 年間の業界環境に変化がないと予想されれば定量格付けを優先する，③ 分析者の力量に重点を置いて定性要因格付けを優先する，などの方法がある。ひとつの考え方として次のような方法もある。図表 3 - 11 のとおり，ある企業の定量指標 1 〜定量指標 4 から定量格付けは A と判断されたとする。この企業は，業界規制が緩和されて自由化による競争が激しくなり業界全体の利益額の減少が予想されていると仮定する。定性要因 1 の自由化は，かなり本格的な競争が想定され，業界の何社かは経営が困難になる可能性があり，この企業も場合によっては危機に直面する可能性があるとする（BB）。その際，これまでの経営陣（定性要因 2）の経験から自由化に対処する能力が十分とは言えないが経営環境の変化に対してそれなりの用意がされており，これまでの利益水準より若干低いレベルで持ちこたえることが可能であると推測される（BBB）。また，既存債務の財務制限条項（定性要因 3）に経営の保守性の観点から多角化に対する制限が付されているが，自由化に対してやや不利になる条項であると考えられる（BBB）。このような観点から定性要因は BBB と判断する。定量判断 A と定性判断 BBB を総合的に判断すると，現状の定量指標は A クラスであるが，規制緩和が予定されており，今後 5 年の業界環境が変化することが予想されるので定性要因格付けを優先して総合格付けを BBB と結論付ける。BBB の予想デフォルト率は，格付け初年度はゼロ，3 年累積で 0.5％，5 年累積で 4 ％，10 年累積で 5 ％を想定すると（図表 3 - 1 下段参照），この企業は長期債務返済に関してそのようなデフォルトの可能性を持ったグループの企業に類別される。そのときの市場におけるリスク・フリー金利が 6 ％であると仮定すると，この企業は市場から 5.6％のリスクプレミアムを要求され，11.6％の金利で社債（期間 10 年）を発行することになる（図表 2 - 5 参照）。

図表 3 - 11　格付けの総合判断

| | | |
|---|---|---|
| 定量指標① | 21.8 | A |
| 定量指標② | 950 | BBB |
| 定量指標③ | 4.2 | A |
| 定量指標④ | 550 | A |
| 定量要因格付け | | A |
| 定性要因 1 | 自由化の導入 | BB |
| 定性要因 2 | 経営陣の質 | BBB |
| 定性要因 3 | 財務制限条項 | BBB |
| 定性要因格付け | | BBB |
| 総合格付け | | BBB |

## 2. 格付け会社による評価の違い

 どの格付け会社も,被格付け企業に対してインタビューなどで内部情報を取得し,殆ど同じ情報を基にして格付け分析を行っても,場合によって異なる結論を出すことがある。格付け結果が異なる原因は殆どの場合,情報の違いではなく,情報の読み方や定性判断の違いから来る。以下は,ほぼ同一時期の,同一企業に対して格付け会社がどのように判断したかについて,公表されたニュースリリースなどから整理したものである。

### (1) 三菱自動車

 三菱自動車は2000年に,リコール隠し(道路運送車両法違反)が発覚して河添社長が辞任し企業危機に直面した。03年にダイムラー・クライスラー社と資本・業務提携をして経営建て直しがスタートしたかに見えたが,04年4月に同社からの経営追加支援が打ち切られ再び危機に陥った。その後,05年1月に三菱重工,三菱商事,東京三菱銀行などの三菱グループが支援する「新経営計画」によって再スタートした。図表3-12はダイムラー・クライスラー社が経営支援を中止した直後の,2004年6月~7月の時点における格付け4社の評価である。この時点において,ムーディーズ・ジャパンが,三菱グループの支援や中期的な競争回復力を評価点として,格付け4社中最も高い評価(Ba3)を維持することを表明している。また,S&Pもグループによる資金的支援と有利子負債の半減を評価して格上げした(会社格付けはSDからCCC+へ,債券格付けはCCC+からB-へ格上げ)。一方,R&IとJCRは三菱グループによる支援を評価しながらも,再生計画の実現性や販売の不透明性などの懸念を重視して,R&IはCCC+に据え置き,JCRはB+からB-へ格下げした。一般的に,米系格付け会社はマイナス要因が顕在化したときの格下げ措置が速く,三菱グループによる支援などプラス要因が明らかになったときの格上げへの変更も速い。一方,日系格付け会社はプラス,マイナスの双方の変化に対して格付け変更のスピードが遅い傾向が

ある。約 2 年経過した 06 年 4 月の格付けは 4 社とも 2004 年当時と同じ格付けを維持している。

図表 3-12 三菱自動車の格付け評価

| 格付け会社 | R&I | JCR | ムーディーズ・ジャパン | S&P |
|---|---|---|---|---|
| 格付け判断 | CCC＋（据え置き） | B－（格下げ） | Ba3（据え置き） | B－（債券・格上げ） |
| （日付） | 2004 年 6 月 16 日 | 2004 年 6 月 3 日 | 2004 年 7 月 29 日 | 2004 年 7 月 29 日 |
| 情報ソース | R&I ニュース・リリース | JCR ホームページ | ムーディーズ NEWS | S&P ニュースリリース |
| プラス評価 | ●三菱グループなどから優先株出資が予定されている<br>●自己資本の回復、債務の削減、手元資金の増加が見込まれる | ●5 月に発表された「事業再生計画」により資本増強の道筋は見えてきた | ●三菱グループの支援（4960 億円の新規資本注入）<br>●中期的には競争力を回復すると見込まれる<br>●コスト削減を達成できる可能性は高い<br>●アジア市場で強固な地位を維持している<br>●アメリカ三菱自動車のリスクが軽減している | ●資金調達（4960 億円）が完了し、連結有利子負債半減したことにより短期的に債務不履行に陥る可能性が低下した（債券格付けを CCC＋から B－に格上げ）<br>●会社格付けは SD（選択的債務不履行、6 月 28 日）から CCC＋に引き上げた |
| マイナス評価 | ●事業基盤の回復は見込み難く、事業再生計画の前提は崩れ始めている<br>●指名停止処分が各官公庁に広がっておりブランド力の低下に拍車がかかっている<br>●社会的な非難の高まりなどを背景に銀行団との交渉も厳しさを増す可能性が高い<br>●事業再生計画の実効性が低下したと判断して長期優先債務格付けを B－から CCC＋に変更した | ●5 月の新車販売前年同月期 38.8％減など非常に厳しい状況が続いている<br>●2000 年のリコール問題以前にもリコール対応上の不備があったことが明らかになった<br>●消費者の信頼を短期間で回復するのは難しい<br>●事業再生計画の収益回復シナリオは下方修正される可能性が高いと考える | ●製品の欠陥、リコールによるブランドイメージの悪化により国内販売の伸びは期待値を下回る可能性がある<br>●魅力的なモデルの不在により欧米における売り上げが制約される可能性がある | ●ブランドイメージの悪化と販売代位数の落ち込みは深刻であり、会社の存続について楽観できない<br>●計画されている諸施策が会社の存続を支えるのに十分かどうかに不透明感が依然強い |
| 見通し | ●生存企業の最低格になったのでモニターを解除 | ●三菱グループの支援体制、リストラ策の進捗、コンプライアンスの実効状況をフォローする | ●消費者の反応、新車モデルの収益性、課題解決を見守る（見通しネガティブ） | ●業績動向に懸念があるので見通しはネガティブ |
| 2006 年 4 月の格付け | CCC＋ | B－ | Ba3 | CCC＋ |

## (2) 全日本空輸

同時多発テロ，イラク戦争，SARSなどで国際航空業務が停滞し，日本国内は景気の低迷が続いた。需要の回復が緩慢な2003～04年の時期に，全日本空輸の格付けに対して，日系と米系の間で4～5ノッチ開いた。全日空の03年3月期決算が営業損益，経常損益とも赤字に転落したなかで，日系格付け2社は投資適格を維持し，米系2社は投機的格付けとした。日系2社は事業環境の回復は難しいと見ながらも，事業構造改革（JCR）や収益力強化方針の表明（R&I）など企業努力を強く評価している。一方，米系2社は事業環境の回復が緩慢であること（ムーディーズ），財政状態の悪化が続くこと（S&P）に力点を置いている。

図表3-13 全日空の決算状況

（単位：億円，％，倍）

| 決算期 | 01/3 | 02/3 | 03/3 |
| --- | --- | --- | --- |
| 営業収入 | 12,796 | 12,045 | 12,159 |
| 営業利益 | 822 | 230 | −26 |
| 経常利益 | 635 | 14 | −172 |
| 長短債務 | 9,666 | 10,477 | 9,688 |
| 純資産額 | 1,505 | 1,386 | 1,220 |
| ROA（％） | 6.1 | 1.9 | 0.2 |
| 利払い能力（倍） | 2.6 | 1.0 | 0.1 |
| キャピタリゼーション比率(％) | 86.0 | 87.4 | 88.8 |
| 自己資本比率(％) | 10.4 | 9.2 | 8.5 |

## (3) 神戸製鋼所

2000年以降の鉄鋼価格の下落に対して各社ともリストラ策を進めてきたが，2002年～04年にかけて神戸製鋼所に対する日米格付け会社の信用リスク評価は大きく開いた。R&IのBBB新規格付けとS&PのBB据え置きの間に3ノッチの差があるが，プラス要因とマイナス要因の見方にほとんど差はない。「鉄は国家なり」を標榜してきた日系格付け会社の鉄鋼業に対する好意的な評価と，「衰退時期に入った鉄鋼産業」とみる米系格付け会社のコントラストが格付け評価に表れている。JCRとムーディーズ・ジャパンの格付けに5ノッチの差があるが，ともに「格上げ」ないし「格上げ方向」の見直しをアナウンスした。JCRが神戸製鋼の業績パフォーマンスの改善や債務の削減など具体的な数字を格上げの理由にしているのに対して，ムーディーズ・ジャパンは経営陣の取り組みや戦略の変化などの姿勢を評価している点が対照的である。

図表 3-14 全日空の格付け評価

| 格付け会社 | R&I | JCR | ムーディーズ・ジャパン | S&P |
|---|---|---|---|---|
| 格付け判断 | BBB（新規格付け） | BBB＋（格下げ） | Ba3（格下げ） | BB－（据え置き） |
| (日付) | 2004年2月20日 | 2003年7月9日 | 2003年8月13日 | 2004年7月16日 |
| 情報ソース | R&Iニュースリリース | JCR格付け 03年8月号 | ムーディーズ・ジャパン・ニュース | インダストリー・レポート04年7月16日 |
| プラス評価 | ●国内線市場の事業基盤は維持できる<br>●収益力強化をシェア拡大より優先させる方針を表明したことは評価できる<br>●政府系金融機関の緊急融資が機能している | ●事業構造改革（機材統合など），およびコスト改革によって収益構造が改善される方向にある | ●公益事業としての各種規制が色濃く残されていることは，格付けを安定させる上でプラス要素である | ●労務費の削減により前期赤字の状態からプラスの状態に改善した |
| マイナス評価 | ●国際線市場は赤字常態化．<br>●過大な有利子負債により財務基盤脆弱<br>●機材維持投資のためキャッシュフローの確保が難しい | ●国際旅客需要は大幅に落ち込む見込み<br>●国内線も競争が激化し収益性が低下する見込み<br>●事業環境の最悪期は脱したと見られるが，本格回復には時間がかかる<br>●収益・財務改善の遅れと事業リスクの増大が懸念される | ●国際的なマイナス要素（イラク戦争，SARS），国内の景気低迷下の競争の激化により短・中期的に低水準のキャッシュフローが続くと見込まれる<br>●国際線における需要回復のスピードは緩慢で，日本国内の企業における徹底したコスト削減は航空産業にマイナスの影響を及ぼす | ●負債比率が高く，財政状態は非常に弱い状態にあるなかで今後数年，設備投資は続けざるを得ない |
| 見通し | ●旅客数や収支の推移に留意 | ●グループ経営計画の進展に注視する | ●事業環境，当社の設備投資計画の見直しについて不確実性が残るので見通しはネガティブ | ●未記載 |
| 2006年4月の格付け | BBB | BBB＋ | Ba3 | BB－ |

2. 格付け会社による評価の違い　135

図表3-15　神戸製鋼所の格付け評価

| 格付け会社 | R&I | JCR | ムーディーズ・ジャパン | S&P |
|---|---|---|---|---|
| 格付け判断 | BBB（新規） | A－（格上げ） | Ba2(格上げ方向見直し) | BB（据え置き） |
| （日付） | 2002年6月7日 | 2003年10月2日 | 2004年8月3日 | 2003年12月9日 |
| 情報ソース | R&Iニュースリリース | JCRホームページ | ムーディーズ・ジャパンNEWS | S&Pホームページ |
| プラス評価 | ●電力卸供給事業（IPP）による収益の下支えが見込める<br>●線材特殊鋼や条鋼の競争優位性は保たれている | ●複合経営がパフォーマンスを示し始めた<br>●アルミ・銅・建設機械などの需要が増加している<br>●電力卸供給事業（IPP）の収益貢献が見込まれる<br>●有利子負債削減が進んでいる | ●IPP事業への投資を行う一方有利子負債を削減している<br>●非鉄鋼事業の収益基盤の改善に取り組んでいる<br>●鉄鋼事業で特徴ある製品に特化する戦略を進めている | ●自動車鋼板に強みがある |
| マイナス評価 | ●鉄鋼事業の採算が悪化し競争優位性が薄れている<br>●IPP事業以外の多角化事業が低迷している<br>●有利子負債削減が十分でない<br>●緊急収益改善計画の効果が出ていない | なし | なし | ●多角化事業からの収益が限定的<br>●キャッシュフローを生み出す力が弱い |
| 見通し | なし | なし | なし | ●資産処分などのリストラは明るい見通しを示す |
| 2006年4月の格付け | A－ | A | Baa3 | BB |

(4)　西松建設

　建設業界の談合事件の後，公共工事の減少が続くなかで，2003～2004年にかけて，日米格付け会社の評価が大きく異なったが建設会社に対する格付けがその一例である。西松建設に対する日系格付け会社（R&IがA，JCRがA＋）とS&P（BB＋）との間に5～6ノッチの格付格差が発生している。格付け会社の公表資料（ニュースリリース等）によると，建設業界の今後の動向の見方についてはいずれも慎重であることに変わりはないが，定性的な評価の置き方の違いによって格付けに大きな差が生じていることがわか

る。R&Iは西松建設の有利子負債の削減は進まないとしながらも，準大手であることと，資産の含み益があることなどを優先評価して高い評価（A）を与えている。JCRも受注高の減少が進んでいるとしながらも，財務面の評価を前面に出してA＋を与えている。一方，S&Pは公表レポートによる表現は殆ど同じように見えるが，結論（格付け）が大きく異なっており，それは西松建設に対する差ではなく，建設業界全体に対する評価の差が原因であると考えられる。すなわち，S&PとR&Iの建設大手5社に対する当時（2003年7月）の格付けを比較すると，大林（S&P：BB＋，R&I：A），鹿島（S&P：BB－，R&I：A－），清水（S&P：BB，R&I：A－），大成（S

図表3-16　西松建設の格付け評価

| 格付け会社 | R&I | JCR | S&P |
|---|---|---|---|
| 格付け判断 | A（据え置き） | A＋（据え置き） | BB＋（据え置き） |
| （日付） | 2003年9月16日 | 2004年4月21日 | 2004年4月15日 |
| 情報ソース | R&Iニュースリリース | JCRホームページ | S&P, RatinsDirect |
| プラス評価 | ●土木工事に強みを持つ準大手ゼネコン<br>●財務構成はおおむね良好<br>●資産内容が健全（不動産含み益があり強制評価減実施） | ●財務面に業界内での優位性が認められる<br>●都市再開発事業を進めても財務が良いので影響は小さい | ●収益性を重視した受注を選別している（保守的政策をとっている） |
| マイナス評価 | ●公共事業削減を背景に収益低迷を余儀なくされている<br>●キャッシュ・フローがやや力不足<br>●有利子負債の負担がやや重い | ●受注高の減少傾向が続いている | ●近年，不動産事業への投資の増加により負債が増え続けている |
| 見通し | ●都市再開発分野の投資が高水準で続くので，有利子負債の削減は急速には進まない | ●土木部門の受注回復は見込みにくい状況にある | ●中核である都市開発事業の減少を補うために内外のコンドミニアム建設を増やしているため収益が圧迫される |
| 2006年4月の格付け | A－ | Ap（公表資料格付け） | BB＋ |

&P：B＋，R＆I：BBB＋），竹中（S&P：BBB－，R＆I：格付けなし）と3～6ノッチの格差が認められる。ちなみに，S&Pの熊谷組に対する格付けはCC，ハザマはSD（セレクティブ・デフォルト）である（R＆Iはこれら2社に対する格付けを行っていない）。格付け3社の2～3年後の格付け（2006年4月）はR＆Iが1ノッチ格下げしてA－，JCRはAp（インタビューのない公表資料に基づく格付け），S&PはBB＋に維持，と殆ど同じ評価が続いている。

(5) **王子製紙**

王子製紙の格付けは，格付け会社の力点の置き方の違いが示されている例である。R＆IとJCRは「業界大手」を高く評価して高格付けを与え，S&Pは当面の数値（キャッシュフロー，財務状況）に力点を置いて投機的ランク（BB＋）としている。R＆Iは中国進出リスクが現状維持（A＋）に影響

図表3-17　王子製紙の格付け評価

| 格付け会社 | R&I | JCR | S&P |
|---|---|---|---|
| 格付け判断 | A＋（据え置き） | AA－（据え置き） | BB＋（据え置き） |
| （日付） | 2004年7月9日 | 2002年3月22日 | 2004年5月6日 |
| 情報ソース | R&Iニュースリリース | JCR格付け・02年5月号 | S&P,RatinsDirect |
| プラス評価 | ●洋紙2割強，板紙3割弱のシェアを持つ大手総合製紙メーカー<br>●収益力，キャッシュフローは改善している | ●国内紙パルプ業界の中心的存在<br>●年間106億円の収益改善効果が見込まれている | ●業界シェアが高い<br>●収益力が回復している |
| マイナス評価 | ●有利子負債の水準が高い | ●02年3月期の業界環境は厳しさを増している<br>●需要減の影響が大きく，収益の改善は見込めない | ●国内需要の伸びは見込めない<br>●キャッシュフロー生成能力が弱い<br>●財務状況が脆弱 |
| 見通し | ●中国にパルプ・製紙一貫工場を建設するがリスクの増加を織り込む必要はない | ●強固な事業基盤と収益改善見込みを評価する | ●財務状況の改善は見込めない |
| 2006年4月の格付け | A＋ | AA－p | BBB＋ |

を与えないこと，JCR は収益改善が見込まれるという今後の期待を格付けに反映させている。そのような見方に立って，業況が好転した 2006 年においても，R&I と JCR が格付けを変更していないのに対して，S&P は数値の好転を短期的に反映させて BBB-へ格上げしている。

## 3. 特殊な分野の格付け手法

これまで製造業を中心にして格付けの手法を見てきたが，ストラクチュアード・ファイナンスやシンジケートローンなど企業金融と異なる性格の格付け手法，および学校法人や医療法人など新しい分野の格付け手法などについて概説する。

### (1) 学校法人（大学）
#### ●大学の格付けが必要になった背景
大学格付けが必要になった背景は，学齢人口が減少して，大学が負っている債務の返済が出来なくなる可能性が出てきたこと，および独立法人となった国立大学による債券発行ファイナンスが予想されるためである。18 歳人口のピーク 205 万人（1992 年）が 2010 年に 120 万人まで減少し，大学志願者と入学定員が一致する大学全入時代が 2009 年に到来することが想定されている（1997 年 1 月大学審議会答申）。現状，破産や和議，民事再生など法的破綻に至った大学はないが，定員割れ大学は大学審議会の想定以上のペースで続出しており，大学運営の自由化による競争の激化，文部科学省の補助金の削減，受験生による大学の選別の進展などを考えると，大学格付けの必要性は増している。なお，アメリカにおいては，約 4000 の公立・私立大学のうち過去 30 年において 400 弱の大学が破綻・閉鎖されている。

#### ●大学格付けの対象
学校法人は，現状は，証券取引法上の有価証券を発行することが出来ない[7]

ので，格付けの対象になる大学の公募証券は存在しない。したがって，現状における大学格付けの対象は，「学校法人が一般的に負担する債務の格付け，つまり学校法人の金銭債務（借入金，学校債など）の支払能力に対する格付け」[8] である。また，格付けの対象は「学校法人」であって，個々の学部，大学病院，付属校など「学校」の格付けではなく，複数の教育部門を含めたひとつの法人（学校法人）に対する格付けである。

● 学校法人格付けの評価項目

R&I は学校法人を評価する際のポイントとして，以下の4項目をあげている[9]。

① 学納金収入の動向
　　学納金比率，見学の理念，キャンパスの立地条件，学生募集の戦略，教育研究内容と進路状況，
② 収支の構造と状況
　　学費水準，臨時定員解消，寄付金，補助金，人件費と教育研究経費，医科歯科系単科大学に対する医療機関格付けクライテリア適用
③ 財務の健全性
　　留保資産の蓄積状況，学校法人会計が想定する姿
④ 学校法人運営の能力
　　ガバナンスの実態，中長期計画の将来像と実行力

● 現在の格付け

2006 年 7 月現在，日本の学校法人に対する格付けは図表 3 - 18 の通り，25 法人が格付けされており（公表されているもののみ），R&I が 20 法人，JCR と S&P が 4 法人である。学校法人の格付けに関する参考資料は本章末注を参照[10]。

図表3-18　学校法人の格付け（2006年7月現在）

| 学校法人名 | S&P | R&I | JCR | 学校法人名 | S&P | R&I | JCR |
|---|---|---|---|---|---|---|---|
| 大阪経済大学 | | A+ | | 福岡大学 | | AA− | |
| 共立女子学園 | | | A+ | 京都薬科大学 | | AA− | |
| 慶応義塾 | AA | AA+ | | 武蔵野女子学院 | | A | |
| 国学院大學 | | AA− | AA | 青山学院 | | AA− | AA+ |
| 修道学園 | | A+ | | 大阪医科大学 | | A+ | |
| 成蹊学園 | | AA− | | 近畿大学 | | AA− | |
| 千葉工業大学 | | AA− | | 塚本学院（大阪芸術大学） | | A+ | |
| 日本大学 | | AA | | 龍谷大学 | | AA− | |
| 法政大学 | | AA− | | 東京理科大学 | AA− | | |
| 早稲田大学 | | AA+ | | 上智大学 | AA | | |
| 追手門学院 | | A | | 関東学院 | | A | |
| 東京経済大学 | | A | | 郁文館夢学園 | | | A− |
| 同志社 | | AA+ | | 合計（25法人） | 4 | 20 | 4 |

（出所）NPOフェア・レーティング，ホームページ．

## (2) 医療法人（病院）

医療法人に対する公表された格付けは，現状（2006年7月現在），R&Iが行った社団三光会（格付け：BBB）1件のみである。医療法人は社団医療法人と財団医療法人があり，一定の要件を満たせば医薬品や医療用具の販売，飲食店，クリーニングなど12種類の営利事業ができるが，費用負担が重く，固定資産投資も多いので借入金返済のリスクがある。R&Iは，医療法人格付けの主要な経営指標として，医業利益（損失），医業利益率（％），インタレストカバレッジ，流動比率（％），当座比率（％），長期固定適合率（％），紹介率（％），病床利用率（％），平均在院日数などをあげている[11]。

## (3) ストラクチャード・ファイナンス（金融証券化商品）

ストラクチャード・ファイナンスは以前「仕組み債」と日本語訳された。住宅ローン，オート・ローン，クレジット債権などをプールして「証券化」した金融商品は一般的に，アメリカでは1980年代以降，日本では1990年代

以降急増している．ストラクチャード・ファイナンス（現在の一般的な日本語表現は「金融証券化商品」）の増加の理由は，金融市場の規制緩和・自由化などによって金融機関の信用リスクが増加したため，金融機関が住宅や自動車ローンなどの小口の優良債権を切り離してプールし，信用度の高い証券化商品を組成することによって，資産の流動化を図り高い格付けをとってファイナンスコストを下げるインセンティブが働いたことなどである．また，投資家サイドからも，全般的に金融資産の信用リスクが増加するなかで，高格付けの安全資産として証券化商品に対する需要が急増したものと考えられる．ストラクチャード・ファイナンスは複雑な仕組みを駆使して信用リスクを低下させることがポイントになるので格付けの取得が必要条件となる．また，高格付けを取得できるような仕組みを作る必要があるという観点から，格付け会社の協力やアドヴァイスも求められる．この様な状況を背景として，日本でも証券化商品格付けが企業格付けを凌ぐ勢いで増加している．特に，ムーディーズ，S&Pなどの米系格付け会社が日本の証券化商品格付けをリードし，R&I，次いでJCRもこの分野の格付けを拡大している[12]．

　証券化商品格付けの手法は，その種類によってさまざまであるが，比較的シンプルな構造を持つ「自動車ローン証券化商品」を例にすれば以下の通りである．まず，自動車ローン会社が特別目的会社（Special Purpose Company：SPCなどと呼ばれる）にローン債権を売り渡す（おおむね300以上）．ローンの売主はオリジネーターと呼ばれる．次に，特別目的会社SPCは購入したローンを担保などの裏づけとして社債または受益証券を発行し投資家に販売する．自動車ローン会社はSPC（ローンの所有者）の依頼に基づき，返済期限が到来したローンを回収しSPCに引き渡す．この回収業者はサービサーと呼ばれ，このケースではオリジネーターとサービサーは同一人である．SPCはこの回収資金で社債を期日に償還する．証券化商品の取引はこれで完了するが，自動車ローン会社にとってのメリットは，ローン債権を返済期日前に回収し新たな貸し出しが可能になるためビジネスの拡大につながること，投資家にとっては信用度の高い金融資産（社債または受益証券）投資が可能になる．この証券化商品のプロセスで検討すべき信用リスク

は，①回収資金が安全に回収されるか（ローン債権の回収リスク），②回収を行うサービサーが破綻しないか，③債権者等による破産申し立てによりSPCが業務を継続できなくなるリスク，④回収資金の管理・運用が適切に行われるか等である。

証券化商品の格付け手法はこれらの信用リスクを判断することが主な作業になるが，R&Iの格付け手法では次のような方法がとられている[13]。まず，①ローン債権の回収リスクについては，原債権のうち予想される貸し倒れ額を想定し，それに目標格付けに応じたストレス倍率を掛けて貸し倒れ対応額を算出する。R&Iの場合，個人消費者向けの債権でAAAを目指す場合のストレス倍率は3倍である（AAのストレス倍率は2.5倍，Aは2倍，BBBは1.75倍である）。したがって，回収リスクに関して，SPCが発行できる証券化商品額（社債発行額）は原債権額から，希望する格付けに対応する貸し倒れ対応額をマイナスした額である。②の，サービサーの破綻については，サービサーの破綻によって原債権者からの回収金がSPCに引き渡されなくなるロス総定額（コミングリング・ロスと呼ばれる）を算出する。ロス額想定にはさまざまのアプローチがあるが，簡易法では，1カ月分の最大回収額×回収金が引き渡されなくなる期間（月：コミングリング期間と呼ばれる），として算出する。前述（①）の，希望する格付けに対応する証券化商品発行額からコミングリング・ロス想定額を控除した額が，サービサー破綻リスク考慮後の証券化商品発行可能額である。③の，破産申し立てによるSPCへの影響について，R&IはSPCの倒産隔離機能をチェックする[14]。チェックの方法は，第1ステージとして，SPC設立時の定款等に必要な記載が織り込まれているか，第2ステージとして，SPCに対する債権者から破産申し立てが実行される可能性を除去する措置がとられているかどうかを

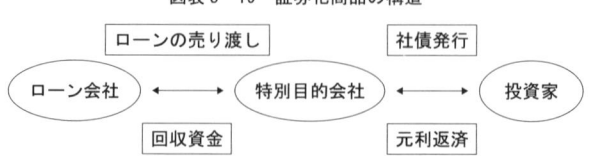

図表3-19 証券化商品の構造

ローン会社 ←（ローンの売り渡し／回収資金）→ 特別目的会社 ←（社債発行／元利返済）→ 投資家

チェックする。④の，回収資金の管理・運用の適切性について，R&Iは社債償還までの回収資金の管理を安全に保つために適格預金口座の格付けを証券化商品の格付けに反映させている。例えば，発行予定社債の格付けがAAAを目標とする場合は，社債発行体が利用する回収資金の預金口座はa－1＋，またはa－1の格付けを持つ銀行でなければならない（A，BBBの場合はa－2）。以上は，オリジネーターからSPCへの債権譲渡が一回きりの場合（スタティックプールと呼ばれる）を前提にしたが，原債権の回収資金でSPCがオリジネーターから再び債権を購入する追加譲渡方式の場合は，その追加譲渡が債券の信用力に与える影響が格付けに反映される。このほか，証券化商品の信用リスクを補完する手段である担保，現金準備，保険，保証の他，バックアップ・サービサーの効果（当初のサービサーが破綻して回収が途絶えた後，支援のサービサーが着任するまでの送金遅延リスク）なども格付けに影響を与える。また，原債権が満期近くになったときの未回収延滞債権の状況（テイルエンド・リスク），および原債権の利回りがSPCのコストを下回る状況（ネガティブ・キャリー）についても検討が必要である。

(4) 地方自治体（地方債）

　地方自治体の格付け手法はソブリン格付けの手法に類似しており，米国では州債，市債，カウンティー債など多数の地方自治体債が格付けされている。日本と異なり米国の地方自治体債は一般的に連邦政府の保護はないので，しばしばデフォルトに陥ることがあり投資家は損失を蒙る。1970年代のニューヨーク市債のデフォルトは良く知られている。日本の地方自治体債は総務省（旧自治省）が起債調整を行い「自治体のデフォルトは決して起こさない」と明言してきたのでこれまでデフォルトの例はないが，法令により国の保証を受けているわけではなく，昨今の「国の財政悪化」と「地方自治の進展」を考えると，地方債の信用リスクも顕在化する可能性はある。2006年7月現在，公表された，依頼による地方自治体債の格付けは近江八幡市（R&I格付け：AA）一件であるが，R&Iは，そのような地方自治体債を取

り巻く環境の変化を踏まえて，図表 3 - 20 のとおり 16 都府県および 12 政令指定都市の格付けを公表した [15]。

R&I による地方自治体の格付けの手法は，「債務を返済する能力と意思」に重点を置いている。「能力」については事業債や金融債の場合と同じであるが，「意思」については，尼崎市が取引金融機関に返済繰り延べを要請した（2002 年）ことなど，事業債の場合よりも自治体は「債務履行に対するインセンティブがやや低い」と見ている [16]。格付け評価基準としては次の 4 点を重視している。① 税収を左右する域内の経済力と動向：産業の集積と多様性，人口動態が主な内容である。② 債務の規模と返済にまわせる資金のバランス：債務償還年数，償還年数の内容，制度変更の方向，外郭団体な

図表 3 - 20　地方自治体の格付けと債務償還年数　（単位：年）

| 公募自治体 | 格付け | 2000年度 | 1999年度 | 1998年度 | 公募自治体 | 格付け | 2000年度 | 1999年度 | 1998年度 |
|---|---|---|---|---|---|---|---|---|---|
| 北 海 道 | AA− | 8.7 | 7.9 | 8.3 | 札 幌 市 | AA | 10.5 | 11.3 | 11.8 |
| 宮 城 県 | AA | 7.5 | 8.5 | 8.1 | 仙 台 市 | AA+ | 10.1 | 11.6 | 11.8 |
| 茨 城 県 | AA | 7.7 | 8.7 | 8.1 | 千 葉 市 | AA+ | 10.3 | 10.5 | 10.3 |
| 埼 玉 県 | AA+ | 6.8 | 8.9 | 8.4 | 横 浜 市 | AA | 10.9 | 12.1 | 12.5 |
| 千 葉 県 | AA+ | 7.0 | 9.5 | 8.8 | 川 崎 市 | AA | 9.6 | 12.3 | 12.2 |
| 東 京 都 | AA+ | 5.9 | 9.4 | 8.8 | 名古屋市 | AA | 11.4 | 14.6 | 13.7 |
| 神奈川県 | AA | 6.8 | 8.8 | 9.2 | 京 都 市 | AA− | 15.8 | 16.0 | 13.1 |
| 新 潟 県 | AA | 6.2 | 6.6 | 6.4 | 大 阪 市 | AA− | 13.6 | 17.5 | 16.7 |
| 長 野 県 | AA | 6.5 | 6.4 | 7.4 | 神 戸 市 | AA− | 12.2 | 13.7 | 15.9 |
| 静 岡 県 | AA+ | 6.1 | 6.5 | 7.6 | 広 島 市 | AA | 12.1 | 11.7 | 13.3 |
| 愛 知 県 | AA | 8.6 | 10.4 | 11.1 | 北九州市 | AA | 8.2 | 8.4 | 8.4 |
| 京 都 府 | AA+ | 6.2 | 6.6 | 6.7 | 福 岡 市 | AA− | 12.1 | 12.6 | 13.6 |
| 大 阪 府 | AA− | 11.8 | 10.6 | 12.9 | 平　　均 |  | 11.4 | 12.7 | 12.8 |
| 兵 庫 県 | AA− | 9.0 | 8.9 | 10.1 |  |  |  |  |  |
| 広 島 県 | AA | 7.1 | 7.5 | 8.0 |  |  |  |  |  |
| 福 岡 県 | AA | 6.3 | 7.2 | 8.0 |  |  |  |  |  |
| 平　　均 |  | 7.4 | 8.3 | 8.6 |  |  |  |  |  |

（出所）　R&I『格付けクライテリアブック』112 頁。

どが主な分析項目とされているが，債務償還年数については普通会計の債務残高に公営事業会計のかかえる債務を加えた全会計債務残高をベースとした償還年数の計算が必要であるとしている（図表3-20は全会計債務残高をベースとした公募28自治体の償還年数である）。③財政収支の構造と状況：税収基盤の厚さ，税の内訳，一定規模を下回る自治体の財政規模などの項目を審査し，自治体の規模や産業集積の度合いなどにより格付けが異なることを示唆している。④財政運営の能力：首長の存在感，財政収支・償還計画などが主な審査項目であり，自治体の「返済する意思」も首長へのインタビューなどを通じてこの項目に反映される。

**注**

1　例えば，ムーディーズ『グローバル格付け分析』(1994年) は，信用リスク分析の枠組み (125～185頁)，ソブリン・リスク分析 (189～273頁) に続いて，銀行 (277～318頁)，保険会社 (369～413頁)，事業会社 (417～448頁)，ストラクチャード・ファイナンス (559～637頁) などの分析手法を解説している。また，格付け会社は，パンフレットや各社のホームページを通じて「格付けの手法」の概略を公表している。

2　黒沢義孝『債券格付けの実際』東洋経済新報社，1985，159頁参照。

3　R&Iの一般製造業477社 (2002年3月期) の格付けと平均財務指標の関係は以下の表のとおりである。この表はサンプル数が少ないものもあり，また定性要因がすでに含められて格付けされたものであるため，それぞれの指標の格付け序列は必ずしも昇順または降順になっていない部分がある。たとえば，純有利子負債/EBITDA倍率は数値が小さいほど信用リスクが小さい（格付けが高い）と考えられるが，AAAとAA＋，A＋とA，BB＋とBBは数値が逆転しているなどである。しかし大分類（AAA，AA，Aなど＋－のノッチをはずした分類）でみれば概ね定量指標と格付けランクは対応している。したがって，ある企業の財務指標をこの表に対応させてみれば大雑把な格付けのランクを推測することができる。本文図表3-5はこの表を基にして，異常値や定性要因が格付けに大きく影響していると思われる企業などを除いてスムージングしたものである。

(1) 比率・倍率指標

| 項目（指標）/格付け | AAA | AA＋ | AA | AA－ | A＋ | A | A－ |
|---|---|---|---|---|---|---|---|
| 会社数 | 3 | 9 | 18 | 19 | 39 | 50 | 86 |
| 純有利子負債/EBITDA倍率(倍) | 1.1 | 0.5 | 1.0 | 1.6 | 2.4 | 1.9 | 2.9 |
| 純有利子負債 CF 倍率(倍) | 1.6 | 0.8 | 1.7 | 8.4 | 5.6 | 2.6 | 5.1 |
| EBITDA/使用総資本（%） | 12.9 | 10.8 | 11.0 | 10.2 | 8.6 | 7.9 | 8.5 |
| EBITDA/支払利息（倍） | 108.6 | 42.4 | 55.8 | 63.2 | 28.6 | 25.6 | 29.1 |
| インタレストカバレッジ(倍) | 70.0 | 22.2 | 37.2 | 42.1 | 12.7 | 14.3 | 16.4 |
| ROA（%） | 8.9 | 5.6 | 6.3 | 6.5 | 3.8 | 4.1 | 4.5 |
| ROBA（%） | 38.8 | 23.6 | 24.3 | 19.8 | 15.8 | 17.7 | 17.8 |
| 純有利子負債構成比（%） | －6.4 | －1.0 | 6.0 | 8.3 | 19.4 | 9.0 | 23.1 |

| 項目（指標）/格付け | BBB+ | BBB | BBB− | BB+ | BB | BB− | B+ | B | 全社 |
|---|---|---|---|---|---|---|---|---|---|
| 会社数 | 67 | 65 | 64 | 29 | 7 | 10 | 6 | 5 | 477 |
| 純有利子負債/EBITDA 倍率(倍) | 3.4 | 6.8 | 7.1 | 9.2 | 8.8 | 38.1 | 62.1 | 31.2 | 5.9 |
| 純有利子負債 CF 倍率(倍) | 16.3 | 7.7 | 9.3 | 20.3 | 75.5 | 50.9 | 24.3 | 17.7 | 9.6 |
| EBITDA/使用総資本（％） | 8.3 | 7.1 | 6.6 | 5.2 | 4.5 | 4.0 | 2.7 | 3.0 | 7.7 |
| EBITDA/支払利息（倍） | 19.1 | 14.8 | 12.2 | 6.7 | 5.3 | 3.9 | 1.7 | 1.8 | 23.4 |
| インタレストカバレッジ(倍) | 10.5 | 7.6 | 5.4 | 2.2 | 1.8 | 2.1 | −1.8 | −0.3 | 12.9 |
| ROA（％） | 4.2 | 3.5 | 2.9 | 1.7 | 1.2 | 2.4 | 0.0 | 0.5 | 3.8 |
| ROBA（％） | 14.9 | 12.1 | 11.8 | 8.7 | 7.9 | 6.3 | 2.7 | 4.4 | 14.9 |
| 純有利子負債構成比（％） | 33.7 | 28.8 | 39.2 | 60.2 | 62.7 | 74.6 | 76.5 | 73.9 | 29.0 |

(2) 規模指標（単位：億円）

| 項目(指標)/格付け | AAA | AA+ | AA | AA− | A+ | A | A− |
|---|---|---|---|---|---|---|---|
| 会社数 | 3 | 9 | 18 | 19 | 39 | 50 | 86 |
| 利払後事業利益 | 5,249 | 882 | 934 | 337 | 130 | 93 | 107 |
| EBITDA | 8,658 | 2,610 | 1,674 | 1,010 | 821 | 301 | 313 |
| キャッシュフロー | 5,814 | 1,390 | 1,019 | 322 | 332 | 145 | 148 |
| 有利子負債 | 23,037 | 4,535 | 3,343 | 4,013 | 4,035 | 1,155 | 1,605 |
| 純有利子負債 | 18,295 | 280 | 1,703 | 2,622 | 3,211 | 700 | 1,278 |
| 自己資本 | 33,888 | 14,228 | 6,842 | 5,130 | 3,396 | 1,603 | 1,272 |
| 純営業資産 | 26,898 | 12,924 | 6,535 | 7,502 | 6,056 | 2,026 | 2,349 |

| 項目(指標)/格付け | BBB+ | BBB | BBB− | BB+ | BB | BB− | B+ | B | 全社 |
|---|---|---|---|---|---|---|---|---|---|
| 会社数 | 67 | 65 | 64 | 29 | 7 | 10 | 6 | 5 | 477 |
| 利払後事業利益 | 130 | 32 | 30 | 25 | −3 | 23 | −40 | −2 | 166 |
| EBITDA | 335 | 134 | 144 | 211 | 79 | 81 | 316 | 251 | 469 |
| キャッシュフロー | 202 | 51 | 42 | 117 | −58 | −4 | −408 | 29 | 225 |
| 有利子負債 | 1,716 | 903 | 1,263 | 1,895 | 730 | 1,171 | 4,732 | 3,499 | 2,037 |
| 純有利子負債 | 1,436 | 726 | 1,074 | 1,684 | 599 | 1,050 | 4,337 | 3,118 | 1,521 |
| 自己資本 | 1,046 | 566 | 437 | 555 | 199 | 196 | −356 | 275 | 1,941 |
| 純営業資産 | 2,381 | 1,301 | 1,563 | 2,122 | 776 | 1,075 | 3,512 | 2,719 | 3,047 |

(1) 対象はR＆Iが格付けを行った上場企業の2001年4月〜2002年3月期決算（金融・電力・ガス・通信・鉄道・商社を除く）。
(2) 連結決算（変則決算は年度換算），R＆I格付け2002年8月31日時点。
(3) 指標の定義
　　利払後事業利益＝営業利益＋受取利息・配当金－支払利息・割引料
　　EBITDA＝営業利益＋受取利息・配当金＋減価償却費＋連結調整勘定償却額
　　キャッシュフロー＝当期利益＋減価償却費＋連結調整勘定償却額－配当金－役員賞与
　　有利子負債＝長短借入金＋社債＋割引手形
　　純有利子負債＝有利子負債－現預金
　　純営業資産＝受取手形・売掛金＋棚卸資産＋前渡金＋前払費用＋有形固定資産＋敷金・保証

　　　　金－支払手形・買掛金－前受け金
　　　　純有利子負債 EBITDA 倍率＝EBITDA÷純有利子負債
　　　　純有利子負債ＣＦ倍率＝純有利子負債÷キャッシュフロー
　　　　EBITDA/使用総資本＝EBITDA/(総資産＋受取手形割引高＋受取手形裏書譲渡高)×100
　　　　EBITDA/支払利息＝EBITDA÷支払利息・割引料
　　　　インタレストカバレッジ＝(営業利益＋受取利息・割引料・有価証券利息＋受取配当金) ÷
　　　　支払利息・割引料
　　　　ROA＝(営業利益＋受取利息・配当金)÷使用総資本×100
　　　　ROBA＝(営業利益＋減価償却費)÷純営業資産×100
　　　　純有利子負債構成比＝純有利子負債÷(純有利子負債＋自己資本)×100
　　(出所)　R＆I『月刊レーティング情報』2002 年 11 月号。
 4　政府による経済政策，金融政策，競争条件，法体系などの構造的要因が変化すると，定量指標と長期債務の返済能力との関係が変化するのでマッチング表を更新する必要がある。構造的変化がなければ 5 年程度は継続して使用して差し支えないと考えられる。
 5　『R＆I 月刊レーティング情報』2002 年 11 月号，19 頁。
 6　R＆I ニュース・リリース　No.2002-C-366　2002 年 7 月 5 日。2002 年 7 月 19 日発行予定の無担保普通社債 850 億円に対する格付け。
 7　学校法人が特別目的会社（SPC）を設立して債券を発行することについては，可能性はあると思われるが，クリアーすべきさまざまな問題も残されている。現在発行されている学校債は私募債であり，法的には借入金と同じ性格のものである。
 8　R＆I「学校法人と格付け」『R＆I レーティング情報』2003 年 2 月，16 頁。
 9　R＆I『レーティング情報』2004 年 4 月号を参照した。
10　学校法人の格付けに関する参考資料は以下の通り。
　①「学校法人法政大学に格付け」『R＆I レーティング情報』2003 年 5 月。
　②「大学法人の信用力と評価の着眼点：競争力の高さが信用力のカギに」S&P ホームページ，2003 年 4 月 21 日。
　③「学校法人と格付け」『R＆I レーティング情報』2003 年 2 月。
　④「ディスクロージャーの進展と格付けの役割」R&I, 2003 年 2 月。
　⑤「格付け取得相次ぐ学校法人」『R＆I レーティング情報』2004 年 4 月。
　⑥「学校法人をめぐる環境悪化と経営の現状：学校法人に対する格付けの視点（その 1）」JCR 格付け，2002 年 9 月。
　⑦「学校法人をめぐる環境悪化と経営の現状：学校法人に対する格付けの視点（その 2）」JCR 格付け，2002 年 10 月。
　⑧「学校法人　早稲田大学」R＆I 格付け企業ファイル，2003 年 7 月 15 日。
　⑨「武蔵野女子学院」R＆I ニュースリリース，2004 年 7 月 1 日。
　⑩「追手門学院」R＆I ニュースリリース，2004 年 6 月 28 日。
　⑪「国内初の学校法人格付け，慶應義塾を AA に」S&P ニュースリリース，2004 年 1 月 8 日。
　⑫「東京理科大学を AA－に格付け，アウトルックは安定的」S&P ニュースリリース，2004 年 1 月 8 日。
11　R＆I『レーティング情報』2004 年 2 月号を参照した。
12　ストラクチャード・ファイナンス（金融証券化商品）格付けの一覧については格付け各社のホームページを参照されたい。証券化商品の件数の数え方はさまざまであるが，同一の資産から生じるキャッシュ・フローの分配順位が同じものを 1 件と数えると，R&I は 2003 年度に 408 件の証券化商品格付けを行った（R＆I『格付けクライテリアブック』320 頁）。その格付け別内訳は AAA251 件（61％），AA39 件（10％），A93 件（23％），BBB19 件（5％），BB6 件（1％）であ

る。
13　R&I『格付けクライテリアブック』2005年3月，133〜145頁。
14　SPCの倒産隔離機能チェックについては，R&I『格付けクライテリア』220〜226頁参照。
15　地方自治体の格付けについては，R&I『格付けクライテリアブック』107〜116頁を参照した。
16　R&I『格付けクライテリアブック』109〜116頁。

# ソブリン格付けの手法　　　　　　　　第4章

　ソブリン・カントリー（主権国家）の格付けは米国の格付け会社によって1920年代から行われてきたが，1970年以降，格付け件数が増加しその重要性も増してきた。ソブリン・カントリーの格付けは，主権国家（中央政府）が発行する自国通貨建ておよび外貨建て国債のデフォルト可能性（信用リスク）について格付けするものと，企業や地方公共団体などが発行する債券のカントリー・シーリング（格付けの上限）として使用するカントリー格付け（主権国家の債務負担能力についての包括的格付け）とがある。

## 1. ソブリン格付けの概要

　日本では，国や地方公共団体（都道府県など）の債務デフォルトはほとんど経験がないが，世界的にみると珍しいことではない。図表4-1は国の外貨建て債務のデフォルト率を示したものであるが，外貨建て国債のデフォルト率（件数ベース）は，1830～40年代には25％超，1930年代の世界大恐慌時にも20％を越え，1980～90年代においても外貨建ての銀行借入を含めたソブリン・デフォルト率は20％を越えていた。一方，自国通貨建てソブリン債務のデフォルト率は5％以下である。自国通貨建てソブリン債務のデフォルト件数が少ないのは，外貨の場合と違って財政金融政策や通貨増発など自国内の対処が可能であるためである。最近において，約200カ国（地域を含む）のうち，アルゼンチン，ロシア，ドミニカ（自国通貨建てのみ），パキスタン，ウルグアイ，インドネシア，パラグアイ，スリナム（外貨建てのみ）など26カ国がデフォルト中である。民間企業である格付け会社が国

家の格付け，特に外国政府債務の格付けを行うことに対して疑問視する意見もあるが，資本市場がグローバル化し，格付け会社が所属する国の投資家が外国国債や外国企業の公募債に投資する割合が増加しているので，ソブリン格付けに対する投資家のニーズは高い。また，アジア通貨危機（1997～98年）の際に，格付け会社がアジア諸国の債務償還力を見抜けず，中長期的視点に立つべきソブリン格付けを短期間のうちに何度も変更せざるを得なかったことに対して批判の声があがった。格付け会社は，グローバル投資家のソブリン格付け情報に対する強いニーズを踏まえて，国際資本移動の要素を格付け手法に織り込むなどの方法によってソブリン格付けの信頼度向上を目指している。

ソブリン・カントリーに対する格付けは1920年代にアメリカで開始されたが，1970年代の初めまではソブリン格付け件数はわずかであった。アメリカにおける金利平衡税（Interest Equalization Tax: IET）が廃止（1974年）されて以降，米国外ソブリンによる米ドル調達が増加し，メキシコ政府債務のデフォルト（1982年）によってソブリン債務に対するリスク感覚が

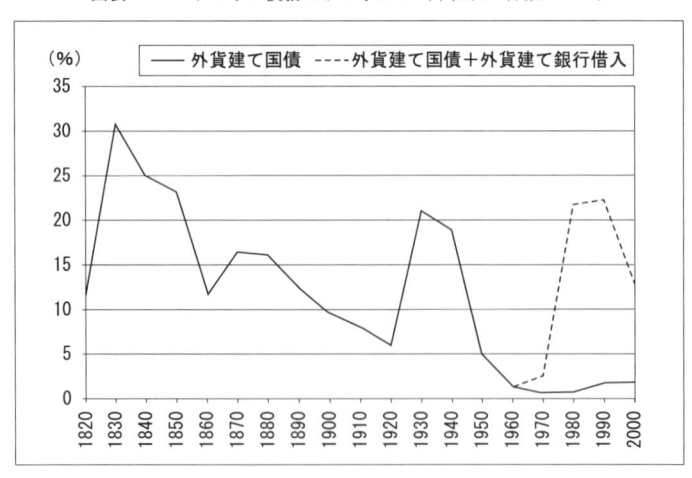

図表4-1　ソブリン債務のデフォルト（単位%：件数ベース）

(出所)　"Sovereign Defaults: Heading Lower Into 2004" S&P's Ratings Direct, 18-Sep-2003, p.10.

高まった。S&Pについて見ると、ソブリン格付け件数は、1974年に2件（米国およびカナダ政府）、1980年11件（すべてAAA）であったものが、メキシコ政府の銀行借入がブレディー・プランによって証券化されて以降、BB以下のソブリン格付けが増加し、またサブサハラのアフリカ諸国の格付けが開始されて投機的低格付けソブリン件数が増加した。2006年7月1日現在のソブリン外貨建て債務に対する格付け件数は図表4-2の通りで、S&Pが外貨建て、自国通貨建てとも110カ国で最も多く、日系格付け会社は半数以下である。S&Pの格付け分布を見ると（図表4-3）、2割弱がAAA（21カ国）で、AAA～BBBの投資適格グレードは外貨建てが58％、自国通貨建てが63％と自国通貨建て格付けの方が5％程度良い格付けを得ている。

ソブリン格付けの定義は事業債格付けと同じである。投資家はソブリン債券についても事業債と同じ基準で投資するので、予想される信用リスクは同じでなければならない。したがって、ソブリン格付けの実務的定義も第2章図表2-3の事業債の予想累積デフォルト率と同じになる。実際には、後述

図表4-2 ソブリン格付け件数

外貨建て格付け件数（国・地域数）

| | S&P | MDY | Fitch | R&I | JCR |
|---|---|---|---|---|---|
| AAA | 19 | 21 | 16 | 13 | 14 |
| AA | 11 | 7 | 12 | 10 | 4 |
| A | 20 | 22 | 16 | 6 | 7 |
| BBB | 14 | 16 | 13 | 9 | 5 |
| BB | 21 | 13 | 22 | 4 | 1 |
| B | 23 | 17 | 17 | 1 | 1 |
| CCC | 2 | 6 | 2 | 0 | 0 |
| CC | 0 | 0 | 0 | 0 | 0 |
| C | 0 | 0 | 0 | 0 | 0 |
| D | 0 | 0 | 0 | 0 | 0 |
| 合計 | 110 | 102 | 98 | 43 | 32 |

自国通貨建て格付け件数（国・地域数）

| | S&P | MDY | Fitch | R&I | JCR |
|---|---|---|---|---|---|
| AAA | 20 | 21 | 20 | 10 | 14 |
| AA | 11 | 6 | 11 | 3 | 5 |
| A | 26 | 24 | 17 | 0 | 7 |
| BBB | 12 | 15 | 10 | 0 | 4 |
| BB | 19 | 10 | 22 | 0 | 1 |
| B | 20 | 17 | 14 | 0 | 1 |
| CCC | 2 | 3 | 3 | 0 | 0 |
| CC | 0 | 0 | 0 | 0 | 0 |
| C | 0 | 0 | 0 | 0 | 0 |
| D | 0 | 0 | 0 | 0 | 0 |
| 合計 | 110 | 96 | 97 | 13 | 32 |

（出所）NPOフェア・レーティング、ホームページから作成。

## 図表4-3　ソブリン格付けの分布（S&P）

**外貨建て格付け分布（%）**

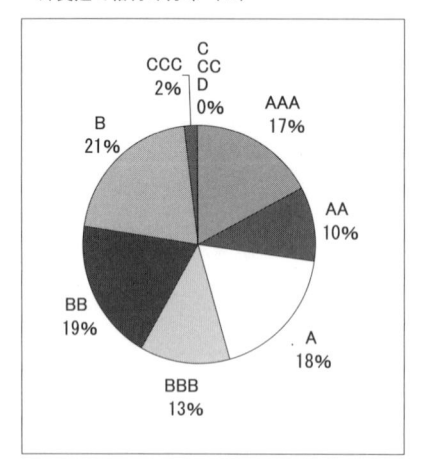

- AAA 17%
- AA 10%
- A 18%
- BBB 13%
- BB 19%
- B 21%
- CCC 2%
- C/CC/D 0%

**自国通貨建て格付け分布（%）**

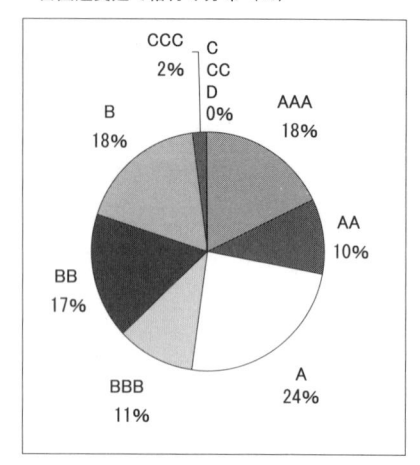

- AAA 18%
- AA 10%
- A 24%
- BBB 11%
- BB 17%
- B 18%
- CCC 2%
- C/CC/D 0%

（出所）NPOフェア・レーティング，ホームページから作成。

図表4-4　S&Pの事業債とソブリンの格付け分布比較（%）

| 格付け | 事業債 | ソブリン |
| --- | --- | --- |
| AAA | 4.1 | 17.3 |
| AA | 9.9 | 10.0 |
| A | 17.5 | 18.2 |
| BBB | 19.4 | 12.7 |
| （AAA〜BBB） | (50.9) | (58.2) |
| BB | 20.4 | 19.1 |
| B | 26.9 | 20.9 |
| CCC/C | 1.9 | 1.8 |
| （BB〜C） | (49.1) | (41.8) |
| 合計 | 100 | 100 |

（出所）事業債はS&Pの1981〜2003年事業債格付け9,068件の平均である1。ソブリンはS&P2006年7月1日現在のソブリン格付け110カ国の分布。

のようにソブリンのAAA〜BBBについてはデフォルトは発生していないが，市場では予想される信用リスクを反映して利回り差（リスク・プレミアム）が付いている。ソブリンの格付け分布を事業債と比較すると，図表4-4の通りAAA〜BBBの投資適格についてソブリンの格付けが7.3%高い。特に，AAAは事業債が4%程度であるのに対して17%と大きな開きがある。ソブリンは件数が少ないので厳密に比較することはできないが，大雑把に言えば国家信用は企業信用よりも高いと理解してよいであろう。

## 2. ソブリン格付けの手法

### (1) ソブリン分析手法の概要

　ソブリン格付けは，中央政府が発行する自国通貨建て国債および外貨建て国債，ならびに民間企業や地方公共団体などが発行する債券のシーリング（上限）設定などのために行われるが，その目的は企業格付けの場合と同様に「債務の償還の確実性の程度」を判断することである。自国通貨建て国債の場合は，中央政府の債務残高と財政収支の現状から自国通貨建て債務を契約どおりに返済する能力を予想することが主たるテーマである。外貨建て債務の場合は，国際収支や対外資産・外貨準備の水準などから，政府の外貨建て債務を返済するための外貨調達能力が主題になる。いずれの場合も，マクロ経済の動向，企業や家計の税負担力，金融市場の健全性などが中央政府の債務の返済能力に大きく関わる。

　一般的には自国通貨建て債務の方が外貨建て債務より格付けが高い。外貨建て債務の返済には償還能力の他に，外貨交換・送金に関するリスクがあるためである。

　シーリング設定のための格付けは，外貨建て国債の格付けがそのままシーリングになるのが通常である。民間企業などが外債を返済する場合，返済のための外貨調達が必要であるが，国よりも返済能力が高い企業であっても通常の場合，国が外国為替市場の運営権を持っているので民間企業の外貨調達が制限されることがあるためである。民間企業であっても，多国籍企業などで海外に十分な外貨を保有できる子会社がある場合や，タックス・ヘブンなどで返済のための十分な外貨を調達できる金融法人を保有している場合はソブリン・シーリングが上限にならない場合がある。

　ソブリン格付けの手法も，企業の場合と同様，定量分析と定性分析が行われるが，企業の場合よりも一つ一つの国の状況が特殊であり，世界情勢を誘導する政治的パワー，政治経済体制の違い，地政学的デメリット，債務返済に対する国民性の違い，政府債務に対する返済の意思の強弱などが格付けに

反映される。

　広く，カントリー・リスク分析と呼ばれる場合，その目的はさまざまである。輸出保険の料率を決めるために輸出代金の回収リスクを測定することを目的とするカントリー・リスク分析や，直接投資に関わるリスクや外貨送金の測定を目的とするカントリー・リスク分析，国際金融取引のためのカントリー・リスク分析などがあり，ソブリン格付けも「債務の償還リスクを測定する」ことを目的とする，カントリー・リスク分析のひとつである。

　ソブリン格付けの分析手法について，格付け会社はいろいろなレポート，パンフレットなどを公表しているが，本章では「ソブリンの模擬格付け」を行う観点から定量分析と定性分析について概説する[2]。

### (2) 定量分析の分析指標

　外貨建て債務の定量分析を行うにあたり，S&Pが公表している「ソブリン・リスク・インジケーター」(Sovereign Risk Indicators) を使用する[3]。使用するインジケーターは，マクロ経済データ（7指標），中央政府データ（4指標），国際収支データ（8指標），対外債務データ（7指標）の合計4分野データ（26指標）である。これらの指標とソブリン格付けが必ずしも密接にリンクしているわけではないが，定量分析の分析指標として有益である。4分野の用語については，S&P Sovereign Risk Indicators: Glossary of Terms (URL:http://www.ratingsdirect.com.HTTPS) を参考にして概説した。各分野の末尾に掲載した図表の格付けカテゴリー別平均値は，格付けと各指標の関連が比較的安定している2000～2004年の5年間平均値と2004年（1年間）の値である。

### ① マクロ経済データ（7指標）
●一人当たりGDP：名目GDP÷人口（USドル表示）
　per capita GDP (US$) の格付け別平均値は線形相関があるといえる。リヒテンシュタインやルクセンブルクのように小規模国で格付けが極めて高い国もあるが，AAAは概ね35,000ドル以上である。シンガポールやスペイ

ンは2万ドル台であるが政府債務が少ない，国際収支がきわめて良好であるなどの理由により AAA となっている。また，バミューダ，日本，アイスランドなどの per capita GDP は AAA の範疇にあるが財政状況，国際収支などの問題から S&P の格付けでは AAA に入らない。

● **貯蓄投資バランス**：貯蓄率＝(投資＋経常収支)÷GDP×100，投資率＝投資÷GDP×100，貯蓄投資バランス＝貯蓄率－投資率(％)

　一般的に，per capita GDP の高い先進国ほど貯蓄率も投資率も低い傾向にあるが，投資に関しては所得水準の低い国ほど高い傾向がある。しかし，BB 以下の国では貯蓄・投資とも制約要因があるため水準は低くなるが，投資が貯蓄を上回るために貯蓄・投資バランス（S－I）がマイナスになりやすい。貯蓄や投資の対 GDP 比自体は格付けの定量的決定要因にならないが，マクロ的に，国民貯蓄－投資＝経常収支という関係があるのでそのバランスや内容が格付けに反映される。AAA 国でもアメリカ，オーストラリア，英国のように貯蓄・投資バランスがマイナスの国もあり，BB 以下の国でもロシア，ヨルダン，フィリピン，ウクライナ，ベネズエラのようにバランスが大きくプラスである国もある。

● **実質 GDP 成長率**：実質 GDP の対前年伸び率（％）

　実質 GDP 成長率は A～BBB の国が一番高く，BB～B 国は成長制約要因などがあるためやや低くなっている。GDP 成長率の水準そのものと格付けの直接的関係は薄いが，中～低所得水準国が低成長に陥っている場合はソブリン格付けのマイナス要因になることがある。過去5年間の平均成長率と直近の成長率を比較して傾向的に成長率が上昇しているのか低下しているのかを見ることも重要である。

● **投資（実質）の成長率**：実質投資額の対前年伸び率（％）

　一般的に所得水準の低い国ほど投資の成長率は高いといえるが，所得水準の高い国でもオーストラリア，ニュージーランド，カタールなどのように最近5年間の成長率が高い国もある。一方，所得水準の低い国でもペルー，インドネシア，ウルグアイ，ベネズエラなどは最近5年間の平均投資成長率がマイナスであり，今後の経済成長に不安を感じさせる。

●**失業率**：失業者数÷労働力人口×100（％）

　失業率は格付けの直接的決定要因ではないが，概ね格付けの高い国は失業率が低い。格付けの低い国でもモンゴル，グアテマラ，ベトナムのように経済制度・政策の違いによって失業率が低く保たれている国もある。失業率が財政負担やマクロ経済にどのように関連し，政府債務の返済にどの程度の影響を与えるかについての分析が必要である。

●**消費者物価上昇率**：消費者物価指数の対前年伸び率（％）

　消費者物価上昇率は金融・財政政策や経済のボトルネックなどマクロ経済の管理能力を表す指標として見ることもできる。したがって，全体的にはCPI上昇率と格付けの関係は強い。最近の日本や香港などのようにデフレ（CPIマイナス）の場合は経済成長や金融政策の有効性などを検討する必要がある。

●**負債残高の増減率**：銀行貸付残高÷企業総資産×100（％）

　企業の銀行借入比率を表すものでその比率が高いほど負債依存度が高く返済負担が大きいことを示す。

図表4−5　マクロ経済データ（2000〜2004年）

| | 一人当たりGDP (US$) | 貯蓄率対GDP (%) | 投資率対GDP (%) | 貯蓄投資バランス S−I | GDP成長率（変化率：％） | | 投資成長率（変化率：％） | | 失業率（労働人口：％） | | 消費者物価上昇率（変化率：％） | | 負債残高の増減率（変化率：％） | |
|---|---|---|---|---|---|---|---|---|---|---|---|---|---|---|
| | 2004 | 2004 | 2004 | 2004 | 2000−2004 | 2004 | 2000−2004 | 2004 | 2000−2004 | 2004 | 2000−2004 | 2004 | 2002 | 2003 |
| AAA | 41,172 | 24.1 | 20.1 | 3.9 | 2.6 | 3.1 | 1.8 | 4.1 | 5.2 | 5.7 | 2.1 | 1.9 | 5.4 | 6.9 |
| AA | 29,994 | 24.3 | 21.3 | 3.0 | 2.0 | 2.9 | 2.1 | 5.8 | 5.8 | 5.7 | 2.5 | 2.1 | 5.7 | 6.7 |
| A | 14,567 | 25.9 | 21.7 | 4.2 | 4.4 | 4.9 | 5.7 | 7.7 | 8.3 | 8.5 | 2.7 | 3.0 | 11.2 | 15.5 |
| BBB | 5,792 | 27.5 | 26.8 | 0.8 | 4.4 | 5.3 | 5.5 | 8.2 | 13.2 | 12.7 | 3.7 | 3.6 | 10.2 | 10.1 |
| BB | 2,923 | 23.3 | 24.6 | −1.3 | 3.9 | 4.9 | 5.3 | 10.9 | 11.7 | 12.0 | 8.0 | 5.7 | 15.5 | 17.4 |
| B | 1,713 | 17.6 | 21.8 | −4.1 | 3.5 | 5.4 | 5.3 | 8.6 | 11.1 | 11.9 | 8.6 | 7.0 | 16.7 | 24.1 |

（出所）　S&P Sovereign Risk Indicators: Economic Data.

② 中央政府データ（4指標）
● 純政府債務残高の対 GDP 比率：(政府総債務－政府金融資産)÷GDP×100

　政府債務から政府保有の金融資産を控除した純債務の対 GDP 比率でこの比率が低い方が格付け上有利である。AAA と A の平均値は 4％台と低い値になっているが，これはクウェート，カタール，バーレーン，サウジ，ノルウェーなどの産油国など純債務がマイナスの国が含まれているためである。これらを修正すると AAA15％程度，AA20％程度，A25％程度である（図表 4-9 の ② を参照）。

● 流動資産控除後政府債務残高の対 GDP 比率および総債務残高の対 GDP 比率：(政府総債務－流動資産)÷GDP×100，中央および地方政府総債務÷GDP×100。

　格付けランクと平均値との相関関係はないが個別国の債務返済能力を分析するに当たって重要な指標である。この比率が高くても（総債務残高比率 100％以上）シンガポール（AAA），ベルギー（AA），イタリア（AA），日本（AA），ギリシャ（A），イスラエル（A）のように債務返済能力が高い（A 以上）と判定されている国もある。また，この比率が低くても（総債務比率 30％以下）ルーマニア（BB），ガテマラ（BB）のように返済能力が低いとされている国もある。

● 財政状況の対 GDP 比率：財政収支の対 GDP 比率＝財政収支÷GDP×100，プライマリーバランス比率＝(財政収支＋支払利息)÷GDP×100

　財政収支の対 GDP 比率およびプライマリー・バランスの対 GDP 比率とも概ね格付けとの相関が高い。高格付けの平均値の中には，シンガポール（AAA），米国（AAA），日本（AA），クエート（A），マルタ（A）スロバキア（A）などの特殊事情国が含まれており，低格付けの平均値にもトルコ（BB），レバノン（B）などのように財政赤字が極端に大きな国が含まれているので平均値の序列は滑らかではないがこれらの特殊事情国を除いて考えると格付けとの相関は高いと考えられる。

● 財政項目の対 GDP 比率：財政収入比率＝財政収入÷GDP×100，財政支出比率＝財政支出÷GDP×100，利息支払い比率＝利息支払い÷GDP×100

図表4-6　中央政府データ（2000～2004年）

| | 純政府債務<br>(% GDP) | | 政府債務残高比率<br>(% GDP) | | | 財政状況<br>(% GDP) | | | | 財政項目<br>(% GDP) | | |
|---|---|---|---|---|---|---|---|---|---|---|---|---|
| | | | 流動資産控除 | 総債務残高 | | 財政黒字（赤字） | | プライマリーバランス | | 財政収入 | 財政支出 | 支払利息 |
| | 2000-2004 | 2004 | 2004 | 2000-2004 | 2004 | 2000-2004 | 2004 | 2000-2004 | 2004 | 2004 | 2004 | 2004 |
| AAA | 4.7 | 3.9 | 37.5 | 47.4 | 47.1 | 1.3 | −0.1 | 3.1 | 1.7 | 43.3 | 43.4 | 1.9 |
| AA | 38.9 | 39.9 | 61.7 | 62.0 | 64.0 | −2.3 | −2.3 | 0.5 | 0.1 | 33.7 | 36.0 | 2.6 |
| A | 4.6 | 9.8 | 34.6 | 42.0 | 42.7 | −0.4 | 0.2 | 2.0 | 2.4 | 37.9 | 37.7 | 2.2 |
| BBB | 34.7 | 23.9 | 28.4 | 46.1 | 36.3 | −0.8 | −0.5 | 1.6 | 1.8 | 39.6 | 40.1 | 2.3 |
| BB | 50.1 | 49.8 | 51.5 | 58.7 | 57.3 | −4.0 | −3.3 | 0.3 | 0.6 | 26.5 | 29.8 | 3.8 |
| B | 73.2 | 69.0 | 69.8 | 83.3 | 77.2 | −4.8 | −4.5 | −0.7 | −0.5 | 25.4 | 29.7 | 4.0 |

（出所）　S&P Sovereign Risk Indicators: General Government.

　財政収入，財政支出，支払利息の対GDP比率は各格付けランクと整合的ではないが，BBB以上の国は平均的に政府規模（財政収入，財政支出の対GDP比率）が大きく，支払利息の対GDP比率が低い。ただし，BBB以上でもバミューダ（AA），台湾（AA），香港（A）などの財政収入の対GDP比率が20%以下の国もある。

### ③　国際収支データ（8指標）

●**経常収支受取勘定の対GDP比率**：経常収支受取勘定÷GDP×100

　輸出を中心とする経常収支受取勘定の対GDP比率は国際取引の相対的な大きさを表す指標である。格付けと直接的相関は薄いが対外開放度並びに外貨獲得の規模を表す指標でもあるので対外債務の返済能力を判定するのに重要な数値である。シンガポール（AAA），香港（A），マルタ（A），バーレーン（A），マレーシア（A），モントセラト（BBB），グレナダ（B）などはこの比率が100%以上と高く，GDP規模の大きな米国（AAA），日本（AA）は20%以下と低い。

●**実質輸出増加率**：実質輸出額の対前年増減率

　対外債務の直接的返済原資である実質輸出の増加率は，特に低格付け国に

おいて格付けを左右する指標になる。ボツワナ (A), バルバドス (BBB), ジャマイカ (B), ベネズエラ (A), エクアドル (CCC) の過去5年平均実質輸出増加率はマイナスである。

● **経常収支の対 GDP 比率**：経常収支÷GDP×100

　一般的に，高格付け国の比率は高く，低格付け国は低いかマイナスである。この比率がマイナス8％以下（マイナスが大きくなる）になると「対外債務の返済能力は要注意」といわれている。この比率の過去5年平均がマイナス10％を超えている国はモンテネグロ (BB), モンゴル (B), ベリーズ (B), レバノン (B), スリナム (B) 等である。アメリカ (AAA), オーストラリア (AAA), ニュージーランド (AA) など格付け上位国でも経常収支が赤字である国がある。1980年代の資本移動自由化以降，資本導入をひきつける程に企業収益率が高く，その結果経常収支が赤字になる状況が発生したが，このような経常収支赤字は格付け上プラスに評価されるようになった。

● **経常収支の対経常受取勘定比率**：経常収支÷経常受取勘定×100

　経常収支を経常受取勘定の比率として捕らえ，受取勘定のうちどの程度が黒字として（または赤字として）残ったか（または不足したか）を把握する。経常受取額からの黒字（または赤字）の乖離距離，均衡（復元）への程度の大きさがわかる。AAAランクではアメリカおよびオーストラリアが，AAランクではニュージーランドが，Aランクではバハマおよびラトビアなどが撹乱要因（巨額の経常収支赤字）になっているので経常収支の対GDP比率との相対関係が崩れているが，これらを異常値として除外すると格付けランクとの相関度が高い（図表4-9の③を参照）。

● **経常資金不足比率**：（経常赤字－資本流入額）÷経常受取勘定×100

　経常赤字が資本流入でどれだけカバーされているかを見る指標で，マイナスの場合はネット返済超過の状態を示す。格付けランクと直接的関係は薄いが，対外債務が増加傾向にあるのか減少傾向にあるのかを判断する指標となる。過去5年平均値ではAAAとBがプラスで，AA〜BBがマイナス（返済超過）である。

160　第4章　ソブリン格付けの手法

図表4-7　国際収支データ（2000～2004年）

| | 経常受取勘定比率（%GDP） | | 実質輸出増加率（%） | | 経常収支GDP比率（% GDP） | | 経常収支受取勘定比率（% 経常受取勘定） | | 経常資金不足比率（% 経常受取勘定） | | 外貨準備月数（月：輸入額） | | グロス資金ギャップ比率（% 外貨準備） | | 純直接投資比率（% GDP） | |
|---|---|---|---|---|---|---|---|---|---|---|---|---|---|---|---|---|
| | 2000-2004 | 2004 | 2000-2004 | 2004 | 2000-2004 | 2004 | 2000-2004 | 2004 | 2000-2004 | 2004 | 2000-2004 | 2004 | 2000-2004 | 2004 | 2000-2004 | 2004 |
| AAA | 61.7 | 59.0 | 3.7 | 5.0 | 4.9 | 5.1 | 1.2 | −0.1 | 3.3 | 5.1 | 2.6 | 2.7 | 1219.2 | 1271.0 | −0.6 | −0.5 |
| 除く.Singap | 40.8 | 37.4 | 3.4 | 4.8 | 2.4 | 2.3 | 0.1 | −1.1 | 4.3 | 5.9 | 2.3 | 2.3 | 1065.7 | 1124.2 | −1.3 | −1.5 |
| AA | 44.6 | 44.4 | 5.7 | 5.2 | 1.8 | 2.0 | 5.1 | 4.9 | −5.9 | −8.1 | 5.5 | 7.0 | 577.8 | 536.3 | 1.1 | 4.1 |
| A | 73.4 | 72.2 | 7.2 | 9.9 | 2.1 | 3.9 | 1.5 | 2.6 | −3.2 | −3.7 | 4.6 | 4.7 | 297.2 | 249.3 | 3.0 | 2.6 |
| BBB | 56.8 | 57.8 | 10.4 | 15.4 | 0.4 | 1.3 | −0.7 | 0.4 | −6.8 | −6.1 | 3.4 | 3.7 | 154.5 | 114.5 | 4.0 | 3.2 |
| BB | 42.2 | 41.3 | 7.3 | 11.4 | −0.6 | −0.7 | −3.4 | −2.6 | −3.5 | −3.5 | 4.0 | 4.6 | 195.9 | 156.5 | 2.6 | 2.3 |
| B | 49.3 | 50.3 | 6.9 | 9.6 | −4.0 | −2.2 | −11.9 | −7.0 | 6.1 | 2.6 | 3.3 | 3.7 | 320.5 | 235.8 | 3.1 | 2.9 |

（注）　数値2行目はAAAのうち国際収支構造の異なるシンガポールを除く平均値である。
（出所）　S&P Sovereign Risk Indicators: Balance of Payment Data.

- **外貨準備月数**：金準備を含む外貨準備額÷（輸入月額＋要素所得月額）

　輸入代金の支払いに対して何カ月分の外貨準備があるかを判断する指標である。高格付け国は対外資金調達力が高いのでこの指標を問題にする必要はないが、低格付け国については3カ月以下になると問題があると見られている。BB格付け国の37%（7カ国）、B格付け国の55%（12カ国）が3カ月未満である。

- **グロス資金ギャップ比率**：（経常収支赤字額＋対外債務元本返済額＋対外短期債務残高）÷外貨準備額×100

　外貨準備に対して年間の対外債務返済額がどの程度あるかを見る指標である。

- **純直接投資比率**：（対内直接投資－対外直接投資）÷GDP×100

④　対外債務データ（7指標）

- **純対外債務の対経常受取勘定比率**：（対外債務＋対内直接投資＋対内証券投資－外貨準備－対外貸付－対外直接投資－対外証券投資）÷経常受取勘定×100、マイナスは対外純債権比率を表す。

BBB 以下の国は純債務ポジション国が多く，純債務比率が高いほど格付けが低いといえる。AAA～A の国ではそれぞれの国の経済構造の違いによりプラス国，マイナス国が混在している。ノルエー（AAA），スイス（AAA），日本（AA），台湾（AA），クエート（A），ボツワナ（A），サウジ（A）などはマイナス比率の高い純債権国であり，オーストラリア（AAA），アメリカ（AAA），ニュージーランド（AA），アイスランド（A），チリ（A）などは比率の高い純債務国である。この比率が高い純債務国であっても対外債務の償還力を生み出す能力が高ければ高い格付けを得ることができる。

● **対外総債務の対経常受取勘定比率**：対外総債務÷経常受取勘定×100

対外総債務比率は概ね大国（GDP の大きな国）と低所得水準国が高い。この比率の高い低所得国（特に格付けの低い国）は，純対外債務比率が低くても対外債権と対外債務の期間のミスマッチがある場合には対外債務の返済に支障をきたす場合があるので注意を要する。

● **純対外負債の対経常受取勘定比率**：（対外総債務－対外総債権）÷経常受取勘定×100。

マイナスは純対外債権ポジションを表す。基本的には純対外債務の対経常受取勘定比率の見方と同じであるが，直接投資などを含まない総債務と総債権の差額で見ようとする指標である。純対外債務の対経常勘定比率がプラス（純債務ポジション）でも，純対外負債の対経常受取勘定比率がマイナス（純債権ポジション）である例として中国（BBB），インド（BB），ヨルダン（BB），レバノン（B）などがある。

● **狭義の純対外債務の対経常受取勘定比率**：（対外債務－対外流動債権）÷経常受取勘定×100。

マイナスは純対外資産ポジションを表す。対外債務から流動性の高い債権相当額を控除した比率で，輸出や資本流入などの償還財源から返済する債務の比率を表す。純対外負債の対経常受取勘定比率を補完する指標である。

● **公的部門の純対外債務の対経常受取勘定比率**：（公的部門の対外債務－外貨準備－公的対外資産）÷経常受取勘定×100。

基本的には所得水準の低い低格付け国の公的部門が対外債務を取り入れるのでこの比率が高い。格付け別平均値で AAA がプラスになっているのは米国（AAA）の公的対外債務（国債）が大きいためである。AA および A が大きくマイナスになっているのは日本（AA），台湾（AA）などの外貨準備および公的対外資産（有償 ODA）が大きいこと，並びにクエート（A），サウジ（A）など産油国の公的対外資産が大きいためである。

● **純投資支払いの対経常受取勘定比率**：（配当・金利の対外支払額－配当・金利の受取額）÷経常受取勘定×100。

マイナスは純投資受け取りポジションを表す。対内直接投資や対内証券投資などの多い国はこの比率が高い。AA の平均値がマイナスになっているのは日本（AA）の比率がマイナス 10.8（純投資受け取りポジション）と大きいためである。この比率の高い国（純投資支払いポジション）はニュージーランド（AA），コロンビア（BB），ペルー（BB），ブラジル（BB），パキスタン（B），アルゼンチン（D）などである。また，この比率のマイナスが大きい国（純投資受け取りポジション）は日本（AA）の他，スイス（AAA），クエート（A）などである。

図表 4-8　対外債務データ（2000～2004 年）

| | 純対外債務比率 (%経常受取勘定) | | 対外総債務比率 (%経常受取勘定) | | 純対外負債比率 (%経常受取勘定) | | 狭義の純対外債務比率 (%経常受取勘定) | | 公的部門の純対外債務 (%経常受取勘定) | | 純投資支払い比率 (%経常受取勘定) | | 純利息支払い比率 (%経常受取勘定) | |
|---|---|---|---|---|---|---|---|---|---|---|---|---|---|---|
| | 2000-2004 | 2004 | 2000-2004 | 2004 | 2000-2004 | 2004 | 2000-2004 | 2004 | 2000-2004 | 2004 | 2000-2004 | 2004 | 2000-2004 | 2004 |
| AAA | 15.2 | 12.2 | 263.0 | 272.2 | 43.1 | 50.3 | 110.2 | 113.6 | 3.2 | 0.1 | 1.1 | 1.2 | 3.0 | 2.6 |
| AA | −51.6 | −55.6 | 280.4 | 284.2 | −44.6 | −48.4 | 16.4 | 12.8 | −35.2 | −46.8 | −1.52 | −1.3 | 0.5 | 0.7 |
| A | −18.6 | −5.7 | 101.7 | 110.2 | −23.8 | −16.1 | −3.1 | 4.4 | −30.5 | −25.8 | 3.4 | 3.5 | 2.3 | 2.4 |
| BBB | 65.9 | 53.9 | 85.1 | 79.5 | 8.7 | −1.8 | 20.8 | 10.3 | 4.9 | −5.2 | 6.0 | 5.4 | 2.8 | 2.8 |
| BB | 106.1 | 90.1 | 154.5 | 138.0 | 55.4 | 41.4 | 81.4 | 65.7 | 50.7 | 38.5 | 4.7 | 4.6 | 3.9 | 3.6 |
| B | 164.2 | 132.4 | 197.1 | 167.0 | 98.6 | 76.5 | 132.0 | 108.0 | 118.5 | 95.6 | 6.9 | 7.0 | 4.7 | 4.7 |

（出所）　S&P Sovereign Risk Indicators: External Data.

● 純利息支払いの対経常受取勘定比率：(対外利息支払い－利息受け取り)÷経常受取勘定×100。

マイナスは純利息受け取りポジションを表す。対外借入に対する支払利息と対外貸付の受け取り利息の差額ポジションを見る指標である。対外債務に関する比率が借り入れ元本についての指標であるのに対して，支払利息の観点から対外債務の程度を見ようとするものである。この比率が高い国（利息支払いポジション）はブラジル（BB），ジャマイカ（B），エクアドル（CCC），アルゼンチン（D）などである。一方，マイナス国（利息受け取りポジション）はスイス（AAA），クエート（A），カタール（A），中国（BBB），ヨルダン（BB）などである（日本については数値が報告されていない）。

(3) 定量分析のマッチング

民間企業と同様にソブリン格付けのマッチングを行うが，上記の定量指標のうちソブリン格付けとの相関関係が高いと思われる指標を使用する。図表4-9のマッチング基準指標はS&P Sovereign Risk Indicatorsの平均値データを参考にして筆者がスムージング（平準化）したものである。ソブリン格付けを行おうとする対象国の各指標を図表4-10に記入し，マッチング表のデータに最も近い格付けを「マッチング格付け」欄に記入する。各分野の総合マッチング格付け，および最終的な定量格付けは各指標の平均的な格付けを勘案して決める。

(4) 定性分析

定性要因は，① その国がおかれている立場（先進国か途上国か，EUおよびNAFTAなどの政治・経済同盟関係があるか，地域経済同盟など），② 経済体制（市場経済の程度，国家の経済に対する規制の程度，経済政策の透明度など），③ 返済の意思（過去にデフォルトの経験があるか），④ 政治的リスク（政権の安定性，革命の懸念など），④ 財政・金融政策の柔軟性，などのほか，⑤ 国際資本移動のマクロ経済への予想される影響などを考慮する。

### 図表 4-9　マッチング基準指標

①マクロ経済マッチング基準指標

| 格付け | pcGDP の目安 (US$) | 貯蓄―投資 (%GDP) | 実質 GDP 伸び率 (変化率：%) | 実質投資 伸び率 (変化率：%) | 失業率 (% 労働人口) | CPI 上昇率 (変化率：%) |
|---|---|---|---|---|---|---|
| AAA | 3万ドル以上 | 4.0 | 2.0 | 1.5 | 5.0 | 2.0 |
| AA | 2万ドル以上 | 3.0 | 2.5 | 2.0 | 6.0 | 2.5 |
| A | 1万ドル以上 | 2.5 | 4.0 | 4.5 | 9.0 | 3.0 |
| BBB | 5千ドル以上 | 1.5 | 4.5 | 5.5 | 13.0 | 4.5 |
| BB | 2千ドル以上 | −1.5 | 3.5 | 5.0 | 15.0 | 8.0 |
| B | 2千ドル未満 | −3.5 | 3.0 | 4.0 | 20.0 | 10.0 |

②中央政府マッチング基準指標

| 格付け | 純政府債務 (%GDP) | 財政収支 (%GDP) | プライマリーバランス (%GDP) |
|---|---|---|---|
| AAA | 15.0 | 1.0 | 2.5 |
| AA | 20.0 | −1.5 | 2.0 |
| A | 25.0 | −2.0 | 1.5 |
| BBB | 30.0 | −2.5 | 1.0 |
| BB | 50.0 | −4.0 | 0.5 |
| B | 70.0 | −5.0 | −1.0 |

③国際収支マッチング基準指標

| 格付け (外貨建て) | 経常受取 勘定 (%GDP) | 経常収支 (%GDP) | 経常収支 (%経常受取勘定) | 経常資金不足 (%経常受取勘定) | 外貨準備 (月：輸入) | 資金ギャップ (%外貨準備) | 純 FDI (%GDP) |
|---|---|---|---|---|---|---|---|
| AAA | 50.0 | 3.0 | 5.0 | ＋ | 3.0 | 1000 | −2.0 |
| AA | 50.0 | 2.0 | 3.0 | −5.0 | 4.0 | 800 | 1.0 |
| A | 50.0 | 1.0 | 2.0 | −4.0 | 5.0 | 300 | 3.0 |
| BBB | 45.0 | −0.5 | −1.5 | −6.0 | 4.0 | 200 | 4.0 |
| BB | 40.0 | −1.0 | −3.0 | −4.0 | 3.5 | 150 | 2.0 |
| B | 35.0 | −3.0 | −6.0 | ＋ | 3.0 | 300 | 3.0 |

④対外債務マッチング基準指標

| 格付け (外貨建て) | 純対外債務 (%経常受取り) | 対外総債務 (%経常受取り) | 純対外負債 (%経常受取り) | 公的部門 純対外債務 (%経常受取り) | 純投資支払い (%経常受取り) | 純支払利息 (%経常受取り) |
|---|---|---|---|---|---|---|
| AAA | 25 | 300 | 70 | 20 | 4 | 4 |
| AA | 50 | 200 | 90 | 30 | 8 | 8 |
| A | 80 | 100 | 30 | 10 | 5 | 3 |
| BBB | 90 | 95 | 25 | 15 | 6 | 4 |
| BB | 100 | 150 | 60 | 50 | 7 | 5 |
| B | 170 | 200 | 100 | 130 | 8 | 6 |

（出所）　S&P Sovereign Risk Indicators のデータを参考にして作成。

図表 4-10　ソブリン格付けマッチング表

| 定量指標 | （単位） | 5年間平均 | 直近年度 | マッチング格付け |
|---|---|---|---|---|
| pcGDP | (US$) | | | |
| 貯蓄－投資 | (%GDP) | | | |
| 実質 GDP 伸び率 | （変化率：%） | | | |
| 実質投資伸び率 | （変化率：%） | | | |
| 失業率 | （% 労働人口） | | | |
| CPI 上昇率 | （変化率：%） | | | |
| （マクロ経済格付け） | | | | (      ) |
| 純政府債務 | (%GDP) | | | |
| 財政収支 | (%GDP) | | | |
| プライマリーバランス | (%GDP) | | | |
| （中央政府格付け） | | | | (      ) |
| 経常受取勘定 | (%GDP) | | | |
| 経常収支 GDP | (%GDP) | | | |
| 経常収支対受取勘定 | (%経常受取勘定) | | | |
| 経常資金不足 | (%経常受取勘定) | | | |
| 外貨準備 | （月：輸入） | | | |
| 資金ギャップ | (%外貨準備) | | | |
| 純 FDI | (%GDP) | | | |
| （国際収支格付け） | | | | (      ) |
| 純対外債務 | (%経常受取り) | | | |
| 対外総債務 | (%経常受取り) | | | |
| 純対外負債 | (%経常受取り) | | | |
| 公的部門純対外債務 | (%経常受取り) | | | |
| 純投資支払い | (%経常受取り) | | | |
| 純支払利息 | (%経常受取り) | | | |
| （対外債務格付け） | | | | (      ) |
| ((定量格付け)) | | | | ((      )) |

## (5) ソブリン格付けの累積デフォルト率

　ソブリン格付けの信用リスクについての定義は民間企業（事業債等）と同じである。投資家はソブリン債についても事業債と同じ予想デフォルト率を

期待して投資することができる。しかし，実際上はソブリン債については上位4格の投資適格グレードにデフォルトは発生していない。図表4-11はムーディーズが1985年から2002年の18年間に格付けを行ったソブリン格付けの累積デフォルト率である。投資適格（Aaa～Baa）ランクについては累積1～10年のいずれについてもデフォルトは発生していない。そのようなことから，ソブリン債については投資適格の間に格付けランクを設けなくても良いのではないかという議論がある。日本国債（円建て）がAaaからAクラスに格下げされたことは，予想デフォルト率が今後10年間ゼロ（Aaaの実務的定義）の状況から，今後5年の期間では1.5%，10年では2.0%のデフォルトが予想される（Aの実務的定義）ことを意味する。しかし，投資家は過去の実績から，実際にはAaaと同じようにデフォルトは発生しないことを期待している。実績としてデフォルトが発生していなくても利回りに関しては市場で信用リスクについてのリスクプレミアムが発生している。ソブリン格付けについては，投資適格ランクの格付けが適切でないのか（格付けの手法），ソブリン格付けの数が少ないためにデフォルトが実績として発生していないのか（統計的問題），デフォルトが発生していないのに市場でリスクプレミアムが付くのはなぜか（理論と実際との乖離）など，今後

図表4-11 ソブリン格付けの累積デフォルト率（ムーディーズ，1985～2002年）(%)

| 格付け | 1年 | 2年 | 3年 | 4年 | 5年 | 6年 | 7年 | 8年 | 9年 | 10年 |
|---|---|---|---|---|---|---|---|---|---|---|
| Aaa | 0.0 | 0.0 | 0.0 | 0.0 | 0.0 | 0.0 | 0.0 | 0.0 | 0.0 | 0.0 |
| Aa | 0.0 | 0.0 | 0.0 | 0.0 | 0.0 | 0.0 | 0.0 | 0.0 | 0.0 | 0.0 |
| A | 0.0 | 0.0 | 0.0 | 0.0 | 0.0 | 0.0 | 0.0 | 0.0 | 0.0 | 0.0 |
| Baa | 0.0 | 0.0 | 0.0 | 0.0 | 0.0 | 0.0 | 0.0 | 0.0 | 0.0 | 0.0 |
| Ba | 1.6 | 3.4 | 5.5 | 10.9 | 12.6 | 15.0 | 18.1 | 22.2 | 28.7 | 40.6 |
| B | 7.9 | 14.3 | 18.3 | 18.3 | 22.2 | 27.1 | 32.7 | 38.8 | 45.6 | 53.4 |
| Aaa～Baa | 0.0 | 0.0 | 0.0 | 0.0 | 0.0 | 0.0 | 0.0 | 0.0 | 0.0 | 0.0 |
| Baa～B | 3.9 | 7.9 | 10.6 | 14.2 | 16.6 | 19.7 | 23.8 | 28.7 | 35.5 | 45.4 |
| 平均 | 1.2 | 2.4 | 3.2 | 4.1 | 4.7 | 5.3 | 6.1 | 7.0 | 8.1 | 9.3 |

（出所）"Sovereign Bond Defaults, Rating Transitions, And Recoveries (1985-2002)", Moody's Special Comment (February 2003).

解明すべき問題である。

ソブリン格付けの投機的ランク（Ba〜B）については事業債格付けの累積デフォルト率とほぼ整合的である。図表4-12はムーディーズの同じ期間（1985〜2002年）の事業債格付けの累積デフォルト率である。Ba，Bについて図表4-11のソブリン格付けと図表4-12の事業債格付けとを比較するとソブリン格付けの方がやや低い傾向があるが，9〜10年の長期累積デフォルト率ではソブリンの方が高い。ソブリン格付けが約100銘柄と少ないことによる統計的問題は残るが，投機的ソブリン銘柄については事業債格付けとほぼ同じ格付けの効果を認めることができる。

### (6) ソブリン格付けのトランジション（格の変更）

格付けが予想する実際的な期間は3〜5年であるから，格付け後，短い期間で格付けが変更されることは好ましくない。ソブリン格付けの，格付け後1年内における格の変更について，ムーディーズの実績を見ると図表4-13の通りで，その特徴は，① Aaa〜Aについては9割以上，Baa〜Bについては8割ないしそれ以上が変更されないで同じ格に留まっている。② 投資適格（Aaa〜Baa）については格が低くなるほど（リスクが高くなるほど）同

図表4-12 事業債格付けの累積デフォルト率（ムーディーズ，1985〜2002年）（％）

| 格付け | 1年 | 2年 | 3年 | 4年 | 5年 | 6年 | 7年 | 8年 | 9年 | 10年 |
|---|---|---|---|---|---|---|---|---|---|---|
| Aaa | 0.00 | 0.00 | 0.00 | 0.00 | 0.00 | 0.07 | 0.07 | 0.07 | 0.07 | 0.07 |
| Aa | 0.02 | 0.04 | 0.09 | 0.16 | 0.20 | 0.23 | 0.26 | 0.29 | 0.33 | 0.43 |
| A | 0.03 | 0.10 | 0.27 | 0.43 | 0.56 | 0.71 | 0.84 | 0.98 | 1.10 | 1.21 |
| Baa | 0.19 | 0.54 | 0.97 | 1.57 | 2.16 | 2.78 | 3.32 | 3.71 | 4.15 | 4.70 |
| Ba | 1.39 | 4.02 | 6.97 | 10.08 | 12.99 | 15.63 | 17.73 | 19.52 | 21.32 | 23.13 |
| B | 6.44 | 14.33 | 21.32 | 27.56 | 33.18 | 37.88 | 42.35 | 45.68 | 48.66 | 51.14 |
| Aaa〜Baa | 0.07 | 0.21 | 0.41 | 0.65 | 0.87 | 1.10 | 1.30 | 1.46 | 1.63 | 1.82 |
| Baa〜B | 5.45 | 11.20 | 16.38 | 21.02 | 25.06 | 28.50 | 31.42 | 33.75 | 35.83 | 37.77 |
| 平均 | 1.86 | 3.80 | 5.53 | 7.03 | 8.25 | 9.26 | 10.07 | 10.69 | 11.24 | 11.76 |

（出所）"Sovereign Bond Defaults, Rating Transitions, And Recoveries (1985−2002)", Moody's Special Comment (February 2003).

じ格に留まる割合が低下し，③ 投機的格付け (Ba～B) については格が低くなるほど同じ格にとどまる割合が高くなる（リスクの高いものは留保率も高い）。④ 格付け後1年内にデフォルトに陥った割合はBaが0.7%，Bが4.0%で，一般的な予想デフォルト率（1年内Ba：1.0%，B：2.0%，第2章図表2-3参照）よりもソブリンはBの値が高い。⑤ 格付け後1年以内に2格以上変更される割合（当該格の隣接格を超える割合）は極めて少ない。以上のことから，アジア通貨危機（1997～98年）など特殊な時期は別として，長い期間（1985～2002年）で見れば，ソブリン格付けの変更についての信頼性は確保されていると言えるであろう。ソブリン格付けのトランジションを事業債格付けと比較すると（図表4-14)，① 事業債格付けの方が同じ格付けに留まる割合が低い，② 事業債格付けの方が1年以内にデフォルトに陥

図表4-13 ソブリン格付けトランジション（1年，ムーディーズ，1985～2002年）(%)

| 当初格付け | to Aaa | to Aa | to A | to Baa | to Ba | to B | default |
|---|---|---|---|---|---|---|---|
| Aaa | 93.9 | 6.1 | 0.0 | 0.0 | 0.0 | 0.0 | 0.0 |
| Aa | 5.1 | 92.5 | 1.1 | 0.0 | 0.0 | 0.0 | 0.0 |
| A | 0.0 | 2.7 | 90.3 | 6.2 | 0.9 | 0.0 | 0.0 |
| Baa | 0.0 | 0.0 | 4.8 | 79.6 | 8.3 | 0.3 | 0.0 |
| Ba | 0.0 | 0.0 | 0.0 | 3.7 | 85.2 | 10.0 | 0.7 |
| B | 0.0 | 0.0 | 0.0 | 0.0 | 2.2 | 87.7 | 4.0 |

（出所）"Sovereign Bond Defaults, Rating Transitions, And Recoveries (1985−2002)", Moody's Special Comment (February 2003).

図表4-14 事業債格付けトランジション（1年，ムーディーズ，1985～2002年）(%)

| 当初格付け | to Aaa | to Aa | to A | to Baa | to Ba | to B | default |
|---|---|---|---|---|---|---|---|
| Aaa | 87.8 | 7.9 | 0.3 | 0.0 | 0.0 | 0.0 | 0.0 |
| Aa | 0.8 | 86.1 | 8.6 | 0.3 | 0.1 | 0.0 | 0.0 |
| A | 0.0 | 2.3 | 87.0 | 5.6 | 0.7 | 0.2 | 0.0 |
| Baa | 0.1 | 0.3 | 5.2 | 82.9 | 4.8 | 1.1 | 0.2 |
| Ba | 0.0 | 0.0 | 0.5 | 5.1 | 75.4 | 8.3 | 1.4 |
| B | 0.0 | 0.1 | 0.2 | 0.6 | 5.1 | 74.1 | 6.8 |

（出所）"Sovereign Bond Defaults, Rating Transitions, And Recoveries (1985−2002)", Moody's Special Comment (February 2003).

る割合が Baa：0.2%（一般的な Baa の予想デフォルト率：0%），Ba：1.4%（同1.0%），B：6.8%（同2.0%）と高い。

**参考文献**
(1) 「第5部　ソブリン・リスク分析：国のリスク測定」『グローバル格付け分析』ムーディーズ・インベスターズ・サービス著，日本興業銀行国際金融調査部訳，金融財政事情研究会，1994年5月，189～273頁．
(2) 「ムーディーズのソブリン格付け～レーティングス・ガイド」ムーディーズ・ジャパン，1995年5月．
(3) 「自国通貨建てカントリー・ガイドライン」ムーディーズ・ジャパン，1998年4月．
(4) 「ソブリン格付けの規準」スタンダード&プアーズ，1998年12月，全13頁．
(5) 「ムーディーズのソブリン格付け～レーティングス・ガイド」Moody's Japan K.K.，1999年5月，全6頁．
(6) 「JCRのソブリン格付け評価手法」『JCR格付け』日本格付研究所，2000年7月，1～4頁．
(7) 「カントリー・シーリングの方針の変更」ムーディーズ・ジャパン，2001年6月．
(8) 「ソブリン格付けの基本的な考え方とその手法」『R&Iレーティング情報』格付投資情報センター，2002年4月，64～70頁．
(9) 「ソブリン格付けの推移」ムーディーズ・ジャパン，2002年4月．
(10) 「ソブリン格付け：日本（フル・レポート）」Standard and Poors，2002年5月7日．
(11) 「G7諸国の格付けについて」『JCR格付け』日本格付研究所，2002年7月号．
(12) 「日本国の債券格付けの見直しについて」『JCR格付け』日本格付研究所，2002年7月号．
(13) "Sovereign Credit Ratings Methodology: An Evaluation", Ashok Vir Bhatia,IMF Working Paper WP/02/170, October 2002, pp7.
(14) "Sovereign Credit Ratings: A Primer", Standard&Poors, March 2004, pp.16.

**注**
1　事業債はNPOフェア・レーティング，ホームページ，ソブリンはスタンダード&プアーズ・リスク・ソリューション・グループ，CreditPro R 6.6から作成した．
2　ソブリン格付けの分析手法については参考文献，(1)(4)(5)(6)(8)(13)(14)を参照．
3　Standard & Poors Ratings Direct の Sovereign Risk Indicators を使用した．URL は http://www.ratingsdirect.com.HTTPS である．

# 模擬格付け　　　　　　　　　　　　　　　　　　第 5 章

## 1. 模擬格付けの目的

　格付けに関する外部者が，興味のある企業やソブリン国家，あるいは自分の所属する企業がどのくらいの格付けになるのか，公表された情報・資料を基にして，一定の方法に基づいて，格付け会社の専門アナリストの領域にできるだけ近づいてみようとするのが模擬格付けの目的である。

## 2. 模擬格付けの方法と前提条件

　公表された情報・資料に基づいて格付けを行い，格付け記号だけを決定するのではなく被格付け主体の状況を十分理解した上で結論を出し，それをレポートにまとめる。模擬格付けの方法と前提条件は概略以下のとおりである。

① 公表された情報・資料を基とするので勝手格付け（非依頼格付け，unsolicited rating）の方法をとる。ただし，自分が所属する企業や情報購読契約などによって得た情報を利用して内容の精度を高めることは可能である。

② 定量分析と定性分析のそれぞれについて格付けを決定し，最後に総合格付けを決める。すなわち，定量分析による格付け A，定性分析による格付け BBB～BB，総合格付け BBB のように行う。

③ 定量分析は，過去 5 年間の実績資料を基にして，今後の償還力を格付

けする。すなわち，今後5年間は過去5年間とさほど違わないという前提で行う。大規模な設備投資やM&Aなどが予定されている場合は，それを定量分析に付加しても良いし，その影響を定性要因で判断しても良い。

④ 定性分析は，公表された情報を丁寧に収集して，被格付け主体の過去と将来の定性評価を行う。

⑤ 格付け会社が公表した格付け結果と同じになる必要はない。公表情報のみで格付けを行うのでむしろ異なる方が自然であり，その差が何からくるかを推論することが重要である。

⑥ 民間企業の模擬格付けについては，企業が公表している有価証券報告書などを過去10年間について詳細に分析すること。個別企業データについては，EDINET (https://info.edinet.go.jp/EdiHtml/main.htm) や日経ニーズなどを利用する。

⑦ ソブリン国家については世界銀行，IMF，OECD，アジア開発銀行などの公表資料のほか，国際金融情報センター（JCIF）および各格付け会社などの公刊資料やホームページからもある程度入手可能である。

⑧ 「まとめ」として「模擬格付け報告要旨」，「会社概要」（ソブリンの場合は「国の概要」），「報告書本文」，「説明付属資料」を作成する。

## 3. 模擬格付け報告書の作成要領

### (1) 模擬格付け報告要旨

フォーマットは図表5-1を参照。提案格付けは7分類（AAA，AA，A，BBB，BB，B，CCC以下）でよいが，きめ細かさを表現したい場合はAA以下について1・2・3のサフィックスを付けてもよい。主要指標は模擬格付け対象の業種や企業の特徴を勘案して，定量的事由を説明するのに最も相応しい7つの指標を選ぶ。ソブリンの場合もGDPの規模，地域性などを考慮して7指標を選択する。

### 図表 5-1　模擬格付け報告要旨（詳細は別紙）

1．格付け対象企業（または国）：＿＿＿＿＿＿＿＿＿＿＿＿＿＿＿＿＿＿＿＿＿＿＿
2．提案格付け：＿＿＿＿＿＿＿＿＿＿＿＿＿＿＿＿＿＿＿＿＿＿＿＿＿＿＿＿＿＿
3．公表格付け：R&I ＿＿＿＿＿＿　JCR ＿＿＿＿＿＿　Moody's ＿＿＿＿＿＿　S&P ＿＿＿＿＿＿
4．同業他社（又は類型的他国）の格付け：＿＿＿＿＿＿＿＿＿＿＿＿＿＿＿＿＿＿
5．格付けの事由
(1) 定量的事由（格付け：　　　　　）










(2) 定性的事由（格付け：　　　　　）










(3) 総合判断（格付け：　　　　　）










6．主要指標（財務・国際収支等：過去5年間）

| 項　　目 | 2001 | 2002 | 2003 | 2004 | 2005 |
|---|---|---|---|---|---|
|  |  |  |  |  |  |
|  |  |  |  |  |  |
|  |  |  |  |  |  |
|  |  |  |  |  |  |
|  |  |  |  |  |  |
|  |  |  |  |  |  |
|  |  |  |  |  |  |

## (2) 会社要項（図表 5-2），国の概要（図表 5-3）

民間企業の会社要項については図表 5-2 の各欄の幅を調整しながら記入する。格付けは長期および短期債務の返済能力が分析の焦点になるが，株価や株主および従業員の状況についても十分注意を払うこと。沿革，事業，設備の内容を通じて分析対象企業のイメージを浮き彫りにすることが必要である。

**図表 5-2　会社要項**

会社要項　会社名：＿＿＿＿＿＿＿＿＿

| 本社所在地 | |
|---|---|
| 業　種 | |
| 沿　革 | |
| 主要役員 | |

| 信用格付け推移<br>（時系列） | R&I | JCR | S&P | MDYs | Fitch | その他 |
|---|---|---|---|---|---|---|
| | | | | | | |

| 従業員の状況<br>（最近期） | 男　　　　　　　　　女<br>従業員数　　（　　　　）（　　　　）<br>平均年齢　　（　　　　）（　　　　）<br>平均年収　　（　　　　）（　　　　）<br>パート等の人数（　　　　）（　　　　） |
|---|---|
| 事業の内容 | |
| 設備の内容 | |
| 営業状況 | |
| 過去5年間の財務状況 | |

営業状況は同業他社との比較なども工夫して記入すること。特記事項では企業の社会的責任（CSR），コーポレット・ガバナンス，法令順守（コンプライアンス）などの企業運営の問題や，M&A，組合，株主に関する問題などにも注意を払うこと。ソブリン格付けの場合の国の概要についても，各項目に表現されるイメージが格付け結果と合うような内容になるように工夫する。

図表 5-3　国の概要

格付け対象国：

| 概　要 | (1) 面積<br>(2) 人口<br>(3) 主都<br>(4) 言語<br>(5) 宗教<br>(6) 政体<br>(7) 元首<br>(8)<br>(9)<br>(10) |
|---|---|

| ソブリン格付け推移 | |
|---|---|
| マクロ経済の状況 | |
| 中央政府の状況 | |
| 国際収支の状況 | |
| 対外債務の状況 | |
| 問題点等 | |

## ① 業界動向

定量分析を始める前に業界動向について要点を記述する（模擬格付けの実例：民間企業を参照）。主要製品は何か，業界全体として今後は拡大傾向なのか縮小傾向なのか，多企業による競争的業界なのか寡占的業界なのか，国内競争が主体か，グローバル競争に置かれた業界なのか，分析対象企業の業界における地位・競争力・特質がどのようなものであるか等について記述する。

## ② 過去5年の償還能力

定量分析は過去5年の財務データを使ってマッチング分析を行う。まず，過去5年間の実績数値を図表5-4に入力して，過去のおよその償還能力を把握する。返済予定額（バランスシートの1年内返済予定の長期借入金と社債の合計額）が償還財源を上回っていれば，償還財源が不足しているか，はじめから借り換えを予定した長期借り入れを行っているなどの理由が考えられるので，流動負債の詳細な検討（事実上固定負債化している流動負債かどうかなど）や借り換え環境の変化をリスクの一部に考慮するなどの配慮が必要である。長期債務残高を償還財源で割った償還年数はそれぞれの年度末の長期債務残高をあと何年で返済を完了する能力があるかを示す。製品やサービスが市場競争にさらされている企業の場合，BBB以上の格付けを取得するには，一般的にはこの数値が3～4年以内にあることが必要であるといわれている。償還能力の程度に対応して，それを補う自己資本の額および比率を検討する。償還財源の変動が大きい場合はより高い自己資本比率が必要である。毎年の償還財源と長期債務の返済額（1年以内の長期債務返済予定額）を図に描いて，どのようなパターンの企業かを把握する（図表5-5）。

## (3) マッチング

つぎに，主要指標のマッチングを行う。図表5-6はR&Iが行った格付け結果を基にして，異常値などを取り除いてスムージングして作成した一般製造業の場合のマッチング表の例である。マッチング表は格付け会社が重要視

図表 5-4　過去 5 年の償還能力（金額単位：　　）

| 項目 | 1年目 | 2年目 | 3年目 | 4年目 | 5年目 |
|---|---|---|---|---|---|
| 売上高 | | | | | |
| 総コスト<br>（うち減価償却費）<br>（うち支払い利息）<br>（その他コスト） | | | | | |
| 税引前利益 | | | | | |
| （利払い能力） | | | | | |
| 税後利益 | | | | | |
| 配当<br>賞与<br>留保利益 | | | | | |
| 減価償却費 | | | | | |
| 償還財源 | | | | | |
| 長期返済予定額 | | | | | |
| 長期債務残高（期首） | | | | | |
| 償還年数（年） | | | | | |
| キャッシュ・フロー比率(%) | | | | | |
| 資金過不足<br>流動資産<br>流動負債<br>自己資本 | | | | | |
| 自己資本比率（%）<br>（総資産） | | | | | |

している比率・倍率指標と規模指標で構成されている。日本ではアメリカの投資家に比較してマーケットシェアを重視する度合いが高く，規模指標と信用リスクとの相関度が高いので，マッチング表にも 7 つの規模指標を含めている。マッチングは一般製造業など広い範囲から始め，分析対象企業の該当業種のマッチングへと次第に狭い範囲に的を絞ってゆくやり方が良い。該当業種のマッチング表を作成するには，公表されている財務諸表を用いて，格付け会社が行っている格付けランクごとの主要指標平均値を算出して得ることができる。銀行，商社など非製造業の場合の主要指標は，一般製造業と大

3. 模擬格付け報告書の作成要領　177

図表 5-5　毎年の償還財源と長期債務の返済額

償還財源の安定性（不安定型）

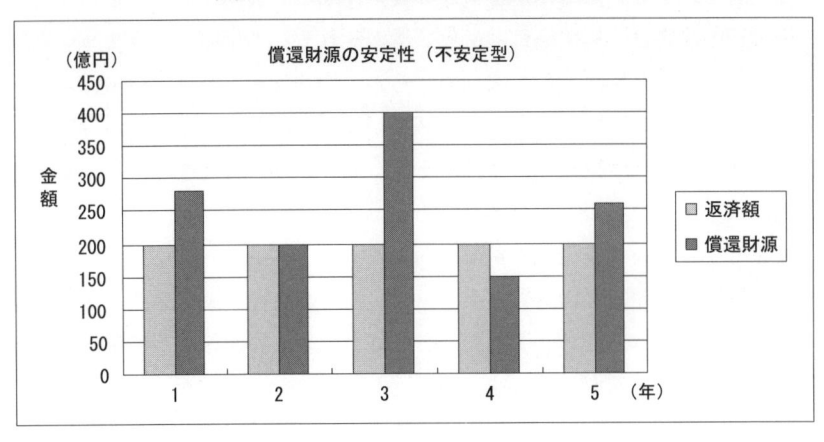

（縦軸：金額（億円）、横軸：年（1〜5）、凡例：返済額、償還財源）

図表 5-6　一般製造業のマッチング表

| (1)比率・倍率指標 | AAA | AA | A | BBB | BB | B |
|---|---|---|---|---|---|---|
| 純有利子負債／EBITDA 倍率（倍） | 0.5 | 1.0-1.5 | 2.0-3.0 | 3.5-7.0 | 10-20 | 30-40 |
| 純有利子負債 CF 倍率（倍） | 1.5 | 2.0-4.0 | 5.0-7.0 | 8.0-15.0 | 20-30 | 35-40 |
| EBITDA／使用総資本（％） | 13 | 12-10 | 9.0-7.0 | 6.5-5.5 | 5.0-4.0 | 3.0-2.0 |
| EBITDA／支払利息（倍） | 100 | 80-40 | 30-20 | 15-10 | 8.0-3.0 | 2.0-1.0 |
| インタレストカバレッジ（倍） | 40 | 35-25 | 20-15 | 10-5.0 | 4.0-2.0 | 1.0-0.0 |
| ROA（％） | 10 | 8.0-6.0 | 5.0-4.0 | 3.5-2.5 | 2.0-1.0 | 0 |
| ROBA（％） | 40 | 35-25 | 20-15 | 13-10 | 8.0-5.0 | 4.0-3.0 |
| 純有利子負債構成比（％） | 0 | 3.0-10.0 | 15-20 | 25-35 | 40-60 | 70-75 |
| (2)規模指標（単位：億円） | AAA | AA | A | BBB | BB | B |
| 利払後事業利益 | 4,000 | 1,000-300 | 200-100 | 80-40 | 30-20 | 10-0.0 |
| EBITDA | 5,000 | 4,000-2,000 | 1,000-300 | 250-200 | 150-80 | 50-30 |
| キャッシュフロー | 4,500 | 1,500-500 | 400-200 | 150-50 | 40-25 | 20-10 |
| 有利子負債 | 20,000 | 10,000-5,000 | 4,000-2,000 | 1,800-1,000 | 1,000-1,500 | 3,000-4,000 |
| 純有利子負債 | 15,000 | 8,000-3,000 | 2,500-1,000 | 900-500 | 1,000-1,500 | 3,000-4,000 |
| 自己資本 | 30,000 | 15,000-5,000 | 3,000-1,000 | 800-500 | 400-200 | 150-100 |
| 純営業資産 | 25,000 | 15,000-7,000 | 5,000-3,000 | 2,500-1,500 | 1,300-700 | 500-300 |

きく異なるのでそれぞれのマッチング表の作成が必要になる。定量指標による格付けの決定は，模擬格付け対象企業のそれぞれの指標がマッチング表のどの格付けランクにあるかを確かめ，その平均的ランクを「定量格付け」とする。それぞれの指標の格付けランクがバラバラになり，平均的格付けランクを出せない場合は指標を入れ替えるか，その企業の特性を考慮して少ない指標に絞り込むなどの工夫が必要である。

実際のマッチング作業は，簡易格付けモデルを使用すると便利である[1]。まず，最近2年間の財務諸表からマッチングに必要な数値を入力する（図表5-7）。当期には，証券取引所などで決算予想や決算速報などが発表されていればその数値を入力し，なければ直近のデータを入力する。次に，マッチング表を用意し計算の準備をする（図表5-8）。簡易格付けモデルではAAAからBまでを15ランクにノッチ区分して点数を表示する。結果の判定（図表5-9）は，入力数値をマッチング表が読み取って自動的に計算し，対象企業のそれぞれの指標の数値，格付けランク，点数を表示し，最後に総合判定結果を算出する[2]。総合判定は平均値または最頻値の選択が可能であるので状況に応じて使い分ける。

### (4) 定性分析

定性分析は第3章5「定性分析」に述べられている内部要因と外部要因について検討する。定性分析の質は対象企業の実態をどこまで深く，客観的に把握するかに依存するので，業界事情や会社要綱の内容を十分に分析する必要がある。対象企業の業界専門誌や業界アナリストの意見に耳目を傾けることが必要である。その後で，対象企業について，プラス要因3項目，マイナス要因3項目程度をピックアップし，それぞれの要因について格付け評価する。その際，イメージするのは，今後1～5年の長期債務の全体についての予想累積デフォルト率である。銀行借入についても償還条件の変更などが必要と予想される場合は「デフォルト」と考える。今後5年間，定性的にデフォルトを一切考慮しなくて良いと考えられる場合はAAAないしAAである[3]。その際，5年目以降も一切デフォルトの心配がない場合はAAAで

図表5-7 入力表（B/S, P/L）

貸借対照表（B/S）

| （資産の部） | 前期 | 当期 |
|---|---|---|
| 現金および預金 | | |
| 受取手形および売掛金 | | |
| 有価証券 | | |
| たな卸資産 | | |
| 前渡金・前払費用 | | |
| 流動資産合計 | | |
| 有形固定資産合計 | | |
| 無形固定資産合計 | | |
| 差入保証金 | | |
| 敷金 | | |
| 固定資産合計 | | |
| 資産合計 | | |

| （負債の部） | 前期 | 当期 |
|---|---|---|
| 支払手形および買掛金 | | |
| 短期借入金 | | |
| 1年内償還の社債・転換社債 | | |
| 1年内の長期借入金 | | |
| コマーシャル・ペーパー | | |
| 未払金および未払費用 | | |
| 前受金 | | |
| 流動負債合計 | | |
| 社債 | | |
| 長期借入金 | | |
| 固定負債合計 | | |
| （少数株主持分） | | |
| 少数株主持分 | | |

| （資本の部） | 前期 | 当期 |
|---|---|---|
| 資本金 | | |
| 資本剰余金 | | |
| 利益剰余金 | | |
| 資本合計 | | |
| 負債，少数株主持分および資本合計 | | |

| 損益計算書（P/L） | 前期 | 当期 |
|---|---|---|
| 売上高 | | |
| 売上原価 | | |
| 売上総利益 | | |
| 販売費および一般管理費 | | |
| 営業利益 | | |
| 営業外収益 | | |
| 受取利息 | | |
| 有価証券利息 | | |
| 受取配当金 | | |
| 営業外費用 | | |
| 支払利息 | | |
| コマーシャル・ペーパー利息 | | |
| 経常利益 | | |
| 当期純利益 | | |

| | 前期 | 当期 |
|---|---|---|
| 減価償却費 | | |
| 連結償却勘定償却費 | | |
| 遊休固定資産 | | |
| 連結前期配当金 | | |
| 連結前期役員賞与 | | |

図表 5-8 マッチング表

| 格付け | 純有利子負債営業CF倍率 | 純有利子負債EBITDA倍率 | EBITDA/支払利息 | インタレストカバレッジ | ROA | ROBA | 純有利子負債構成比 | 自己資本比率 | 利払後事業利益 | EBITDA | 営業CF | 点数 |
|---|---|---|---|---|---|---|---|---|---|---|---|---|
| (単位) | (倍) | (倍) | (倍) | (倍) | (%) | (%) | (%) | (%) | (億円) | (億円) | (億円) | |
| AAA | | | | | | | | | | | | 15 |
| AA＋ | | | | | | | | | | | | 14 |
| AA | | | | | | | | | | | | 13 |
| AA− | | | | | | | | | | | | 12 |
| A＋ | | | | | | | | | | | | 11 |
| A | | | | | | | | | | | | 10 |
| A− | | | | | | | | | | | | 9 |
| BBB＋ | | | | | | | | | | | | 8 |
| BBB | | | | | | | | | | | | 7 |
| BBB− | | | | | | | | | | | | 6 |
| BB＋ | | | | | | | | | | | | 5 |
| BB | | | | | | | | | | | | 4 |
| BB− | | | | | | | | | | | | 3 |
| B＋ | | | | | | | | | | | | 2 |
| B | | | | | | | | | | | | 1 |

あり，マイナス要因はひとつもあげる必要がない。AA の場合のマイナス要因は多くても1つである。A は当初3年間についてはデフォルトの可能性を排除できるが，5年の期間で考えると若干の不安が残る場合である。BBB は初年度についてはまったく問題ないが，3年間では若干（0.5％のイメージ），5年のタームでは多少の不安（4％のイメージ）がある場合である。BB は初年度から若干の不安があり，5年間については5件に1件の割りでデフォルトをイメージしなければならない場合である。B は5年間で「おおむね半分がデフォルトになるような企業群」と同じような定性要因のマイナス面を持っている場合である。以上のことを考慮して，それぞれの要因の該当箇所に印をつけ，全体を眺めた上で定性要因格付けを決定する。各定性要因の格付けに乖離が大きい場合は工夫を要するが，中間ないし低い方に寄せ

3. 模擬格付け報告書の作成要領   181

図表 5-9　判定表

| 格付け | 純有利子負債営業CF倍率 | 純有利子負債EBITDA倍率 | EBITDA/支払利息 | インタレストカバレッジ | ROA | ROBA | 純有利子負債構成比 | 自己資本比率 | 利払後事業利益 | EBITDA | 営業CF | 総合判定 |
|---|---|---|---|---|---|---|---|---|---|---|---|---|
| (単位) | (倍) | (倍) | (倍) | (倍) | (%) | (%) | (%) | (%) | (億円) | (億円) | (億円) | |
| 対象企業 | | | | | | | | | | | | |
| 格付け判定 | | | | | | | | | | | | |
| 点数判定 | | | | | | | | | | | | |

(計算式)

$$\text{純有利子負債・営業CF倍率} = \frac{\text{純有利子負債}}{\text{営業CF}}$$

$$\text{純有利子負債・EBITDA倍率} = \frac{\text{純有利子負債}}{\text{EBITDA}}$$

$$\text{EBITDA／支払利息} = \frac{\text{EBITDA}}{\text{支払利息}}$$

$$\text{インタレストカバレッジ} = \frac{\text{営業利益＋受取利息・割引料・有価証券利息＋受取配当金}}{\text{支払利息・割引料}}$$

$$\text{ROA（総資本事業利益率）} = \frac{\text{営業利益＋受取利息・割引料・有価証券利息＋受取配当金}}{\text{総資産＋受取手形割引高＋受取手形譲渡高}}$$

$$\text{ROBA（営業資産営業利益率）} = \frac{\text{営業利益}}{\text{売上債権＋棚卸資産－仕入債務＋稼働有形固定資産＋差入保証金}}$$

$$\text{純有利子負債構成比} = \frac{\text{有利子負債－現預金}}{\text{自己資本＋有利子負債－現預金}}$$

$$\text{自己資本比率} = \frac{\text{資本合計}}{\text{総資産合計}}$$

利払後事業利益＝営業利益＋受取利息・割引料・有価証券利息＋受取配当金－支払利息・割引料

EBITDA＝営業利益＋受取利息・割引料・有価証券利息＋受取配当金
　　　　＋減価償却費＋連結調整勘定償却費

営業CF＝リテインドキャッシュフロー（当期純利益＋減価償却費－前期の配当金・役員賞与）±運転資金の増減

有利子負債＝短期借入金＋コマーシャルペーパー＋一年以内返済の長期借入金
　　　　　　＋一年以内償還の社債・転換社債＋長期借入金＋受取手形割引高

純有利子負債＝短期借入金＋コマーシャルペーパー＋一年以内返済の長期借入金
　　　　　　　＋一年以内償還の社債・転換社債＋長期借入金＋受取手形割引高－現金・預金

自己資本＝資本合計

純営業資産＝受取手形・売掛金＋棚卸資産合計＋前渡金・前払費用＋有形固定資産合計
　　　　　　＋敷金・差入保証金－支払手形・買掛金－前受金

(注)　計算式は R&I の計算式を基にした。

図表5-10　定性要因の格付け（予想累積デフォルト率1～5年：%）

| 格付け | 1年 | 3年 | 5年 | ＋要因1 | ＋要因2 | ＋要因3 | －要因1 | －要因2 | －要因3 |
|---|---|---|---|---|---|---|---|---|---|
| AAA | 0 | 0 | 0 | | | | | | |
| AA | 0 | 0 | 0 | | | | | | |
| A | 0 | 0 | 1.5 | | | | | | |
| BBB | 0 | 0.5 | 4.0 | | | | | | |
| BB | 1.0 | 2.00 | 20.00 | | | | | | |
| B | 2.0 | 10.00 | 40.00 | | | | | | |

（記入方法）それぞれの要因について該当する格付け欄に○印，または×印を記入する。

ることもひとつの方法である。

### (5) 総合判断

　定量格付けと定性格付けを総合して最終格付けを決定する。定量格付けと定性格付けをどのように総合するかについて決定的なルールはないが，おおむね次のような方法が考えられる。① どちらか低い方の格付けを最終格付けとする：分析者は対象企業の内容を深く知れば知るほどその企業に愛着を持ち，客観性にバイアスがかかり実際より良い評価を与える傾向がある。自分にそのような性癖を認める分析者はこの方法が良い。② 中間の格付けを採用する：定性分析についても一応客観的な見方ができていると思う分析者の場合は「中間を採る」ことで，総合判断の根拠を詳細に述べることを免れるであろう。③ 定量または定性格付けのどちらかを優先する：定量または定性のどちらかの格付け決定要因に自信があれば，そちらを優先して最終格付けとする。定量格付けが良くても，定性的な今後の見方に懸念があれば定性格付けを優先し，定性格付けの方が低くても定量格付けが高く出る理由に納得ができれば定量格付けを優先する。いずれの場合でも，最終格付けに至った決定要因を説得的に説明することが必要である。④ 決め手がない場合は定性格付けを優先する：決め手になる要因を見つけられない場合は，少しでも自分の判断が入っている定性格付けをもって最終格付けとした方が判断能力の訓練になる。

### (6) 付属資料

模擬格付け報告要旨や報告書本文を理解するために必要なデータや資料を付属資料として添付する。報告書本文は筋書きや要点についてポイントをつけて記述するのであまり詳細に述べないほうが良い。それを補うのが付属資料である。したがって付属資料は「ある点」について掘り下げて，あるいは「時系列的」に理解できるようなものが添付されていなければならない。「模擬格付けの実例」では紙数の関係で多くの付属資料を割愛したが，必要と思われるのものについてはその一部を本文中に挿入した。

注
1 マッチング表と簡易格付けモデルは，NPOフェア・レーティングのホームページ（http://www.fair−rating.jp/）の会員欄を参照。
2 各指標の算式は，格付け各社が使用しているオーソドックスな算式を使用しているが，各社間で異なるものについてはR&Iが使用している算式を用いた。
3 定性要因の判断には定量分析による企業のイメージが当然加味される。したがって，定量分析は「定性分析の判断に影響を与える」と考えてよい。

## 4. 模擬格付けの実例

以下の実例は，早稲田大学大学院アジア太平洋研究科の「格付け評価論」2005年度および2006年度の授業において大学院生が作成した「模擬格付け」のうちの8例（民間企業6例，ソブリン2例）である。まず，製造業の一般的な例として大同特殊鋼をとりあげた。次は，消費者金融のアコムである。この模擬格付けでは，2005年当時まだマスメディアではそれほど問題とされていなかった利息制限法と出資法の上限金利の問題を定性要因（本文では「非財務的事由」）として指摘した。第3と第4の実例は，製造業と分析手法が異なる小売業の中から，業界再編が続く百貨店の伊勢丹とドラッグストアのリーダーであるマツモトキヨシをとりあげた。次は，M&Aの格付け評価をテーマに，化粧品業界の花王がカネボウ化粧品事業を子会社化した影響についての模擬格付けである。民間企業の最後は，格付け会社が格付けしていないブックオフコーポレーションをマッチング手法で模擬格付けした例である。小規模な新しい業界である中古書籍業は財務的にはあまり知られ

ておらず，類似企業のテイツーとゴトーと比較した。ソブリンの模擬格付けは，アジア通貨危機後の対外債務返済能力がどのように変化したか，インドネシアとフィリピンをとりあげた。以上8つの実例は，時期的に古くなった部分も含まれているが，模擬格付け作成の実例として，分析の方法や格付け決定の導き方を参照していただければ幸である。模擬格付けの実例はすべて公表資料を前提にして分析したものであり，企業や国家の非公開情報は一切含まれていないが，内容や記述方法に不適切な点が認められた場合は，学生（大学院生）に免じてご容赦いただければ幸いである。なお，内容や記述方法に問題がある場合は，述べるまでもなく，その責任は模擬格付けの作者（大学院生）ではなく本書の著者にあるので著者宛にご連絡いただければ幸甚である。

## 〔1〕 大同特殊鋼

### 1．模擬格付け報告要旨
(1) 格付け対象企業　　：大同特殊鋼
(2) 提案格付け　　　　：A−
(3) 公表格付け　　　　：R&I　BBB+　(7/14 より A−)　JCR　A
(4) 同業他社の格付け　：日立金属 A(R&I)　山陽特殊製鋼 BBB+(JCR)
(5) 格付けの事由

A．定量的事由（格付け：BBB）

　　R&I 格付け別財務指標（製造業）03 年度データより推計。

　　同業他社との比較からも BBB とした。（利益率高く，規模大な日立金属を BBB+，利益率，規模ともに劣るものの有利子負債の少なさから愛知製鋼も BBB+，有利子負債は少ないものの規模で劣る山陽特殊製鋼を BBB−，有利子負債依存度が高く，規模も小さい三菱製鋼を BB とした。）

B．定性的事由（格付け：A　　）

　　特定ユーザー向け製品（ひも付き品）の比率は 70％と高い。その主要

ユーザーである自動車業界の好調さは，原油価格上昇を背景とした北米市場，急成長を続ける中国を中心としたアジア市場において当面続くものと見られ，特殊鋼業界はフル生産状態が継続する見通しであり数量的安定性は高い。需要超過状態を生かし，価格面でもこれまで苦戦していた紐付き品の価格是正が進捗中。加えて利幅の取れる製品へのシフトも行っており内容改善進む。懸念材料である原材料価格の上昇も投機的上昇一段落。

C. 総合判断（格付け：Ａ－　）

製造業平均と比較すると財務指標は物足りないものの，特殊鋼業界は参入障壁も高く紐付き品比率も高いため経営は安定している。特に自動車メーカーの増産影響は大きく代替品も少ないことから自動車業界の好調が続く間は好業績が見込まれる。そのため，総合判断はＡ－とする。今後のチェックポイント（リスク要因）は主要ユーザーの動向と原材料価格の高騰，成長投資の成否である。

(6) 主要指標（過去5年間）

| 項目 | 01/3 | 02/3 | 03/3 | 04/3 | 05/3 |
| --- | --- | --- | --- | --- | --- |
| 売上高（億円） | 3,786 | 3,271 | 3,445 | 3,678 | 4,291 |
| 営業利益（億円） | 185 | 53 | 63 | 96 | 215 |
| EBITDA（億円） | 375 | 227 | 240 | 268 | 387 |
| 営業CF（億円） | 305 | 307 | 70 | 102 | 234 |
| 純有利子負債（億円） | 1,456 | 1,315 | 1,466 | 1,536 | 1,426 |
| 自己資本（億円） | 1,321 | 1,345 | 1,241 | 1,329 | 1,443 |
| 純有利子負債／EBITDA倍率（倍） | 3.9 | 5.8 | 6.1 | 5.7 | 3.7 |
| 純有利子負債／CF倍率（倍） | 4.8 | 4.3 | 20.9 | 15.1 | 6.1 |
| ROA（％） | 4.7 | 1.5 | 1.7 | 2.4 | 5.1 |
| ROBA（％） | 6.8 | 2.1 | 2.5 | 3.7 | 8.1 |

（出所）有価証券報告書より作成。

## 2．報告書本文
### (1) 業界動向
#### ① 特殊鋼について

特殊鋼とは鉄鋼の一種である。鉄鋼は普通鋼と特殊鋼に大別することができる。単純化して言えば普通鋼：Fe（鉄）＋C（炭素），特殊鋼：Fe＋C＋合金鉄，である。特殊鋼は合金鉄を添加することにより，普通鋼よりも強靭性，耐熱性，耐磨耗性，耐錆性などを強化した鉄鋼である。知名度の高いところで言えばステンレス鋼や，チタン鋼などが特殊鋼に属する。

#### ② 特殊鋼業界について

日本における特殊鋼生産量は，粗鋼生産量の2割程度を占める。（世界的には1割程度であり，日本は特殊鋼の生産比率が高いといえる。）

特殊鋼を製造するメーカーは高炉メーカーと電炉メーカーに区分できる。高炉・電炉どちらの製造方法でも普通鋼・特殊鋼両方の製造が可能である。しかし，特殊鋼生産には，温度調整が容易な電炉が適している。また，高級特殊鋼は小ロット，多品種が基本であり，生産量の小回りが効く電炉が有利である。また，電炉生産の場合，主原材料が鉄スクラップ（含合金）であるため，合金添加量が少なくて済む利点もある。

特殊鋼を生産するメーカーは，特殊鋼専業メーカーと一部の高炉メーカーが中心である。特殊鋼専業メーカーは全て電炉生産であり，その大手は大同特殊鋼㈱，愛知製鋼㈱，山陽特殊製鋼㈱などである。

特殊鋼の用途は，半分以上が自動車産業向けであるところが最大の特徴である。（その他は産業機械，エレクトロニクス，建築資材など。また，この自動車メーカーをはじめとする特定大口ユーザー向け製品（業界内ではひも付き品と呼ぶ。）の比率が60〜70％程度と高いのも特徴である。（ひも付き品以外の市況品を店売り品と呼ぶ。）このひも付き品比率が高いことは，数量的な安定をもたらしている。

日本の特殊鋼メーカーの特徴は，自動車を始めとする特定の大口ユーザーと共同で素材（特殊鋼）の開発を行うことにあり，ユーザーニーズに合致したきめ細かい対応を行っている。（それゆえ，取り扱い鋼種は非常に多い。

これはメリットでもありデメリットでもある。）このため，ユーザーの製造設備が，共同開発した特殊鋼に合わせて作られているケースもあり，代替品の脅威は低めである。

また，品質については世界でも最高レベルにあるといわれており，技術レベルは高い。

**図表1　普通鋼と特殊鋼**

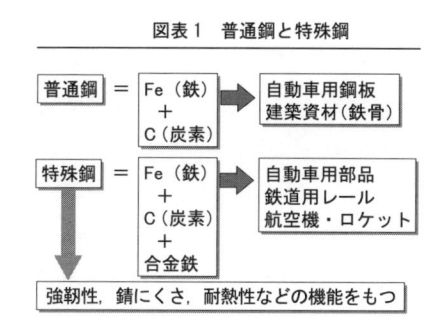

普通鋼 ＝ Fe（鉄）＋ C（炭素） → 自動車用鋼板／建築資材（鉄骨）

特殊鋼 ＝ Fe（鉄）＋ C（炭素）＋ 合金鉄 → 自動車用部品／鉄道用レール／航空機・ロケット

↓ 強靱性，錆にくさ，耐熱性などの機能をもつ

**図表2　特殊鋼生産量（03年度）**

◆粗鋼生産 （百万トン）

| | 合計 | 普通鋼 | 特殊鋼 |
|---|---|---|---|
| 世界 | 969.4 | 872.6 | 96.8 |
| 日本 | 111.0 | 88.3 | 22.7 |
| （シェア） | 11.4% | 10.1% | 23.5% |

◆日本の熱間圧延鋼材生産 （百万トン）

| 合計 | 普通鋼 | 特殊鋼 |
|---|---|---|
| 101.0 | 81.9 | 19.1　うち国内向け 12.6 |

| | | 高炉 | 専業 |
|---|---|---|---|
| 板 | 4.2 | 3.4 | 0.8 |
| パイプ | 0.4 | 0.3 | 0.1 |
| 形鋼 | 0.1 | 0.1 | 0.0 |
| 条鋼（棒＋線） | 7.9 | 4.4 | 3.5 |

**図表3　鋼の製造方法**

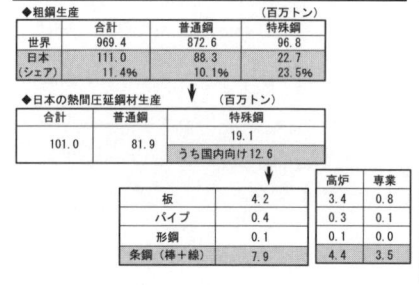

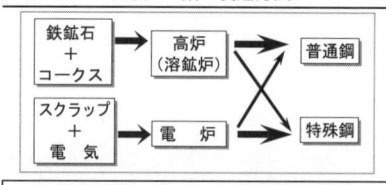

鉄鉱石＋コークス → 高炉（溶鉱炉） → 普通鋼／特殊鋼
スクラップ＋電気 → 電炉 → 普通鋼／特殊鋼

・どちらの製造方法でも普通鋼・特殊鋼両方の製造が可能
・特殊鋼生産には，温度調整が容易な電炉が適している
・特殊鋼は小ロット，多品種。小回りの効く電炉が有利。
・原料がスクラップ（含合金）であるため，合金添加量が少なくて済む。

**図表4　普通鋼と特殊鋼の需要分野**

国内向け普通鋼鋼材：建設46%，その他12%，電気機械6%，造船7%，産業機械8%，自動車21%

国内向け特殊鋼熱間圧延材：自動車51%，その他10%，電気機械6%，建設14%，産業機械19%

**図表5　自動車における特殊鋼の使用例**

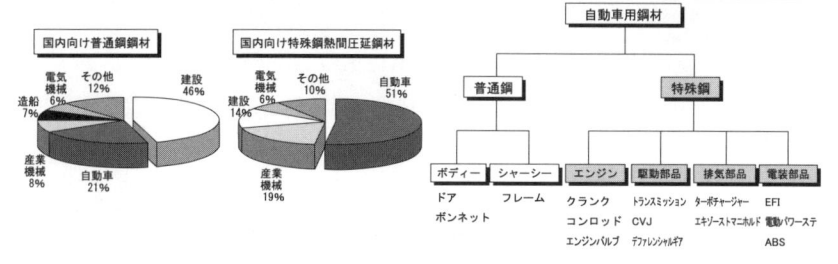

自動車用鋼材
├─ 普通鋼
│   ├─ ボディー：ドア，ボンネット
│   └─ シャーシー：フレーム
└─ 特殊鋼
    ├─ エンジン：クランク，コンロッド，エンジンバルブ
    ├─ 駆動部品：トランスミッション，CVJ，デファレンシャルギア
    ├─ 排気部品：ターボチャージャー，エキゾーストマニホールド
    └─ 電装部品：EFI，電動パワーステ，ABS

（出所）有価証券報告書，会社パンフレット等公表資料より作成。

### (2) 定量的事由（格付け：BBB）

R&I 格付け別財務指標（製造業）03 年度データより推計。

第一に，有利子負債の金額は多めである。純有利子負債／EBITDA 倍率，純有利子負債／CF 倍率のどちらで見ても，BBB－から BB 程度のレベルである。有利子負債の削減はここ数年間，重点施策として継続して実行されているものの，足元では売り上げ増加に伴う運転資金の増加があり，大きな成果を出すには至っていない。ただし，業績が大きく改善されてきており，運転資金の増加が一段落した時点で，もう一段の有利子負債削減が行われる可能性は高い。

第二に，利益率は低い。ROA，ROBA ともに BBB から BB の水準である。もともと特殊鋼業界は利益率が低い。典型的装置産業であるため，利益のわりに資産は多目となっている。また，特殊鋼業界は特定ユーザー向け製品（ひも付き品）が多く，その特定ユーザーは自動車メーカーをはじめとした大手優良企業が多い。このため，買い手の交渉力が強く，マージンが取りにくい業界体質といえる。99 年には日産の集中購買（ゴーンショック）がはじまり，特殊鋼価格の一層の下落（マージンの一層の低下）を招いている。このように買い手の交渉力の強さが，収益性を低めているといえる。ただし，この点に関しては，ここ 2～3 年の需要の急増（国内自動車メーカーの生産増加）による需給タイト化により，かなり改善を見せている。今後は，投資効率を高めていくことで，ROA，ROBA の改善を行っていくことが望まれる。

規模指標はおおむね A～BBB のレベルにあり，業界でも上位に位置する。

これらを総合して定量的評価は BBB とする。

同業他社との比較からも BBB とする。日立金属は利益率高く，規模大なため BBB＋，愛知製鋼は利益率，規模ともに劣るものの有利子負債の少なさから BBB＋，山陽特殊製鋼は有利子負債が少ないものの規模で劣るため BBB－，三菱製鋼は有利子負債依存度が高く，規模も小さいため BB とした。

以下のマッチング基準データ（R&I の格付けに基づく各指標のデータをスムージングして作成した）を基にして大同特殊鋼㈱のマッチングを行った。

4. 模擬格付けの実例

図表6 定量指標マッチング基準データ

| (1)比率・倍率指標 | AAA | AA | A | BBB | BB | B |
|---|---|---|---|---|---|---|
| 純有利子負債／EBITDA 倍率（倍） | 0.5 | 1.0-1.5 | 2.0-3.0 | 3.5-7.0 | 10-20 | 30-40 |
| 純有利子負債 CF 倍率（倍） | 1.5 | 2.0-4.0 | 5.0-7.0 | 8.0-15.0 | 20-30 | 35-40 |
| EBITDA／使用総資本（％） | 13 | 12-10 | 9.0-7.0 | 6.5-5.5 | 5.0-4.0 | 3.0-2.0 |
| EBITDA／支払利息（倍） | 100 | 80-40 | 30-20 | 15-10 | 8.0-3.0 | 2.0-1.0 |
| インタレストカバレッジ（倍） | 40 | 35-25 | 20-15 | 10-5.0 | 4.0-2.0 | 1.0-0.0 |
| ROA（％） | 10 | 8.0-6.0 | 5.0-4.0 | 3.5-2.5 | 2.0-1.0 | 0 |
| ROBA（％） | 40 | 35-25 | 20-15 | 13-10 | 8.0-5.0 | 4.0-3.0 |
| 純有利子負債構成比（％） | 0 | 3.0-10.0 | 15-20 | 25-35 | 40-60 | 70-75 |
| (2)規模指標（単位：億円） | AAA | AA | A | BBB | BB | B |
| 利払後事業利益 | 4,000 | 1,000-300 | 200-100 | 80-40 | 30-20 | 10-0.0 |
| EBITDA | 5,000 | 4,000-2,000 | 1,000-300 | 250-200 | 150-80 | 50-30 |
| キャッシュフロー | 4,500 | 1,500-500 | 400-200 | 150-50 | 40-25 | 20-10 |
| 有利子負債 | 20,000 | 10,000-5,000 | 4,000-2,000 | 1,800-1,000 | 1,000-1,500 | 3,000-4,000 |
| 純有利子負債 | 15,000 | 8,000-3,000 | 2,500-1,000 | 900-500 | 1,000-1,500 | 3,000-4,000 |
| 自己資本 | 30,000 | 15,000-5,000 | 3,000-1,000 | 800-500 | 400-200 | 150-100 |
| 純営業資産 | 25,000 | 15,000-7,000 | 5,000-3,000 | 2,500-1,500 | 1,300-700 | 500-300 |

（出所）R&I『月刊レーティング情報』を基に作成（図表3-5に同じ）

図表7 大同特殊鋼（単位：倍，％，億円） 格付け：R&I：BBB+　　JCR：A

| | 01/3 | 02/3 | 03/3 | 04/3 | 05/3 | 格付マッチング | | |
|---|---|---|---|---|---|---|---|---|
| 純有利子負債／EBITDA 倍率（倍） | 3.9 | 5.8 | 6.1 | 5.7 | 3.7 | BBB− | ～ | BB+ |
| 純有利子負債／CF 倍率（倍） | 4.8 | 4.3 | 20.9 | 15.1 | 6.1 | BBB− | ～ | B+ |
| EBITDA／使用総資本（％） | 9.1 | 5.8 | 6.0 | 6.3 | 8.9 | A+ | ～ | BBB− |
| EBITDA／支払利息（倍） | 13.2 | 10.5 | 11.4 | 13.5 | 19.4 | BBB | ～ | BBB− |
| インタレストカバレッジ（倍） | 6.8 | 2.7 | 3.3 | 5.2 | 11.2 | BBB | ～ | BB+ |
| ROA（％） | 4.7 | 1.5 | 1.7 | 2.4 | 5.1 | BBB | ～ | B+ |
| ROBA（％） | 6.8 | 2.1 | 2.5 | 3.7 | 8.1 | BBB | ～ | BB− |
| 純有利子負債構成比（％） | 52.4 | 49.4 | 54.2 | 53.6 | 49.7 | BBB− | ～ | BBB− |
| 自己資本比率（％） | 32.2 | 34.5 | 31.1 | 31.1 | 33.1 | BBB− | ～ | BBB− |
| EBITDA | 375 | 227 | 240 | 268 | 387 | BBB+ | ～ | BB+ |
| 営業 CF | 305 | 307 | 70 | 102 | 234 | BBB+ | ～ | BBB |
| 純有利子負債 | 1,456 | 1,315 | 1,466 | 1,536 | 1,426 | A | ～ | BBB− |
| 自己資本 | 1,321 | 1,345 | 1,241 | 1,329 | 1,443 | A− | ～ | BBB+ |
| 純営業資産 | 2,712 | 2,536 | 2,544 | 2,590 | 2,641 | BBB+ | ～ | BBB+ |
| | | | | 定量評価 | | BBB | | |

（出所）有価証券報告書より作成。

## (3) 定性的事由（格付け：A ）

　特定ユーザー向け製品（ひも付き品）の比率は70％程度と高い。特に自動車メーカーの比率が高く，自動車産業向けが，店売り品も含めた売上全体の50〜60％を占める。その自動車業界はここ数年，非常に好調な状態にある。原油価格上昇を背景として燃費のよさが再認識されている北米市場，それから急成長を続ける中国を中心としたアジア市場における販売が好調である。自動車の中で特殊鋼が使用される部位（足回り，エンジン周り）は，重要保安部品として国内で生産されることが多い。（これを現地で組み立てる。）そのため，自動車の海外販売の好調さが日本での特殊鋼需要に直結しており，現在特殊鋼業界はフル生産状態となっている。国内自動車メーカーのグローバルでの好調さは当面続くものと見られ，特殊鋼業界はフル生産状態が継続する見通しであり，今後数年は数量的に高位安定となる可能性が高い。ゴーンショック以降の需要家の集中購買政策により，主要ユーザーにおける大同特殊鋼のシェアが高まっている点もプラスの評価要因である。

　また，この需要超過状態を生かし，価格面での改善が進んでいる。これまで買い手の交渉力が強く苦戦していた紐付き品の価格について，需給の逼迫を背景に是正が進捗中である。04年度に加えて05年度もベース値上げが実現する見通しである。高炉メーカーの鋼板価格が上昇しているのもこれを後押ししている。高炉メーカーは業界再編が進み，価格交渉力を取り戻すことに成功した。これにより，ゴーンショック以降の値下げ部分の値戻しを実施し，更に鉄鉱石をはじめとした鉄鋼原料の高騰を製品価格に転嫁することに成功している。この鋼板価格の上昇が，鉄鋼素材に対する価格の上昇を受け入れる素地になっている。

　また，副原料である一部の合金鉄（ニッケル，クロム，モリブデンなど）が，世界的な鉄鋼原料の高騰の中で値を上げており，製造コストを押し上げているが，これに対応するため，一部の製品ではサーチャージ制が取られている。これは，値動きの激しい一部の合金鉄の含有量が高い一部の製品につき，原料価格の変動に合わせて製品価格を変動させるというものである。原料価格の変動リスクをユーザーに一部負担してもらう仕組みといえる。原料

価格の変動時期と，製品価格の変動時期に多少のタイムラグがあるのが若干の難点ではあるものの，原料価格の変動リスクをヘッジする仕組みとしてプラスに評価できる。(タイムラグの短縮化と，サーチャージ制適用製品の拡大が，今後望まれる。)

このような製品価格の上昇に加えて，売上製品の内容構成の改善が進んでいる。需要が少なかった時期に受注していた海外向け低採算品をはじめとする低採算品について，この需要超過状況を機に受注辞退を進めており，より利幅の取れる製品の構成比率を高めることに成功している。

これら，数量的安定性，製品価格の改善傾向，製品構成の改善傾向は定性評価においてプラス要因として評価する。

一方，懸念材料として，原材料価格の高騰があげられる。中国で鉄鋼需要が急増し，02年ごろから鉄鋼の素材となる鉄スクラップの国際的な需給のタイト化が急速に進展した。これにより，鉄スクラップの中国への輸出が増大し，国内の鉄スクラップ価格も高騰した。しかし，中国政府がバブル経済化を懸念し金融引締めを行ったことにより，鉄鋼需要の過熱も沈静化し，現在はスクラップ価格も落ち着きを見せている。

中国の鉄鋼需要は建築資材向けが中心で，普通鋼の需要がほとんどであり，少なくとも日本からの特殊鋼の輸出が急増するには至っていない。日本の特殊鋼の品質が中国で求められるのはまだ先とみられており，中国市場の活発化は，日本の特殊鋼業界にとっては，需要の増加を伴わずに，原材料の高騰だけを招く恐れが強い。従って，中国経済の急激な拡大はマイナスに作用する可能性が高いため，そのような視点から中国経済の動向には注意が必要である。

また，長期的な懸念材料として，自動車のガソリン車から電気自動車へのシフトによる，特殊鋼需要の減少懸念が上げられる。従来のガソリン車においては，エンジン部分に特殊鋼が使用されているが，電気自動車化によりエンジンがモーターに代替される。モーターに特殊鋼が使用される可能性は低く，この点で自動車の進化が，特殊鋼需要の減少を招く可能性がある。ただし，電気自動車化に関しては，ハイブリッド車がそのつなぎ役になる可能性

が高く，ハイブリッド車には小型化するもののエンジンが搭載されるため，この問題が突然顕在化する可能性は低いと見られる。

　もう一点の長期的懸念材料として，特殊鋼ユーザーの現地生産化の進展があげられる。特殊鋼使用部位の現地生産化が進んだ場合，その影響は大きく，現地進出に関する判断を迫られる。装置産業であるがゆえに，現地へ進出することは非常にリスクが高いといえる。また，製造現場においては自動化を進めているものの，まだ人的ノウハウに頼る部分も大きく，現地生産でこのような技能ノウハウを維持できるかどうか（職人が育つかどうかのリスクと，技能が流出するリスク）は大きな課題である。ただし，現在までのところ，自動車メーカーにおいては，特殊鋼使用部位は国内生産を続けている。自動車の性能を左右する重要保安部品であるため，技術流出を避ける意味で，国内生産を継続していく可能性もある。いずれにせよ，製造拠点の海外進出が行われる場合には事業リスクが飛躍的に高まる点に注意が必要である。

　これらの長期的懸念材料を克服するために，新製品の開発や，画期的な製造プロセスの開発などによるコストダウンの進展による需要の掘り起こしなどによって，新たな特殊鋼需要を創出する必要がある。

　以上のように，原材料価格の高騰という懸念材料はあるものの，当面の需要の強さ，価格の改善などプラス要因が非常に大きいと判断する。長期的懸念材料も当面の間は顕在化する可能性が低いため，定性的評価はAとする。

### (4) 結論（格付け：A−　）

　定量的評価で見たとおり，製造業平均と比較すると財務指標は物足りない部分が多い（有利子負債の多さ，利益率の低さ）。しかし，特殊鋼業界は装置産業であり，かつ，その製造には高い技術力を要するため，参入障壁は高い。高い技術力を背景として，代替品の脅威も今のところ少ない。また，紐付き品比率が高く，その主要ユーザーの好調さは今後も維持される見通しであることから，数量的な安定度は高い。特に自動車メーカーの増産影響は大きく，需給の逼迫は当面続くとみられ，これが価格的な回復を後押ししている。したがって，自動車業界等の主要ユーザーの好調が続く間は，量的にも

価格的にも好調が維持されると見られ，今後数年間は好業績が見込まれる。

　長期的懸念材料として，自動車の電気自動車化による特殊鋼需要減少，ユーザーの海外生産の進展への対応などがあるが，今後数年間で顕在化する可能性は低い。

　そのため，総合判断は定量的評価よりワンノッチ上げ，A－とする。今後のチェックポイント（リスク要因）は主要ユーザー（特に自動車）の動向と原材料価格の動向，成長投資の成否である。

#### 使用資料
有価証券報告書（大同特殊鋼，日立金属，愛知製鋼，山陽特殊製鋼，三菱製鋼）
R&I 格付け別財務指標（製造業）03年度データ
日本鉄鋼連盟ホームページ「いろいろな鉄－特殊鋼鋼材」

## 〔2〕 アコム

### 1．模擬格付け報告要旨
(1) 格付け対象企業（国）：アコム
(2) 提案格付け　　　　　：BBB
(3) 公表格付け：R&I A　　JCR A＋　　Moody's なし　　S&P BBB＋
(4) 同業他社（同クラス他国）の格付け：アイフル　BBB（Moody's）
(5) 格付けの事由

A．定量的事由（格付け：A　）

　総資産や営業貸付金の規模では消費者金融業界で2位。

　高い利鞘を反映して収益性が高い。

　資本基盤が厚く，キャッシュフローが潤沢。

　不良債権のローン残高に対する割合は5％で業界上位5社平均より低い。

　MTFGへの第三者割り当てによって資本が増強された。

B．定性的事由（格付け：BBB－　）

　消費者ローンの需要は頭打ち。

　業態ゆえのイメージの悪さ。

　銀行の消費者金融業参入による競争激化。

法的債務整理の増加による不良債権増加の可能性。
　　出資法の見直しによる収益への悪影響の可能性。
　　MTFGからの安定した資金調達への期待。
C．総合判断（格付け：BBB　　　）
　　営業収益は，需要の低下，競争の激化によって低下すると予測される。
　　出資法の見直しは中長期的に業界に取って大きなリスク要因。
　　法的債務整理の増加等によって不良債権の増加が予想される。
(6) 主要指標（財務：過去5年間）

| （百万円） | Mar-05 | Mar-04 | Mar-03 | Mar-02 | Mar-01 |
|---|---|---|---|---|---|
| 営業収益 | 433,965 | 434,968 | 437,672 | 414,918 | 375,674 |
| 当期純利益 | 81,533 | 70,319 | 75,096 | 95,637 | 81,369 |
| 当期純利益／営業収益 | 18.79% | 16.17% | 17.16% | 23.05% | 21.66% |
| 当期純利益／総資産 | 3.92% | 3.39% | 3.44% | 4.41% | 4.19% |
| 総資産 | 2,077,334 | 2,075,389 | 2,183,414 | 2,166,865 | 1,943,836 |
| 株主資本 | 863,760 | 697,166 | 644,431 | 582,737 | 503,335 |

## 2．報告書本文
### (1) 業界事情

　消費者金融業界では，アイフル，アコム，プロミス，武富士，三洋信販が大手5社とされている。これら5社の05年3月の営業貸付金とオフバランスの債務保証の合計は前年より4.1% 増加して8兆3,490億円，営業収益は前年より若干増加して1兆8,330億円となった。当期純利益はクレジットコストの低下により，25.5% 増加して3,310億円となった。クレジットコストの低下は2004年からの景気回復に伴う自己破産の低下を反映している。ROAの平均は3.7%で大手銀行の数値の10倍ほどである。また株主資本／総資産比率の平均も38.8%で銀行に比べると非常に高い。厚い株主資本は消費者金融会社の今日までの高い収益の蓄積である。これら5社の05年3月期の主要財務数字は図表1の通りである。

図表1 (金額単位:10億円)

|  | 総資産 | 貸付金 | 株主資本 | 株主資本／資産 |
|---|---|---|---|---|
| アイフル | 2,574 | 2,522 | 617 | 24.0% |
| アコム | 2,077 | 1,935 | 864 | 41.6% |
| プロミス | 1,785 | 1,623 | 794 | 44.5% |
| 武富士 | 1,904 | 1,569 | 961 | 50.5% |
| 三洋信販 | 578 | 700 | 225 | 39.0% |
| 合計／平均 | 8,918 | 8,349 | 3,461 | 38.8% |
|  | 営業収益 | 当期純利益 | ROA | 当期利益／収益 |
| アイフル | 518 | 76 | 2.9% | 14.6% |
| アコム | 434 | 82 | 3.9% | 18.8% |
| プロミス | 370 | 75 | 4.2% | 20.4% |
| 武富士 | 360 | 69 | 3.6% | 19.1% |
| 三洋信販 | 150 | 30 | 5.2% | 19.9% |
| 合計／平均 | 1,833 | 331 | 3.7% | 18.1% |

(出所) 有価証券報告書等より作成。

(2) 財務事由

① 収益の状況

　下の表に見るように，アコムの05年3月末の総資産は2兆773億円で，うち81%を占める1兆6,801億円が営業貸付金であった。営業貸付金の前年より3.5%の増加は，三菱東京ファイナンシャルグループ（MTFG）との提携の一貫としてのMTFGの子会社DCキャッシュワンの連結子会社化によるものである。

　アコムの最近5年の業績は図表2の通りである。営業貸付金残高はDCキャッシュワンの子会社化の要素を除外すれば，前年より減少したため，05

図表2 (金額単位:百万円)

|  | Mar-05 | Mar-04 | Mar-03 |
|---|---|---|---|
| 総資産 | 2,077,334 | 2,075,389 | 2,183,414 |
| 営業貸付金 | 1,680,184 | 1,623,154 | 1,660,256 |
| 営業貸付金／総資産 | 80.9% | 78.2% | 76.0% |

(出所) 有価証券報告書より作成。

年3月期の営業収益は前年より若干減少し4,339億円となった。アコムの事業は貸付事業，クレジットカード，割賦販売など8部門に分かれるが，貸付事業からの収益が圧倒的に大きく，05年3月期には営業収益総額の89.3%を占めた。営業貸付金の96.7%が消費者向け無担保ローン，また96.2%が3年毎更新のリボルビングによる貸し付けであった。

店舗数は前年より86店舗増加して1,794店舗，うち無人店舗が1,461店舗であった。また自動契約機（むじんくん）は前年より53カ所増えて1,744カ所となった。店舗や自動契約機の増加にも拘わらず，ローン事業の利用者数は前年より1.73%減少して290万件であった。

営業収益は低下したが，経常利益は前期比20.7%増の1,433億円となった。これは営業費用の最大の項目である貸倒引当金繰入額が前年の1,332億円から1,069億円に19.8%減少したためである。経常利益の営業収益に対する割合は33.3%であった。当期純利益／営業収益比率は前年の16.2%より18.8%へと改善した。

当期純利益／総資産（ROA）は3.92%であった。アコムのROAは銀行のそれに比べると非常に高い。ROAを当期純利益／営業収益と営業収益／総資産の積と分解して見ると，当期純利益／営業収益は主要行と同程度だが営業収益／総資産の数値が主要行の10倍以上になっている。消費者金融会社は銀行に比べて，店舗に費用がかからず，従業員も少ないために資産効率

図表3　（金額単位：百万円）

|  | Mar-05 | Mar-04 | Mar-03 | Mar-02 | Mar-01 |
|---|---|---|---|---|---|
| 営業収益 | 433,965 | 434,968 | 437,672 | 414,918 | 375,674 |
| 増加率 | −0.23% | −0.62% | 5.48% | 10.45% |  |
| 経常利益 | 143,347 | 118,773 | 144,244 | 171,836 | 160,811 |
| 増加率 | 20.69% | −17.66% | −16.06% | 6.86% |  |
| 当期純利益 | 81,533 | 70,319 | 75,096 | 95,637 | 81,369 |
| 増加率 | 15.95% | −6.36% | −21.48% | 17.53% |  |
| 当期純利益/営業収益 | 18.79% | 16.17% | 17.16% | 23.05% | 21.66% |
| 当期純利益/総資産 | 3.92% | 3.39% | 3.44% | 4.41% | 4.19% |

（出所）　有価証券報告書より作成。

がよく，利益率が高いと言える。

### ② 資産の状況

図表4が示すように，不良債権は04年3月期に前年より32.0％増え，05年3月期にも4.6％増加して839億円となった。不良債権総額の営業貸付金に対する割合は03年3月には3.66％だったが05年3月には5.0％に悪化している。消費者金融業主要5社の平均は05年3月に7.7％であった。

個人の自己破産は94年の第3四半期をピークに以来減少している。しかしアコムの貸出条件緩和債権は03年3月に191億円（営業貸付金の1.15％）だったが，05年3月には362億円（同2.15％）に増えており，これが不良債権増加の主な原因となっている。これは近年増加している，債務者からの過払利息返還請求による。消費者金融会社がローンに科す利率は二つの法律で規制されている。一つは利息制限法であり，上限は元本10万円未満で年20％，元本10万円以上100万円未満で18％，100万円以上は15％で，それを超える利息は借り手が任意に支払わない限り無効である。もう一つは出資法であり，上限金利は年29.2％で，これを超える金利を受け取れば刑罰の対象となる。そこで消費者金融会社の多くは利息制限法の上限以上，出資法の上限以下，いわゆるグレーゾーンの金利で貸し出しを行っている。近年債務者が民事再生や自己破産の申し立てに起因し，超過利息部分の支払いを拒

図表4　（金額単位：百万円）

|  | Mar-05 | Mar-04 | Mar-03 |
|---|---|---|---|
| 営業貸付金 | 1,680,184 | 1,623,154 | 1,660,256 |
| 不良債権合計 | 83,960 | 80,258 | 60,790 |
| 　破綻先債権 | 8,906 | 9,280 | 9,227 |
| 　延滞債権 | 37,077 | 36,966 | 31,302 |
| 　3カ月以上延滞債権 | 1,781 | 1,787 | 1,139 |
| 　貸出条件緩和債権 | 36,196 | 32,225 | 19,122 |
| 不良債権／貸付金 | 5.00％ | 4.94％ | 3.66％ |
| 貸倒償却額 | 108,468 | 107,242 | 75,342 |
| 貸倒引当金残高 | 122,400 | 129,400 | 107,700 |

（出所）　有価証券報告書より作成。

み，あるいは支払い済みの超過利息の返還を求めるケースが増加しており，このことが消費者金融会社の貸出条件緩和債権の急速な増加を招いている。

消費者金融会社が上限金利としている出資法の上限金利は3年毎に見直しが行われ，次の見直しは2006年に予定されている。上限金利が引き下げられると，消費者金融会社の収益に甚大な影響を及ぼすと考えられる。また超過金利支払い拒否，超過金利返還請求は今後更に増え，クレジットコストの増加をもたらすと予想される。

### ③ 資本の状況

主要消費者金融会社は過去何年にもわたって高い収益を計上してきたため，厚い資本を維持している。アコムは05年3月期，MTFGに対し930億円の第三者割り当て，73億円の自社株割当てを行い，結果，株主資本は前年より23％増えて8,637億円，株主資本／総資産比率は33.6％から41.6％へ大幅に上昇した。アコムの株主資本／総資産比率は主要5社の平均36.9％を上回る。

図表5　（金額単位：百万円）

|  | Mar-05 | Mar-04 | Mar-03 |
|---|---|---|---|
| 株主資本 | 863,760 | 697,166 | 644,431 |
| 株主資本／総資本 | 41.58% | 33.59% | 29.51% |

（出所）　有価証券報告書より作成。

### ④ 負債，資金調達の状況

図表6に示すように，05年3月期の総資金調達額は2兆円（自己資本988億円，金融機関借入，社債など1,128億円）を超え，自己資本による調達の総調達額に対する割合は前年の31.1％から46.7％へと増加した。これはMTFGへの第三者割り当てによる効果である。残る資金は金融機関からの借入と国内社債の発行によるが，金融機関借入のうち41.2％が信託銀行，22.3％が保険会社，10.6％が都市銀行からの借入であった。金利スワップやキャップなどにより調達残高の80％以上を固定金利借入として，金利変動リスクを限定している。日銀の金融緩和政策が続き，現在は資金調達に余裕

図表6　(金額単位：百万円)

| | Mar-05 | 平均調達金利 | Mar-04 | 平均調達金利 |
|---|---|---|---|---|
| 金融機関からの借入 | 832,586 | 1.71% | 998,851 | 1.69% |
| その他（社債・CP） | 295,640 | 1.71% | 295,720 | 1.85% |
| 合計 | 1,128,226 | 1.71% | 1,294,571 | 1.73% |
| 自己資本 | 988,212 | 0 | 829,809 | 0 |
| 自己資本／総調達額% | 46.69% | | 39.06% | |

（出所）　有価証券報告書より作成。

があるが，2,772億円のコミットメントラインを銀行との間に設定し，急な資金需要に備えている。また05年3月期の資金調達コストは1.71%であった。営業貸付金の貸し付け平均金利が24.1%であるから，銀行の貸し付けに比較して非常に高い利ざやを確保していることがわかる。なおMTFGとの提携はアコムの資金調達と流動性の安定性を高める効果を持つと考えられる。

### (3)　非財務的事由

A. 消費者金融業界は，過去に行き過ぎた債務の取り立てを日常的に行っていたためにネガティブなイメージが定着した。その後，法律の整備，行政指導によって状況は大きく改善されたが，今日に至っても債務者への返済請求が常に倫理的に正しい方法で行われているかについては疑問が呈されている。また，消費者金融会社の顧客は銀行から借入ができない人々であり，顧客層が社会的弱者であることは否めない。このように，その事業の性格上，消費者金融会社は如何に高い収益をあげて規模を拡大しようとも，将来にわたって社会的影響力を持つ会社にはなりえない。

B. 消費者金融会社は利息制限法の上限金利以上，出資法の上限金利以下のグレーゾーン金利での貸し付けを行っている。また利息制限法の上限を超える部分の利息について，弁護士を通じて返還請求をしてきた債務者には払い戻すなど，特定の債務者を有利に扱う不明朗な処理を行っている。今後，このような債務者の法的返還請求は増加していくと予想される。

C. 出資法の見直しは3年に一度行われる。2）で述べた利息返還請求が今後社会的注目を集めることがあれば、出資法の上限金利の引き下げは現実味を帯びてくる。出資法の上限金利の引き下げは消費者金融会社の存立を危うくする可能性がある。

D. 企業からの資金需要の低迷に直面する大手銀行が消費者金融業に相次いで参入している。MTFG のアコムへのアプローチもその一端である。今後、競争が激しくなれば金利を下げて対抗する必要も生じ、収益性は低下する可能性がある。

E. アコムは04年4月に MTFG と資本提携を実施した。具体的には第三者割り当てによる新株発行形式により、MTFG から931億円の資本注入を実施、資本金、資本剰余金に各々465億5千万円を組み入れたほか、自己株式の MTFG への譲渡により、41億円を資本剰余金に計上した。また MTFG の子会社である DC キャッシュワンの第三者割り当てによる新株式の引き受けを行い、DC キャッシュワンへの出資比率を55%とした。05年8月現在、上記以上の提携形態、今後の予定等は発表されていない。しかし、MTFG との関係は、アコムの消費者金融会社としてのイメージを改善すること、資金調達経路を広げる事の2点でポジティブな効果があると考えられる。

## 3．結論

アコムに対しては S&P が BBB+、Fitch が A、JCR が A+、R&I が A を付与している。Moody's の格付けはない。

財務的事由として1）消費者金融業界は、銀行がリテールバンキングに乗り出さなかった間に業容を確立し、今や貸出残高25兆円の産業になっている、2）アコムは貸付金の規模において業界2位の会社である、3）平均調達金利1.7%に対して平均貸出金利は24%であり、利鞘が大きいために利益率が高い4）過去に高い収益をあげてきたために資本が厚い、等があげられ、これらの観点からは A 格が適当と思われる。

しかし、過去の歴史からの業界のイメージの悪さ、また20%もの利鞘を

取って個人に貸し付けを行うというビジネスの性格を鑑みると，消費者金融会社が社会にポジティブな影響力を持つ存在にはなり得ず，したがってA格には該当しない。

　さらに，出資法の金利の上限が引き下げられれば，消費者金融会社の収益は甚大な影響を受ける。また出資法の上限以下，利息制限法の上限以上の金利部分については支払い拒否，返還請求が増加しており，不良債権の増加が予想される。更に他の金融機関のリテールローン市場への参入による競争の激化は避けられない。したがって消費者金融会社が今日のような高い収益性を長期にわたって維持することは困難と考えられる。

　しかしアコムの不良債権が急増し，金融機関からの資金調達が急につかなくなるという事態が起こることも短期的には考えにくい。以上のような理由からアコムの格付けはBBB格が適当であると考える。

**参考文献**
アコム，アイフル，プロミス，武富士，三洋信販 "有価証券報告書"
日本経済新聞，日経金融新聞

## 〔3〕 伊勢丹

### 1．模擬格付け報告要旨

(1) 格付け対象企業：伊勢丹

(2) 提案格付け　　：A

(3) 公表格付け：R&I：A−　JCR：Ap　Moody's：Baa1　S&P：BBB+

(4) 同業他社の格付け：株式会社　高島屋　BBB+ (R&I)，A− (JCR)
　　　　　　　　　　　株式会社　大丸　　BBB+ (R&I)，BBB+p (JCR)

(5) 格付けの事由

A．定量的事由（格付け：A−　）

　比率倍率指標と規模指標のマッチングによって得られた各指標の格付けを平均すると「A」という結果になるが，返済計画の不安定性をネガティブ要因と評価し，また，同業他社との比較した上での妥当性も加味し，定

量的評価は「A−」とする。

B. 定性的事由（格付け：A+　）

　コア事業である百貨店部門の事業基盤の強さと今後のビジョン，戦略，現場の取り組み等の整合性，他の大手百貨店との差別化，環境活動をはじめとするCSR活動の実施等を総合的に勘案し，定性的評価は「A+」とする。

C. 総合判断（格付け：A　）

　定量的評価「A−」と定性的評価「A+」を踏まえつつ，業界動向で述べたような，今後の消費税率上げや異業種間の競合激化という先行き不透明感も考慮する。消費税率上げについては，消費マインドを冷え込ませることは確実であり，仮にそうなった場合，中長期的には伊勢丹を含めた小売業界全体にとってマイナスの影響があることは必至である。

　しかしながら，仮に小売業界全体にとってマイナスの影響があったとしても，現在の伊勢丹の差別化戦略の推進による事業基盤の強固さが，「圧倒的競争優位の確立」の達成にまで高まるのであれば，その影響は限定的とも考えられる。

　これらの要素を総合的に勘案し，株式会社伊勢丹の提案格付けは「A」とする。

(6) 主要財務指標（過去5年間）

| 項　目 | 02年3月期 | 03年3月期 | 04年3月期 | 05年3月期 | 06年3月期 |
|---|---|---|---|---|---|
| 売上高総利益率（%） | 29 | 28.7 | 28.6 | 29.1 | 29.2 |
| 使用総資本事業利益率（%） | 5.2 | 4.5 | 4.2 | 4.3 | 6.3 |
| インタレストカバレッジ(倍) | 6.1 | 6.8 | 10.8 | 18 | 22 |
| 有利子負債／営業CF倍率(倍) | 4.6 | 4.6 | 9.7 | 3.9 | 2.5 |
| 自己資本比率（%） | 33.5 | 36.7 | 36.2 | 35.5 | 39.5 |
| 営業キャッシュフロー | 317 | 260 | 98 | 285 | 356 |
| 自己資本（億円） | 1,504 | 1,547 | 1,531 | 1,639 | 1,948 |
| 売上高（億円） | 6,157 | 6,019 | 6,148 | 6,290 | 7,600 |

## 2．伊勢丹の会社要項

| | |
|---|---|
| 本社所在地 | 〒160－0022　東京都新宿区新宿3－14－1 |
| 業種 | 百貨店業，クレジット・金融業，小売・専門店・レストラン業，その他事業 |
| 沿革 | 1886年　伊勢屋丹治呉服店創業<br>1930年　株式会社伊勢丹設立<br>1933年　新宿本店オープン<br>1947年　立川店オープン<br>1950年　東京証券取引所店頭市場へ株式登録<br>1961年　東京証券取引所第1部に株式上場<br>1968年　本店「男の新館」オープン<br>1971年　吉祥寺店オープン<br>1972年　シンガポール伊勢丹（海外1号店）オープン<br>1981年　浦和店オープン<br>1994年　企業理念制定<br>2003年　「価値創造3カ年計画」スタート<br>　　　　本店「メンズ館」リニューアルオープン |
| 役員 | 代表取締役　会長執行役員　小柴和正<br>代表取締役　社長執行役員　武藤信一<br>代表取締役　副社長執行役員　橋本幹雄<br>取締役　専務執行役員　二橋千祐<br>取締役　常務執行役員　大川惠之輔<br>取締役　渡邉正太郎<br>取締役　谷野剛<br>常勤監査役　石津谷悦朗<br>常勤監査役　二瓶郁夫<br>監査役　川浪惠太郎<br>監査役　五味康昌 |
| 株式上場市場 | 東京証券取引所第1部 |
| 最近の株価<br>（株数） | 株価：1,950円（2006年6月30日現在）（1株当たり利益83.23円）　発行済み株式数：224,421,803株 |

| | |
|---|---|
| 株価推移<br>（一株あたり税後利益：円） | 06年3月期：最高：2,750，最低：1,189（83.23）<br>05年3月期：最高：1,728，最低：1,070（56.46）<br>02年3月期：最高：1,397，最低：996（56.32） |
| 主要株主 | 1．日本マスタートラスト信託銀行株式会社（7.95%），2．日本トラスティサービス信託銀行株式会社（5.12%），3．日本トラスティサービス信託銀行株式会社（住友信託銀行再信託分：4.63%），4．明治安田生命保険相互会社（3.05%），5．日本興亜損保保険株式会社（2.31%），6．株式会社三菱東京UFJ銀行（2.27%），7．興隆株式会社（2.14%），8．清水建設株式会社（2.01%），9．三菱UFJ信託銀行株式会社（1.65%），10．東京海上日動火災保険株式会社（1.61%） |
| 長期債務残高<br>（単位：百万円） | 長期借入金：7,659　　普通社債：30,000 |
| 信用格付け推移 | R&I：A−　　JCR：Ap　　S&P：BBB＋　　MDY：Baa1 |
| 従業員の状況 | 【連結会社】従業員数：9,191人，パート等の人数：7,840人<br>【伊勢丹単体】　従業員数：3,797人，平均年齢：41歳1カ月，平均勤続年数：20年2カ月，平均年収：7,164,578円，パート等の人数：3,685人 |
| 事業の内容 | 主として百貨店業を行っており，婦人服，紳士服，子供服，身廻品，雑貨，家庭用品，食料品等を販売している。<br>また，伊勢丹グループは株式会社伊勢丹及び関係会社（連結子会社32社，持分法適用関連会社7社：2006年3月31日現在）により構成され，百貨店業，クレジット・金融業，小売・専門店・レストラン業，その他事業の4事業を行っている。事業構成（売上）としては，百貨店業が約85％を占めている。 |
| 設備の状況 | 【伊勢丹本体】<br>本社：事務所（16,406），新宿本店：店舗（52,207），立川店：店舗（6,435），吉祥寺店：店舗（1,683），松戸店：店舗（3,451），浦和店：店舗（14,621），相模原店：店舗（12,978），府中店：店舗（2,375）<br>【国内子会社】<br>静岡伊勢丹：事務所（144），新潟伊勢丹：事務所（673），小 |

| | |
|---|---|
| | 倉伊勢丹：事務所（15），岩田屋：店舗（13,880），バーニーズジャパン：店舗（2,128），クイーンズ伊勢丹：店舗（3,048）<br>【在外子会社】<br>イセタンシンガポール：店舗（5,075），イセタンオブジャパン（マレーシア）：店舗（2,305）<br>※（　）内は帳簿価額（単位：百万円） |
| 営業状況 | 【百貨店部門】<br>㈱岩田屋の連結子会社化による売上増が業績拡大に寄与。また，伊勢丹本体では，本店において，売上高が婦人，紳士，リビング，食品の各商品グループで前年を上回り，全館リモデルを行った浦和店をはじめとする全支店においても売上高が前年を上回った。㈱静岡伊勢丹，㈱新潟伊勢丹でも増収を確保。結果，増収増益。<br>【クレジット・金融部門】<br>リース事業の撤退の影響等により，減収減益。<br>【小売・専門店・レストラン部門】<br>バーニーズジャパン（ファッション），クイーンズ伊勢丹（食料品）の好調により，増収増益。 |

## 3．報告書本文

(1) 業界動向

① 個人消費動向

　個人消費は，緩やかに増加している。この背景としては，消費者マインドが改善し，所得が緩やかに増加していることが挙げられる。需要側統計（「家計調査」等）と供給側統計（鉱工業出荷指数等）を合成した消費総合指数[1]は，2005年8月以降，過去10年間の中で最も高水準の「108」前後であり，安定的に推移している。

　個別の指標についての動きをみると，「家計調査」では，実質消費支出は足元の傾向が増加傾向である。販売側の統計をみると，小売業販売額も増加傾向である。一方で，気温が低めに推移したことから百貨店などでは季節商

品が伸び悩んだ。

　先行きについては，雇用情勢の改善が家計の所得改善につながっていることから，個人消費の増加が続くことが期待される。

### ② 消費税率上げの可能性

　2005年12月に出された与党税制改正大綱においては，「平成19年度を目処に，少子・長寿化社会における年金，医療，介護等の社会医療給付や少子化対策に要する費用の見通し等を踏まえつつ，その費用をあらゆる世代が広く公平に分かち合う観点から，消費税を含む税体系の抜本的改革を実現させるべく，取り組んでいく」ことが盛り込まれた。

　また，2006年に入ってからは，自民党中川政調会長，谷垣財務大臣，与謝野財政金融担当大臣等の要職に就く者から消費税率上げを視野に入れた発言が聞かれる。

　さらには，2006年7月7日に閣議決定された「経済財政運営と構造改革に関する基本方針2006」（いわゆる「骨太の方針2006」）においても，与党税制改正大綱において述べられた考え方に沿って「鋭意作業を進めていく」と盛り込まれた。消費税率の上げ幅や上げる時期についてはいまだ不明なるも，近い将来消費税率がアップされることはほぼ間違いがないと考えられ，それは，いかなる上げ幅であろうとも個人消費に少なからぬ影響を与えることになろう。

### ③ 百貨店業界売上げ動向

　次に，百貨店業界全体の売り上げ動向について述べる。

　日本百貨店協会がまとめる「百貨店売上高」によれば，全国の百貨店の売上高合計は2000年度以降減少傾向にあったが，2004年度を底として2005年度は微増に転じたところである。

　主要都市別に見ると，東京は2004年度とほぼ横ばいの微減で未だ減少傾向の中にあるが，名古屋，神戸，大阪は2004年度を底として増加に転じたところである。

　商品別では，身の回り品がこの数年堅調に増加基調で推移し，衣料品，雑貨は2004年度を底として微増となっている。一方，家電等を含む家庭用品，

食料品については，減少傾向に歯止めがかかっていない。

　また，経済産業省のまとめた「商業販売統計」において，同様に百貨店の売上高推移を見ると，全体としては，減少傾向に歯止めがかかっていないものの，身の回り品を含めた衣料品は2004年度を底として増加に転じている。

　④　業界再編動向

　A) ミレニアムリテイリングとセブン&アイHLDGS．との経営統合

　2005年12月26日，イトーヨーカ堂やセブンイレブンを運営するセブン&アイHLDGS．は西武百貨店やそごうを運営するミレニアムリテイリングとの経営統合について基本合意した旨発表した。その目的は，「今後の流通・小売業界において主導的な役割を果たし，既存業態の枠を超えお客様の立場に立ったグローバルな総合流通グループを形成すること」であり，「世界に類を見ない多機能企業集団として「新・生活総合産業」を実現する」ことを目指した経営統合とのことであった。

　B) 阪急ホールディングスの阪神電鉄子会社化

　2006年6月20日，阪急ホールディングスは阪神電鉄の子会社化を発表した。これは鉄道会社同士の経営統合というものであるが，結果として両者が子会社として保有する阪急百貨店と阪神百貨店の統合という側面もある。

　⑤　まとめ

　業界動向全体としては，ポジティブ要因として足元の個人消費が堅調で，当面はこの堅調さが維持されることが予想されることと，百貨店の売り上げについても減少傾向に歯止めがかかり，増加に転じつつあることが挙げられる。

　他方で，ネガティブ要因としては，時期と上げ幅は未定なるも近い将来消費税の税率が上がる可能性が極めて高く，これが個人消費にマイナスの影響を与える可能性が高いことと，業界再編の動きの中で，今後は小売業界全体として既存業態（スーパー，SC，百貨店等）の枠を超えての競争の激化が予想されることが挙げられる。

　このような業界動向を，将来の償還可能性という観点で総合的に勘案する

と，今後の百貨店業界の動向は「ややネガティブ」と判断することとする。

### (2) 定量的事由

定量的自由については，主としてR&Iの格付け別財務指標（大手スーパー・百貨店）の2004年度データとのマッチングから判断する。

#### ① 比率倍率指標

比率倍率指標として，R&Iは売上高総利益率，使用総資本事業利益率，インスタントカバレッジ，有利子負債／営業CF倍率，自己資本比率の5つの指標を挙げている。

収益性を示す指標である売上高総利益率に関しては，過去5期間安定的に高水準のAAで推移してきており，同指標に関しては「AA」と判断することとする。

事業についての総合的な収益性を示す指標である使用総資本事業利益率に関しては，過去5期間BBB〜Aの範囲で推移してきている。直近期はAであるものの，それ以前は3期連続BBBで推移してきたことを考慮し，同指標に関しては「A−」と判断することとする。

安全性を示す指標であるインスタントカバレッジに関しては，過去5期間A−〜AAAで推移してきている。特に直近2期はいずれもAAAであり，同指標は改善傾向が見られる。これは，負債の減少に伴う支払利息の減少傾向と営業利益の増加傾向が相まってのものである。したがって，その改善傾向を受け，同指標に関しては「AAA」と判断することとする。

利息を支払った後の元本の返済に焦点を当てた指標である有利子負債／営業キャッシュフロー倍率に関しては，過去5期間BBB−〜AA＋の範囲で推移してきている。直近2期は，AA→AA＋と改善傾向であることを受け，同指標に関しては「AA＋」と判断することとする。

安全性を示す指標である自己資本比率に関しては，過去5期間AA−〜AAの範囲で推移してきている。過去4期に限れば，AAという高水準で安定的に推移していることから，同指標に関しては，「AA」と判断することとする。

② 規模指標

規模指標として，R&Iは営業CF，売上高，自己資本の3つの指標を挙げている。

営業CFに関しては，過去5期間B+〜BBB+の範囲で推移してきている。直近2期は，BBB→BBB+と改善傾向であることを受け，同指標に関しては「BBB+」と判断することとする。

自己資本に関しては，過去5期間BBB−〜BBBの範囲で推移してきている。自己資本を着実に増やしつつ，BBB−で安定的に推移してきたところ，直近期はBBBとなったことから，同指標に関しては「BBB」と判断することとする。

売上高に関しては，過去5期間全てBであることから，「B」と判断することとする。

③ 返済計画の安定性

過去5期間の返済計画は，必ずしも安定していたとは言えない。直近2期は償還財源が返済額を上回っているが，その前の2期はいずれも返済額が償還財源を上回っている。また，償還財源が比較的安定しているのに比べ，返済額は年度により大きく変動しており，不安定である。

④ 同業他社の定量格付け

売上高で業界1位の高島屋，業界3位の大丸について，伊勢丹と同様，R&Iの格付け別財務指標（大手スーパー・百貨店）の2004年度データとマッチングをさせたところ，高島屋はBBB+，大丸はA−という結果になった。

⑤ 結論

比率倍率指標と規模指標のマッチングによって得られた各指標の格付けを平均すると「A」という結果になるが，返済計画の不安定性をネガティブ要因と評価し，また，同業他社との比較した上での妥当性も加味し，定量的評価は「A−」とする。

なお，2004年3月期に当期純損失（△3,093百万円）を計上し，営業キャッシュフローを大幅に減らしたのは，伊勢丹厚生年金基金の解散や減損

210　第5章　模擬格付け

図表1　（金額単位：百万円）

| 項目・決算年度 | 02年3月期 | 03年3月期 | 04年3月期 | 05年3月期 | 06年3月期 |
|---|---|---|---|---|---|
| 売上高 | 615,670 | 601,897 | 614,810 | 628,996 | 760,038 |
| 総コスト | 593,338 | 583,888 | 597,953 | 609,802 | 729,976 |
| （うち減価償却費） | 9,462 | 9,887 | 10,343 | 5,640 | 5,793 |
| （うち支払い利息） | 3,839 | 2,777 | 1,628 | 1,111 | 1,412 |
| （その他コスト） | 580,037 | 571,224 | 585,982 | 603,051 | 722,771 |
| 税引前利益 | 22,332 | 18,009 | 16,857 | 19,194 | 30,062 |
| （利払い能力） | 6.8 | 7.5 | 11.4 | 18.3 | 22.3 |
| 税後利益 | 11,166 | 9,004.5 | 8,428.5 | 9,597 | 15,031 |
| 配当<br>賞与<br>留保利益 | 2,221<br>0<br>8,945 | 2221<br>99<br>6,684.5 | 2,221<br>54<br>6,153.5 | 1,556<br>65<br>7,976 | 2,018<br>123<br>12,890 |
| 減価償却費 | 9,462 | 9,887 | 10,343 | 5,640 | 5,793 |
| 償還財源 | 18,407 | 16,571.5 | 16,496.5 | 13,616 | 18,683 |
| 長期返済予定額 | 10,034 | 20,049 | 25,000 | 5,000 | 0 |
| 長期債務残高（期首） | 73,480 | 33,849 | 51,040 | 75,100 | 37,659 |
| 償還年数（年） | 4.0 | 2.0 | 3.1 | 5.5 | 2.0 |
| キャッシュ・フロー比率(%) | 25.1 | 49.0 | 32.3 | 18.1 | 49.6 |
| 資金過不足 | 8,373 | −3,477.5 | −8,503.5 | 8,616 | 18,683 |
| 流動資産 | 174,799 | 151,558 | 146,221 | 155,295 | 173,355 |
| 流動負債 | 187,903 | 194,627 | 184,832 | 184,004 | 211,198 |
| 自己資本 | 150,429 | 154,664 | 153,128 | 163,930 | 194,789 |
| 自己資本比率（％）<br>（総資産） | 36.5<br>411,812 | 40.4<br>383,140 | 39.4<br>389,000 | 38.8<br>423,034 | 43.9<br>443,646 |

（出所）　有価証券報告書より作成。

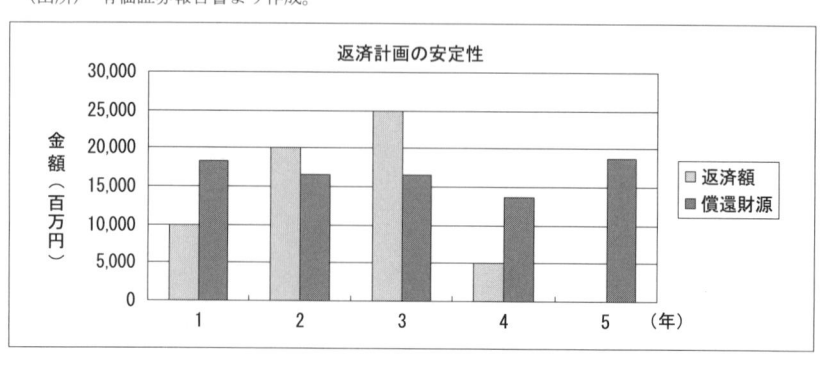

4. 模擬格付けの実例　211

図表2　マッチング基準指標

| 比率倍率指標 | AAA | AA | A | BBB | BB | B |
|---|---|---|---|---|---|---|
| 売上高総利益率（％） | 30%以上 | 28～30 | 25～28 | 20～25 | 15～20 | 15%以下 |
| 使用総資本事業利益率（％） | 10%以上 | 8～10 | 5～8 | 3～5 | 1～3 | 1%以下 |
| インタレストカバレッジ（倍） | 15倍以上 | 10～15 | 5～10 | 2～5 | 1～2 | 1倍以下 |
| 有利子負債/CF倍率（倍） | 2倍以下 | 2～5 | 5～8 | 8～10 | 10～15 | 15倍以上 |
| 自己資本比率（％） | 45%以上 | 30～45 | 20～30 | 10～20 | 5～10 | 5%以下 |
| 規模指標（億円） | AAA | AA | A | BBB | BB | B |
| キャッシュフロー | 1,500以上 | 800～1,500 | 400～800 | 200～400 | 100～200 | 100以下 |
| 自己資本 | 9,000以上 | 5,000～9,000 | 3,000～5,000 | 1,000～3,000 | 500～1,000 | 500以下 |
| 売上高 | 30,000以上 | 25,000～30,000 | 20,000～25,000 | 15,000～20,000 | 10,000～15,000 | 10,000以下 |

（出所）　R&I『月刊レーティング情報』を基に作成。

図表3　同業者マッチング　（金額単位：億円）

伊勢丹

| 比率倍率指標 | 02年3月期 | 03年3月期 | 04年3月期 | 05年3月期 | 06年3月期 | 格付けマッチング | 点数 |
|---|---|---|---|---|---|---|---|
| 売上高総利益率（％） | 29 | 28.7 | 28.6 | 29.1 | 29.2 | AA | 13 |
| 年度毎格付け | AA | AA | AA | AA | AA | | |
| 使用総資本事業利益率（％） | 5.2 | 4.5 | 4.2 | 4.3 | 6.3 | A− | 9 |
| 年度毎格付け | A− | BBB＋ | BBB | BBB | A | | |
| インタレストカバレッジ（倍） | 6.1 | 6.8 | 10.8 | 18 | 22 | AAA | 15 |
| 年度毎格付け | A− | A | AA− | AAA | AAA | | |
| 有利子負債/営業CF倍率（倍） | 4.6 | 4.6 | 9.7 | 3.9 | 2.5 | AA＋ | 14 |
| 年度毎格付け | AA− | AA− | BBB− | AA | AA＋ | | |
| 自己資本比率（％） | 33.5 | 36.7 | 36.2 | 35.5 | 39.5 | AA | 13 |
| 年度毎格付け | AA− | AA | AA | AA | AA | | |
| 規模指標（億円） | | | | | | | |
| 営業キャッシュフロー | 317 | 260 | 98 | 285 | 356 | BBB＋ | 8 |
| 年度毎格付け | BBB | BBB− | B＋ | BBB | BBB＋ | | |
| 自己資本 | 1,504 | 1,547 | 1,531 | 1,639 | 1,948 | BBB | 7 |
| 年度毎格付け | BBB− | BBB− | BBB− | BBB− | BBB | | |
| 売上高 | 6,157 | 6,019 | 6,148 | 6,290 | 7,600 | B | 1 |
| 年度毎格付け | B | B | B | B | B | | |
| | | | | | | 合計 | 80 |
| | | | | | | 総合判定 10 | A |

（出所）　数値は有価証券報告書より作成。

## 高島屋

| 比率倍率指標 | 02年2月期 | 03年2月期 | 04年2月期 | 05年2月期 | 06年2月期 | 格付けマッチング | 点数 |
|---|---|---|---|---|---|---|---|
| 売上高総利益率（％） | 22.8 | 22.1 | 21.8 | 27.2 | 27.3 | A＋ | 11 |
| 年度毎格付け | BBB | BBB | BBB | A＋ | A＋ | | |
| 使用総資本事業利益率（％） | 2.4 | 2.3 | 3.5 | 4.1 | 4.6 | BBB＋ | 8 |
| 年度毎格付け | BB＋ | BB | BBB－ | BBB | BBB＋ | | |
| インタレストカバレッジ（倍） | 3.8 | 3.7 | 6.2 | 7.9 | 9.7 | A＋ | 11 |
| 年度毎格付け | BBB | BBB | A－ | A | A＋ | | |
| 有利子負債/営業CF倍率（倍） | 7.3 | 3.2 | 5.1 | 7.5 | 5.7 | A＋ | 11 |
| 年度毎格付け | A－ | AA | A＋ | A－ | A＋ | | |
| 自己資本比率（％） | 20.3 | 21.6 | 23 | 25.3 | 29.7 | A＋ | 11 |
| 年度毎格付け | A－ | A－ | A－ | A | A＋ | | |
| 規模指標（億円） | | | | | | | |
| 営業キャッシュフロー | 370 | 655 | 420 | 257 | 288 | BBB | 7 |
| 年度毎格付け | BBB＋ | A | A－ | BBB－ | BBB | | |
| 自己資本 | 1,817 | 1,817 | 1,833 | 1,954 | 2,272 | BBB | 7 |
| 年度毎格付け | BBB | BBB | BBB | BBB | BBB | | |
| 売上高 | 11,689 | 11,464 | 10,757 | 9,861 | 9,895 | B | 1 |
| 年度毎格付け | BB | BB－ | BB－ | B | B | | |

合計 67
総合判定 8 BBB＋

（出所） 数値は有価証券報告書より作成。

## 大丸

| 比率倍率指標 | 02年2月期 | 03年2月期 | 04年2月期 | 05年2月期 | 06年2月期 | 格付けマッチング | 点数 |
|---|---|---|---|---|---|---|---|
| 売上高総利益率（％） | 25.6 | 25.2 | 25.3 | 25.1 | 25.1 | A－ | 9 |
| 年度毎格付け | A－ | A－ | A－ | A－ | A－ | | |
| 使用総資本事業利益率（％） | 5.2 | 4.9 | 6.3 | 7.4 | 8.4 | AA | 12 |
| 年度毎格付け | A－ | BBB＋ | A | A＋ | AA－ | | |
| インタレストカバレッジ（倍） | 6.2 | 7.2 | 10.3 | 15.2 | 19.9 | AAA | 15 |
| 年度毎格付け | A－ | A | AA－ | AAA | AAA | | |
| 有利子負債/営業CF倍率（倍） | 5.8 | 8.8 | 3.6 | 5 | 3 | AA | 13 |
| 年度毎格付け | A＋ | BBB | AA | AA－ | AA | | |
| 自己資本比率（％） | 15 | 15.5 | 17.3 | 21.4 | 24.8 | A | 10 |
| 年度毎格付け | BBB | BBB | BBB＋ | A－ | A | | |
| 規模指標（億円） | | | | | | | |
| 営業キャッシュフロー | 247 | 162 | 332 | 208 | 287 | BBB | 7 |
| 年度毎格付け | BBB－ | BB | BBB | BBB－ | BBB | | |
| 自己資本 | 581 | 608 | 651 | 773 | 918 | BB＋ | 5 |
| 年度毎格付け | BB－ | BB－ | BB－ | BB | BB＋ | | |
| 売上高 | 8,091 | 7,923 | 8,173 | 8,093 | 8,212 | B | 1 |
| 年度毎格付け | B | B | B | B | B | | |

合計 72
総合判定 9 A－

（出所） 数値は有価証券報告書より作成。

会計の早期適用の影響による当期限りのものであり，その後の財務状況への影響は限定的であるため，特にネガティブな評価はしない。

(3) 定性的事由
① 事業基盤
A) 百貨店部門

グループ内の売上高の約85％（営業利益の約82％）を占める百貨店部門は，06年3月期，国内において㈱岩田屋の連結子会社化による売上高増加，本店の婦人服，紳士服，食品，リビングの各商品グループでの前期比増の売上高，全支店（6店舗）での前期比増の売上高，連結子会社である㈱静岡伊勢丹及び㈱新潟伊勢丹での前期比増の売上高を計上した。また，海外においても中国各店，東南アジア各店が着実に売上を伸ばした。

この結果，同部門は，売上高で前期比約23％増，営業利益で前期比約78％増となった。

B) クレジット・金融部門

グループ内の売上高の約2％（営業利益の約13％）を占めるクレジット・金融部門は，06年3月期，ショッピング部門及び融資部門で取扱高を増やしたものの，他方で，2005年3月のリース事業の終了の影響もあり，売上高で前期比約3％減，営業利益で前期比約14％減となった。

C) 小売・専門店・レストラン部門

グループ内の売上高の約9％（営業利益の約4％）を占める小売・専門店・レストラン部門は，06年3月期，㈱バーニーズジャパンの業績の伸び，㈱クイーンズ伊勢丹の業績の伸び等により，売上高で前期比約6％増，営業損益で前期の営業損失（▲1.5億円）から約13.5億円の営業利益に転じた。

なお，2006年6月20日，伊勢丹は㈱バーニーズジャパンの株式を住友商事株式会社及び東京海上キャピタル株式会社へ譲渡する旨発表した。業績好調であった㈱バーニーズジャパンを譲渡するに至った理由は，伊勢丹グループのコア事業である百貨店部門に経営資源を集中させ，国内百貨店事業の更なる優位性の確保を優先させるためとのことであった。

これらの結果，その他部門も含めた連結ベース全体では，06年3月期，売上高で前期比約21％増，営業利益で前期比約57％増となった。他の大手百貨店が軒並み売上高を前期比減とし，営業利益の伸びも低水準にある中，伊勢丹は突出した業績を出しており，事業基盤は非常に堅調と言える。

② ビジョン・経営戦略

伊勢丹は2000年に，21世紀の最初の10年間に目指す方向として，長期ビジョン「常にあたらしいファッションを創造し，高収益で拡大発展を続ける小売グループ」を定めた。また，これを実現するための具体的な戦略として「百貨店事業における圧倒的競争優位の確立（ファッション提案力No1，収益力No1）」と「新たな取組による成長基盤の確立（SC対応型デパートメントストア，スペシャリティストア）」とを掲げた。

目指すべき方向性は非常に明確であり，百貨店部門においては本ビジョン・戦略が実現されつつあると考えられる。他方で，2つ目の戦略については㈱バーニーズジャパンの株式譲渡理由に見られるように方向転換を図りつつあると考えられる。

③ 店舗戦略

04年3月期の新宿本店メンズ館のリモデルを筆頭に，他の百貨店との差別化を図るための店舗リモデルを実施してきている。06年3月期には浦和店の全館リモデルを筆頭に，本店，他の支店の改修工事，㈱岩田屋のリモデルを実施した（約120億円の設備投資）。

④ 商品戦略

伊勢丹ならではのオリジナル商品の2本柱として「IQ」と「オンリー・アイ」が存在する。特に，オンリー・アイは，「伊勢丹でしか買えない商品」であることが基準であり，顧客の声を反映させて作り出す商品企画に，よりファッション性，トレンド要素を入れ込んだ商品として他の百貨店との差別化要因の1つとなっている。

⑤ サービス戦略

百貨店部門における圧倒的競争優位の確立のため，販売サービスレベルの明確化，業務分析による必要業務量の精査と適切な要員配置等を行うことに

より，販売業務フローを確立し，販売サービスの質と量の向上を図っている．

⑥ **環境活動・CSR活動**

エネルギー使用量削減等の省エネの推進，廃棄物の削減，環境に配慮した商品展開，グリーン購入，簡易包装，環境に関する従業員教育・啓蒙活動等を行っており，その活動内容を報告書としてまとめ，第三者評価を経て公表している．

⑦ **結論**

コア事業である百貨店部門の事業基盤の強さと今後のビジョン，戦略，現場の取り組み等の整合性，他の大手百貨店との差別化，環境活動をはじめとするCSR活動の実施等を総合的に勘案し，定性的評価は「A＋」とする．

なお，㈱バーニーズジャパンの株式譲渡は2つ目の戦略の方向転換とも取れるものであるが，売上の約85％を占めるコア事業である百貨店部門への経営資源集中という理由に鑑みれば，特にネガティブな評価はしない．

(4) **結論（提案格付け）**

定量的評価「A－」と定性的評価「A＋」を踏まえつつ，業界動向で述べたような，今後の消費税率上げや異業種間の競合激化という先行き不透明感も考慮する．

特に，消費税率上げについては，上げ幅に関わらず，消費マインドを冷え込ませることは確実であり，仮にそうなった場合，中長期的には伊勢丹を含めた小売業界全体にとってマイナスの影響があることは必至である．

しかしながら，仮に小売業界全体にとってマイナスの影響があったとしても，現在の伊勢丹の差別化戦略の推進による事業基盤の強固さが，「圧倒的競争優位の確立」の達成にまで高まるのであれば，その影響は限定的とも考えられる．

これらの要素を総合的に勘案し，株式会社伊勢丹の提案格付けは「A」とする．

図表4　伊勢丹の主要財務データ（金額単位：百万円）

| 比率倍率指標 | 02年3月期 | 03年3月期 | 04年3月期 | 05年3月期 | 06年3月期 |
|---|---|---|---|---|---|
| 売上高総利益率（％） | 29.0% | 28.7% | 28.6% | 29.1% | 29.2% |
| 使用総資本事業利益率（％） | 5.2% | 4.5% | 4.2% | 4.3% | 6.3% |
| インタレストカバレッジ（倍） | 6.1 | 6.8 | 10.8 | 18.0 | 22.0 |
| 有利子負債/CF倍率（倍） | 4.6 | 4.6 | 9.7 | 3.9 | 2.5 |
| 自己資本比率（％） | 33.5% | 36.7% | 36.2% | 35.5% | 39.5% |
| 営業キャッシュフロー | 31,742 | 25,982 | 9,762 | 28,549 | 35,559 |
| 自己資本 | 150,429 | 154,664 | 153,128 | 163,930 | 194,789 |
| 売上高 | 615,670 | 601,897 | 614,810 | 628,996 | 760,038 |
| 現金および預金 | 54,335 | 40,638 | 24062 | 22,544 | 37,161 |
| 受取手形および売掛金 | 67,875 | 65,747 | 74,782 | 76,787 | 79,194 |
| 有価証券 | 2,374 | 2,087 | 1,666 | 2,075 | 1,446 |
| たな卸資産 | 31,084 | 30,233 | 30,052 | 34,679 | 36,306 |
| 流動資産合計 | 174,799 | 151,558 | 146,221 | 155,295 | 173,355 |
| 有形固定資産合計 | 158,702 | 161,035 | 168,319 | 165,868 | 164,696 |
| 無形固定資産合計 | 9,926 | 10,350 | 8,327 | 7,839 | 3,791 |
| 差入保証金 | 45,721 | 44,798 | 43,847 | 71,912 | 69,377 |
| 固定資産合計 | 274,148 | 269,379 | 275,749 | 305,088 | 319,400 |
| 資産合計 | 448,948 | 420,938 | 423,565 | 461,579 | 493,553 |
| 支払手形および買掛金 | 56,127 | 52,551 | 54,715 | 60,813 | 67,268 |
| 短期借入金 | 53,667 | 61,286 | 38,429 | 37,047 | 36,512 |
| 1年内償還の社債・転換社債 | 20,049 | 25,000 | 5,000 | 0 | 15,000 |
| 未払金および未払費用 | 2,296 | 1,995 | 1,661 | 7,433 | 9,987 |
| 流動負債合計 | 187,903 | 194,627 | 184,832 | 184,004 | 211,198 |
| 社債 | 50,000 | 25,000 | 45,000 | 45,000 | 30,000 |
| 長期借入金 | 23,480 | 8,849 | 6,040 | 30,100 | 7,659 |
| 固定負債合計 | 102,219 | 63,726 | 77,385 | 104,294 | 75,667 |
| 少数株主持分 | 8,395 | 7,290 | 8,218 | 9,350 | 11,899 |
| 資本金 | 34,977 | 34,977 | 34,985 | 35,133 | 36,122 |
| 資本剰余金 | 41,558 | 41,558 | 41,566 | 41,713 | 42,703 |
| 利益剰余金 | 73,723 | 79,103 | 73,733 | 84,089 | 100,058 |
| 資本合計 | 150,429 | 154,664 | 153,128 | 163,930 | 194,789 |
| 負債，少数株主持分及び資本合計 | 448,948 | 420,938 | 423,565 | 461,579 | 493,553 |
| 売上高 | 615,670 | 601,897 | 614,810 | 628,996 | 760,038 |
| 売上原価 | 436,889 | 429,174 | 439,079 | 446,253 | 538,364 |
| 売上総利益 | 178,781 | 172,722 | 175,731 | 182,742 | 221,673 |
| 販売費および一般管理費 | 156,449 | 154,714 | 158,874 | 163,549 | 191,612 |
| 営業利益 | 22,332 | 18,008 | 16,856 | 19,192 | 30,061 |
| 営業外収益 | 7,938 | 6,659 | 8,009 | 8,160 | 8,136 |
| 　受取利息 | 810 | 577 | 499 | 389 | 555 |
| 　受取配当金 | 287 | 299 | 241 | 371 | 453 |
| 営業外費用 | 8,580 | 7,557 | 8,709 | 5,446 | 7,271 |
| 　支払利息 | 3,839 | 2,777 | 1,628 | 1,111 | 1,412 |
| 経常利益 | 21,690 | 17,109 | 16,157 | 21,907 | 30,925 |
| 当期純利益 | 12,513 | 7,701 | -3,093 | 12,619 | 18,710 |
| 営業CF | 31,742 | 25,982 | 9,762 | 28,549 | 35,559 |

（出所）　有価証券報告書より作成。

注
1　2000年時点を「100」として比較した場合の指数。

**参考資料**
伊勢丹ホームページ
有価証券報告書（伊勢丹，高島屋，大丸）
日本百貨店協会ホームページ
内閣府ホームページ（月例経済月報）
経済財政諮問会議ホームページ（骨太の方針2006）
日本経済新聞
経済産業省ホームページ（商業販売統計）
セブン＆アイホールディングスホームページ
阪急ホールディングスホームページ

## 〔4〕 マツモトキヨシ

### 1．模擬格付け報告要旨

(1) 格付け対象企業（国）：マツモトキヨシ
(2) 提案格付け　　　　　：AA－
(3) 公表格付け：R&I A－　　JCR A　　Moody's ---　　S&P BBB
(4) 同業他社の格付け：サンドラッグ　A－（JCR）
(5) 格付けの事由

A．定量的事由（格付け：AA　）
　　格付けマッチングリスト「小売業・食品スーパー」に基づき推計。但し，ドラッグストア業界と食品スーパー業界とでは平均的売上規模が異なるため，「規模指標」よりも業界間の類似性が高い「比率倍率指標」を重視した。更に，過去実績に基づく「返済計画の安全性と健全性」を加味することにより，総合的に「AA」評価とする。

B．定性的事由（格付け：A　）
　　成熟市場にあるものの業界のリーディングカンパニーとしての地位が確立されており，高い知名度・ブランド力ともにスケールメリットを活かした強いコスト競争力を持ち合わせている。更に主力商品の一つである化粧品販売も好調であり，今後の安定成長が期待できる。しかしながら，もう

一方の主力商品である医薬品販売に関しては，薬事法改正に伴う業界構造の変化という大きな不確実要素（リスク要因）を抱えていることから，総合的に鑑み「A」と評価する。

C. 総合判断（格付け：AA−）

　　先述した医薬品販売に関する先行きの不透明さは大きな懸念事項ではあるが，既に対応策が検討段階にある点，今後対応策を検討・実施する時間的余裕が十分残されている点から，悲観的観測に基づいて厳しい評価となっている「定性的評価」よりも，「定量的評価」の方に比重をおくものとした。

　　その結果，総合判断は「AA−」とする。

(6) 主要指標（過去5年間）

|  | 2001年 | 2002年 | 2003年 | 2004年 | 2005年 |
|---|---|---|---|---|---|
| 売上高（百万円） | 256,278 | 267,075 | 275,596 | 305,312 | 312,982 |
| 売上高総利益率（％） | 24.2% | 25.4% | 26.0% | 26.2% | 26.7% |
| 経常利益（百万円） | 12,405 | 14,857 | 15,490 | 16,251 | 15,339 |
| 当期純利益（百万円） | 6,642 | 7,045 | 8,567 | 5,512 | 2,309 |
| インタレストカバレッジ(倍) | 73.9 | 132.0 | 170.5 | 154.8 | 174.9 |
| 純有利子負債（百万円） | 5,844 | 2,077 | 11,209 | −1,639 | 1,670 |
| 営業CF（百万円） | 10,610 | 8,374 | 1,888 | 8,425 | 5,758 |
| 純有利子負債/営業CF倍率（倍） | 0.6 | 0.2 | 5.9 | −0.2 | 0.3 |
| 自己資本比率（％） | 46.7% | 48.8% | 49.3% | 53.1% | 53.0% |
| ROA（％） | 7.8% | 9.0% | 8.4% | 8.2% | 7.6% |

## 2．マツモトキヨシの会社要項

| 本社所在地 | 千葉県松戸市新松戸東9-1 |
|---|---|
| 業　　　種 | 小売業（ドラッグストア） |
| 沿　　革 | 1932年，故・松本清（当時23歳）が千葉県東葛飾郡小金町（現在の松戸市小金）に，薬と化粧品を扱う「松本薬舗」（個人経営）を開業。その後，松本清は政治の世界にも進出し，1942年に町会議員（小金町），1947年に千葉県議会議員，1969年に |

| | |
|---|---|
| | は松戸市長となり，松戸市役所内に新設した「すぐやる課」が全国的に有名となる。その間の 1953 年には妻である故・松本寿子が代表取締役となり，㈲マツモトキヨシ薬店を設立。松本清死去（1973 年）後の 1975 年には，長男である松本和那が㈱マツモトキヨシを設立。1990 年には株式を店頭公開，1999 年には東京証券取引所・一部への上場を果たす。世間で「マツキヨ」と呼ばれ初め知名度が一気に向上したのは，その間の 1995 年の渋谷店開店・翌 1996 年に開始した TVCM が大きなきっかけであった。2001 年には次男である松本南海雄が代表取締役に就任し，就任後は M&A や業務提携，地方進出を積極的に推し進め現在に至っている。なお，株式会社化した当時（1975 年）72 店舗だった総店舗数は，現在（2006 年 03 月）794 店舗と 10 倍以上に拡大している。 |
| 役　　　員 | 代表取締役社長：松本　南海雄（なみお）（1943 年 03 月 04 生）<br>　　　　　　　　　　　　　　　　　　　（故・松本清の次男） |
| | 専務取締役：吉田　雅司　　（1948 年 02 月 20 生） |
| | 取　締　役：松本　鉄男　　（1945 年 01 月 02 生）<br>　　　　　　　　　　　　　　　　（故・松本清の三男） |
| | 取　締　役：隼田　登志夫　（1955 年 07 月 19 生） |
| | 取　締　役：渡辺　孝男　　（1958 年 03 月 06 生） |
| | 取　締　役：唐樋　和明　　（1955 年 08 月 17 生） |
| | 取　締　役：大久保　幸彦　（1947 年 10 月 15 生） |
| | 取　締　役：松本　清雄　　（1973 年 01 月 20 生） |
| | 取　締　役：成田　一夫　　（1950 年 06 月 20 生） |
| | 取　締　役：矢部　一　　　（1938 年 02 月 10 生） |
| | 常勤監査役：佐賀　淳　　　（1944 年 03 月 26 生） |
| 役　　　員 | 監　査　役：田井村　政人　（1952 年 05 月 19 生） |
| | 監　査　役：大岩　哲夫　　（1949 年 01 月 07 生） |
| | 監　査　役：鳥越　進　　　（1932 年 01 月 08 生） |
| 株式上場市場 | 東京証券取引所・一部 |
| 最近の株価（株数） | 株価：2,910 円（2006 年 06 月 30 日）（1 株当たり利益42.32 円）<br>発行済み株式数：53,579,014 株 |

| | |
|---|---|
| 株価推移<br>(一株当たり税後利益：円) | 1年前：3,200円　　2年前： 3,070円　　5年前：2,000円<br>　　　(104.63円)　　　　(171.21円)　　　　(211.33円)<br>10年前：株式未公開<br>　　　(120.92円) |
| 主要株主 | 　　　　　　上位10大株主　　　　　　(保有比率%)<br>1. 松本鉄男　(10.48%)<br>2. ノーザントラストカンパニー・エイブイエフシー・サブアカウント・アメリカンクライアント　(9.86%)<br>3. 日本トラスティ・サービス信託銀行株式会社　(9.76%)<br>4. 松本南海雄　(7.77%)<br>5. 日本マスタートラスト信託銀行株式会社　(4.10%)<br>6. 株式会社千葉銀行　(3.69%)<br>7. 株式会社南海公産　(3.25%)<br>8. 資産管理サービス信託銀行株式会社　(2.90%)<br>9. ビーエヌピー・パリバセキュリティーズサービス・ルクセンブルグジャスデック・セキュリティーズ　(2.75%)<br>10. 日本生命保険相互会社　(2.38%) |
| 長期債務残高 | 長期借入金：22,507（百万円）　　　　普通社債：0<br>転換社債：0　　　その他：0 |
| 信用格付け推移 | R&I：A−　　　　　JCR：A　　　　S&P：BBB<br>MDY：---　　　　　その他：--- |
| 従業員の状況 | 従業員数：3,516人<br>(ドラッグストア部門：3,009人，スーパー部門：76人，ホームセンター部門：68人，管理部門：275人，その他部門：88人)<br>平均年齢：33.3歳<br>平均勤続年数：6.9年<br>平均年収：4,909,488円<br>パート等の人数：3,773人 |
| 事業の内容 | ドラッグストア（781店舗）における「医薬品」「化粧品」「雑貨」「一般食料品」の販売業務（小売）が事業の中心である。その他，店舗数はごく限られているが，スーパー（8店舗），ホームセンター（5店舗）による「生鮮食料品」「DIY用品」の販売も手がけている。 |

| | | | | | | |
|---|---|---|---|---|---|---|
| 設備の状況 | 従来より直営店出店だけでなくFC戦略や子会社出店戦略を積極的に推し進めており，直近年度（2006年03月決算）では直営店84店舗，FC22店舗，子会社6店舗の合計112店舗の新規出店を実施している。なお，新規出店投資コスト等として53億90百万円を計上しているが，概ね営業キャッシュフローの範囲内で実施されている。また，設備投資額には，賃貸借契約に係る差入敷金保証金31億18百万円が含まれている。（※重要な設備の除去等はなし） | | | | | |
| 営業状況 | ドラッグストア業界においては成熟市場に達していることから，価格競争等，企業間競争が激化しているとともに，企業買収・業務提携等による業界再編の動きが顕著となっている。このような厳しい環境下ではあるが，本企業は業界のリーディングカンパニーとして，継続した売上成長とともに安定した収益性（経常利益率）を保っている。 | | | | | |
| 過去5年間の財務状況 | | 2001年 | 2002年 | 2003年 | 2004年 | 2005年 |
| | 売上高（百万円） | 256,278 | 267,075 | 275,596 | 305,312 | 312,982 |
| | 売上高総利益率（％） | 24.2% | 25.4% | 26.0% | 26.2% | 26.7% |
| | 経常利益（百万円） | 12,405 | 14,857 | 15,490 | 16,251 | 15,339 |
| | 当期純利益（百万円） | 6,642 | 7,045 | 8,567 | 5,512 | 2,309 |
| | インタレストカバレッジ（倍） | 73.9 | 132.0 | 170.5 | 154.8 | 174.9 |
| | 純有利子負債（百万円） | 5,844 | 2,077 | 11,209 | −1,639 | 1,670 |
| | 営業CF（百万円） | 10,610 | 8,374 | 1,888 | 8,425 | 5,758 |
| | 純有利子負債/営業CF倍率（倍） | 0.6 | 0.2 | 5.9 | −0.2 | 0.3 |
| | 自己資本比率（％） | 46.7% | 48.8% | 49.3% | 53.1% | 53.0% |
| | ROA（％） | 7.8% | 9.0% | 8.4% | 8.2% | 7.6% |

（出所）有価証券報告書より作成。

## 3．報告書本文

### (1) 業界動向（ドラッグストア）

1990年代から急成長を遂げてきたドラッグストア業界であるが，店舗数は2002年頃をピークに減少に転じ，現在は約13,000店舗で成熟状態（市場規模：約2兆6千億円）を向えている。また，2002年度と2006年度を比較す

ると，店舗数が約10%も減少しているにも関わらず総売場面積は逆に約14%増となっている。このことから分かるように，近年ドラッグストア業界においては店舗の大型化が進んでいる。（図表1参照）

　企業数は全国で約100社にのぼり，店舗数100〜200規模でチェーン展開している大手企業が市場の中核をなしている。そのうち上場している企業は19社である。現在，個人消費が回復基調にあるなか，ドラッグストア大手各社の売上高・利益額はともに年々増加傾向にある。しかし，上記で述べたように市場自体は既に成熟状態に達しており，大手各社の成長を可能にしているのは，企業買収・資本提携を中心とした中堅・下位企業の自社グループへの取り込みが主となっている。特に，「マツモトキヨシ」と「イオン・ウエルシア・ストアーズ」（グループ名）の2つの巨大勢力は積極的に企業買収・資本提携を推し進めており，業界再編のスピードは近年その加速度を増している。（イオン・ウエルシア・ストアーズに関しては「添付資料1」を参照）

　なお，ドラッグストア業界においては主力である「医薬品」が堅調に推移しているほか，近年「化粧品」の売上高が3年間（2001年〜2004年）で約1.5倍という急成長を遂げている。（図表2参照）これにともない，大手各社は"ヘルス&ビューティーの専門性を高める！"をスローガンとし，これまでセルフ販売が中心であった化粧品コーナーにおいて，美容部員（メーカー派遣，自社社員）による対面販売を強化するなど，サービスの専門性を高めることにより他社との差別化を図ろうとしている。

図表1　店舗数・市場規模推移

|  | 1999年 | 2002年 | 2004年 | 2006年 |
|---|---|---|---|---|
| 総店舗数（店） | 10,917 | 14,664 | 13,097 | 13,095 |
| 年間商品販売額（億円） | — | 24,949 | 25,882 | 25,878 |
| 売場面積（㎡） | — | 3,227,012 | 3,677,667 | 3,676,476 |
| 1店舗あたり年間商品販売額（億円） | — | 1.7 | 1.9 | 1.9 |
| 売場面積1㎡あたり年間商品販売額（万円） | — | 77 | 70 | 70 |
| 1店舗あたり売場面積（㎡） | — | 220 | 281 | 281 |
| 従業員数（人） | — | 113,937 | 115,449 | 115,432 |

（出所）　商業統計（1999年，2002年，2004年，2006年）
※商業統計に「ドラッグストア」というカテゴリーが作成されたのは1999年。

4. 模擬格付けの実例　223

図表2　ドラッグストア業界における化粧品売上高推移

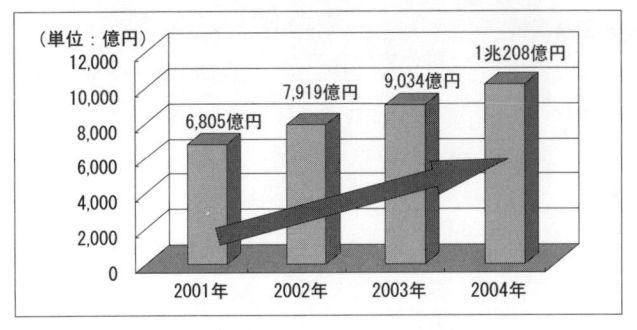

(単位：億円)
- 2001年　6,805億円
- 2002年　7,919億円
- 2003年　9,034億円
- 2004年　1兆208億円

(出所)　JACDS（日本チェーンドラッグストア協会）

## (2) 事業構造（マツモトキヨシ）

　マツモトキヨシは子会社8社，関連会社1社を抱え，以下（図表3）のような事業構造で企業活動を行っている。なお，マツモトキヨシの主力事業はドラッグストアであるが，一部でスーパー，ホームセンターの運営も行っている。

図表3　事業構造

子会社
- (株)エムケイプランニング
- (株)マツモトキヨシ保健サービス
- (株)ユーカリ広告
- (株)マツモトキヨシ不動産

(株)マツモトキヨシ

子会社
- (株)矢野商事
- (株)健康家族
- (株)トウブドラッグ

子会社
- 伊東秀商事(株)〈日用品・雑貨の卸〉

関連会社
- 杉浦薬品（株）

フランチャイズ店 → 消費者

(出所)　有価証券報告書をもとに作成。

## (3) 定量的事由（格付け：AA ）
### ① 比率倍率指標

　従来，短期借入・コマーシャルペーパー・長期借入の3種類を利用して資金調達を行ってきたが，現在は長期借入1種に集約することにより，低コストで安定性の高い資金調達を実現している。そして，近年負債総額は一定レベルで推移しているのに対し現預金残高は増加傾向にあることから，純有利子負債額は減少傾向にあり，財務の安全性は高まっているといえる。その結果，営業CFに関してはバラツキが大きく不安定であるものの，「純有利子負債／営業CF倍率」は概ね「AAA」で推移している。また，マツモトキヨシ及び連結子会社は主要取引銀行と120億円の「当座貸越契約及びコミットメントライン設定契約」を結んでおり，運転資金調達の効率性・安全性は高いものと判断される。

　次に，近年「AAA」を連続して維持している「インタレストカバレッジレシオ」についてであるが，資金調達方法の1本化を通した資金調達コストの低減（負債総額は一定水準のまま4年間で支払利息を約半減）に成功しており，同じ「AAA」であってもその内容は年々安全性を高めている状況にある。ただし，ドラッグストア業界における熾烈な価格競争の影響により，成長軌道にある売上高とは対照的に営業利益はあまり伸びていない。従って，資金調達コストの低減が一巡した後の「インタレストカバレッジレシオ」の更なる向上は難しいものと判断される。

　なお，「売上高総利益率」と「ROA」はともに「A」レベルで安定した状態にあるとともに，「自己資本比率」は年々上昇傾向にあり現在は「AA」に達している。

### ② 規模指標

　「営業CF」に関しては年度ごとにバラツキはあるものの，概ね「AAA」で推移している。また，直近年度（2006年）に関しては前年度より約26億円の減少（30%減）となっているが，これは土地・建物に関する時価評価適用による減損損失約105億円の発生が起因しているため，取り上げて問題視する事項ではないものと判断する。

また,「売上高」「自己資本」に関しては連続して「AAA」を維持するとともに,その規模は年々安定成長を遂げている。

### ③ 返済額・償還財源分析

下記図表4は,返済額と償還財源のバランス推移を表わしたものである。この図から分かるように,「返済額」「償還財源」ともに年度ごとのバラツキが大きく,返済計画は「不安定」な状況にある。更には,5カ年中4カ年の「償還財源」が「返済額」を下回っており,その返済計画は「不健全」であるといえる。従って,返済額・償還財源のバランス推移の観点からは,この「不安定」かつ「不健全」な返済計画の状況が,格付け上大きなマイナス要因になるものと判断する。

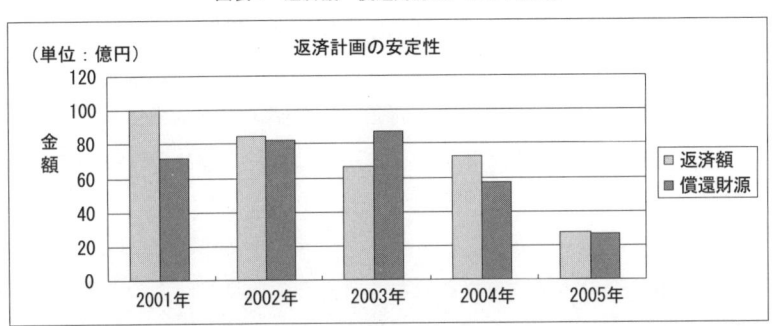

**図表4　返済額・償還財源のバランス推移**

(単位:億円)

|  | 2001年 | 2002年 | 2003年 | 2004年 | 2005年 |
|---|---|---|---|---|---|
| 返済額 | 100.5 | 84.3 | 66.8 | 72.8 | 28 |
| 償還財源 | 71.7 | 81.8 | 87.5 | 57.4 | 26.9 |

### ④ 定量的評価(まとめ)

本件に関しては便宜上「小売業・食品スーパー」の格付けマッチングリストを使用しているが,食品スーパー業界とドラッグストア業界の違いを考えると,必ずしも「規模指標」が適切に評価されているとは言い難い。従って,「規模指標」よりも業界間の類似性が高いと思われる「比率倍率指標」を基軸にし,以下に定量的評価を行う。

まず最初に「比率倍率指標」であるが,「純有利子負債／営業CF倍率」を筆頭に高水準にあることから,「AA」レベルにあるものと判断する。そして, この「AA」を基軸に「規模指標」の状況を加味すると, ワンノッチ上げた「AA＋」が妥当だと考える。しかしながら, 返済額・償還財源分析からは返済計画の不安定性・不健全性というマイナス要因が見受けられたため,「AA＋」からワンノッチ下げた「AA」を本企業の最終的な定量的評価結果とする。また, 同業他社との比較からも, 本企業に対する「AA」の評価は適切であると判断する。

### (4) 定性的事由（格付け：A ）
#### ① 事業拡大の余地

市場全体でみると市場規模・店舗数ともに成熟状態に達しているドラッグストア業界であるが, そのような環境下においても大手各社は売上・店舗数ともに拡大を続けている。当然その背景には中堅・下位企業を傘下におさめることにより企業成長を果たしている大手各社の動きが見られるわけであるが, マツモトキヨシにおいてもそれは同様である。（2001年の「矢野商事」買収, 2004年の「健康家族」「トウブドラッグ」買収がそれにあたる。）

図表5は本企業の店舗数推移を表わしたものであるが, この4年間で店舗数は約1.4倍に成長し（227店舗増）, 現在は794店舗となっている。この店舗数は業界断トツの1位であり, 2位のツルハ（492店舗）の約1.6倍という規模である。そしてこの他社を圧倒する規模の大きさは, 大量仕入による仕入コストの低減という強い競争優位性を確立している。

次に, 図表6は本企業の都道府県別出店状況を表わしたものである。千葉県松戸市を発祥の地とする本企業は, 千葉県をはじめとする関東地区に重点をおき, これまで出店を行ってきた。これは, 本企業が物流コストの低減を目的としたドミナント戦略をとってきたためである。（関東近県"東京都, 千葉・埼玉・神奈川・茨城県"で総店舗数の約80％を占める。）しかし, その結果関東近県においては新規出店の余地が少なくなり成熟状態に達しつつあるため, 2002年度よりは全国展開に向けた足がかりとして, 大阪府を除

図表5　店舗数推移（マツモトキヨシ）

| （決算期3月時点） | | 2002年 | 2003年 | 2004年 | 2005年 | 2006年 |
|---|---|---|---|---|---|---|
| ドラッグストア | （直営） | 528 | 565 | 624 | 719 | 755 |
| | （FC） | 12 | 11 | 8 | 7 | 26 |
| | 計 | 540 | 576 | 632 | 726 | 781 |
| スーパー | | 21 | 16 | 11 | 9 | 8 |
| ホームセンター | | 6 | 5 | 5 | 5 | 5 |
| 総店舗数 | | 567 | 597 | 648 | 740 | 794 |

（注）　2005年までは社員のためのFC制度という位置づけのもと、意欲ある社員に保証金50～100万円という低条件で独立を促すことにより、社員のモチベーション向上を目指してきた。（なお、店長5年以上経験かつ60歳以上という条件付ではあるが、FC運営に失敗した場合でも本企業の一般社員に戻れるという制度が整えられている。）しかし、近年は業界内の企業買収・資本提携等が加速度を増す流れの中で、下位企業等に対してより選択肢の広い業務提携環境を整備するという位置づけのもと、FC制度が利用されるようになってきている。（それを如実に表わしているのが2006年のFC店の急増である。）

図表6　地域別出店状況（2006年：マツモトキヨシ）

| 部門 | 店舗数 | 都道府県別店舗数 | | 部門 | 店舗数 | 都道府県別店舗数 | |
|---|---|---|---|---|---|---|---|
| 薬粧<br>（ドラッグストア） | 781 | 千葉県 | 195 | スーパー | 8 | 千葉県 | 8 |
| | | 東京都 | 162 | ホームセンター | 5 | 千葉県 | 8 |
| | | 埼玉県 | 136 | | | 東京都 | 3 |
| | | 神奈川県 | 64 | | | 埼玉県 | 1 |
| | | 茨城県 | 58 | | | | |
| | | 長野県 | 34 | | | | |
| | | 大阪府 | 32 | | | | |
| | | 福岡県 | 30 | | | | |
| | | 愛知県 | 13 | | | | |
| | | その他 | 57 | | | | |

（出所）　有価証券報告書より作成。

きこれまで出店していなかった関西地区、近畿地区・北海道等といった未開拓地域への新規出店を進めている。なお、これら初進出地域への出店においては、これまでのようなドミナント戦略はとっておらず、各都道府県1～2店規模でアンテナショップ的な展開を行っているケースがほとんどである。ドラッグストア業界においては地方の有力者が地元地域に限定・密着した事

業展開を行っているケースが多いため，それら地方企業に対して資本提携を促すための戦略店舗として，効率性を無視した広域展開を推し進めているものと考えられる。

　以上のように，店舗数推移からは毎年安定した継続成長を遂げていることがみてとれるとともに，地域別出店状況からはまだまだ未開拓地域が残されていることが分かる。従って，本企業は未開拓地域への出店戦略を継続して推し進めていくことにより，今後も安定した事業拡大を実現していくことが可能であると判断する。

### ②　売上構成推移

　ドラッグストア業界における主力製品群は「医薬品」と「化粧品」であるが，その構図は本企業においても同様である。図表7は本企業の製品セグメント別売上高を表わしたものであるが，「医薬品」と「化粧品」がそれぞれ全体売上高の約30％を占めており，次いで「雑貨」という売上構成になっている。また，粗利率でみると「医薬品」が一番高く，34.9％にのぼる。ただし，「化粧品」に関しては売上量に応じたバックマージンが化粧品メーカーより別途得られるため，実質的な利益率はもう少し高くなるものと判断される。従って，本企業における今後の償還財源の安定性を考える上では，売上と収益両方の柱となっている「医薬品」と「化粧品」の今後の販売動向に着目していく必要があると考える。なお，セグメント別売上高推移・売上比率推移からも，「医薬品」と「化粧品」の重要性が年々高まっていることが見てとれる。

### ③　今後の化粧品販売動向

　まず最初に国内の化粧品市場に関してであるが，近年は約2兆2千億円の市場規模で安定推移しており，市場自体は成熟状態に達している。（詳細は添付資料9参照）しかしながら，冒頭の業界動向で述べたとおり，ドラッグストア業界における化粧品販売額は3年間（2001年～2004年）で約1.5倍という右肩上がりの成長を実現している。この背景には，価格競争力を持ったドラッグストアが他の販売チャネルから化粧品需要を取り込んでいく一方，顧客を奪われた化粧品専門店，時代のニーズから外れだした訪問販売の

**図表7 製品セグメント別売上高・粗利構成（2006年：マツモトキヨシ）**

（単位：百万円）

|  | 売上高 | 売上比率 | 仕入高 | 粗利 | 粗利率 |
|---|---|---|---|---|---|
| 医薬品 | 98,543 | 31.7% | 64,129 | 34,414 | 34.9% |
| 化粧品 | 86,035 | 27.7% | 67,127 | 18,908 | 22.0% |
| 雑貨 | 74,906 | 24.1% | 57,823 | 17,083 | 22.8% |
| 一般食料品 | 33,239 | 10.7% | 28,997 | 4,242 | 12.8% |
| DIY用品 | 8,345 | 2.7% | 6,310 | 2,035 | 24.4% |
| 生鮮食料品 | 4,598 | 1.5% | 3,280 | 1,318 | 28.7% |
| 卸売部門（FC） | 5,162 | 1.7% | 5,063 | 99 | 1.9% |
| 計 | 310,828 | 100.0% | 232,729 | 78,099 | 25.1% |

（出所） 有価証券報告書より作成。

姿がある。

　図表8は販売チャネル別に化粧品売上比率を表わしたものであるが，ドラッグストアの売上比率は22%でトップに位置している。従って，ドラッグストア業界において化粧品が戦略上重要な商品であるのはもちろんのこと，化粧品メーカーにとってもドラッグストアは無視できない重要な販売チャネルになっているといえる。

　以上のような環境下において，本企業は化粧品の対面販売を強化したり店舗での無料テスターの使用を積極的に推進するなど，化粧品の販売に注力している。従って，本企業の化粧品販売に関しては，今後も安定した成長が見込まれるものと判断する。

### ④　今後の医薬品販売動向

　ドラッグストア業界における医薬品販売はこれまで安定成長を続けてきたが，ここにきて大きなリスク要因が発生している。2006年06月に国会で成立した，「改正薬事法」がそれである。施行時期は2009年の見込みであるが，「改正薬事法」が施行されるとOTC薬（一般用薬品）の販売規制が大きく緩和されるため，コンビニやスーパーといった異業種からの新規参入により，医薬品の販売競争が激化するものと予想される。もちろん，デメリットだけでなく，これまでドラッグストアが抱えていた「薬剤師の確保」（現

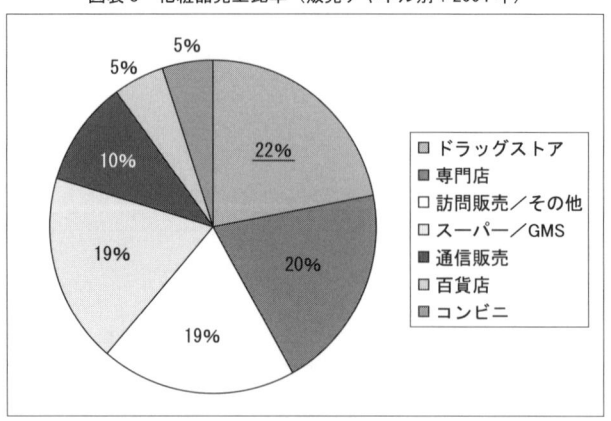

図表8　化粧品売上比率（販売チャネル別：2004年）

- ドラッグストア：22%
- 専門店：20%
- 訪問販売／その他：19%
- スーパー／GMS：19%
- 通信販売：10%
- 百貨店：5%
- コンビニ：5%

（出所）　東洋経済（推計）。

在の薬事法では絶対条件）という問題が部分的ではあるが解消されるため，より迅速な事業拡大（新規出店）や多様な店舗展開，人件費の削減が可能になるというメリットも存在する。しかし，総合的にみると薬事法改正によって得られるメリットよりもデメリットの方が大きく，ドラッグストア業界における医薬品販売は今後激しさを増すものと考えられる。

本企業においてもコンビニ対策として店舗の24時間営業化や，販売に際し薬剤師が不要なOTC薬に取扱商品を絞った新型店舗の展開を検討中であるが，その不確実性は高く，大きなリスク要因であることには変わりないものと判断する。

⑤　定性的評価（まとめ）

ドラッグストア業界は規模型産業であり，本企業に関しても店舗数拡大にともなって実際に粗利率を高めることに成功している。従って，業界のリーディングカンパニーとして圧倒的な規模（店舗数）・知名度（ブランド力），強いコスト競争力を持つ本企業の安全性は非常に高いものと判断する。ただし，主力商品の1つである医薬品販売に関しては今後の他社動向に大きく業績を左右される不確実要素を含んでいるため，これを大きなリスク要因として捉えたうえで，「A」を最終的な定性的評価結果とする。

### (5) 結論（格付け：AA−）

先述した通り，本企業に対する定量的評価結果は「AA」であり，定性的評価結果は「A」である。ただし，定性的評価において大きなマイナス要因とみている「医薬品販売の先行き不透明さ」に関しては，改正薬事法の施行が2009年の見込みであるため，それまでの期間は現在の競争環境が継続される点，施行までに今後の対応策を検討・実施する時間的余裕が十分残されている点から，実際の企業状況よりも比較的厳しい評価になっていると考えることが出来る。従って，総合的判断に際しては，悲観的観測に基づいて厳しい評価となっている「定性的評価」よりも，「定量的評価」の方に比重をおくものとする。(定性的評価＜定量的評価)

以上の判断により，定量的評価結果を基準に定性的評価結果を加味した最終評価結果，即ち，定量的評価結果である「AA」から定性的評価結果を加味してワンノッチ下げた「AA−」を，本企業に対する最終評価結果，「提案格付け」とする。

**参考文献**

『売上げ日本一・マツモトキヨシの秘密』三浦あかね著，エール出版，1998年。
『商業統計』経済産業省，1999年，2002年，2004年，2006年。
「有価証券報告書」(マツモトキヨシ，カワチ薬品，サンドラッグ，CFSコーポレーション，ツルハ)。
『激流』2006年02月号，04月号，国際商業出版。
『日経ビジネス』2003年09月15日号，2004年10月25日号，2006年06月26日号，日経BP社。
『日経ドラッグインフォメーション』2006年03月号，05月号，日経BP社。
『日経ベンチャー』2005年07月号，日経BP社。
JACDS（日本チェーンドラッグストア協会）公表資料。
ドラッグストア各社ホームページ。


## 〔5〕花王

### 1．模擬格付け報告要旨

(1) 格付け対象企業（国）：花王
(2) 提案格付け　　　　　：AA
(3) 公表格付け：R&I：AA　JCR：Moody's　S&P：AA−

(4) 同業他社（又は同クラス他国）の格付け：ライオン　R&I：A－
　　　　　　　　　　　　　　　　　　　　資生堂　S&P　A
(5) 格付けの事由
A．定量的事由（格付け：AA＋　）

　　ROBA（AA＋），純有利子負債構成比（AA）以外の各指標は全部「AAA」と判定できるが，カネボウ化粧品事業を買収したことで，一気に4,000億円超の有利子負債を抱え，財務とキャッシュフローのバランスが大きく崩れている。したがって，定量的格付けは財務指標マッチングに判断された「AAA」を1ノッチ引き下げ，「AA＋」とする方が妥当かと思う。

B．定性的事由（格付け：AA－　）

　　トイレタリー事業は経済動向に左右されない安定性が高いものである。その成熟市場中で，花王は強いブランド力，高い知名度で，圧倒的な市場シェアを獲得し，堅実な基盤事業となっている。国内市場の成熟化・低成長化への対処対策として海外事業の強化を図っているが，欧米の巨大企業との激しい競合が予想される市場であるので，容易ではないと思う。また，化粧品事業においては，カネボウ化粧品との相乗効果を早期に実現し，家庭用品と並ぶ主力事業に育成できるかが鍵となるが，これにも企業カルチャーの違いなどから早期の実現には懸念が残っている。したがって，定性的格付けは「AA－」とする。

C．総合判断（格付け：AA　）

　　トイレタリーで首位である。国内市場伸び悩みによって事業環境が厳しいものの，圧倒的な市場シェアや海外事業の強化によって，依然高い収益力を維持している。カネボウ化粧品の買収による有利子負債の増加が財務構成に悪化させたが，事業基盤を揺がすほどの懸念材料はそれほど多くないので，全体的には安定となっている。ただし，両社が完全に融合し，相乗効果を発揮するにはまだ時間がかかる。総合判断は「AA」となる。

(6) 主要指標

|  | 01年度 | 02年度 | 03年度 | 04年度 | 05年度 |
|---|---|---|---|---|---|
| 純有利子負債営業CF倍率（倍） | 0.19 | 0.12 | 0.17 | 0.17 | 0.14 |
| 純有利子負債EBITDA倍率（倍） | 0.08 | 0.05 | 0.08 | 0.09 | 0.77 |
| EBITDA／支払利息（倍） | 136.4 | 146.4 | 192.2 | 252.8 | 174 |
| インタレストカバレッジ（倍） | 67.1 | 73.1 | 97.9 | 131.1 | 87 |
| ROA（％） | 15 | 16 | 17 | 17 | 10 |
| ROBA（％） | 28 | 30 | 33 | 32 | 28 |
| 純有利子負債構成比（％） | −1 | −6 | −14 | −2 | −41 |
| 自己資本比率（％） | 60 | 58 | 59 | 65 | 41 |
| 利払後事業利益（百万円） | 111,757 | 114,722 | 119,595 | 121,348 | 119,992 |
| EBITDA（百万円） | 230,414 | 232,933 | 237,159 | 235,867 | 242,904 |
| 営業CF（百万円） | 103,805 | 106,586 | 101,868 | 123,106 | 131,944 |

## 2．花王の会社要項

| 本社所在地 | 東京都中央区日本橋茅場町一丁目14番10号 | |
|---|---|---|
| 沿革（抜粋） | 明治20年6月 | 洋小間物商「長瀬富郎商店」として発足（創業） |
| | 明治23年10月 | 「花王石鹸」を発売 |
| | 大正14年5月 | 花王石鹸株式会社長瀬商会設立 |
| | 昭和21年10月 | 株式会社花王と改称 |
| | 昭和24年5月 | 東京証券取引の市場第一部に上場 |
| | 昭和35年3月 | 大阪証券取引所の市場第一部に上場 |
| | 昭和39年9月から | 海外進出 |
| | 平成11年3月 | 情報関連事業から撤退 |
| | 平成18年2月 | カネボウ化粧品事業を子会社化 |
| 役員 | 取締役会会長： 後藤卓也 代表取締役 社長執行役員： 尾崎元規 代表取締役 専務執行役員： 星野敏雄 取締役 常務執行役員： 後藤卓雄 | |

| | |
|---|---|
| | 神 田 博 至 <br> 髙 木 憲 彦 <br> 中 川 俊 一 等 |
| 監査役員： | 江 尻 恒 男 等 |
| 主要株主 | 日本トラスティ信託銀行株式会社 <br> モクスレティ＆Co <br> ステート・ストリート・バンク＆トラスト <br> 日本マスター信託株式会社 <br> 東京海上日動火災 <br> 全国共済農業協同連 <br> 日本生命保険 <br> 野村證券 |
| 株式上場 | 東京取引所大1部 |
| 最近株価 | 株価3,010円／株（2006年7月18日現在） <br> （1株あたりの利益は130.58円） <br> 発行済株式数：549,444万株 |
| 従業員の状況 | 家庭用製品事業　　　11,835人 <br> 化粧品事業　　　　　13,761人 <br> 工業用製品事業　　　 3,034人 <br> 全社（共通）　　　　 1,278人 <br> 合計　　　　　　　　29,908人（平均年齢：41.8歳） |
| 事業内容 | 家庭用製品事業 <br> 　■　パーソナルケア製品 <br> 　■　ハウスホールド製品 <br> 　■　サニタリーほか製品 <br> 化粧品事業 <br> 工業用製品事業 |
| 設備投資 | 国内で，新製品および改良品の対応や生産能力の増強，物流拠点の整備および情報システムの再構築などを行い，海外では，アセアン地域の主力工場としてタイに新工場を完成させたほか，フィリピンでは油脂アルコールの生産設備の能力増強工事を開始しました。これらの設備投資のほかに，モルトン・ブラウン社およびカネボウ化粧品の株式の取得など，投 |

| | |
|---|---|
| | 資を行いました。このため，本年1月末には，新たに金融機関から4,200億円の借り入れを行いました。 |
| 営業状況 | 国内事業においては，家庭用製品及び化粧品は厳しい事業環境の下でも前年並みの売り上げを確保し，工業用製品は景気の回復基調の中で順調に推移しました。<br>海外事業では，アジアの家庭用製品が回復傾向にあるとともに，欧米の家庭用製品及び工業用製品が順調に推移したことにより，全体でも伸長しました。 |
| 過去5年間の財務状況 | 別紙参考 |
| 特記事項・問題点など | 買収によって化粧品事業は国内2位の規模となる。想定どおり事業基盤を強化できれば，家庭用製品事業を支える大きな柱となろう」とし，カネボウ化粧品との相乗効果の早期実現とともに，国内市場の成熟化への対処として海外事業の強化など収益基盤のさらなる拡充をどのように進めていくのかを注目していく必要がある。 |

### 3．報告書本文
#### (1) 業界動向
#### ① トイレタリーについて

英語で「toiletry」とは化粧品のことであり，日本語のトイレタリーとは化粧品だけではなく，日用品の一ジャングルである。広義には化学薬品，細分化すると化粧品や洗剤，医薬品（医薬部外品）などに含まれている。

#### ② トイレタリー業界について

トイレタリー業界は，経済動向にあまり左右されず，安定性が高い業界である。一方，その業界における競争がきわめて激しい。要因はCMなどによる広告戦略で売上を左右することが多いためである。そして，実用性が重要視されるため，各企業が鎬を削って新商品の開発を盛んに行っている。そのため，トイレタリー市場では淘汰が激しく，ライフ・サイクルが短い商品が非常に多い。特に近年はその傾向は顕著で，大手企業は膨大化したブラン

ドの集約，淘汰を行い，売れ筋の主力ブランドを絞るなど，能率的なマーケティング戦略が求められている。また，新製品の開発も盛んであるが，その商品に将来性が見込めない場合，あっさりと撤収してしまう場合も多い。

また，開発が盛んな背景には流通業界の価格破壊がある。主な販路はスーパーマーケット，ドラッグストア，ホームセンターなどであるが，これらには安売りの商材として扱われているため，一個あたりの収益性が低くなってしまう。とりわけ，ドラッグストアが市場を席捲してから，この傾向は顕著になっており，値崩れの勢いがとどまらないのである。

さらに，原油価格の高騰によって，原材料及び容器のコストも上昇しつつある。そのため，日本国内のトイレタリー市場は依然として厳しい環境にある。こうしたなか，各社とも海外戦略に力を入れており，海外市場におけるさらなる拡大を図ろうとしている。

### (2) 花王についての概要
#### ① 沿革

花王株式会社（以下は花王と称する）の前身は1887年（明治20年）に長瀬富郎氏が創立した洋小間物商「長瀬商店」である。当時，アメリカ製の化粧石鹸を中心に国産石鹸や輸入文房具などを販売していたが，1890年（明治23年）10月に，国産ブランドにおいて初めての高品質の化粧石鹸「花王石鹸」を発売し，直ちに消費者に受け入れられ，市場を席巻した。その後，シャンプ，洗剤，化粧品，紙オムツなどいろいろな事業を積極的に展開し，日本全国で八つの研究所と約1,700人の研究員を擁する研究開発志向型企業に発展してきた。高品質で付加価値の高い商品であるため，消費者から高い支持や信頼を獲得し，強力なブランド力を築いてきており，トイレタリー業界首位に定着された。また，2006年2月にカネボウ化粧品事業に買収をかけ，その事業規模は大手化粧品企業資生堂の次に一気に2位に上がった。さらに，化学原料も自社が製造し，その技術は他社に真似できないものであり，優れた化学メーカーとも言える。全体的な企業規模は以下となる。
(2005年度連結ベース)

(単位：億円)

| 総資産： | 12,206 | 資本金： | 854 |
|---|---|---|---|
| 売上： | 9,721 | 営業利益： | 1,201 |
| 経常利益： | 1,219 | 当期純利益： | 711 |
| 従業員数： | 29,908人（平均年齢41.8歳） | | |

② 事業内容

　花王の事業内容は，「家庭用製品事業」，「工業用製品事業」，「化粧品事業」，その三つに分けられ，それぞれの売上高構成比は72.5％，18.7％，8.8％となっている。主力事業の「家庭用製品事業」は，さらに石鹸，シャンプ，入浴剤，歯磨きなどの「パーソナル製品事業」，衣料用洗剤や漂白剤，台所用住居用洗剤などの「ハウスホールド製品事業」，生理用品，紙おむつ，健康食品などの「サニタリーほか製品事業」3種類に分けられている。そのブランド数は約36にも上り，半分近くがトップブランドであり，残りも相当数が2位につけられており，ほぼ寡占化していると言っても過言ではない。

(3) **定量分析（格付け：AA＋）**

　「ROBA」，「純有利子負債構成比」以外，「純有利子負債EBITDA倍率」，「純有利子負債営業CF倍率」，「EBITDA/支払利息」，「インタレストカバレッジ」，「ROA」，「自己資本比率」，「利払後事業利益」，「EBITDA」，「営業CF」すべての財務指標が「AAA」レベルであり，安定性が非常に高い。また，「ROBA」と「純有利子負債構成比」は「AAA」までに至らなかったが，それぞれ「AA＋」，「AA」レベルであり，安定している。

　2001年度から2005年までの「ROBA」と「純有利子負債構成比」を見てみよう。「ROBA」の水準はこの5年間大体0.3前後で維持し，それほど大きな変化が見当たらない。一方，「純有利子負債構成比」の場合は，2004年度まではマイナスが続き，ほぼ無借金の状態に近い。しかしながら，2005年度カネボウ化粧品事業などを買収することによって，銀行から4000億円超の資金を調達し，有利子負債金額が一気に上がり，財務とキャッシュフ

図表 1

| | 01 年度 | 02 年度 | 03 年度 | 04 年度 | 05 年度 | 格付けマッチング |
|---|---|---|---|---|---|---|
| 純有利子負債 EBITDA 倍率 | 0.19 | 0.12 | 0.17 | 0.17 | 0.14 | AAA |
| 純有利子負債営業 CF 倍率 | 0.08 | 0.05 | 0.08 | 0.09 | 0.77 | AAA |
| EBITDA／支払利息 | 136.4 | 146.4 | 192.2 | 252.8 | 174 | AAA |
| インタレストカバレッジ | 67.1 | 73.1 | 97.9 | 131.1 | 87 | AAA |
| ROA | 0.15 | 0.16 | 0.17 | 0.17 | 0.10 | AAA |
| ROBA | 0.28 | 0.30 | 0.33 | 0.32 | 0.28 | AA＋ |
| 純有利子負債構成比 | −0.01 | −0.06 | −0.14 | −0.02 | 0.41 | AA |
| 自己資本比率 | 0.60 | 0.58 | 0.59 | 0.65 | 0.41 | AAA |
| 利払後事業利益 | 111,757 | 114,722 | 119,595 | 121,348 | 119,992 | AAA |
| EBITDA | 230,414 | 232,933 | 237,159 | 235,867 | 242,904 | AAA |
| 営業 CF | 103,805 | 106,586 | 101,868 | 123,106 | 131,944 | AAA |
| 単位：百万円 | | | | 定量的評価： | AAA | |

（注）　R&I 格付け別財務指標（製造業）03 年度データより推計。

ローのバランスが大きく崩れている。そのため，定量的格付けは，財務指標マッチングのみで判断した格付け「AAA」より 1 ノッチを引き下げ，「AA＋」とする。

### (4) 定性分析（格付け：AA−）
#### ① 主力の家庭用製品事業

花王は 2004 年度の決算まで二十三期連続増益の記録を達成し，トイレタリー業界の最大手企業である。その強さの源泉は，「あくなき原価低減を続ける TRC（トータル・コスト・リダクション）活動」，「正社員の三分の一が研究者という研究重視の体制」，「消費者センターに寄せられる年間十二万件の意見を参考にしたマーケティング活動」，「全国に張り巡らせた独自の販売会社ネットワークと物流体制」などである。「優れている技術」というシーズと「消費者のあらゆる顕在的，潜在的なニーズ」情報を結び，次々と高品質のヒット商品を開発した。また TRC を積極的に行い，独自の物流システムによって，製造原価，一般販売管理費も削減でき，全体のコストの減少につながり，高い収益性を維持している。

日本国内では，近年トイレタリー市場が成熟しており，全体のパイはここ数年伸び悩み状態となっている。販売価格の低下や原油価格の高騰によって，市場競争がいっそう厳しくなっている。その影響を受け，花王の家庭用製品の営業利益もほぼ横ばい状態となっている。その一方，優れた商品開発力や強いマーケティングで続々と「ヘルシア緑茶」，「エコナ」，「アジエンス」などのヒット商品を出して，依然としてトイレタリー首位の座を保っている。また，アジア，欧米の海外市場では，日本を含めたアジア一体運営の構築に取り組み，中国をはじめアジア市場ではその成果が表れ始め，売上と営業利益とも増加しつつある。また欧米でも，パーソナルケア製品に特化し，商品の高付加価値化を図ることによって，増収増益となっている。主力の家庭用製品事業は，国内においては圧倒的なシェアを占有し，海外においては拡大しつつあるので，今後数年の業績も安定する可能性が極めて高い。

② 工業用製品

日本では，油脂や機能材料の既存品が伸び悩んでいるが，スペシャルティケミカルズは順調に伸長している。その中，特にハードディスク用研磨剤やプリンターインク用色材が，パソコン市場の拡大を受け，需要も拡大している。海外では，景気は米国やアジアで拡大し，欧州の主要国においても緩やかな回復傾向となっている。そのため，界面活性剤やコンクリート用高性能減水剤が高く評価され，需要も拡大している。

③ 化粧品事業

花王は1982年に化粧品事業に進出し，拡大してきたが，その分野ではブランド力，販売網が弱いこともあって世界をにらむ水準にまでは達していなかった。現在，資生堂，カネボウ，コーセーの次，化粧品業界で4位であった。

図表2のように，ここ5年間，花王の化粧品事業が販売チャネルの限界となり，売上が伸び悩みで横ばい状態である。それに対し，生産面におけるコストダウンの強みを生かし，営業利益率が右肩上がりとなっており，03年度の決算時から10%に上った。しかし，05年度の売上高が上昇するものの，

営業利益が一気に減少した。それは，花王が2006年2月にカネボウを買収し，特許権や商標権などの減価償却費を計上したためである。

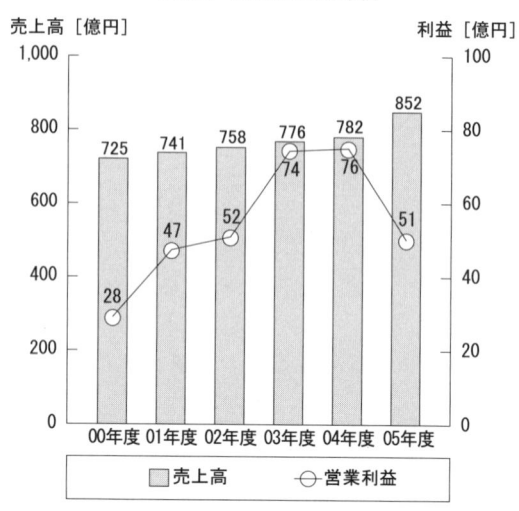

図表2　化粧品事業の業績

| 年度 | 売上高［億円］ | 営業利益［億円］ |
| --- | --- | --- |
| 00年度 | 725 | 28 |
| 01年度 | 741 | 47 |
| 02年度 | 758 | 52 |
| 03年度 | 776 | 74 |
| 04年度 | 782 | 76 |
| 05年度 | 852 | 51 |

### A）花王が手がけたM&Aについての概要

化粧品事業を強化するために，花王は，2005年7月にイギリスの高級化粧品メーカーモルトン・ブラウン社を約350億円で買収した。モルトン社は1973年に成立し，販売地域が70カ国以上，欧米市場では強いブランド力を持っている。ただし，その売上高は約80億円で花王の化粧品事業の10分の1しかないので，今後花王の業績向上に大きな貢献は見られない。

そして，2006年2月に買収をかけた化粧品業界における2位のカネボウ化粧品事業であるが，その買収金額は4,400億円に上り，花王買収の歴史上においては最も大きな金額である。

### B）カネボウを買収する狙い

　a：規模の拡大

カネボウの化粧品事業は1961年から手がけ，全体売上高の約40％を占め，営業利益が突入して大きく，他の事業の赤字を補っているという役割を

果たしていた。その買収によって，花王の化粧品事業の売上高が約2,800億円になり（花王は約800億円，カネボウは約2,000億円），業界2位になり，トップの資生堂との差が縮む。

b：販売網

カネボウは系列店を中心とした「専門店」2万弱のほか，ドラッグストア5,000店，百貨店300店，スーパー1万店の取引先を持ち，「face to face」の販売に強い。それに対し，花王はドラッグストアの比率が高く，合計で1万店しか食い込めていない。また，海外でもカネボウの販売チャンネルは魅力的である。中国に強い資生堂，東南アジア戦略を強化するコーセーである。資生堂の海外での売上は全売上高の4分の1である。それに対し，カネボウは6％程度にとどまっているが，欧州，米国，アジア地域に販路はある。台湾，香港に限られ，売上の3％にすぎない花王に比べ，国際展開は進んでいる。販売チャンネル数の差がそのまま両社の売上の差に反映されている。

c：ブランド力

花王は化粧品の自社ブランド「ソフィーナ」を持つがブランドが弱く，化粧品業界においては苦戦が続いてきた。「ソフィーナ」の主な販路は，値引き競争の激しい流通企業なため，ブランドイメージ低下がさらに値引きにつながる悪循環になっている。化粧品は，一般に，原価率が1割から2割といわれ，コスト構造は，実用品と大きく異なる。クリームの製造原価は数十円，口紅は一本数円であるが，容器代のほうが中身より高く，通常の原価はロスを入れても売価の10％～30％であり，せいぜい40％止まりである。製品は販売価格の50％程度で販売会社に卸されるが，販売価格の内訳で最も大きいのは，製造原価ではなく，マージンを含む販売費である。化粧品の消費者は製品の実用性に加え，「使って，楽しい」という感性的側面も重視し，ブランドのイメージに大きく左右される。そのため，花王の原価低減力，高い研究開発力，マーケティング力など強みが化粧品事業には発揮できなかった。

今後花王は化粧品を拡大するのに新たな販売ルートを開拓することが必要

である。それは強力な販売網，ブランドを擁するカネボウを買収する最大な狙いである。

　C） 統合後相乗効果

　今回の買収によって，花王にとって1,000億円相当の節税効果が得られる。一つはカネボウ化粧品の商標権などを償却する際，その費用を損金算入して得られるものである。花王は商標権や特許権などを1,480億円で取得し，10年程度で毎年約150億円ずつ償却する。この期間で合計約500億円を節税できる見通しである。もう一つは，カネボウ化粧品が前期に営業権を一括償却して発生した累積損失を利用した税効果である。会計上は2,290億円の営業権を一括償却したため，カネボウ化粧品に多額の累損が発生した。税法上はこの欠損金を一定期間で定額償却できる。花王はカネボウ化粧品が得る節税効果を500億円程度と見込む。そのように，花王は当面約1,000億円の節税効果を得られる。

　「製造の花王」，「販売のカネボウ」の統合することによって，原材料調達，研究開発，物流といった機能面における規模経済という相乗効果が期待できる。しかしながら，当面は原材料調達，研究開発における効果しか見られない。その理由は以下となる。

　まず，両社の体質の違いである。カネボウは「face to face」の販売力に自負し，高級路線で歩んできた。一方，花王はドラッグストアを中心に展開してきており，販売より製造には強い。しかも，両社はそれぞれ独自のブランドを持っている。また，以下の表のように，製品の資産回転率も違う。花王は売上対総資産の回転が約「一転回」であるが，カネボウは花王の半分しかない。さらに，コストに対する感覚にも差がある。カネボウは宣伝や販売店へのリベートは不可避と主張している一方，家庭用品で成長した花王は価格競争が激しく，徹底的なコスト削減意識が強い。そういった気質が違う企業は統合後どう進展していくかその具体的策について，花王はいまだに語っていない。

　次に，カネボウ化粧品は花王からみれば決して高収益事業ではないことである。また，花王の化粧品事業の営業利益率は約10％であるが，カネボウ

図表3 　　　　　　　　　　　　　　　　　　（単位：億円）

| | 総資産 | 売上高 | 回転率 |
|---|---|---|---|
| 花王 | 12,100 | 9,712 | 0.8倍 |
| カネボウ化粧品事業 | 5,100 | 2,000 | 0.4倍 |

化粧品は約9％（2005年度）と花王より下回る。確かに買収によって、売上は増加するが、化粧品事業トータルの収益性は低下する危険性を孕んでいる。2万店と言われるカネボウ化粧品系列店のうち、効率の悪い店舗との取引をやめれば高級品を売る販路を失う、コストの多くを占める美容部員を削減すれば売上が低下するという中で、物流と研究開発の機能統合だけでは高収益化は目指せないであろう。

最後、花王とカネボウ化粧品では事業領域が重複する部分がある。しかも重複する部分の方が大きいと推測できる。業界で中価格帯といわれている3,000円～5,000円の商品である。営業や美容部員が2社の商品を販売する責務を担った場合、商品数の多さから、得意先や顧客にうまく商品価値を伝えられるかどうかは今後の課題である。

D）まとめ

そのため、買収後の相乗効果が発揮するまでまだ時間がかかるのであろう。

以上のように、花王は、主力の家庭用製品事業は圧倒的なシェアを占有し、トイレタリー業界の首位であり、海外展開も強化されており、事業性が安定している。ただし、近年トイレタリー業界全体需要が横ばいと悩んでいるので、化粧品事業を育成し、新たな収益源を獲得するのが大きな課題である。カネボウを買収することによって、当面には「節税効果」や花王の「原価低減力による生産における製造原価の改善」が見られるが、「営業面における」相乗効果の発揮はまだ不透明な状態である。したがって、強いキャッシュフロー創出力に変化がないため、定性的評価は「AA－」とする。

(5) 結論（格付け：AA）

トイレタリー業界の首位である。国内市場の伸び悩みによって事業環境は

厳しいが,「優れる研究開発力」,原料から一貫生産,独自の物流システムから築いてきた「強い原価低減力」を生かし,家庭用製品市場では圧倒的なシェアを占有している。また,積極的にグローバルの展開を行い,海外戦略も強化されており,ROA10%の高い収益力を維持しており,今後数年間も安定的なキャッシュフローが見込まれる。

カネボウ化粧品事業を買収することによって,4,000億円超の有利子負債を一気に抱え,財務構成を悪化させた。しかしながら,事業全体の基盤を揺らぐ可能性が低く,全体の格付けは安定となる。

両社統合後,カネボウの強力な販路網やブランド力が花王に移り,「原材料調達」,「研究開発」,「物流」といった機能面における規模経済という相乗効果が期待できる。ただし,生産面の製造コストの改善効果は当面に期待できるが,営業面の物流に関するシナジー効果を発揮していくのがまだ時間がかかるのであろう。

そのため,総合判断は「AA」とする。今後のチェックポイントは化粧品事業が家庭用製品事業と並び主力事業に育成できるかどうかである。

**参考文献**
(書籍)
『ブランド力』清丸恵三郎,PHP研究所,2004年。
『日経で学ぶ経営戦略の考え方』山田英夫,日本経済新聞社,2004年。
(ウェブ)
花王HP/ニュースリリース
カネボウHP/ニュースリリース
産業再生機構HP//ニュースリリース
J-marketing.net,JMR生活総合研究所,2003年,週刊ビジネスガイド特別号
(新聞記事)
日本経済新聞記事 (2003/10/24～2004/5/5)
日経金融新聞記事 (2003/10/24～2004/3/31)
日経産業新聞記事 (2003/10/24～2004/6/1)

**カネボウの概要**

| | |
|---|---|
| 商号 | 株式会社カネボウ化粧品 |
| 本社所在地 | 〒108-8080　東京都港区海岸3丁目20番20号 |
| | 03 (5446) 3111 (代表) |
| URL | http://kcs.kanebo.co.jp |
| 設立 | 平成16年5月7日 |

|  |  |
|---|---|
| 資本金 | 504 億 5,000 万円 |
| 代表者 | 取締役 余語 邦彦 |
|  | ＜代表執行役会長・最高経営責任者（CEO）就任予定＞ |
|  | 取締役兼代表執行役社長・最高執行責任者（COO） |
|  | 知識 賢治 |
| 売上高 | 連結 2,112 億円（2003 年 3 月期） |
|  | 単体 1,401 億円（2003 年 3 月期） |
|  | （カネボウ㈱化粧品事業本部） |
| 従業員数 | 連結 9,036 名（2003 年 3 月期） |

**花王，化粧品事業の歩み**

- 1976年　化粧品研究スタート
- 82年　「花王ソフィーナ」全国発売
- 85年　花王化粧品販売 9 社設立
- 89年　9 販社を統合し，花王化粧品販売設立
- 92年　若年向けシリーズ「フェイスバランス」発売
- 94年　メイクアップブランド「オーブ」発売
- 99年　若年向け新シリーズ「ベリーベリー」，
  50 歳代向けシリーズ「グレイスソフィーナ」開発
- 00年　百貨店専用ブランド「エスト」発売
- 02年　「ソフィーナ」の基礎化粧品シリーズ「ライズ」を発売

**カネボウ，化粧品事業の歩み**

- 1961年　カネボウ化粧品設立
- 67年　販売会社，カネボウ化粧品販売を設立
- 79年　化粧品を英ハロッズで販売を開始
- 80年　カネボウコスメティックス・ヨーロッパ社設立
- 81年　カネボウ化粧品が鐘紡と合併，化粧品部門はカネボウ化粧品本部となる
- 84年　口紅「レディ 80BIO リップスティック」発売
- 89年　百貨店限定ブランド「HF（アシュエフ）」を投入
- 92年　化粧品販売会社を 11 販社，90 支社体制に再編
  「テスティモ」発売，「落ちない口紅」がヒット
- 94年　セルフ化粧品専門の子会社「カネボウコスメット」設立
- 97年　20 歳代向けブランド「RMK」を開始
- 2000年　50 歳代以上を対象とした基礎化粧品ブランド「エビータ」を発売
- 02年　コンビニエンスストア専用ブランド「スキンドレッシュ」投入
- 03年　総合スーパー向けに高級スキンケアブランド「ドルティア」を 10 月投入

**花王の買収スキームをめぐる経緯　時系列**

- 2002年末：カネボウ経営陣と花王との接触開始。
- 2003年07月：ヘンケルとの提携交渉が挫折
  ⇒花王との共同出資会社方式が浮上
  （カネボウと花王の交渉加速）
- 2003年08月08日：アクリル事業からの撤退発表
  ⇒リストラ減資に花王との提携資金を予定
  ⇒アクリル撤退には花王との提携が不可欠

2003年09月上旬：カネボウ帆足社長が三井住友銀行・岡田会長に9月中間決算で債務超過の見
　　　　　　　通しを報告。抜本的な再建計画の立案を急ぐ
2003年10月23日：カネボウ・花王統合計画①（共同出資会社方式）発表
　　　　　　　業績見通しの修正（2003年9月中間決算で約400億円の特別損失計上方針）を発表
2003年11月20日：2003年9月中間期連結決算で629億円の債務超過に転落と発表
　　　　　　　化粧品を除くすべての部門で赤字に転落
2003年11月20日：「中期構造改革プラン」（2007年3月期まで）を発表
　　　　　　　花王への売却益2,500億円を見込む
　　　　　　　有利子負債：5,057億円（03.3）から3,000億円以下へ削減
　　　　　　　2004年3月末に債務超過を解消。
　　　　　　　（花王の出資額をめぐって交渉が難航）
2003年12月上旬：花王が化粧品事業統合交渉を打ち切る
　　　　　　　（花王が化粧品事業買収を提案）
2003年12月15日：花王との優先交渉権が切れる。
2003年12月22日：正式契約の締結を2004年1月に延期
2004年01月上旬：カネボウ内でユニゾン案が議論される。
　　　　　　　⇒三井住友銀行が反対の意向を表明
2004年01月24日：カネボウ取締役会，花王の化粧品事業買収案を検討
2004年01月25日：カネボウ取締役会，花王の化粧品事業買収案を検討
2004年01月26日：正式契約の締結を再度，延期
2004年01月26日：カネボウ取締役会，ユニゾン案拒否を正式決定
2004年01月29日：カネボウ取締役会，完全売却方針を決定
2004年01月31日：カネボウ・花王統合計画②（事業統合方式）発表
　　　　　　　（カネボウ内部で反対派の動きが活発になる）
2004年02月08日：ユニゾン・キャピタルがカネボウに化粧品事業の新会社設立を提案している
　　　　　　　ことが報道される
2004年02月09日：ユニゾン・キャピタルが化粧品事業買収案を提示していたことを認める
2004年02月11日：カネボウ・花王両社，顧問弁護士の立ち合いの下で詰めの交渉を行う
2004年02月12日：未明にカネボウ・花王両社の交渉担当者が握手
　　　　　　　午後，カネボウが「労組の反対が強い」と花王に連絡
2004年02月13日：カネボウ・三井住友銀行が再生機構にカネボウ支援を打診
2004年02月15日：産業再生機構内部にカネボウ支援に対する特別チームが正式に結成される。
2004年02月16日：取締役会，産業再生機構への支援要請を可決。
　　　　　　　カネボウが花王への化粧品事業売却を白紙撤回
2004年02月26日：帆足社長らカネボウ全取締役（8名）が辞任表明
2004年03月01日：私的整理ガイドラインに基づく第1回債権者集会を開催
　　　　　　　2004年2月26日時点でグループ全体の有利子負債が5,567億円に達したことを発表。
　　　　　　　最大で計500億円の追加融資（DIPファイナンス）と借入金残高維持を決定※借入金残
　　　　　　　高（2004年2月16日時点）：5,567億円（三井住友銀行分が2,000億円，約37％）
　　　　　　　債権者金融機関は私的整理ガイドラインに基づき債権回収を5月6日まで停止
2004年03月05日：産業再生機構が花王の評価額を下回る3,660億円の化粧品事業支援策（化粧
　　　　　　　品新会社への出資と債権買取りで計3,800億円）を固める
　　　　　　　カネボウは非公式に産業再生機構に本体支援を要請
2004年03月10日：2004年3月期連結決算の業績修正を発表。

4. 模擬格付けの実例　247

　　　リストラに伴う特別損失が中間決算発表時より増え，約 2,000 億円に達する産業再生機
　　構に対し，繊維事業などを営む本体も支援を要請。
　　　産業再生機構も一括支援を正式決定，「事業再生計画の概要」で，新会社へ総額 3,660
　　億円を拠出を発表
2004年03月15日：債権者集会
2004年03月31日：臨時株主総会を開催臨時株主総会でカネボウ本体から化粧品事業の分離を承
　　認。新社長に化粧品百貨店営業推進室長の中嶋章義氏が就任

花王の買収スキーム（2003 年 10 月：共同出資会社方式，分社型分割）
　　2003年10月23日，カネボウと花王は両社の化粧品部門の統合計画を発表。

＜カネボウ 2007 年 3 月期までの新中期計画（03.11.20）＞
　　2004 年 3 月末までにカネボウが化粧品事業を分社化し設立する新会社に花王が 49％出資
　　　　（カネボウのアドバイザー：大和 SMBC，花王のアドバイザー：ゴールドマン・サックス）
　　2007 年 3 月を目処に花王も化粧品部門を新会社に統合する方針
　　　　※両社の企業文化の違いを考慮し，花王の化粧品部門の統合を 3 年後とする。
　　有利子負債：5,242 億円（03.9）から 3,000 億円以下へ圧縮
　　　　※花王への新会社株売却益 2,500 億円を見込む
　　完全統合後に，両社の化粧品事業の製造部門を花王の連結子会社に，販売部門をカネボウの連
　　　　結子会社に組みなおすことも検討
　　　　※製造・販売を分離するのは，両社とも売上を連結対象としたいため。
　　営業利益　296 億円（02.3）から 450 億円へ（06.3 目標）
　　経常利益　141 億円（02.3）から 340 億円へ（06.3 目標）
　　人員削減（連結）1 万 4,000 人から 1 万 2,000 人へグループ従業員の 2 割に当たる 2,800 人を削減
　　アクリル事業の撤退　ナイロンの 4 割減産
　　本社間接部門人員 3 分の 1
　　厚生年金基金の代行部分返上
　　家庭用品・薬品の切り出し検討

花王の買収スキーム　「共同出資方式」の問題点
　　花王の出資金で有利子負債を 2,000 億円削減できたとしても，なお 3,000 億円の残高を抱える。
　　これらを返済してゆくだけの収益力は，当時のカネボウの非化粧品事業にはない。
　　　　　　⇒化粧品同様，食品や薬品事業なども外部から資本を受け入れる可能性を残す。
　　　　　　⇒業界内でカネボウの食品事業の売却が憶測
　　　　　　⇒すでに定番化したブランドなら，売却側も買収側も交渉のテーブルにつきやすい。
　　　　　　　　（カネボウの食品事業では，ミント菓子の「フリスク」や 2000 年のヒット商品となっ
　　　　　　　た「甘栗むいちゃいました」などのブランドを保有）
　　　　　　⇒カネボウの食品事業の売却先候補として
　　　　　　⇒「キリンビール（総合食品企業を模索）」や「日本たばこ産業（資金力がある）」が挙る
　　　　　　⇒カネボウはキリンビバレッジのヒット商品「アミノサプリ」の粉末タイプを出してお
　　　　　　　り，両社が接近してもおかしくない
　　リストラが一段落した後の成長性をいかに確保するかが描けていない
　　　　　　⇒カネボウ再生のカギは非化粧品事業の収益力をどのように高めてゆくかが課題

花王の買収スキーム：　2004 年 1 月，営業譲渡方式
　　2004 年 1 月 31 日，カネボウと花王は化粧品事業の統合の方式を，共同出資方式から，カネボ
　　　ウがその化粧品事業を花王に営業譲渡する方式に変更する旨を発表。

＜カネボウ化粧品事業売却案（04.1.30）＞

カネボウと花王は，化粧品事業の統合の方式を，当初の基本合意で想定した合弁（共同出資）方式ではなく，カネボウがその化粧品事業を花王に営業譲渡する方式に変更する発表を行った。
　カネボウが化粧品事業を花王が設立する新会社に営業譲渡
　買収にかかる費用は 4,000 億円以上の見通し。
　花王はカネボウの商標やカネボウの販売店網を獲得
　カネボウの化粧品部門の人員約 9,300 人は新会社が引き継ぐ。
　2月中旬を目処

**買収スキームが変更された事情（カネボウ側の事情，「共同出資方式」の問題点）**
　1）メインバンク（三井住友銀行）の債務免除が受けられず5,000 億円の有利子負債削減には化粧品の完全売却が必要に
　2）税制上の理由
　　　　会社分割等組織再編税制では，税制適格であれば，分割会社において譲渡益（営業権や土地建物等の譲渡益）課税を回避することができたが，カネボウの場合には新会社に対して営業譲渡を行うことによって化粧品部門の事業価値を顕在化させて売却益を獲得する必要があった。
　3）カネボウの誤算
　　　　売却査定額の誤算
　　　　　　カネボウは 2,500 億円を見込むが，花王は 1 千億円台後半と査定
　　　　⇒花王との「共同出資方式」では，再建に必要な資金を確保できない。

## 〔6〕 ブックオフ・コーポレーション

### 1．模擬格付け報告要旨

(1) 格付け対象企業（国）：ブックオフコーポレーション

(2) 提案格付け：A－

(3) 公表格付け：R&I　なし，JCR　なし，Moody's　なし，S&P　なし

(4) 同業他社（又は同クラス他国）の格付け：テイツー：なし，
　　　　　　　　　　　　　　　　　　　　　ゴトー：BBB－（JCR）

(5) 格付けの事由

A．定量的事由（格付け：A－　）

　　財務指標マッチングのみに基づく格付は A（規模で劣るものの，利益率が高いため）。一方で，長期債務返済額が償還財源を大幅に上回るアンバランス状態が継続しており，金融機関の支援状況によっては，今後の償還に懸念が発生する可能性も否定できない。従って，定量的格付けは，財

務指標マッチングのみで判断した格付 A を 1 ノッチ引き下げて，A−とした。また，同業他社との比較からも，A−が妥当であると判断した。

B. 定性的事由（格付け：A−　）

中古書籍業界は安定的に成長している市場である。また，販売・仕入価格ともに変動の少ない安定した業界である。その中でブックオフは圧倒的な市場シェアを占めており，業界トップ企業として知名度は高く，事業基盤は固い。また，ブックオフでは出店余地の大きい首都圏・政令指定都市への出店を計画しており，引き続き安定的な収益確保が期待できる。ブックオフ事業への依存度の高さや，法改正によるパート等への福利厚生費負担増加の可能性等懸念材料もあるが，前述プラス要因が大きいため，定性的格付は A−とした。

C. 総合判断（格付け：A−　）

主力の中古書籍事業は安定成長が見込まれており，比較的高い収益性が維持されていることから，当面現状程度のキャッシュフロー生成力を維持可能と考える。また，純有利子負債が少ない等財務基盤は安定している。ただし，長期債務返済額と償還財源のアンバランスを勘案し，総合判断は A−とする。今後のチェックポイント（リスク要因）は，長期債務返済額と償還財源のアンバランスの解消，ブックオフ事業以外の成否，パートタイム労働法等関連法の改正動向である。

(6) 主要指標（財務・国際収支等：過去 5 年間）

| 項目 | 2001 | 2002 | 2003 | 2004 | 2005 |
| --- | --- | --- | --- | --- | --- |
| 売上高（億円） | 246.3 | 262.4 | 344.1 | 379.6 | 422.1 |
| 売上高総利益率（％） | 60.0 | 60.0 | 67.1 | 66.4 | 65.4 |
| 使用総資本事業利益率（％） | 5.4 | 9.5 | 10.1 | 11.6 | 12.4 |
| インタレストカバレッジ（倍） | 4.9 | 8.5 | 8.6 | 13.4 | 20.1 |
| 純有利子負債／CF 倍率（倍） | 3.3 | 3.6 | 2.5 | 3.7 | 1.6 |
| 自己資本比率（％） | 20.0 | 19.4 | 28.0 | 36.4 | 40.0 |
| キャッシュフロー（億円） | 13.1 | 14.6 | 14.6 | 10.9 | 21.0 |

## 2．ブックオフコーポレーションの会社要項

| | |
|---|---|
| 本社所在地 | 神奈川県相模原市古渕 2-14-201 |
| 業種 | 小売業（中古書籍等販売） |
| 沿革 | 平成 3 年　中古本の仕入・販売を目的として㈱ザ・アール設立<br>平成 3 年　「BOOKOFF」の全国フランチャーズチェーン展開を開始<br>平成 4 年　商号をブックオフコーポレーション㈱に変更<br>平成 6 年　中古 CD・中古ビデオ等の仕入，販売を開始<br>平成11年　中古子供用品の仕入，販売を行う㈱キッズグッズを設立<br>平成12年　中古スポーツ用品を扱う「B・SPORTS16 号相模原由野台店」を開店<br>平成12年　中古婦人服の仕入・販売を行う㈱ビースタイルを設立<br>平成16年　東証 2 部上場<br>平成17年　東証 1 部上場 |
| 役員 | 代表取締役会長　最高経営責任者　坂　本　　　孝<br>代表取締役社長　最高執行責任者　橋　本　真由美<br>専務取締役　執行役員　栗　山　英　紀<br>取　締　役　増　田　宗　昭<br>取　締　役　鈴　木　孝　之<br>常勤監査役　田　中　　　公<br>監　査　役　天　野　哲　朗<br>監　査　役　古谷野　　　晃 |
| 株式上場市場 | 東京証券取引所第 1 部 |
| 最近の株価<br>（株数） | 株価：2,045 円（2006 年 6 月 30 日現在）（1 株当たり利益 86.64 円）　発行済み株式数：19,142,400 株 |
| 株価推移<br>（一株あたり<br>税後利益：円） | 1 年前　2,405 円（84.23 円）：2 年前　2,430（120.12 円）：5 年前　未上場（−）： |
| 主要株主 | 甲府倉庫㈱（12.4%）<br>坂本　孝（11.9%）<br>㈱TSUTAYA（6.0%）<br>サカモトキャピタル㈱（5.6%）<br>日本マスタートラスト信託銀行㈱（信託口）（5.5%）<br>ブックオフコーポレーション従業員持株会（3.2%）<br>坂本　宗隆（3.2%）他 |
| 長期債務残高<br>（単位：百万円） | 長期借入金：6,034（うち 1 年以内返済予定 2,341），普通社債：0，転換社債：0，その他：1,551 |

| | |
|---|---|
| 信用格付け推移 | 格付なし |
| 従業員の状況 | 従業員数：333人<br>平均年齢：28.1歳<br>平均勤続年数 3.0 年<br>平均年間給与：4,551 千円<br>パート等の人数：1,687 人 |
| 事業の内容 | 当社グループは，「事業活動を通じての地域社会への貢献」，「全従業員の物心両面の幸福の追求」を経営理念とし，中古書籍等の小売店舗「BOOKOFF」を中心に，「リユース」を切り口とした小売店舗の運営およびフランチャイズ事業を行っている。各事業の内容は，次の通りである。<br>１．ブックオフ事業（売上比 83％）<br>⑴書籍・CD 等のリユースショップ「BOOKOFF」の直営及びチェーン展開を行う。<br>⑵「BOOKOFF」の各店舗では，顧客より商品を仕入れ，仕入れた商品をその店舗で加工陳列して販売している。<br>２．キッズ・婦人服事業（売上比 7％）<br>子会社にて子供服，ベビーカー，チャイルドシート等子供用品のリユースショップ「B・KIDS」及び婦人服のリユースショップ「B・STYLE」店舗の運営を行っている。<br>３．ビデオレンタル事業（売上比 2％）<br>子会社にてビデオレンタルチェーン「TSUTAYA」にフランチャイズ加盟し，店舗の運営を行っている。<br>４．その他事業（売上比 8％）<br>子会社にて中古スポーツ用品を扱う「B・SPORTS」，中古雑貨を扱う「B・LIFE」，中古アクセサリー等を扱う「B・Select」店舗等の運営を行っている。 |
| 設備の状況 | １．ブックオフ事業：直営 291 店，FC563 店<br>２．キッズ・婦人服事業：直営 47 店，FC14 店<br>３．ビデオレンタル事業：直営 8 店<br>４．その他事業：直営 44 店，FC 6 店 |
| 営業状況 | 2006 年 3 月期は，主力事業であるブックオフ事業において，既存店売上が継続的に伸長したことや，キッズ・婦人服事業において大型複合施設を中心とした新規出店を進めた結果，売上高は 422 億円（前期比 11.2％増），経常利益は 30 億円（同 18.2％増）となっている。 |
| 過去 5 年間の財務状況 | １．既存店売上の続伸（36 ヶ月連続で前年同月比プラスを達成）や新規出店の拡大等により，売上，経常利益，当期純利益とも 5 期連続で増収増益を達成している。<br>２．増収増益基調を背景に，自己資本比率は年々上昇している。また，ROE も 20％前後と高い水準を維持している。 |

## 3. 報告書本文

### (1) 定量的事由（格付け：A）

定量分析については，以下の3点を総合的に判断して行うこととする。

① 格付別財務指標（食品スーパー）とのマッチング，② 償還財源と長期債務返済額とのバランス，③ 同業他社との比較。

### ① 格付別財務指標（食品スーパー）とのマッチング

格付別財務指標（食品スーパー）とのマッチング状況は図表1の通りであり，06/3期でみたブックオフの格付けはAと判定される。

各財務指標についてみると，第一に，ブックオフの利益率は高い水準にある。02/3期～06/3期における売上高総利益率は概ね65％前後を維持しており，いずれもAAAと高い水準で安定している。これは，リサイクル業界自体，もともと利益率が高いことに加えて，ブックオフ独自の買い取りシステムの徹底が要因として挙げられる[1]。

図表1　ブックオフのマッチング

| | 02/3 | 格付マッチング | 03/3 | 格付マッチング | 04/3 | 格付マッチング | 05/3 | 格付マッチング | 06/3 | 格付マッチング |
|---|---|---|---|---|---|---|---|---|---|---|
| 比率倍率指標 | | | | | | | | | | |
| 売上高総利益率(%) | 64.9% | AAA | 65.7% | AAA | 67.0% | AAA | 66.4% | AAA | 65.4% | AAA |
| 使用総資本事業利益率（%） | 5.4% | BBB | 10.6% | AA | 10.1% | AA | 11.6% | AA | 12.4% | AAA |
| インタレストカバレッジ（倍） | 5.9 | BB | 9.5 | BBB | 9.6 | A | 14.4 | AA | 20.5 | AAA |
| 純有利子負債／CF倍率（倍） | 3.3 | A | 3.6 | A | 2.5 | A | 3.7 | A | 1.6 | AA |
| 自己資本比率(%) | 20.0% | B | 21.8% | BB | 28.1% | BB | 36.4% | BBB | 40.0% | A |
| 規模指標（億円） | | | | | | | | | | |
| キャッシュフロー | 13.1 | BB | 14.6 | BB | 14.6 | BB | 10.9 | BBB | 21.0 | BBB |
| 自己資本 | 27.2 | B | 29.7 | B | 50.1 | B | 71.7 | B | 87.9 | B |
| 売上高 | 246.3 | B | 262.4 | B | 344.4 | B | 379.6 | B | 422.1 | B |
| | 定量評価 | BB+ | 定量評価 | BBB | 定量評価 | BBB | 定量評価 | BBB+ | 定量評価 | A |

（出所）　数値は有価証券報告書より作成。

また，使用総資本事業利益率でみても高い水準にあり，かつ年々改善傾向にある（02/3期5.4％→06/3期12.4％）。使用総資本事業利益率を使用総資本回転率と売上高事業利益率に分解してみると，使用総資本事業利益率の改善は，売上高事業利益率の改善によることがわかる。これは，店舗オペレーション体制の見直しによる効率化と既存店売上の増加による販管費負担の軽減や，新店舗の収益寄与等によるものである。

　第二に，CFと比較して有利子負債が少ない。06/3期における純有利子負債/CF倍率は1.6倍，AAとまずまずの水準となっている。また，純有利子負債/CF倍は年々改善しており，特に06/3期において大幅に改善している。これは，営業利益の増加と棚卸資産の増加抑制（05/3期中の棚卸資産増加額：＋10億円→06/3期同：＋6億円）によって増加したCFを原資として純有利子負債の削減を進めたことによる。その結果，有利子負債の水準は，直近ピーク時（03/3期）の6割程度まで削減が進んでおり，大幅に改善している。

　第三に，自己資本比率は改善傾向にある（02/3期20.0％→06/3期40.0％）。これは，04/3期の上場によって約14億円を調達した他，その後の安定した収益計上によるものである。その結果，財務面での安定性は増してきている。

図表2　マッチングに使用した基準指標（食品スーパーを使用）

| 比率倍率指標 | AAA | AA | A | BBB | BB | B |
|---|---|---|---|---|---|---|
| 売上高総利益率（％） | 30％以上 | 28～30 | 25～28 | 20～25 | 15～20 | 15％以下 |
| 使用総資本事業利益率（％） | 13％以上 | 10～13 | 8～10 | 5～8 | 1～5 | 1％以下 |
| インタレストカバレッジ（倍） | 15倍以上 | 13～15 | 10～13 | 8～10 | 5～8 | 5倍以下 |
| 有利子負債／CF倍率（倍） | 1倍以下 | 1～2 | 2～5 | 5～8 | 8～10 | 10倍以上 |
| 自己資本比率（％） | 60％以上 | 50～60 | 40～50 | 30～40 | 20～30 | 20％以下 |
| 規模指標（億円） | AAA | AA | A | BBB | BB | B |
| キャッシュフロー | 50以上 | 40～50 | 30～40 | 20～30 | 10～20 | 10以下 |
| 自己資本 | 500以上 | 400～500 | 300～400 | 200～300 | 100～200 | 100以下 |
| 売上高 | 2500以上 | 2,000～2,500 | 1,500～2,000 | 1,000～1,500 | 500～1,000 | 500以下 |

（出所）　R&I『月刊レーティング情報』を基に作成。

一方,規模の面ではやや劣っており,規模指標はBBB〜Bにとどまる。これは,中古書籍というニッチ市場に特化しており,規模よりも収益性重視の経営を行ってきたことによる。

### ② 償還財源と長期債務返済額とのバランス

ブックオフの償還財源は増加傾向にあるものの,長期債務返済額が償還財源を上回るアンバランス状態が継続している(図表3)。ブックオフの償還財源は年々増加しており,長期債務返済額とのギャップも徐々に縮小しているものの,06/3期で約5億円のギャップがなお存在している。

これまでは金融機関による借り換え支援により繰り回してきており,ブックオフの安定した事業基盤とCFを勘案すれば,今後も金融機関の対応が急変する可能性は少ないと考える。しかしながら,金融機関の支援体制がなんらかの要因によって変化した場合,今後の償還に懸念が発生する可能性も否定できない財務体質にあると考える。

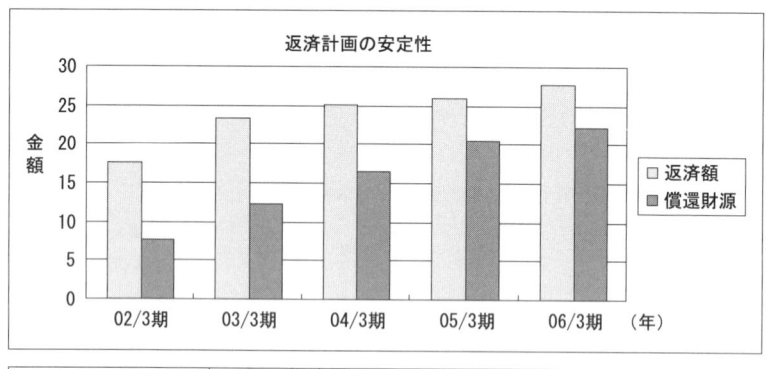

図表3 償還財源と長期債務返済額とのアンバランス (金額単位:億円)

|  | 02/3期 | 03/3期 | 04/3期 | 05/3期 | 06/3期 |
|---|---|---|---|---|---|
| 償還財源 | 7.55 | 12.05 | 16.25 | 20.25 | 22.05 |
| 長期返済予定額 | 17.4 | 23.1 | 25 | 25.8 | 27.6 |
| 長期債務残高(期首) | 33.1 | 42.4 | 38.6 | 34.1 | 36.9 |
| 償還年数(年) | 4.4 | 3.5 | 2.4 | 1.7 | 1.7 |

### ③ 同業他社との比較

同業他社であるテイツー[2]及びゴトー[3]について,それぞれ格付別財務指

標（食品スーパー）とのマッチングを行うと図表4の通りである。

テイツーは，中古品だけでなく，新品販売も行っているため，ブックオフと比較して利益率が低い水準にある。また，CFに比して有利子負債が多い。さらには，規模が小さいため，格付はBB+となっている。

また，ゴトーも，ブックオフと比較して利益率が低く，使用総資本事業利益率はBBにとどまっている。そのため，純有利子負債は少ないものの，インタレストカバレッジは低い水準にとどまっている。さらには，規模が小さいため，格付けはBBBとなっている。以上，①～③の視点について，それぞれ分析を行った結果として，ブックオフの定量分析による格付けはA－とする。

まず，①格付別財務指標（食品スーパー）とのマッチングのみによる判定では，ブックオフの格付けはAと判定される。しかしながら，②で述べた通り，ブックオフは長期債務返済額が償還財源を上回るアンバランス状態にあり，金融機関の支援体制に変化が生じた場合，今後の償還に懸念が発生

図表4　格付別財務指標とのマッチング（テイツー及びゴトー）

テイツーの財務指標マッチング（格付：なし）

| | 06/2 | 格付マッチング |
|---|---|---|
| 比率倍率指標 | | |
| 売上高総利益率（％） | 26.3% | A |
| 使用総資本事業利益率（％） | 5.5% | BBB |
| インタレストカバレッジ（倍） | 12.6 | A |
| 純有利子負債／CF倍率（倍） | 4.3 | BBB |
| 自己資本比率（％） | 35.0% | BBB |
| 規模指標（億円） | | |
| キャッシュフロー | 6.7 | B |
| 自己資本 | 39.8 | B |
| 売上高 | 355.6 | B |
| | 定量評価 | BB+ |

ゴトーの財務指標マッチング（格付：JCR BBB－）

| | 06/2 | 格付マッチング |
|---|---|---|
| 比率倍率指標 | | |
| 売上高総利益率（％） | 41.2% | AAA |
| 使用総資本事業利益率（％） | 1.2% | BB |
| インタレストカバレッジ（倍） | 5.0 | B |
| 純有利子負債／CF倍率（倍） | 0.7 | AAA |
| 自己資本比率（％） | 61.8% | AAA |
| 規模指標（億円） | | |
| キャッシュフロー | 3.7 | B |
| 自己資本 | 106.7 | BB |
| 売上高 | 154.4 | B |
| | 定量評価 | BBB |

（出所）　有価証券報告書より作成。

する可能性も否定できない。定量分析による格付けにおいては，そのような点を勘案し，格付別財務指標とのマッチングのみによる格付Aより1ノッチ引き下げて，A－とする。また，③同業他社との比較を勘案しても，ブックオフは，同業他社と比較して，規模は同程度ながらも，利益率が高く，CF比の有利子負債も少ないことから，定量分析による格付けA－は妥当と判断する。

(2) 定性的事由
① 業界動向

中古書籍市場は，安定的に成長している市場である。リサイクルに対する消費者意識の高まりや消費者の低価格志向等によって，中古書籍市場は，2000年度の630億円（100％）から2004年度には705億円（112％）にまで成長している（図表5）。当該期間における成長率を年率に換算すると，年率平均3％程度の成長を遂げている。従って，中古書籍市場は，成長率はそれほど高くはないものの，安定的に成長している市場といえる。

また，中古書籍市場は，古本チェーン店による寡占化が進んでいる市場である。もともと中古書籍市場は，零細業者が営む従来型の古書店（狭くて暗い店舗で，専門書販売が主）が主流であったが，平成以降，ブックオフ等の

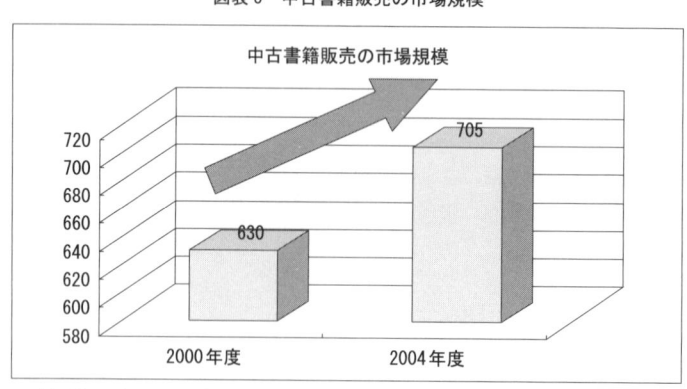

図表5　中古書籍販売の市場規模

（出所）　ブックオフ会社説明資料。

古本チェーン店（広くて明るい店舗で，コミック・文庫販売が主）が急激に成長し，全国展開が行われた。そのため，従来型の古書店は転廃業を余儀なくされて減少する一方で，古本チェーン店が増加した。その結果，現在ではブックオフを含めた古本チェーン店上位4社が中古書籍市場のシェア82%を占めており，古本チェーン店による寡占化が進んでいる（図表6）。

② 業界における地位と競争力

寡占化が進む中古書籍市場であるが，その中でもブックオフはシェア59％とトップシェアを占めている（図表6）。第2位のシェアを占めるブックマーケットがシェア12%にとどまっていることから，ブックオフは中古書籍市場において圧倒的な地位を占める業界トップ企業といえる。

また，ブックオフのシェアは拡大傾向にある。2000年度において54%であったブックオフのシェアは，2004年度には59%にまで拡大している（図表6）。中古書籍市場が安定的に成長する中で，ブックオフのシェアは拡大しており，その存在感は増してきている。

このような高い市場シェアを背景として，ブックオフは業界内において高い競争力を維持している。ブックオフは，圧倒的な市場シェアを押さえる業界トップ企業として，また古本チェーン店の草分け的存在としてその知名度は高い。中古書籍市場においては，知名度の高さは仕入に有利となり，品揃えの点で大きな競争力となる。中古書籍は通常の商品と異なり，その仕入は

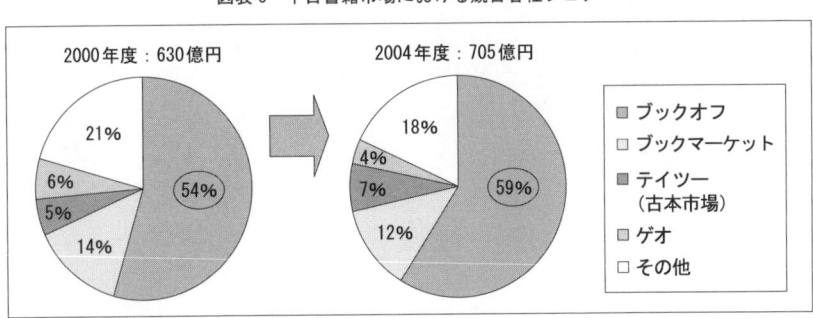

図表6　中古書籍市場における競合各社シェア

| 2000年度：630億円 | 2004年度：705億円 |
|---|---|
| 54% ブックオフ<br>14%<br>5%<br>6%<br>21% | 59% ブックオフ<br>12%<br>7%<br>4%<br>18% |

凡例：
- ブックオフ
- ブックマーケット
- テイツー（古本市場）
- ゲオ
- その他

（出所）　ブックオフ会社説明資料。

消費者からの買い取り持込に依存しているため，品揃えを安定させられるかどうかは買い取り持込の多寡に依存せざるをえない。そのような業界において，知名度の高さは消費者からの買い取り持込の増加につながり，安定した品揃えが可能となるのである。

### ③ 対象企業の特性

ブックオフの主業である中古書籍事業は，販売・仕入ともに価格競争が少なく，安定した利益率を確保できる事業である。図表7は，ブックオフ中古書籍事業の販売単価及び買い取り単価の推移であるが，これをみると02/3～06/3期まで，販売単価，買い取り単価とも概ね横ばいで推移していることがわかる。

販売価格が安定している理由は，(i)中古書籍がもともと新刊と比較して安価であるため，消費者が価格にそれほど敏感でないこと，(ii)ブックオフが中古書籍市場で圧倒的な市場シェアを占めているため，同業他社との競争がそれほど激しくないこと等が挙げられる。また，仕入価格についても，中古書籍買い取り持込を行う消費者（売り手）の力がそれほど強くないこと（買い取り価格がどんなに安くても，不用品なのであまり気にしない）等の理由によって，買い取り側に有利な価格設定が可能となっているため，安定

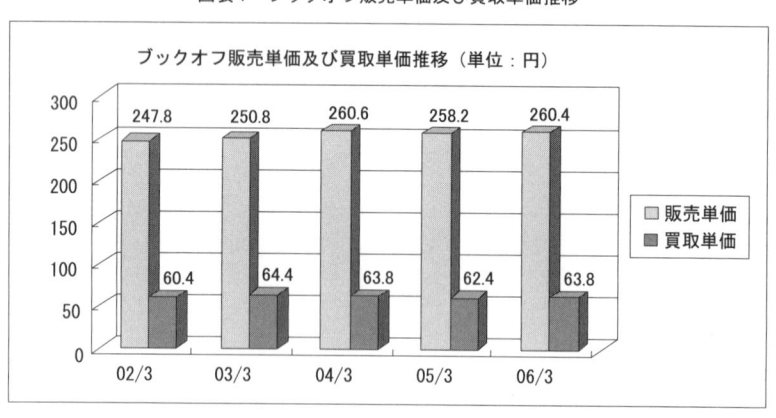

図表7　ブックオフ販売単価及び買取単価推移

ブックオフ販売単価及び買取単価推移（単位：円）

| | 02/3 | 03/3 | 04/3 | 05/3 | 06/3 |
|---|---|---|---|---|---|
| 販売単価 | 247.8 | 250.8 | 260.6 | 258.2 | 260.4 |
| 買取単価 | 60.4 | 64.4 | 63.8 | 62.4 | 63.8 |

（出所）　ブックオフ会社説明資料。

しているのである。ブックオフの現在の市場シェアを考慮すれば，このような状況は当面続くものと思われ，プラスの評価要因であると考える。

また，ブックオフの直営既存店売上が好調である点もプラス要因である。図表8は，ブックオフの直営既存店売上の推移であるが，2003年4月〜2006年4月まで36カ月連続で前年同月比プラスを維持している[4]。外食産業をはじめ，既存店売上が一進一退を繰り返す企業が多い中で，ブックオフは，36カ月連続で前年同月比プラスを維持しているのである。

このことはまた，景気回復期においても，中古書籍に対する需要が根強いことも意味している。一般的に，中古書籍は景気低迷期に需要が増加し，景気回復期には需要が低迷すると考えられているが，ブックオフの既存店舗は，2002年初めから始まった景気回復期においても売上を年々伸ばし続けている。従って，今後さらに景気回復が進むにつれて，中古書籍に対する需要が減少するという可能性は少ないと考えられる。

さらに，ブックオフは，今後も出店余地の大きい首都圏・政令指定都市を中心に積極的に店舗を出店する経営計画を打ち出しており，安定した成長が期待できる。商圏人口からみた新規出店余地は図表9の通りである。東京近辺を中心に783店舗もの新規出店余地が存在している。このような新規出店

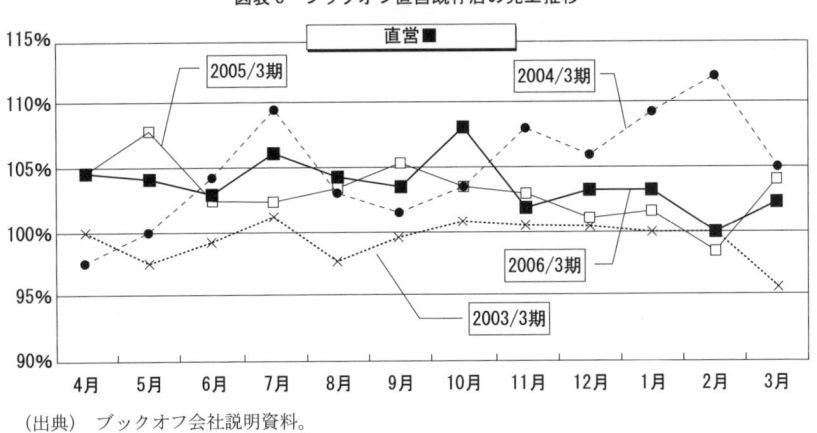

図表8　ブックオフ直営既存店の売上推移

(出典)　ブックオフ会社説明資料。

余地は，業界トップ企業として資金量・情報量で圧倒的優位に立つブックオフにとって恩恵となることが予想されよう。

以上のような，販売・仕入価格の安定性，既存店売上が連続プラスであること，新規出店余地の存在と積極的な新規出店計画の打ち出しは，定性評価においてプラス要因として評価する。

#### ④ 中古書籍業界全体の懸念材料

一方，中古書籍業界全体の懸念材料として，第一に，人口減少による国内市場の縮小が挙げられる。ブックオフは，海外への店舗展開も行ってはいるものの，現時点での収益への寄与はあまり大きくない。そのため，当面は国内事業からの収益が中心とならざるを得ない状況にあり，人口減少による国内市場の縮小による影響を受けやすい体質である。このことは，同業他社に関しても同様である。

しかしながら，人口減少による国内市場の縮小は，長期的な懸念材料ではあるが，当面の影響は少ないといえる。国立社会保障・人口問題研究所によると日本国内の人口は，平成18年の1.27億（100％）から平成28年には1.26億（99％）にまで減少すると予測しているものの，その減少幅は1％程度と小さい。そのため，当面の収益面への影響は少ないと考える。

また，ネットを活用した書籍販売の普及も懸念材料である。ネットを活用した書籍販売のうち，ブックオフに影響を及ぼすものは，主に① ネットによる中古書籍の販売，② 電子書籍の販売の2つである。① ネットによる中古書籍の販売は，ブックオフ店舗における販売の減少につながる可能性もある。また，② 電子書籍の販売も低価格での電子書籍販売によって，中古書籍販売が減少する可能性も考えられる。

しかしながら，①，②とも長期的な懸念材料ではあるが，当面の影響は少ないものと考える。ネットによる中古書籍販売に関する資料がないため，ネットによる新刊書籍の販売額でその普及傾向をみると，ネットによる新刊書籍の販売額は増加傾向にあるものの，店舗販売を含めた新刊書籍販売市場の3.5％にしかすぎない[5]。従って，ネットによる中古書籍の販売についても，現時点での市場規模は小さいとみられ，当面脅威となる可能性は少ないと考え

図表9　ブックオフ直営既存店の売上推移
ブックオフ店舗の出店余地

| | 当社推定出店可能数 | BOOKOFF | | ブックマーケット古本市場 | 当社シェア | 当社推定出店余地 | | 当社推定出店可能数 | BOOKOFF | | ブックマーケット古本市場 | 当社シェア | 当社推定出店余地 |
|---|---|---|---|---|---|---|---|---|---|---|---|---|---|
| | | 直営 | FC加盟店 | | | | | | 直営 | FC加盟店 | | | |
| 北海道 | 79 | 14 | 25 | 39 | 10 | 80% | 38 | 滋賀 | 19 | | 12 | 12 | 5 | 71% | 1 |
| 青森 | 18 | 4 | 0 | 4 | 5 | 44% | 10 | 京都 | 42 | 4 | 10 | 14 | 6 | 70% | 23 |
| 岩手 | 16 | 0 | 4 | 4 | 5 | 44% | 1 | 大阪 | 158 | 5 | 29 | 34 | 34 | 50% | 86 |
| 秋田 | 14 | 6 | 0 | 6 | 0 | 100% | 9 | 兵庫 | 93 | | 18 | 18 | 26 | 41% | 51 |
| 宮城 | 33 | 5 | 13 | 18 | 10 | 64% | 8 | 奈良 | 18 | 1 | 7 | 8 | 5 | 62% | 6 |
| 山形 | 13 | 13 | 0 | 13 | 2 | 87% | 2 | 和歌山 | 13 | 1 | 2 | 3 | 6 | 33% | 5 |
| 福島 | 28 | 0 | 18 | 18 | 7 | 72% | 5 | 鳥取 | 8 | 1 | 3 | 4 | 3 | 33% | −5 |
| 茨城 | 40 | 11 | 7 | 18 | 11 | 62% | 10 | 島根 | 8 | | 4 | 4 | 3 | 57% | 2 |
| 栃木 | 28 | 2 | 16 | 18 | 4 | 82% | 7 | 岡山 | 30 | | 4 | 4 | 13 | 24% | 9 |
| 群馬 | 28 | 11 | 4 | 13 | 0 | 100% | 11 | 広島 | 49 | | 10 | 11 | 10 | 52% | 23 |
| 埼玉 | 112 | 19 | 32 | 51 | 18 | 74% | 46 | 山口 | 23 | 1 | 6 | 7 | 3 | 70% | 11 |
| 千葉 | 100 | 14 | 20 | 34 | 7 | 87% | 56 | 徳島 | 9 | | 6 | 6 | 9 | 40% | −4 |
| 東京 | 224 | 76 | 40 | 116 | 8 | 94% | 106 | 香川 | 15 | 1 | 5 | 6 | 5 | 55% | −1 |
| 神奈川 | 161 | 38 | 23 | 63 | 1 | 98% | 95 | 愛媛 | 24 | | 8 | 8 | 8 | 50% | 10 |
| 新潟 | 37 | 0 | 24 | 24 | 5 | 83% | 5 | 高知 | 9 | | 6 | 6 | 5 | 55% | −3 |
| 富山 | 15 | 0 | 6 | 6 | 9 | 40% | 0 | 福岡 | 75 | 1 | 34 | 35 | 22 | 61% | 17 |
| 石川 | 16 | 0 | 7 | 7 | 6 | 54% | 4 | 佐賀 | 10 | | 5 | 5 | 1 | 83% | 4 |
| 福井 | 9 | 0 | 7 | 7 | 2 | 78% | 2 | 長崎 | 20 | | 3 | 3 | 6 | 33% | 11 |
| 山梨 | 9 | 12 | 0 | 12 | 1 | 92% | −3 | 熊本 | 23 | | 9 | 9 | 7 | 56% | 9 |
| 長野 | 28 | 0 | 21 | 21 | 4 | 84% | 8 | 大分 | 16 | | 5 | 54 | 6 | 45% | 9 |
| 岐阜 | 26 | 1 | 14 | 15 | 3 | 83% | 9 | 宮崎 | 15 | | 5 | 5 | 11 | 31% | 0 |
| 静岡 | 60 | 1 | 28 | 29 | 3 | 91% | 26 | 鹿児島 | 22 | 1 | 12 | 13 | 6 | 68% | 5 |
| 愛知 | 116 | 16 | 39 | 55 | 19 | 74% | 45 | 沖縄 | 18 | | 6 | 6 | 2 | 75% | 8 |
| 三重 | 26 | | 5 | 11 | 7 | 64% | 9 | 国内計 | 1,953 | 282 | 564 | 846 | 352 | 71% | 783 |

2006/3末現在，当社調べ

(注)　出店可能数＝行政人口5万人以上の区・市郡は商圏5万人／店舗，その他（郡部等）は商圏10万人／店舗として，当社にて推定。
(出所)　ブックオフ会社説明資料。

る。また，電子書籍の販売額も，新刊書籍販売市場の0.2%にすぎない[6]等，現時点での市場規模は小さく，当面脅威となる可能性は少ないと考える。

⑤ 対象企業の懸念材料

ブックオフ個別の懸念材料として，第一に，ブックオフ事業（中古書籍等

販売)への依存度が高い点が挙げられる。06/3期でみると,ブックオフ事業は,ブックオフの売上の約82％,営業利益の91％を占めている。そのため,ブックオフでは,中古書籍以外のリサイクル事業(キッズ・婦人服等)の育成に力を入れているものの,第二の柱となるまでには育っていない。そのため,中古書籍以外の事業を育成することが今後の課題である。

　第二に,法改正の動向によっては,パート・アルバイトへの福利厚生費負担が増加することが懸念される。現在,厚生労働省は,パート・アルバイト社員の待遇改善を企業に義務付けるため,来年度通常国会への提出に向けて,パートタイム労働法等の改正による厚生年金等の対象範囲拡大の検討を行っている[7]。ブックオフのパート・アルバイト数は1,687名と正社員数333名を大幅に上回っている等,パート・アルバイトを積極的に活用している。そのため,パート・アルバイトについて,仮に正社員並の福利厚生費負担が発生すると仮定した場合,最大で約950百万円の負担増が予想され[8],06/3期営業利益実績2,868百万円の約30％に相当する減益要因となる。従って,法改正の動向によっては,大きな影響を受ける可能性があることから,その動向に注視が必要である。

　第三に,経営トップの変更による影響が懸念される。創業以来,強力なリーダーシップでブックオフを上場企業にまで育て上げた創業者である坂本孝が平成18年6月に代取会長CEOに就任し,橋本常務が代取社長COOに就任している。橋本常務は,ブックオフにパートで入社し,社長にまで上り詰めたとして,マスコミでも話題になっている人物である。常に現場を重視した視点を持ち合わせていることから,現場従業員からの絶大なる支持を得ているといわれている。ただし,経営者としての経験は少なく,その点は未知数といえる。しかしながら,当面は坂本会長がCEOとして実権を持ち,橋本新社長をサポートする体制をとることから,今回の社長交代による影響は少ないと考える。

⑥　定性分析による格付け

　以上,ブックオフを取り巻く環境とプラス要因,マイナス要因をそれぞれ検討してきたが,当面安定成長が予想される中古書籍市場において,ブック

4. 模擬格付けの実例　263

オフは安定した事業基盤を有しており，プラス要因が大きいと判断する。すなわち，圧倒的な市場シェアと知名度の高さを背景として，ブックオフは業界内において高い競争力を維持しており，事業基盤は固い。また，販売・仕入価格の安定性や，既存店が好調であること等から業績は安定している。さらには，首都圏・政令指定都市を中心に新規出店余地が存在しており，今後も当該地域を中心に出店を計画していることから，当面は安定した成長が期待できる。一方で，ブックオフ事業への依存度の高さやパート・アルバイトへの福利厚生費負担増加の可能性等懸念材料もあるが，前述プラス要因が大きいため，定性格付はA－とする。なお，ブックオフ事業への依存度の高さやパート・アルバイトへの福利厚生費負担増加の可能性等については，今後も引き続き注視していく必要があると考える。

### (3) 結論

主力の中古書籍事業は安定成長が見込まれており，比較的高い収益性が維持されていることから，当面現状程度のキャッシュフロー生成力を維持可能と考える。また，純有利子負債が少ない等財務基盤も安定している。ただし，長期債務返済額と償還財源のアンバランスを勘案し，総合判断はA－とする。今後のチェックポイント（リスク要因）は，長期債務返済額と償還財源のアンバランスの解消，ブックオフ事業以外の成否，パートタイム労働法等関連法の改正動向である。

**ブックオフの決算データ**(金額単位：億円)

|  | 02/3 | 03/3 | 04/3 | 05/3 | 06/3 |
| --- | --- | --- | --- | --- | --- |
| 売上高 | 246.3 | 262.4 | 344.4 | 379.6 | 422.1 |
| 売上総利益 | 159.9 | 172.4 | 230.8 | 252 | 276.1 |
| 営業利益 | 8.9 | 16.2 | 20.2 | 24.5 | 28.7 |
| 受取利息等 | 0 | 0 | 0 | 0 | 0 |
| 支払利息 | 1.5 | 1.7 | 2.1 | 1.7 | 1.4 |
| 現預金 | 22.3 | 23.9 | 36.6 | 29.2 | 33.5 |
| 短借 | 9.3 | 8.5 | 8.3 | 7.5 | 6.7 |
| 1年以内長借 | 23.1 | 25 | 25.8 | 27.6 | 23.4 |
| 長借 | 33.2 | 42.5 | 38.6 | 34.1 | 36.9 |
| 自己資本 | 27.2 | 29.7 | 50.1 | 71.7 | 87.9 |
| 使用総資本 | 136.2 | 136.2 | 178.5 | 196.8 | 219.7 |

注
1　ブックオフでは，書籍定価の10％の価格で買い取りを行い，定価の50％で販売を行う。その後，一定期間売れない場合は値引き販売を行うことで，商品回転率を高めている。
2　テイツー：ジャスダック上場。中古本・ソフト・CD販売の『古本市場』を運営。ネットカフェ，ECも展開。西日本地盤だが関東強化。売上：古本市場92％，アイ・カフェ7％，EC1％。

3　ゴトー：ジャスダック上場。ビデオレンタル TSUTAYA, 中古書籍販売『ブックオフ』FC 展開。レディスカジュアル店も。
売上：中古書籍 21％，レンタル 26％，販売用 CD・DVD14％，ゲーム 23％，ファッション 12％他。

| 営業 CF | 13.1 | 14.6 | 14.6 | 10.9 | 21.0 |
| 事業利益 | 7.4 | 14.5 | 18.1 | 22.8 | 27.3 |
| 有利子負債 | 65.6 | 76.0 | 72.7 | 69.2 | 67.0 |
| 純有利子負債 | 43.3 | 52.1 | 36.1 | 40.0 | 33.5 |
| 売上高回転率 | 1.8 | 1.9 | 1.9 | 1.9 | 1.9 |
| 売上高事業利益率 | 3.0% | 5.5% | 5.3% | 6.0% | 6.5% |

（出所）　有価証券報告書より作成

4　閏月の影響があった 2005 年 2 月を除く。
5　出版科学研究所　出版指標年報 2005 年。
6　同上。
7　日本経済新聞朝刊（2006 年 6 月 29 日付）p.1。
8　6,365 百万円（06/3 期パート・アルバイト給与実績）×15%（福利厚生費負担を正社員並の 15％程度と仮定）＝950 百万円。

**参考資料**

有価証券報告書（ブックオフ，テイツー，ゴトー）。
格付別財務指標（食品スーパー）各社ホームページ。

## 〔7〕インドネシア共和国

### 1．模擬格付け報告要旨

(1)　格付け対象企業（国）：インドネシア共和国
(2)　提案格付け：BB－（外貨建）
(3)　公表格付け：R&I　BB－　JCR　B＋
　　　　　　　　Moody's　B1　S&P　B＋（全て外貨建）
(4)　同業他社（又は同クラス他国）の格付け：
　　　　　　マレーシア：A－　タイ：BBB＋
　　　　　　フィリピン：BB－（全て S&P 外貨建）
(5)　格付けの事由
A．定量的事由（格付け：BB　）
　安定性を取り戻しているマクロ経済指標は，BBB 評価となったが，GDP 規模と比較して大きい債務残高を抱える中央政府指標は B 評価となった。これに，国際収支指標，対外債務指標を加味して，BB 評価が妥当と判断した。

B. 定性的事由（格付け：B ）

　　世界第4位の人口を抱え，個人消費が回復の兆しを見せている同国の巨大個人消費市場は，外国企業からの関心を集めている。一方で，汚職の横行，度重なるテロ，未だ効率的に運用されていないインフラと言った一向に改善されない投資環境を嫌って，海外からの直接投資は減少し，経済成長の鈍化の一因となっている。それに加え，大統領支持率の低下，原油価格の高騰といった社会混乱を引き起こしかねない事象が続いており，依然同国経済には注視が必要である。これらを勘案し，Bと評価する。

C. 総合判断（格付け：BB－ ）

　　定量分析では，マクロ経済の安定を実現し低水準であるものの経済成長を継続していることより，BB評価と判断した。しかし，定性分析で見たように，脆弱な財政，社会構造がネガティブイベントの発生時にその影響に耐えることが出来るかは微妙である。このマイナスポイントを加味し，BB－評価とする。

(6) 主要指標（財務・国際収支等）

主要経済指標（インドネシア共和国）

| | | 1999 | 2000 | 2001 | 2002 | 2003 | 2004 | 2005 |
|---|---|---|---|---|---|---|---|---|
| 実質GDP成長率 | (%) | 0.8 | 4.9 | 3.8 | 4.3 | 4.5 | 5.1 | 5.6 |
| 失業率 | (%) | 634 | 6.1 | 8.1 | 9.1 | 8.6 | 9.1 | 9.4 |
| GPI上昇率 | (%) | 20.8 | 3.8 | 11.5 | 11.8 | 6.7 | 6.1 | 10.5 |
| 貸出金利（運転資金） | (%) | 27.7 | 18.5 | 18.6 | 19.0 | 17.0 | 14.3 | 16.0 |
| 中央政府財政収支/GDP | (%) | ▲2.3 | ▲1.2 | ▲2.8 | ▲2.4 | ▲1.9 | ▲1.4 | ▲0.5 |
| 総中央政府債務/GDP | (%) | 92.6 | 95.2 | 81.6 | 67.3 | 60.7 | 55.5 | 52.0 |
| 財サービス輸出額 | (US$ bn.) | 55.8 | 70.6 | 62.9 | 65.8 | 69.7 | 88.8 | 98.5 |
| 財サービス輸入額 | (US$ bn.) | 43.0 | 56.0 | 50.5 | 52.7 | 56.9 | 79.1 | 89.5 |
| 経常収支/GDP | (%) | 4.1 | 4.8 | 4.2 | 3.8 | 3.5 | 0.8 | 0.3 |
| 外貨準備（金除く） | (US$ bn.) | 26.4 | 28.5 | 27.2 | 31.0 | 35.0 | 35.0 | 33.0 |
| 輸入カバー倍率 | (月) | 7.4 | 6.1 | 6.5 | 7.1 | 7.4 | 5.3 | 4.4 |
| 総対外債務/GDP | (%) | 108.0 | 87.5 | 81.7 | 64.6 | 56.3 | 52.8 | 46.4 |
| 純対外債務/GDP (%) | | 76.4 | 63.3 | 58.2 | 44.0 | 37.3 | 35.9 | 30.2 |
| 外貨準備/短期対外債務 | (倍) | 1.4 | 1.3 | 1.3 | 1.4 | 1.6 | 1.7 | 1.4 |
| 総対外債務/輸出 | (%) | 270.8 | 204.5 | 213.2 | 200.1 | 192.9 | 153.3 | 135.5 |
| 純対外債務/輸出 | (%) | 191.6 | 148.0 | 151.9 | 136.1 | 127.7 | 104.2 | 88.1 |
| デット・サービス・レシオ (%) | | 30.0 | 22.5 | 23.6 | 24.8 | 26.0 | 30.0 | 26.0 |
| 為替相場（年平均） | (US$1＝) | 7,855 | 8,422 | 10,261 | 9,311 | 8,577 | 8,939 | 9,710 |

（出所）　S&P "Sovereign Indicator" およびJCIF「基礎レポート・インドネシア」等より作成。

## 2. 報告書本文

### (1) 政治経済動向

#### ① 政治動向

1998年スハルト政権崩壊後民主化が始まったものの、3度にわたる政権交代を経験し政治情勢は不安定であった。しかし、2004年4月インドネシア史上初の直接選挙より誕生したユドヨノ大統領は、安定した政権基盤の構築に成功している。

同政権は、経済再生、汚職撲滅、テロ対策、国家統一の維持などの課題に積極的に取り組む方針を示している。特に、これまでインドネシアの成長を阻んでいた汚職の撲滅に力を入れている。

#### ② 経済動向

97年7月のアジア通貨危機後、政府はIMFとの合意に基づき、経済構造改革を断行した。その結果、政治情勢の安定と共にマクロ経済の安定を取り戻した。2004年末から2005年初めにかけて個人消費や輸出に支えられ経済は好調で、2004年通年の成長率は5.1%と8年ぶりに5%を上回った。その後、石油燃料価格の値上げに端を発するインフレと高金利により、現在、経済成長率は鈍化傾向にある。

### (2) 定量分析（格付け：BB）

安定性を取り戻しているマクロ経済指標は、BBB評価となった。しかし、GDP規模と比較してあまりにも大きい債務残高を抱える中央政府指標はB評価となった。これらの要素に国際収支指標、対外債務指標を加味して、BB評価が妥当と判断した。

詳細は以下のとおり。

#### ① 経済成長と財政状況

2000年以降、実質GDP成長率は約5%の成長を継続し、マクロ経済は安定を取り戻した。しかし、未だアジア通貨危機前の高成長水準には到達しておらず、同国の労働力の吸収に必要と言われている成長率7%を依然下回っている。プライマリーバランスは常に黒字で推移している。一方、対外債

4. 模擬格付けの実例　267

図表1

| マクロ経済データ | (単位) | Indonesia B+ | | Malaysia A− | Thailand BBB+ | Philippins BB− |
|---|---|---|---|---|---|---|
| 一人当たり GDP | (US$) | 1,409 | BB | 5,222 | 2,956 | 1,349 |
| 貯蓄投資バランス | (%) | 1 | A | 9 | 2 | −1 |
| GDP 成長率 | (%chang) | 5 | BBB | 5.6 | 5.4 | 5 |
| 失業率 | (%workforce) | 9.9 | BBB | 3.3 | 2 | 8.5 |
| 格付け判断 | | | BBB | | | |
| 中央政府データ | (単位) | Indonesia B+ | | Malaysia A− | Thailand BBB+ | Philippins BB− |
| 総政府債務 GDP 比率 | (%) | 44 | C | 36 | 22 | 66 |
| 純政府債務 GDP 比率 | (%) | 49 | C | 36 | 27 | 72 |
| 財政黒字（赤字）GDP 比率 | (%) | −1.1 | BB | −3.1 | 0.5 | −2 |
| プライマリーバランス GDP 比率 | (%) | 0.9 | BBB | −0.5 | 1.7 | 3.4 |
| 財務収入 GDP 比率 | (%) | 17 | C | 25 | 26 | 15 |
| 格付け判断 | | | B | | | |
| 国際収支データ | (単位) | Indonesia B+ | | Malaysia A− | Thailand BBB+ | Philippins BB− |
| 経常受取勘定比率 | (%) | 27.9 | BB | 129.8 | 84.7 | 52.8 |
| 経常収支 GDP 比率 | (%) | 1.1 | BBB | 10.9 | −2.2 | 1.7 |
| 経常収支受取勘定比率 | (%) | 4 | A | 8.4 | −2.6 | 3.2 |
| 経常資金不足比率 | (%) | −4.4 | BB | −13.3 | 0.6 | −3.9 |
| 格付け判断 | | | BB | | | |
| 対外債務データ | (単位) | Indonesia B+ | | Malaysia A− | Thailand BBB+ | Philippins BB− |
| 純対外債務比率 | (%) | 74 | BB | 3 | 13 | 63 |
| 対外総債務比率 | (%) | 145 | BB | 26 | 37 | 113 |
| 純対外負債比率 | (%) | 70 | BB | −38 | −13 | 43 |
| 狭義の純対外債務比率 | (%) | 94 | BB | −27 | −6 | 65 |
| 公的部門の純対外債務 | (%) | 47 | BB | −30 | −21 | 50 |
| 格付け判断 | | | BB | | | |

（出所）　S&P の Sovereign Indicator のデータを基に作成。

務，国内債務の利払いを加味した財政収支は赤字で推移しているが，燃料補助金の削減，為替の安定などにより改善傾向にある。しかし，2004年にIMF支援を卒業したため債務返済のリスケジュールが行えなくなり，債務返済額の増加が見込まれる。そのため，財政収支には今後も注視が必要である。

②　政府債務

政府債務は未だGDPの約50%と政府歳入に比べて大きい。また，全債

図表2　実質 GDP 成長率

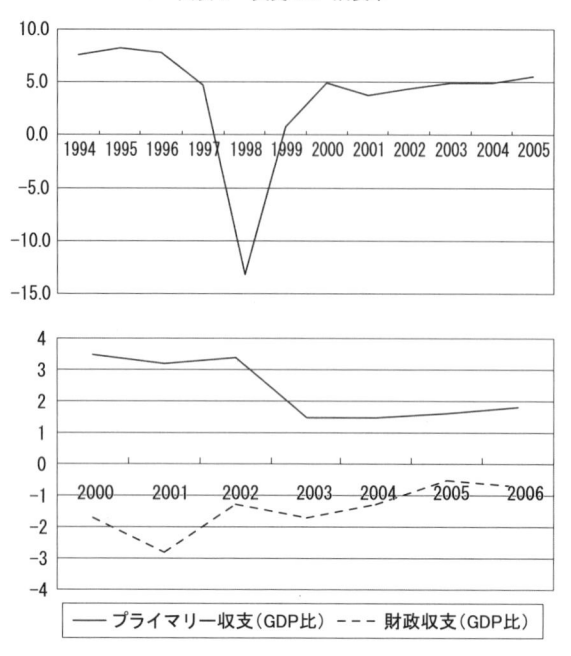

図表3 （単位：100 万ドル）

|  | 2000 | 2001 | 2002 | 2003 | 2004 | 2005 | 2006 |
|---|---|---|---|---|---|---|---|
| 資金調達 | 16,132 | 40,486 | 23,575 | 35,110 | 28,569 | 18,989 | 22,431 |
| 国内調達 | 5,936 | 30,218 | 16,947 | 34,562 | 51,614 | 30,266 | 50,913 |
| 国内銀行 | −12,964 | −1,227 | −8,218 | 10,705 | 25,474 | 6,776 | 23,027 |
| 民営化 | 0 | 3,465 | 7,665 | 7,301 | 19,270 | 6,158 | 3,350 |
| 銀行再編庁資産売却 | 18,900 | 27,980 | 19,439 | 19,661 | | | |
| 国債（ネット） | 0 | 0 | −1,939 | −3,105 | 6,870 | 22,526 | 24,886 |
| 海外調達 | 10,196 | 10,267 | 6,628 | 548 | −23,045 | −11,277 | −28,482 |
| 海外融資実行 | 17,819 | 26,152 | 18,887 | 20,360 | 23,446 | 25,817 | 35,112 |
| プログラムローン | 849 | 6,416 | 7,170 | 1,792 | 5,059 | 12,265 | 9,900 |
| プロジェクトローン | 16,970 | 19,736 | 11,717 | 18,568 | 18,388 | 13,552 | 25,212 |
| 債務返済 | −7,623 | −15,885 | −12,259 | −19,812 | −46,491 | −37,094 | −63,595 |

（出所）　JCIF のデータを基に作成。

務輸出比率と比べて短期借入金を考慮しない DSR の水準が低い。このことから，短期借入金の割合が長期借入金よりも多いことがわかる。財政赤字を短期借入金によって補填している財政構造は脆弱といえる。輸出の増加により債務輸出比率は低下しているが，その水準は高く健全とは言えない。

### ③ 資金調達

国営企業の民営化，インドネシア銀行再編庁保有の資産売却が一巡し，これらの収入が減少している。加えて 2004 年に，IMF 支援の卒業に伴い債務返済繰り延べが行えなくなった。このため，2004 年より海外調達は返済超過となっている。これを補填するために，スハルト時代に禁止されていた国債の発行が開始された。しかし，同国の国債市場は未熟であるため，安定的な資金調達に不安がある。

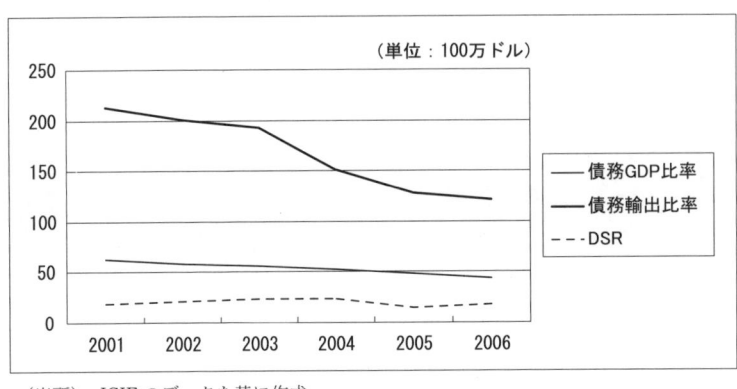

図表 4

(単位：100万ドル)

(出所) JCIF のデータを基に作成。

### ④ 経常収支

貿易収支は黒字を継続しているが，原油輸入増により黒字幅は縮小している。サービス収支は，原油価格の高騰による輸送コストの上昇が膨らみ輸送収支が悪化したほか，テロや自然災害による観光客の伸び悩みで旅行収支の黒字が縮小し，赤字傾向が続いている。所得収支は，石油，ガス開発企業への利益送金のため赤字傾向が続いている。経常収支は黒字で推移し

図表 5 (単位：100万ドル)

| | 2001 | 2002 | 2003 | 2004 | 2005 |
|---|---|---|---|---|---|
| 経常収支 | 6,901 | 7,824 | 8,387 | 3,109 | 930 |
| 貿易収支 | 22,697 | 23,513 | 24,843 | 21,552 | 22,369 |
| 輸出 | 57,365 | 59,165 | 64,391 | 72,167 | 86,225 |
| （増加率） | −12.3 | 3.1 | 8.8 | 12.1 | 21.8 |
| 輸入 | 34,668 | 35,652 | 39,548 | 50,615 | 63,856 |
| （増加率） | −14.1 | 2.8 | 10.9 | 28 | 26.2 |
| サービス収支 | −10,380 | −10,382 | −12,107 | −10,879 | −11,860 |
| 所得収支 | −6,936 | −7,047 | −6,218 | −8,704 | −10,768 |
| 経常移転収支 | 1,520 | 1,740 | 1,869 | 1,140 | 1,189 |

（出所） JCIF のデータを基に作成。

ているが，貿易収支の黒字幅は縮小傾向にあり不安定な状態にあると言える。

### (3) 定性分析 （格付け：B）

世界第4位の人口を抱え，個人消費が回復の兆しを見せている同国の巨大個人消費市場は外国企業からの関心を集めている。一方で，汚職の横行，度重なるテロ，未だ効率的に運用されていないインフラなどの一向に改善されない投資環境を嫌って，海外からの直接投資は減少し経済成長の鈍化の一因となっている。それに加え，大統領支持率の低下，原油価格の高騰といった社会混乱を引き起こしかねない事象が続いており，依然同国経済には注視が必要である。これらを勘案し，Bと評価する。

詳細は以下のとおり。

① 政治

2004年10月，史上初の直接国民投票によりユドヨノ大統領が誕生した。新政権は，前メガワティ大統領で実現されたマクロ経済の安定を維持するとともに，投資環境の改善を通じて投資の本格的な回復を促しより高い経済成長を目指している。05年1月末に発表した「国家中期開発計画2004〜09年」では，政権最終年となる09年までに成長率を7.6%に引き上げ，失業率

を 5.1％に低下させる，との経済目標を掲げた。同計画では，高成長を達成するため，① 物価安定，健全な財政運営，金融部門改革を通じたマクロ経済の安定維持，② ビジネス環境の改善による投資・輸出・観光の促進，③ 人的資源の開発，④ インフラ開発，を優先分野として挙げている。

＜ポジティブファクター＞
・2005 年 8 月，インドネシア政府はアチェ地域で分離独立を主張していた自由アチェ運動と和平協定締結を締結した。アチェ地域の和平プロセスは若干の遅れはあるものの，確実に進展している。
・同政権は，汚職撲滅を目指し大統領直轄の汚職撲滅特別チームを設置し不正疑惑に対し強い姿勢で臨んでいる。具体的には，選挙管理委員会委員の逮捕，現職知事への有罪判決など，ハイプロファイル・ケースへの取組強化している。

＜ネガティブファクター＞
・スマトラ沖大地震・大津波，原油価格高騰，爆弾テロ事件など様々な試練への対応に追われたこと，また経済閣僚間のコーディネーション不足に伴う経済政策の不一致・遅れから，ルピアの急落や物価上昇が起き同国のマクロ経済情勢は不安定化した。
・大統領支持率は，79.7％（政権発足直後）から，37.9％（06 年 4 月）へと低下した。政治，社会分野では，アチェ和平の達成，汚職撲滅対策が評価され高い支持を得ている。しかし，経済分野では，燃油補助金の削減による物価の上昇，高い失業率を嫌って大幅に支持率を低下させた。

② **消費**

個人消費が好調に推移しており，2004 年オートバイの販売台数が過去最高の 380 万台に達し，中国インドに次ぐ世界第三位の市場に成長している。2 億人の人口を有するインドネシアで個人消費が本格的に盛り上がれば大きなビジネスチャンスが得られるため，外国企業のインドネシア国内消費財市場への関心が高まっている。

③ **投資環境**

アジア通貨危機後，インドネシアでは海外からの直接投資が大きく減少し，工業部門の成長率を低下させた。第二次産業への外国からの直接投資額は，2004年には60億ドル程度であり，アジア通貨危機前の95年（270億ドル）の4分の1に過ぎない。直接投資額の伸び悩みは経済成長の阻害要因となっている。海外からの直接投資を阻んでいる要因は以下のとおりである。

・汚職：一説によると，GDPの30％が汚職によって失われたと言われている。税務署，税関を中心とする汚職の蔓延が，税制の運用を不透明にしている。ユドヨノ政権下，汚職撲滅への対策が進められているものの，その成果は未だ見えない。

・治安情勢：治安情勢は徐々に回復していた感があったが，2006年6月，昨年のバリ島爆弾テロ事件に関与していたと見られるイスラム系テロ組織ジェマ・イスラミアの指導者が受刑期間を終了し，出所した。これにより，急進的なイスラムグループの活動を活発化させる可能性があり，外国人の集まる観光地や大都市ではテロの再発への不安が払拭できない。

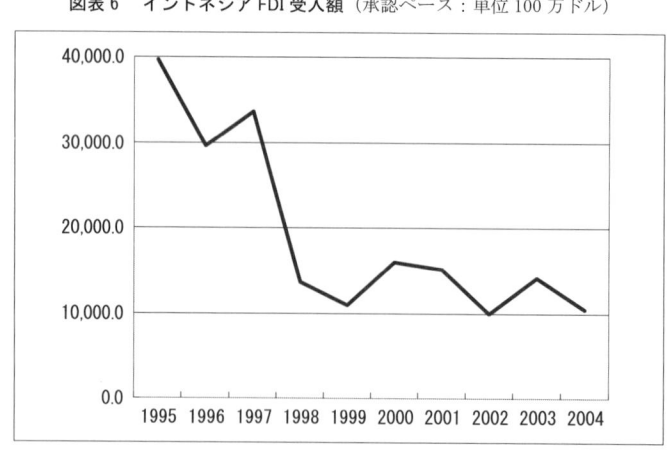

図表6　インドネシアFDI受入額（承認ベース：単位100万ドル）

（出所）　JCIFのデータを基に作成。

・インフラの未整備：近隣諸国に比べてインフラの整備が遅れている。そのため，同国では，投資環境整備の一環としてインフラ政策パッケージを策定した。しかし，実施予定プロジェクトの半数強が実施されたに過ぎず，2005年のインフラサミットで提示された具体的案件の入札も遅れている。

④ 原油価格の高騰

原油価格高騰は，外貨需要の増加，燃料補助金の増大，輸送収支の悪化を招いている。その結果，インドネシア財政は苦しい状況に追い込まれている。

もともと産油国であったインドネシアであるが，可採寿命の短い油田が多いため，産油量が減少を続けている。一方，国内石油消費量は増加の一途にある。そのため，石油の輸入が増加し，外貨需要が増加している。また，2004年には原油高に伴い燃料補助金が当初予算の5倍に拡大した。そこで，2005年3月，ユドヨノ政権によって財政を圧迫していた燃油補助金の削減が実施された。しかし，原油価格の高騰，国内の燃料消費の増加は止まらず，燃油補助金負担はさらに増大している。財政安定のためには，補助

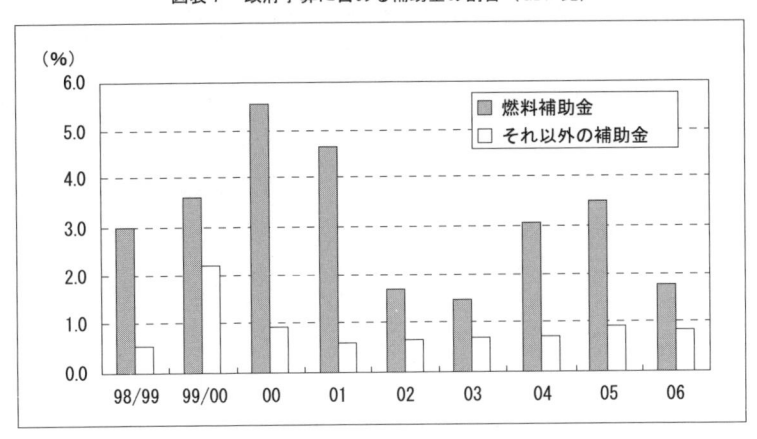

図表7　政府予算に占める補助金の割合（GDP比）

（注）　05年度は暫定値，06年度は予算。
（出所）　財務省資料，中央銀行資料。

図表8　原油生産量の推移

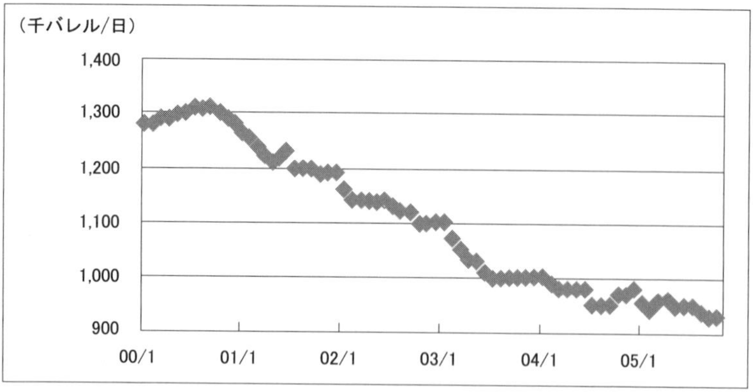

(出所)　JCIFのデータを基に作成。

金の削減が不可欠である。しかし，無理に燃油補助金を削減すると，貧困層が広く使用する調理用灯油の価格が上昇し国民の暴動を引き起こす可能性があるため，補助金の削減は進んでいない。さらに原油価格の高騰は，輸送収支の悪化を引き起こしており財政に強いネガティブインパクトを与えている。

### (4)　総合評価

定量分析では，マクロ経済の安定を実現し低水準であるものの経済成長を継続していることより，BB評価と判断した。しかし，定性分析で見たように，脆弱な財政，社会構造がネガティブイベントの発生時にその影響に耐えることが出来るかは微妙である。このマイナスポイントを加味し，BB−評価とする。

**参考文献**
国際金融情報センター「基礎レポート　インドネシア」2006年。
日本格付研究所「脆弱さのこしつつも穏やかに改善するインドネシアの財政」『JCR格付け』172号，2005年。
UFJ総合研究所「インドネシア経済の成長加速への課題」2005年。
S&P, "Sovereign Indicator", 2006.

## 〔8〕 フィリピン共和国

### 1. 模擬格付け報告要旨
(1) 格付け対象国：フィリピン共和国
(2) 提案格付け　：BB−（自国通貨建および外貨建国債の格付け）
(3) 公表格付け（外貨建）：R&I：BBB−　JCR：BB−
　　　　　　　　　　　　　Moody's：BB−　S&P：BB−
(4) 同クラス他国の格付け：タイ：BBB−
　　　　　　　　　　　　　インドネシア：B＋（共にS&P/外貨建）
(5) 格付け事由：

A. 定量的事由

　　サービス産業の堅調な成長を軸にフィリピン経済はここ数年5％前後の成長を遂げてきており，米国経済やシリコンサイクルの減速により若干の低下が見込まれるものの，引き続き安定的な成長を続けるものと見られる。但し，対GDP比5％程度を占める財政赤字や対GDP比70％にも及ぶ対外債務残高は，経済全体の大きな負担となっており，現状改善の目処は立っていない。従い，堅調な経済状況をポジティブ要因，引き続き厳しい財政状況・対外債務状況をネガティブ要因として勘案し，BBB−の評価とした。

B. 定性的事由

　　慢性的な税収不足を主因とする構造的な財政赤字問題は，昨年の大統領選時のアロヨ大統領の不正疑惑に端を発する大統領の指導力低下や政情混乱の影響をまともに受け，その改革は遅々として進んでいない。財政改革の中心法案であった新付加価値税法は今年5月下旬に大統領署名を受け成立となったが，その後提訴され，最高裁で施行差止命令が出されるに至り，財政改革の先行きは混迷を極めている。また，大統領に対する不信感の増幅を受け，7月初旬8閣僚が大統領辞任を要求し，更には，政界で強い発言権を持つラモス・アキノの両元大統領がアロヨ大統領の辞任を促す

行動に出たこともあり，現政権崩壊も予断を許さない状況となっている。加えて，後継者と目されるデカストロ副大統領もその政治経験・指導力不足が危惧されている。このように，当面，政治的安定性が揺らぐ状況が継続することを重く受け止め，－（ネガティブ調整要因）と評価した。

C．総合判断（格付け：BB－）

着実な成長を遂げている経済とは裏腹に，政府財政状況や対外債務問題は改善の兆しが見られず，更に政治の混迷も相俟って，経済への悪影響も懸念される事態となっている。アロヨ大統領の去就など政局動向に当面注視していく必要があるが，政治混迷の深刻な現況を懸念し，政治的安定性の要素を重視。定量評価のBBB－に定性評価の－（ネガティブ調整要因）を加味し，総合評価はBB－ネガティブとした。

(6) 主要指標（過去5年間）

| 指標 | 2000 | 2001 | 2002 | 2003 | 2004 |
|---|---|---|---|---|---|
| 実質GDP成長率（%） | 3.4 | 4.6 | 4.5 | 6.1 | 4.5 |
| 1人当たりGDP（US$） | 979 | 900 | 942 | 952 | 1,013 |
| 失業率（%） | 11.2 | 11.1 | 11.4 | 11.4 | 11.7 |
| 消費者物価上昇率（%） | 4.0 | 6.8 | 3.0 | 3.5 | 6.0 |
| 財政収支/GDP（%） | －4.0 | －4.0 | －5.3 | －4.6 | －3.9 |
| 政府債務/GDP（%） | 131.1 | 127.7 | 128.2 | 131.1 | 127.4 |
| 貿易収支/GDP（%） | 5.1 | －1.0 | 0.5 | －6.9 | －7.4 |
| 経常収支/GDP（%） | 8.4 | 1.9 | 5.7 | 1.8 | 2.4 |
| 外貨準備高/輸入(月；輸出カバー倍率) | 4.7 | 5.0 | 4.6 | 4.5 | 4.0 |
| 対外債務残高/GDP（%） | 68.4 | 72.7 | 69.6 | 72.5 | 63.3 |
| DSR（%；Debt Service Ratio） | 12.4 | 15.8 | 16.4 | 16.9 | 13.8 |

（出所）　JCRソブリンレポート，ADB "Ken indicators of Developing Asian & Pacific Countries" 等より作成。

## 2．フィリピン共和国の概要

国名：　フィリピン共和国

概要：
(1) 面積：約30万km² （日本の0.8倍, 7,100余の島々から成る）
(2) 人口：約83百万人
(3) 首都：マニラ （メトロ・マニラ首都圏；人口約900万人）
(4) 言語：フィリピノ語（国語），フィリピノ語／英語（公用語），他に40以上の現地語あり。
(5) 宗教：カトリック教（85%），フィリピン独立教会・プロテスタント（10%），イスラム教（5%）
(6) 政体：立憲共和制
(7) 元首：グロリア・マカパガル・アロヨ大統領

### ① 経済の特徴
・80年代後半マルコス政権末期の政治混乱を受け，90年代のバブル形成に乗り遅れ，結果としてアジア通貨危機の影響は軽微なものに抑えられた。
・GDPの7割を占める個人消費が経済を下支え
・世界第三位の海外労働者派遣大国（公式統計90万人＋不法就労者＝500万人以上）で，海外労働者送金はGDPの約10%を占める。("under-ground money" は経済の50%を占めるとも言われている)
・近時，規制緩和により好調なサービス産業の影響で，5%程度の実質GDP成長率に見られるように堅調に推移。
・米国経済やシリコンサイクル（世界の半導体需要サイクル）の影響を大きく受ける輸出。

### ② 財政の特徴
・税収不足による慢性的な財政赤字を対外債務が補填する財政構造
・貧困対策や社会保障対策などの政治的課題を抱えるも，歳出の3割程度を占める債務利払い費用のため，課題達成には道遠し。
・深刻な徴税漏れ問題＝富裕層の脱税問題，徴税機関の腐敗・汚職横行
・財政改革が当面の最大課題

### ③ 財政・経済運営上の問題点
・昨年の大統領選に端を発するアロヨ大統領の不正疑惑により，大統領指導

力が急降下⇒政治状況が不安定化(近時,政界で大きな発言権を有するラモス・アキノ両元大統領がアロヨ大統領の辞任を求める発言や8閣僚が大統領辞任を求める動き,など)
・最大の懸案である財政改革が政治上の混乱を受け,遅延。
・財政改革の鍵となる新付加価値税法が大統領署名で成立したものの,最高裁が施行差止命令(構造問題としての最高裁の強大な権限⇒政治・経済上の施策にも影響を及ぼす事件が頻発)
・国営企業民営化も進展せず,特に,電力民営化が遅延。国営電力公社(NPC)の負債を政府が肩代わりする可能性も浮上⇒財政上の負担に。

## 3. 報告書本文

### (1) はじめに

1997年のタイ・バーツ暴落に端を発するアジア通貨危機で,東南アジア各国は深刻な被害を受けた。巨額の国際資本が国境を越えて世界中を縦横無尽に駆け回る中で,急激な資本流出がアジア各地に激震を引き起こし,各国経済が抱えていた構造的な弱点がショックに耐え切れず,崩壊したのである。この通貨危機は,巨大化した国際マネーが短期間に国のファンダメンタルズを一変させるほどの威力を持ち,長期のリスク動向の判断を妨げる要因になり得るという教訓を残した。しかし,同時に,危機が生まれた原因はあくまでそれぞれの経済に内在していたリスクが資本の急激な移動によって一挙に表面化したという事実も示している。その意味で,通貨危機を経て,ソブリン・リスクの判断には従来以上に幅広い視点から総合的に評価しなければならないことが一つの教訓ともなっている。このような考え方を下敷きに,以下にフィリピンを模擬格付けの対象として取り上げる。

フィリピンは東南アジアに位置するとはいえ,他の周辺諸国に比べ,その歴史・文化的特性や経済・産業上の特色などにおいて異彩を放っているといえる。過去のスペインや米国統治の時代を経て,米国文化の影響を受け,且つ,スペイン人の持つラテン的な人生観を包含し,一方,アジア人的なメンタリティを兼ね備えたフィリピンは興味深い国である。しかし,逆にそう

いった複雑な多面性が，国内政治・経済などあらゆる面での複雑な状況を生み，合理的で効率的な政治・経済運営という面での課題は多く，幅広い視点での分析が必要であると考えている。

### (2) 政治経済動向
#### ① 政治
- 昨年の大統領選に端を発するアロヨ大統領の不正疑惑により，今年に入り大統領指導力が急降下し，政治状況が不安定化。
- 近時，政界で大きな発言権を有するラモス・アキノ両元大統領がアロヨ大統領の辞任を求める発言や8閣僚が大統領辞任を求める動きが出てきており，アロヨ大統領は憲法改正・議院内閣制導入により反対勢力の封じ込めを図ろうとしているが，依然辞任を示唆する声は強く，先行き不透明。
- 退陣の際の後継候補である現副大統領は政治経験・指導力が不足しており，懸念あり。
- 政権の最大懸案事項であり，財政問題解決の切り札である財政改革が政治上の混乱を受け，遅延。大統領署名済で施行間近だった新VAT法が反対派の告訴を受け最高裁で施行差止命令を受ける事態に陥っている。財政改革の主要政策の一つである同法凍結の可能性も出てきている。

#### ② 経済
- 39%が農業従事者でありながら，農林水産業のGDPに占める割合は2割に過ぎない。更にGDP全体に占める割合も長期的な低下傾向。
- サービス業のGDPに占める割合は高く（53%），引き続き上昇している一方，製造業は横ばいを示している。
- 工業は農業と並んでフィリピン経済を支える基本産業と位置づけられているが，工業のGDPに占める割合はわずか5.8%である。1950年代から輸入代替工業を中心とした工業化に着手したが，結局労働集約的産業の発展に繋がらず，雇用吸収力をつけることが出来なかったため。工業分野での雇用は現在でも比較的低めにとどまっている。
- 経済成長率は，アジア通貨危機の影響で1998年には前年比0.6%に落ち込

んだものの，IMF 構造調整下にあったため他のアジア諸国に比べ軽微なものにとどまった。
- 2000 年以降は 4－5%前後の水準で推移。2003 年部門別成長率を見ると，サービス部門成長率は 5.9%，中でもその中核をなす通信部門は 13.4%と二桁の成長を記録。
- 2004 年の時点で失業率は 11.8%。失業者は都市部よりも農村部に多く集中し，農業の停滞によって農村部の過剰労働力を生み出している。

### ③ 評価・分析の考え方・枠組み

基本的な考え方として，国債の償還可能性を示す 4 つの要素を設定し，各要素を定性分析，定量分析の双方からのアプローチによって，分析していくこととする。定性・定量分析をどのように位置づけるかを，下記の図：評価フレームワークに示している。ここでは定量分析は，各種経済指標や数値を過去から現在に至るフィリピンのパフォーマンスの集積結果として捉え，分析対象に据えている。この分析を通じて，現時点でのフィリピンのコンピタンスとこの先 1 年以内の短期的なポジションを評価していく。また，定性分析では，各要素における制度的・システム的要因，背景・環境要因，将来

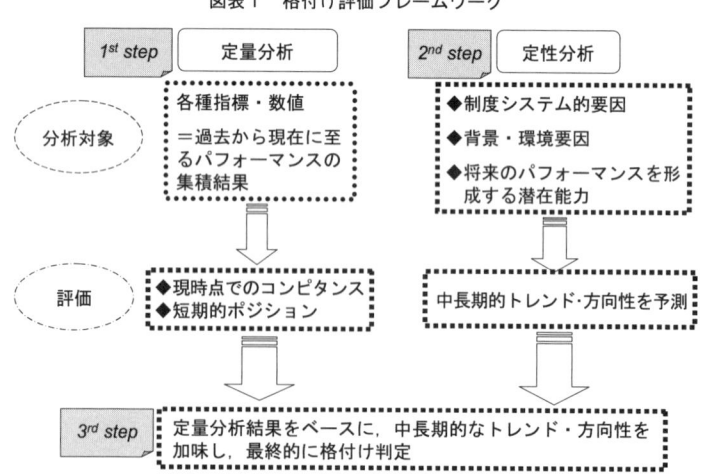

**図表 1　格付け評価フレームワーク**

| | 1st step 定量分析 | 2nd step 定性分析 |
|---|---|---|
| 分析対象 | 各種指標・数値＝過去から現在に至るパフォーマンスの集積結果 | ◆制度システム的要因<br>◆背景・環境要因<br>◆将来のパフォーマンスを形成する潜在能力 |
| 評価 | ◆現時点でのコンピタンス<br>◆短期的ポジション | 中長期的トレンド・方向性を予測 |

3rd step：定量分析結果をベースに，中長期的なトレンド・方向性を加味し，最終的に格付け判定

のパフォーマンスを形成する潜在性を分析対象とし，中長期的なトレンドや方向性を予測していくこととする。定量分析の評価をベースに，定性分析で示される中長期的なトレンド・方向性を加味した上で，各要素の評価を下し，それを総合して最終的に模擬格付けを判定する。

(3) 定量分析
① 政治・社会の安定性

ここでは政権の安定性という意味で政権支持率（フィリピン調査会社 Social Weather Stations 社の出している政権満足度調査；満足と答えた人の割合から不満足と答えた人の割合を差し引く調査法）を対象とした。2004年4月の＋30をピークに徐々に低下してきていたが，昨今の大統領不正疑惑騒動を受けて，昨年8月から急降下している。本年5月の数字は－33に達している。この状況に鑑みれば，政権維持が不安定な状況になりつつあると考えざるを得ず，厳しく評価すべきであろう。従い，B－が妥当と考える。

② 経済ファンダメンタルズ

ポジティブ要因
・実質 GDP 成長率は4％から5％程度で安定的に推移
・貯蓄率については，この5年で次第に上昇し20％に達している

ネガティブ要因
・失業率が11％台で高止まり（マレーシアやタイでは1～2％程度）
・インフレ率も昨年あたりから上昇の兆し（タイやマレーシアと比べると2～3倍）
・投資の伸びが鈍化

これらを総合的に勘案すると，懸念材料も出始めているが，基本的には良好な数値と評価できるため，BB＋と判定する。

③ 財政の健全性・資金調達能力

ネガティブ要因
・財政収支赤字の割合が対 GDP 比－4～5％で推移し，慢性的な赤字傾向

- 政府債務の対GDP比も2004年度には100%を越え，タイ33.3%，インドネシア55.5%，マレーシア50%と比べるとかなり高い水準
- 歳入の対GDP比が14%程度と，他の三カ国に比べ，低い数値。やはり税収確保の問題点が歳入の伸び悩みに現れているのであろうと推察される。

これら数値から判断して，財政上の健全性では，他の三カ国に比べて，深刻な状況に陥っているのではと考えられ，その意味ではBと判定するのが妥当であろう。

### ④ 対外支払い能力

ポジティブ要因
- 2001年に落ち込んだ輸出成長率も次第に回復の兆し。特に2004年には9.3%と大きな伸び。（他の三カ国は20%前後の成長率を記録）
- 外貨準備高輸入カバー倍率は，危険水準といわれる3カ月をクリア。但し，徐々に数値が低下してきており，今後警戒を要する

ネガティブ要因
- 貿易収支が赤字傾向（マレーシア：23.3%，インドネシア：9.7%）。

以上より判断すると，この要素は比較的良好な数値が並んでおり，BBと判定する。

### ⑤ 対外債務返済能力

ポジティブ要因
- 債務の短期構成比は10%を切る水準まで低下しており，タイの21.1%，マレーシアの21.8%，インドネシアの17%に比べても，良好な数値。
- DSRも13.8%と，危険値と言われる20%を切る範囲に抑えられており，当面20%に届く危険性は少ない

ネガティブ要因
- 対外債務残高の対GDP比率が他の三カ国に比べても，高止まり（インドネシアでも50%超であり，フィリピンの63.3%はかなり高い水準）

以上より，短期構成比は低く抑えられているものの，対外債務残高自体が高い水準にあると考えられるため，ここではBと評価する。

## ⑥ 民間部門の健全性

アジア通貨危機の教訓から，民間部門の過剰負債や不良債権などを政府の偶発債務として認識し，適正に管理する必要が指摘された。この点に鑑み，ここでは，特に，民間の金融機関の経営健全性を示す民間銀行の不良債権比率を取り上げた。この数値を見ると，2001年の17.4%をピークに徐々に低下傾向にあり，政府当局による金融部門の効率化・安定化策が効いてきていると推察する。この数字から見ると，本要素としては，BB－の評価が妥当であろうと思われる。

以上，定量分析の結果を纏めると次の通り。

図表2

| 要素 | 政治・社会安定性 | 経済基礎的条件 | 財政健全性 | 対外支払能力 | 対外債務返済能力 | 民間部門健全性 |
|---|---|---|---|---|---|---|
| 評価 | B | BB＋ | B | BB | B | BB－ |

定量評価に使用した数値，比率等

図表3

| 主要要素 | 指標項目 | Unit | フィリピン ||||| タイ | インドネシア | マレーシア |
|---|---|---|---|---|---|---|---|---|---|---|
| | | | 2000 | 2001 | 2002 | 2003 | 2004 | 2004 | 2004 | 2004 |
| 政治・社会の安定性 | 政権支持率 *1 | % | ＋12 Aug/04 | －6 Oct/04 | －5 Dec/04 | －12 Mar/05 | －33 May/05 | n.a. | n.a. | n.a. |
| 経済ファンダメンタルズ | 実質GDP成長率 | % | 4.0 | 3.4 | 4.6 | 4.5 | 6.1 | 6.1 | 5.1 | 6.7 |
| | 1人当たりGDP | US$ | 995 | 914 | 965 | 958 | 1,004 | 2,581 | 1,191 | 4,625 |
| | 失業率 | % | 11.2 | 11.6 | 11.4 | 11.4 | 11.8 | 2.2 | 9.1 | 3.4 |
| | インフレ率 | % | 4.4 | 6.0 | 3.0 | 3.5 | 6.0 | 2.7 | 6.2 | 1.5 |
| | 貯蓄／GDP比率 | % | 17.3 | 18.1 | 19.5 | 20.1 | 21.0 | 32.0 | 17.0 | 35.0 |
| | 投資／GDP比率 | % | 21.2 | 20.6 | 19.3 | 18.7 | 17.0 | 27.0 | 15.0 | 22.0 |
| | 投資成長率 | % | 11.4 | 13.6 | －3.5 | 4.8 | 4.6 | 12.0 | 8.4 | 1.2 |
| 財政の健全性・資金調達能力 | 財政収支／GDP比率 | % | －4.0 | －4.0 | －5.3 | －4.6 | －3.9 | 1.0 | －1.5 | －3.9 |
| | 一般政府債務／GDP比率 | % | 88.3 | 87.6 | 93.9 | 101.2 | 100.8 | 33.3 | 55.5 | 50.0 |
| | 歳入／GDP比率 | % | 15.3 | 15.3 | 14.1 | 14.3 | 14.0 | 26.0 | 18.0 | 27.0 |
| | 歳出／GDP比率 | % | 19.3 | 19.2 | 19.3 | 18.8 | 18.0 | 26.0 | 19.0 | 31.0 |
| 対外支払い能力 | 経常収支／GDP比率 | % | 8.4 | 1.9 | 5.7 | 1.8 | 2.4 | 4.5 | 1.1 | 12.6 |
| | 貿易収支／GDP比率 | % | 5.1 | －1.0 | 0.5 | －6.9 | －7.4 | 1.7 | 9.7 | 23.3 |
| | 輸出成長率 | % | 8.7 | －15.6 | 9.5 | 3.1 | 9.3 | 21.8 | 17.2 | 20.6 |
| | 外貨準備高 | $ Bil | 13.1 | 13.4 | 13.1 | 13.4 | 12.9 | 48.7 | 35.5 | 62.8 |

| | | | | | | | | | | |
|---|---|---|---|---|---|---|---|---|---|---|
| | 外貨準備・輸入カバー倍率 | 倍 | 4.2 | 4.3 | 4.1 | 3.5 | 3.1 | 5.4 | 5.8 | 6.7 |
| | 外貨準備・短期債務倍率 | 倍 | 2.4 | 2.2 | 2.4 | 2.2 | 2.6 | 4.4 | 1.7 | 5.8 |
| | 海外直接投資/GDP 比率 | % | 2.4 | 1.6 | 1.2 | 0.8 | 3.2 | 4.9 | 4.0 | 2.9 |
| 対外債務返済能力 | 対外債務残高/GDP 比率 | % | 68.4 | 72.7 | 69.6 | 72.5 | 63.3 | 35.4 | 52.8 | 44.1 |
| | 対外債務/輸出比率 | % | 124.1 | 150.9 | 143.3 | 148.5 | 128.1 | 53.9 | 181.5 | 36.2 |
| | 短期債務構成比率 | % | 10.7 | 11.6 | 10.4 | 10.8 | 9.2 | 21.1 | 17.0 | 21.8 |
| | デット・サービス・レシオ(DSR) | % | 12.4 | 15.8 | 16.4 | 16.9 | 13.8 | 18.0 | 30.0 | 5.8 |
| 民間部門健全性 | 民間金融機関不良債権比率 | % | 15.1 | 17.4 | 15.0 | 14.1 | 12.7 | 10.8 | n.a. | 7.5 |

\*1 フィリピン民間調査会社 Social Weather Stations による政権満足度調査（満足－不満足；各年末数値）

### (4) 定性分析

ここでも，各要素・分析項目とその評価詳細については，添付6に譲り，ここでは，その中でも注目すべき点に絞って，以下に考察する。尚，評価に関しては，今後の方向性・トレンドとしてポジティブな影響を与えると考えられるものに関しては＋（プラス），中立的であると考えられるものについては N (neutral)，ネガティブな影響を与えると考えられるものについては －（マイナス）を付け，上述の定量分析結果に対し，加味することとしたい。

### ① 政治・社会の安定性

当初から，エストラダ前大統領の反対勢力の期待を集め，大統領昇格を果たしたアロヨ大統領は，前大統領が広く貧困層を中心に支持基盤を確立していたのと違い，都市中間層や財界，カトリック教会など，支持基盤は限定的であった。その後 2004 年大統領選で当選するが，その際も，対抗馬としてのポー氏が俳優出身で前大統領的なイメージが払拭しきれず，よりましな候補としての支持が集まったと言われ，支持基盤構築に至らなかった。その中で大統領選不正疑惑や大統領ファミリーの不正蓄財疑惑が露呈し，今年半ばには現職閣僚 8 名が大統領辞職要求を提出し辞任，また，その後政界に大きな発言権を持つアキノ元大統領やラモス大統領が辞任勧告に近い発言をするなど，アロヨ大統領への支持は殆ど原状回復不可能な状況となっている。大統領は，議院内閣制の導入などで延命を図る対抗策に打って出たが，先行き不透明な状況には変わらず，短期的な政治の安定性確保は難しい状況である

と言える。

　この要素については，各項目の評価を総合的に集約する一方，現状の不安定な政治情勢に対する深刻な懸念を反映し，−（マイナス）という判定とする。

② 経済ファンダメンタルズ

　産業構造の特徴としては，基本的にサービス産業がGDPの50%強を占め，引き続き伸びが期待される一方，製造業が伸び悩んでいることである。失業率が高止まりしている原因としても，サービス産業の占める比率が高く，年率2%の人口増による労働人口の増加を労働集約的産業の工業・製造業が伸び悩んでいることが指摘されている。農業人口は長期的減少傾向にあり，その減少分をサービス産業が吸収する形となっている。

　需要動向に関しては，基本的な構造として，個人消費が高い比率を占める一方で，貯蓄・投資といった産業基盤整備に結びつく部分が弱いことが問題として挙げられている。中長期的な成長を考えた場合の基本的な弱点と言える。過去にはそうした点を海外からの直接投資で補ってきたともいえるが，近年，シリコンサイクルによるエレクトロニクス関連需要がひと段落したこと，中国・ベトナムが割安な人件費によるより魅力的な投資先となってきたこと，等により，海外からの直接投資が低下傾向にあった。ただ，2004年に入り，英語に堪能なフィリピン人材に目をつけたコールセンター業界にとって魅力が増していることもあり，過去最高水準の直接投資認可額を記録している。政府は今後3年間の直接投資は大幅に増加すると試算している。

　以上より，経済動向に関する中長期的な方向性としては，元来の構造上の問題も抱えながらも，直接投資等の手法により，ある程度の成長を目指すことは可能と考えられ，その意味では相対的にはポジティブな方向性が期待できる。従い，それらを総合して，経済ファンダメンタルズに関わる定性評価においては，N（中立的）と判定したい。

③ 財政の健全性・資金調達能力

慢性的な財政赤字とそれを埋め合わせる外債発行による対外債務の問題がフィリピンの最大懸案と考えられている。慢性的な赤字はここ数年持ち直しつつあるものの5％の水準で推移している。大きな原因として挙げられるのが、富裕層の脱税・徴税回避及び税当局の腐敗（収賄の見返りに徴税しない等）である。アロヨ大統領は昨年8月に財政危機宣言を出し、財政改革に全力を挙げることを宣言したが、その後の政治プロセスの中で財政改革策は順調に施行されているとは言えない状況である。特に、本年5月に議会承認を得、大統領も署名した新VAT法が反対派の訴えで最高裁に施行差止請求がなされ、7月初旬に最高裁による差止命令が出された。これは財政改革に大打撃を与える公算が強い。

財政健全性の要素に関しては、慢性的な財政赤字状況と財政改革の遅々として進まない現状を考えた場合、ネガティブ評価をせざるを得ないであろう。大統領の辞任問題も噴出し、指導力を前提にした財政改革推進に政治生命をかけるアロヨ大統領にとっても困難な状況に直面している。財政改革は将来のフィリピン経済の帰趨を決する最重要課題であり、その意味で現在の政権で根本的な解決は期待できないと危惧される。従い、－（**マイナス**）と判定する。

### ④ 対外支払い能力

国際収支構造を見ると、資本財・中間財を中心に輸入依存度が高く貿易収支は赤字になり、これを海外労働者送金などの資本収支黒字で補う傾向が続いている。上述の通り、海外労働者送金は個人消費に振り向けられる傾向があり、投資のような将来の成長を下支えする使途には向けられない。中長期的には資本財や中間財などの輸入に依存しない健全な製造産業を育成し、貿易収支を黒字化し、収支構造を改善していく必要があろう。

外貨準備は90年代の外資流入と海外労働者送金拡大の影響を受け、順調に積み上がり、ここ数年は4カ月程度で推移しており、一応安全水準を維持している。

以上から対外支払に関する要素については、構造的な問題は抱えつつも、外貨準備を安全水準で確保しており、早期に問題となる事態は生じないと考えられる。従い、ここではN（**中立的**）と判定する。

⑤ 対外債務返済能力

ここで第一に言及すべき点は，過去のリスケジューリング経験である。フィリピンは過去に，債務危機に陥り，外国民間部門からの債務返済に対して，1983年モラトリアムを宣言し，翌1984年，外国政府・公的機関からの債務返済についてもパリクラブでのリスケジュール適用を受けた経験がある。

フィリピンでは，マルコス政権崩壊以降の民主主義勢力台頭の局面で市民活動が活発化し，市民レベルの政治的な発言権が拡大してきた。政府が債務返済優先で国民生活への皺寄せを受忍してもらう場合，他の東南アジア諸国に比べて，市民の反対行動が政権のアクションに少なからず影響を与える可能性がある（先述のポピュリズム傾向と呼応）。

また，国民性の点では，上述の通り，民主主義の浸透度が高く，国民性として自分の利害に関することに関しては臆することなく自己主張する傾向があり，国民の耐乏生活に対しても声高にnoという傾向がある。

以上を勘案すると，他の東南アジア諸国に比べて，相対的ではあるが，リスケジューリングに対する拒否反応（借金は生真面目にきちんと返さなくてはならないという発想）が比較的薄く，可能性の意味では若干高いのではないかと分析する。従い，この要素に関しては，定性面では，－（**マイナス**）の判定を下したい。

⑥ 民間部門の健全性

先の定量分析の際と同様に，民間金融部門に関し，ここでも分析を試みたい。

フィリピンでは，比較的早い段階で，IMF構造調整下で政府主導の金融システム改革を通じて，金融部門の安定・強化が図られてきたといえる。アジア通貨危機後の最低資本金引き上げ・貸倒引当基準の強化や，銀行再編の動きの活発化によって，民間銀行の体質改善・体力強化は一定の成果が出ている。99年以降の再編の動きで，商業銀行は大手の中から独立系は消え，全て特定財閥傘下に収まっている。また，不良債権処理の推進を目的として立法化されたSPAV法により，着実に不良債権は減少してきている。定量分析の際に挙げた民間銀行の不良債権比率の改善は一つの成果として評価で

きるのではないか。

　従って，まだ発展途上という部分も否めないが，金融当局の民間金融部門の経営安定・強化策が着実に効果を出し始めているという点を重視して，＋（プラス）の評価としたい。

### ⑦　定性分析のまとめ

図表4

| 要素 | 政治・社会安定性 | 経済基礎的条件 | 財政健全性 | 対外支払能力 | 対外債務返済能力 | 民間部門健全性 |
|---|---|---|---|---|---|---|
| 評価 | ― | N | ― | N | ― | ＋ |

## (5)　結論

　上述の定量分析結果をベースに，定性分析結果によって中長期的なトレンド・方向性を斟酌し調整した結果が下記となる。

図表5

| 要素 | 政治・社会安定性 | 経済基礎的条件 | 財政健全性 | 対外支払能力 | 対外債務返済能力 | 民間部門健全性 |
|---|---|---|---|---|---|---|
| 評価 | B― | BB＋ | B― | BB | B― | BB |

　これらを総合的に勘案し，フィリピン国債（自国通貨及び外貨建）の格付けを下記の通り提案する。参考まで他社格付けも併記する。

図表6

| 自国通貨建 | 提案格付 | Moody's | S&P | JCR | R&I |
|---|---|---|---|---|---|
| 格付 | BB― | Ba2 | BBB― | BBB | n.a. |

| 外貨建 | 提案格付 | Moody's | S&P | JCR | R&I |
|---|---|---|---|---|---|
| 格付 | BB― | Ba2 | BB | BBB | BBB― |

### 参考文献
JCRソブリンレポート（フィリピン，タイ，インドネシア，マレーシア）。
JCRソブリンクォータリーレビュー。
R&I 国際格付部編『アジアを格付けする』。
ADB "Key indicators of Developing Asian & Pacific Countries".
みずほ銀行編『みずほアジア経済情報』2005年7月号。
UFJ総合研究所，調査レポート，2004年3月3日号。

# 索　引

## 【欧文】

Credit Rating Agency Reform Act of 2006　12
EBITDA　120
　　──／使用総資本　120
　　──／支払利息　120
HOYA　121, 122
NRSRO　11
　　──認定格付け会社　12, 87
ROA (Return on Asset)　120
ROBA　120

## 【ア行】

アコム　193
アサヒビール　123
アジア通貨危機　7
アジア的思想　11
伊勢丹　201
医療法人　140
インタレストカバレッジ　120
インドネシア共和国　264
エイジェンシー・コスト　88
王子製紙　137

## 【カ行】

外貨準備月数　160
外貨建て格付け　6, 151
会社の格付け　22
会社要項　173
外部要因　129
花王　232
格付け　72
　　──格差の内訳　5
　　──5社　3
　　──トランジション　100
　　──と利回りの関係　89
　　──の定義　74
　　──の利用方法　82
　　──分布　3, 4
過去5年の償還能力　175
学校法人　138
　　──の格付け　140
勝手格付け　23, 87
株価と格付け　21
カントリー・リスク分析　154
企業合併・買収　23
基礎的アプローチ　19
キャッシュ・フロー　120
　　──比率　113
業界動向　175
狭義の純対外債務の対経常受取勘定比率　161
協和発酵　121, 122
キリンビール　123
国の概要　173, 174
グロス資金ギャップ比率　160
経常資金不足比率　159
経常収支受取勘定の対GDP比率　158
経常収支の対GDP比率　159
経常収支の対経常受取勘定比率　159
限界費用　16
公的部門の純対外債務の対経常受取勘定比率　161
神戸製鋼所　133
効率的で衡平な資本市場　79

国際収支データ 158
5年間収支予想 112, 114

【サ行】

サーベンス・オクスリー法 12
債券の格付け 22
財政項目の対 GDP 比率 157
財政状況の対 GDP 比率 157
サッポロビール 123
サンウエブ 121, 122
シーリング 6, 153
　——設定 153
自国通貨建て格付け 6, 151
自国通貨建てソブリン債務 149
自己資本 120
　——比率 24
市場利回りの理論値 90
失業率 156
実質 GDP 成長率 155
実質輸出増加率 158
実務的定義 76
指定格付機関 12
指定格付制度 11
ジャンク・ボンド 22
純政府債務残高の対 GDP 比率 157
純対外債務の対経常受取勘定比率 160
純対外負債の対経常受取勘定比率 161
純直接投資比率 160
純投資支払いの対経常受取勘定比率 162
純有利子負債 120
　——／CF 倍率 120
　——／EBITDA 倍率 120
　——構成比 120
純利息支払いの対経常受取勘定比率 163
償還財源 111, 116
　——の安定性 177
　——比率 114
償還年数 112, 114
消費者物価上昇率 156

情報対称市場 88
情報の信頼性の期間 13
情報非対称市場 88
ジョン・ムーディー 9
信用リスク格付け 72, 73
信用リスクと負債の利回り 80
ストラクチャード・ファイナンス 140
住友商事 125
先進的アプローチ 19
全日本空輸 133
総合商社 123
総合判断 129, 182
総債務残高の対 GDP 比率 157
ソブリン格付け 6, 149
　——の手法 153
　——の定義 151
ソブリン債務のデフォルト 150

【タ行】

対外債務データ 160
対外総債務の対経常受取勘定比率 161
大同特殊鋼 184
宝酒造 123
短期債務の定義 76
地方自治体 143
中央政府データ 157
超過利潤 16
長期債務残高 116
長期債務の定義 73
長期債務の返済能力 117
貯蓄投資バランス 155
定性分析 127, 163, 178
定性要因の格付け 182
定量分析 111, 154
　——のマッチング 163
デフォルト率の時系列的安定性 94
デフォルト率の相互関係 93
投機的 75
　——ランク 22

統計的モデル　25
投資家の代理人　86
投資（実質）の成長率　155
投資適格　75
トヨタ自動車　121, 122
トランジション　167
　──維持率　102
　──・マトリックス　101

【ナ行】

内部要因　127
西松建設　135
日米格付け格差　3
日産自動車　125
日本企業の格付け　3
日本企業のデフォルト率　97
日本国債の格下げ　7
入力表（B/S, P/L）　179
認定格付け会社制度（NRSRO）　9

【ハ行】

バーゼルⅡ　18
パフォーマンス評価　20
判定表　181
一人当たりGDP　154
評価の違い　131
標準的手法　19
フィリピン共和国　275
含み資産　21
負債残高の増減率　156
負債（社債）発行の利子率　81

ブックオフ・コーポレーション　248
古河電気工業　121, 122
分析のフレームワーク　108, 109
平均費用　16

【マ行】

マクロ経済データ　154
マッチング　118, 175
　──の手順　121
　──表　118, 119, 180
マツモトキヨシ　217
三菱自動車　131
模擬格付け　170
　──報告要旨　171, 172

【ヤ行】

有利子負債　120
雪印乳業　121, 122
予想デフォルト率　77

【ラ行】

リスク愛好的　85
リスク回避的　85
リスク社会　14, 15, 17
リスク・ニュートラル　85
リスクのない社会　14, 15, 16
利払い後事業利益　120
流動資産控除後政府債務残高の対GDP比
　率　157
累積デフォルト率　77, 93
レギュレーションFD　87

**著者紹介**

黒沢　義孝（くろさわ・よしたか）

　1943年、東京都生まれ。北海道大学経済学部卒（北大・経済学博士）、日本開発銀行入行（現、日本政策投資銀行）。同行設備投資研究所主任研究員、米国ブルッキングス研究所客員研究員、日本格付研究所主席審査役、米国ハーバード大学客員研究員・客員教授、アジア経済研究所開発スクール客員教授、英国ケンブリッジ大学客員研究員、ドイツ・ヨハネスグーテンベルグ大学招聘教授等を歴任。現在、日本大学経済学部教授、早稲田大学大学院アジア太平洋センター研究科非常勤講師、NPOフェア・レーティング代表、我孫子市提案型公共サービス民営化審査委員会委員長。専攻は国際金融、企業金融、信用格付け。著書に『債券格付けの実際』（東洋経済新報社）、『激動する国際金融』（梓出版社）、『格付けの経済学』（PHP新書）等がある。

---

格付け講義

2007年3月20日　第1版第1刷発行　　　　　　　　　検印省略

著　者　黒　沢　義　孝

発行者　前　野　眞太郎

　　　　東京都新宿区早稲田鶴巻町533
発行所　株式会社　文　眞　堂
　　　　電話　03（3202）8480
　　　　FAX　03（3203）2638
　　　　http://www.bunshin-do.co.jp
　　　　郵便番号 162-0041　振替00120-2-96437

---

印刷・モリモト印刷　　製本・広瀬製本所
ⓒ2007
定価はカバー裏に表示してあります
ISBN978-4-8309-4576-2　C3033